이주정책론

이주정책론

정재각 지음

인간사랑

> 너는 이방 나그네를 압제하지 말며 그들을 학대하지 말라
> 너희도 애굽 땅에서 나그네였음이라
>
> – 출애굽기 22장 21절

목차

제2부 난민

제3부 각국의 이주정책

제4부 열린 사회와 시민

머리말

오늘날 세계적으로 국경을 넘어 자신의 고향을 떠나 타국에 이주하여 살아가는 사람이 2억 명이 넘었다. 또한 한국에 거주하는 외국인도 100만 명을 넘어섰다. 이는 한국의 역사에서 유례가 없는 일이다. 외국인의 급격한 증가는 한국 사회에서 처음 겪는 일이다. 이주민은 인구, 문화, 경제 및 정치에 영향을 미친다. 현재 우리나라에 거주하는 이주외국인 노동자, 다문화 가정, 새터민은 각기 자신이 살던 고향과 국가를 떠난 배경과 원인은 다르지만 이들을 수용하는 한국에 동일한 통합의 문제를 던져주고 있다. 외국인의 급증은 한국 사회에 새로운 기회와 도전이 될 수도 있고, 반면 위기가 될 수도 있다. 따라서 이주문제는 정부가 장기적인 정책과제로 지속적인 관심을 가져야 한다.

이주문제는 다음과 같은 근본적인 질문을 던진다.

첫째, 왜 사람들이 이주를 하는가이다. 사람들이 자신들의 정든 고향, 산천, 자신의 생활터전, 가족, 친구, 고국을 왜 떠나는가, 그리고 떠난다면 이는 일시적으로 떠나는 것인가, 아니면 영원히 떠나는 것인가? 새롭게 둥지를 트는 현지 사회에서 어떻게 살 것인가, 이방인으로 살아갈 것인가 아니면 현지인으로 살아갈 것인가?

이주는 크게 추진하는 힘과 당기는 힘의 작용 하에서 일어난다. 추진하는 힘은 자신의 삶의 터전에서 발생한다. 당기는 힘은 자신의 주변이 아닌 먼 곳, 지구의 반대편에서도 당기는 힘이 있다. 이주자가 자신의 고향을 떠나게 되는 가장 큰 요인은 경제적인 문제이다. 또한 이주의 원인으로는 경제적 동기 외에 정치적인 불안정과 핍박을 들 수 있다. 이런 정치적 요인은 이주에 대한 동기를 강화시킨다. 그리고 경제적 동기와 정치적인 동기가 혼재해 나타나기도 한다. 과거 유고슬라비아와 아프리카의 내전은 정치적 불안과 경제적 동기가 이주의 원인이 되기도 하였다. 최근 한국에 들어오는 이주노동자들의 동기는 이주자 개인이 처한 경제적인 요인이 강하고, 이들은 불법 체류하면서까지 한국에 체류하기를 원하고 있다. 이와 같이 이주자의 경로는 가난한 국가에서 부자국가나 지역으로 나타난다. 현지 노동시장과 이주자의 노동시장 간에 임금격차가 크고 현지에서 일자리를 찾지 못하면 이주노동자들은 언제나 새로운, 더 나은 조건의 시장을 선호하게 된다.

둘째, 이주자의 이동에 따른 적응과 문화적 문제이다. 누가 이주자인가, 언제부터 이주자인가에 대한 정의는 매우 다양하다. UN은 자신의 고향을 떠나 타국에서 1년 이상 지속적으로 일하고 있는 사람을 이주자로 정의하고 있다. 반면 이주자가 현지에서 국적을 취득하면 더 이상 이주자가 아니다. 그러나 사회에서는 그렇지 않다. "한번 이주자는 영원한 이주자이다." 따라서 현지인에게 외국인이 언제 입국하였는지, 얼마 동안 살았는지, 사회에 얼마나 동화되었는지, 또는 자신의 고국이 이미 이방의 땅으로 되었는지는 큰 관심의 대상이 아니다. 그래서 이주자에 대한 전통적인 이미지는 이방인이다. 현지 수용국가에서 서로 다른 가치를 존중해 주어야 한다는 주장도 있다. 비록 이런 가치가 현지 사회의 가치와 충돌될 때도 그러하다. 최소한의 부분적인 동화를 요구한다. 이런 부분적 동화에 대한 요구는 가령 시민권의 취득을 위한 시험문제에서 볼 수 있다.

서로 다름에 대한 존중과 수용사회의 부분적 동화에 대한 요구는 서로 공통점을 갖고 있다. 즉 이주자는 다르다는 인식이다. 이주자들이 영원한 이방인으로 남지 않기 위해서는 지속적인 논의와 해결책을 찾아야 한다.

셋째, 이주노동자를 수용하는 국가와 관련된 것으로서 이주정책이다. 과연 이주를 조정하는 것이 필요한가는 오래된 질문이자 여전히 논란의 대상이 되고 있다. 노동조합은 이주노동자를 통제하지 않는다면 이는 노동임금의 하락과 덤핑이 되어 노동시장에서의 경쟁을 더 치열하게 만들 것이라는 의견을 제시하고 있다. 정치가들은 이주가 사회복지제도를 무너뜨리며, 결국에는 한 국가의 통합능력을 저해하는 요인이 될 수 있다고 우려한다. 과도한 외국인의 유입은 국민의 이질화를 불러올 수 있다고 본다.

이주를 어떻게 조정하며 통제할 것인가는 국가마다 차이가 난다. 미국, 캐나다, 뉴질랜드, 호수 등은 대표적인 이민국가로서의 정책을 펴고 있다. 근래에는 이민자를 선발하는 데 있어 점수제를 채택하고 있다. 요구하는 점수를 충족하는 사람은 처음부터 장기 거주를 할 수 있는 권리를 받게 된다. 따라서 이들 국가들은 처음부터 이주자를 선발하여 국내에의 정착을 목표로 하는 통합정책을 지향한다. 반면에 불법이주자에 대해서는 엄격하며 신속한 추방을 한다.

이와 대조되는 모델은 일시적 이주만을 허용하는 경우이다. 대표적인 나라들은 중동지방의 국가들이다. 가령 중동의 카타르는 국민의 78.3%가 외국인이며, 일시적인 이주와 거주만을 허용하고 있다. 이주자들은 제한된 거주기간에만 이주하며, 노동할 권리를 갖는다. 이런 일시적인 이주만을 허용하는 제도에서는 가족의 결합도 없으며, 외국인은 현지에서 시민으로서의 기본 권리에서 상당한 제한을 받는다. 가령 선거에의 참여는 물론이고 사회보장 혜택에서도 배제된다. 일시적 이주만을 허용하는 경우 당사자 국가는 외국인의 현지 사회를 위한 통합에 대해 어떤 정책의 필요성을 느끼지 못한다.

한국은 이주노동자에게 순환(로테이션)제도를 택하고 있다. 이는 이주자의 권리와 통합이라는 면에서 한계와 비판을 받고 있다. 정부는 이주자의 통합을 놓고 다문화 사회, 다문화정책을 지향한다. 따라서 한국이 다문화 사회가 되기 위해서는 문화적인 차원을 넘어 제도적·법적인 문제를 해결해 나가야 한다.

넷째, 이주노동자가 모국에 주는 영향이다. 서구 산업국가들은 소비재와 생산재 등을 수출한다. 반면 개발도상국가들은 값싼 노동력을 수출한다. 많은 국가들은 공식적으로 이런 노동력의 해외이주를 지지한다. 대량의 이주가 송출국가에서 이득이 되는가 또는 손해가 되는가의 문제이다. 이주노동자들은 노동의 대가로 받는 임금을 고향에 있는 가정에 송금한다. 따라서 대부분 가난한 지역과 가난한 가족 출신 이주자들의 송금은 고향에 있는 가족과 지역경제에 기여한다. 송금을 받는 가족은 이를 자녀 교육, 주거생활 개선, 건강증진에 사용한다. 이와 같이 노동력이 풍부한 지역에서의 청년들의 해외이주는 현지 사회의 위기상황을 극복하는 긍정적 기능을 한다. 이들이 다시 고향을 찾아올 때는 선진기술, 직업경험 그리고 어느정도 축적된 자본을 갖고 들어오기 때문이다. 이를 통해서 이들은 소규모 투자로 자영업을 할 수 있고 중소기업도 창업할 수 있다. 이처럼 이주자들이 모국과 고향 경제에 긍정적으로 영향을 미치는 것이다.

반면 노동자의 해외이주에는 부정적인 면도 있다. 가족이 서로 헤어지는 아픔이 있다. 여자들과 아이들만이 남겨진다. 한국의 농촌에서 젊은이들이 고향을 떠나 대부분 노인들만이 고향을 지키는 것처럼 해외로 이주하는 남성들이 많은 지역은 대부분 여자들이 고향을 지킨다. 남자들이 현지에 머무는 기회가 길수록 다시 고향의 가족과의 결합에 어려움이 따르고, 가정이 해체될 가능성이 커진다. 이주노동자들이 현지에 뿌리를 내리면 내릴수록 고향으로 보내지는 송금액은 줄어든다. 이렇게 되면 현지 고향의 경제는 악화될 수 있다. 이는 노동력을 잃을 뿐만 아니라 송금되는 돈도 줄어들기 때문이다.

최근 노동력의 송출과 관련해 논의되는 문제 중의 하나는 고급두뇌의 이주이다. 의사와 간호사, 또는 산업연수생과 같은 직업군은 발전된 국가에서의 숙련된 지식과 경험의 획득 기회가 될 수 있다. 그러나 과연 이들이 고국에 가서도 같은 수준의 대우와 보수를 받을 수 있는가가 순환이주에 있어 결정적인 역할을 한다. 그렇지 않을 경우 대부분은 귀국을 원치 않는다.

본서는 이주에 대한 이론적인 논의에서 출발하여 동화, 배제, 통합의 문제를 먼저 다루었다. 또 미국, 영국, 독일, 유럽연합의 이주정책을 사례로 살펴보았다. 이주정책의 국제 간 비교를 통해서 이주노동자를 수용하는 국가에서 나타나는 문제들을 검토해 보고자 하였다. 독일의 경우는 제2차 세계대전 후 산업이 다시 부흥함에 따라 노동력이 부족하여 이주노동자를 받아들였다. 현재 우리와 비슷한 처지에 있었던 독일은 이주노동자의 유입에 따라 당면하는 사회문제, 통합문제, 정책문제 등을 앞서 보여준다. 마지막으로 이주와 관련하여 한국 사회가 당면한 주요 논제를 8가지로 정리하였다.

이주를 결정하는 주요 요인은 자신의 삶의 조건 개선과 더 나은 삶에 대한 갈망이다. 인간의 이동은 앞으로도 계속될 것이다. 교통과 통신의 발달은 이런 이동을 과거와 비교해 보면 더욱 싸고 신속하게 해준다. 생존에 필요한 경제적인 여건, 정치적 안정과 민주화, 사회복지가 잘된 지역으로 사람도 물 흐르듯 흘러들어 가게 된다.

이 책이 출판되기까지 많은 분들의 도움을 받았다. 먼저 지방자치연구소의 도움이다. 한양대와 독일 프리드리히 나우만 재단은 1987년 지방자치연구소를 설립하고 민주주의와 지방자치의 발전에 20년 넘게 공동협력해 왔다. 한양대 김종량 총장님의 관심과 지원, 연구소 소장을 지내신 박응격 한국행정연구원 원장님의 격려에 감사를 드린다. 나우만 재단은 본인에게 수차례에 걸쳐 독일을 방문할 기회를 주었다. 항상 대화의 문을 열고 기꺼이 토론하는 발터 클리츠 대표에게 감사드리며, 지방자치연구소와 나우만 재단 연구원들에게 감사드린다. 또한 이 책의 출판을 맡아준 도서출판 인간사랑 여국동 사장님과 원고를 교정해 준 편집부에 거듭 고마움을 표한다.

제1부

이주와 이론

제1장

서론 : 이주와 사회

1. 역사로서 이주

현대 사회는 이주 사회라 할 만큼 과거 어느 시대보다 인구의 이동이 가장 많으며, 글로벌한 지구촌 사회는 이주 사회로서의 특징을 갖는다. 지난 19세기에 시작된 산업화와 도시화는 자국민을 도시로 불러 모았으며, 이들은 다시 국외로 이주하였다. 오늘날 고향을 떠나 타국에서 생활하고 있는 이주자는 UN의 추정에 따르면 전 세계적으로 2억 명에 이른다.

이주는 각 민족의 역사, 종교, 문화에서도 중요한 위치를 점한다. 기독교의 구약성경에 나타나는 이집트로 이주한 옛 이스라엘의 선조들은 이집트에서 400년간 거주하면서 한 민족으로 발전했다. 그후 이집트를 떠나 가나안에 이른 이들은 이스라엘 국가를 만들어 갔다. 현재 팔레스타인 지역에서 일어나는 민족 간의 분쟁은 이런 이주가 주된 배경을 이루고 있다.

중세를 넘어 근대에 들어오면서 두드러진 이주현상은 15-19세기에 걸쳐 일어난 대서양의 노예무역이다. 무역상들은 서아프리카 해안에서 유럽까지 5,600km 거리를 항해하면서 흑인들을 노예로 팔았다. 아프리카를 떠난 흑인은 1천2백만 명으로 추산되며, 이 중 1천만 명이 살아남은 것으로 보고 있다. 노예무역이 절정에 이른 1780년대에는 매년 8만 명이 미국의 해안에 도착했다. 그러나 1850년대 이후부터 노예무역은 급감했다. 흑인의 수요는 당시 목화, 설탕 등의 플랜테이션 농장을 중심으로 하는 노동력의 부족에서 비롯되었다(Atlantic Slave Trade, Encyclopedia).

원주민들이 잡혀서 억류되어 있는 모습

자료 : "Journey of the Discovery of the Nile" by John Hanning Speke, New York 1869.

노예선(Brookes)의 모습

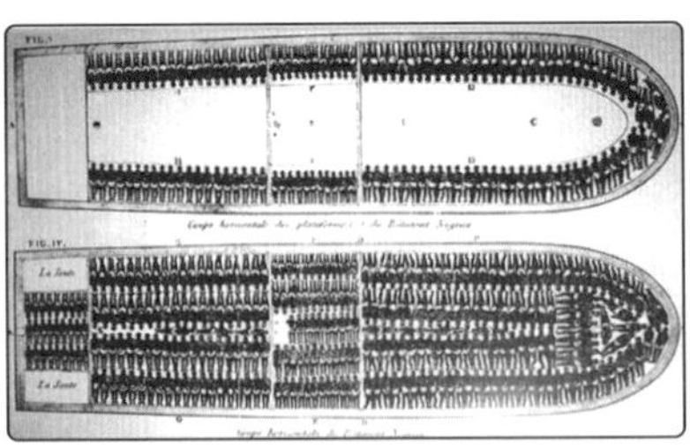

그림은 482명의 사람이 갑판에 묶인 상태로 수송되는 것을 보여준다.
자료 : Library of Congress.

인류역사에서 이주의 전환점을 이루는 것은 아메리카 신대륙의 발견과 유럽인들로부터 시작되는 신대륙에의 자발적인 이주와 정착이다. 신대륙 이주 초기에 영국, 네덜란드, 스페인, 프랑스 국가들 모두가 농부, 퇴역 군인, 심지어 범죄자와 고아들을 보내는 데 적극적이었다. 이에 상당한 부와 세력을 가진 상인들이 동원되었다.

19세기 제국주의 시대 이후 미국은 산업국가로 발전함에 따라 노동자들이 북유럽, 남유럽, 동유럽에서 1850년 이후 1930년의 대공황에 이를 때까지 입국하였다. 이들 중 1,200만 명의 이주자들이 입국심사를 받기 위해 뉴욕 엘리스 섬(Ellis Island)에 하선했다.

이주수속(1904)

1905년 엘리스 섬

이주현상은 제2차 세계대전 이후 탈식민화 과정에서 큰 규모로 일어났다. 동유럽에 거주하던 독일인들이 서독으로 이동했으며, 중동에서는 수백만의 힌두 및 회교도들의 이주가 발생했다. 이 시기에 이스라엘인이 팔레스타인으로 이동했으며, 이들은 이스라엘 국가 건설에 참여했다.

제2차 세계대전 후 경제발전과 부흥으로 인한 이주가 발생했다. 전후의 경제발전에 따라 호주는 인구증대, 특히 숙련된 기술자가 필요했던 반면 영국은 충분한 일자리를 만들지 못하는 형편이었다. 이러한 가운데 호주 정부는 이주를 지원하는 정책 프로그램을 만들었다. 이에 따라 각 성인은 뱃삯으로 편도로 10파운드만 지불하면 되었고, 그 외 동반하는 가족운임은 무료였다[이들은 "Ten Pound Poms"(10파운드 영국인)라 불리었다]. 이주자들은 호주에서 고용 및 주거의 보장을 받았으며, 대신 2년간 의무적으로 호주에 머물러야 했다. 그러나 다시 영국으로 돌아가는 자는 지원된 금액에 대해 당시로는 큰 금액인 120파운드를 변상해야 했다. 1945-1972년간 지속된 프로그램은 영국인을 주 대상으로 하였지만 몰타, 사이프러스 등 영국 식민지 거주자도 해당되었다(Hammerton, 2005).

2005년 유럽의회의 유럽 이주현황 보고서(Current Trends in International Migration in Europe : OECD)의 조사를 보면 외국인이 차지하는 비율이 유럽 인구의 4.5%로 약 2천5백만에 이르는 것으로 나타났다. 유럽으로 이주하는 여러 이주형태 가운데 순환이주(circular migration)가 나타났다. 이는 알제리의 이주경로의 급격한 변화에서 보여진다. 과거에 알제리인에게는 프랑스가 이주의 최종 목적지이자 정착지이며, 이곳에서 새로운 삶을 영위하길 원했다. 그러나 기존의 프랑스로 이주하는 전통적인 이주에서 가족 네트워크를 이용하면서 가능한 모든 기회를 잡아 유럽 전 도시로 이주하는 것이다.

순환이주는 일시적이거나 또는 장기적인 이동을 포함하는 유동적 이동(the fluid movement)이다(IOM, World Migration Report 2008). 과거에 이주는 한 곳에 정주하는 형태의 특징을 가졌다면 순환이주는 일시적인 체류형태로서의 이주의 특징을 또한 가진다. 순환이주는 역사적으로 새로운 현상은 아니나 세계적으로 강화되는 것을 볼 수 있다. 오늘날 국경의 확대와 변화, 노동력의 수요에 따른 유여한 대처, 교통과 통신의 발달, 이주노동자의 송출과 수입국 간 이해관계의 일치 등에서 순환이주가 이루어지고 있다.

유럽 이주의 새로운 모습으로는 새로운 이주지역의 등장을 들 수 있다. 로마의 역사지(歷史地) 에스퀼리노(Esquilino) 일대는 오늘날 중국 이민자들의 주거지역이 되었다. 마찬가지로 이태리에는 알바니아인들이 집중적으로 거주하고 있다(OECD 2005, 20). 아테네에 있는 일부 학교에 다니는 절반 이상의 학생들이 외국태생이다. 독일에 2001년 기준으로 6만 3천 명의 중국인이 거주하고 있는데, 이는 1988년에 비하면 10배, 1993년과 비교하면 2배의 증가이다. LA와 뉴욕은 미국에서 가장 많은 이민자를 가진 도시이다. 한편으로 중동이 아프리카와 아시아에서 이주자들을 끌어모으고 있다. 사우디아라비아와 같은 나라에서는 전체 인구에서 차지하는 외국인의 비율이 약 90%에 이른다.

매년 새롭게 탄생하는 미국 시민의 둘 중 하나는 히스패닉(Hispanic)계이다. 히스패닉계 미국인은 현재 미국에서 가장 빠르게 성장하고 있는 소수 그룹이 되었다. 미국 인구 2억 9천만 명 중 1/3이 소수민족이며, 이 중 히스패닉계인은 4천2백70만 명에 이른다. 2050년의 인구구성에서 '백인 비히스패닉'(white non-Hispanics)계 인구가 차지하는 비율은 50%(2005년의 경우는 67%)로 감소하며, 히스패닉계는 25%(2005년은 14%)에 이를 것이다(USA Today 2005. 10. 5).[1]

현재 이런 인구구성에서 히스패닉계 인구증가의 특징은 이들이 해외에서 이주해 오는 신이민자가 아니라 미국 현지에서 출생한 자라는 것이다. 한 예로 2004-2005년 조사기간 동안 시민권을 얻은 새 히스패닉계인 130만 명의 60%는 현지 출생이다. 반면 등록하지 않은 히스패닉계가 1천2백만은 될 것으로 추산하고 있다. 결국 이런 히스패닉계 이주자들에게는 불법이주도 함께 양산되고 있다. 히스패닉계 이민자 엄마들에게서 태어나는 모든 아이들의 절반은 미국에서 불법적으로 출생이 이루어지고 있다. 그러나 불법이민자도 미국의 한 부분으로 이들은 미국인으로 살아가며, 미국의 미래인 것이다.

2. 21세기 이주의 특징

21세기에 발생하고 있는 이주는 여러 가지 특징을 보여준다. 오

1. http://www.usatoday.com/news/nation/census/2006-05-10-hispanics-growth_x.htm.

늘날 발달된 교통과 통신, 인터넷을 통하여 이주자들은 끊임없이 소통하며, 일상생활에서의 국제화를 이루어 간다. 본격적인 산업화 이전의 이주는 오늘날과 비교해 보면 이주비용이 상대적으로 비쌌다. 해외로의 이주를 위해서는 배삯만 해도 몇 달치나 또는 일 년의 노동의 대가를 지불해야 했다. 또한 유럽에서 미국으로의 항해에서 보여주듯이 여행기간이 길었다. 그만큼 여행 중에 발생할지 모르는 건강의 악화와 질병을 감내해야 했으며, 해적을 만날 위험도 고려해야 했다.

17세기 이후에는 근대의 민족국가들이 탄생하고 각 국가들은 국경을 넘는 이동을 통제하기 시작하게 되어 이주는 그만큼 어렵게 되었다. 20세기는 한 지역에 정주하여 평생 살아가는 사회적 현상이 근대국가의 특성이었다. 이런 이상적인 모습에서 보면 이민은 예외적인 것이었으며, 이민을 떠나는 사람은 문제가 있는 그룹으로 여겨졌다. 또한 이민자들은 언젠가는 자신이 충성하게 될 국가가 어딘지를 밝혀야 한다고 보았다. 21세기에는 한 국가에의 충성의 강제는 더 적용되지 않는다. 인간은 태어난 출생지역에서 사회생활을 하고, 문화를 누리며, 국민의 일원으로서 정체성을 가지며 살아가야 한다는 이념은 더 이상 통용되지 않는다.

이주와 관련하여 주요한 변화는 통신과 교통의 비약적인 발전이다. 21세기의 통신과 교통의 발달은 거리와 시간차이를 좁혀놓았다. 19세기에 배를 통해서 걸리던 시간을 오늘날은 버스나 비행기를 통해 수시간 또는 수일에 최종 목적지나 중간 목적지에 도달할 수 있다. 2008년에 비행기 이용객이 26억 명을 넘어섰다.

통신의 발달은 지구의 반대쪽에서 발생하는 전쟁, 자연재해, 기근, 소요 등 뉴스거리를 실시간으로 전달해 줄 뿐만 아니라, 잠재적 이주자에게 자신이 원하는 지역이나 국가에 대한 정확한 지식과 정보를 전

해준다. 또한 현지에 구성된 네트워크에 접속하여 이주에 따른 정보를 체계적으로 얻을 수도 있다.

통신의 발달이 해외이주에 미치는 영향을 가장 잘 보여주고 있는 나라는 북아프리카의 마그립(Maghreb) 지역이다. 북아프리카의 마그립 지역 국가들(모로코, 알제리, 튀니지, 리비아, 모리타니)은 유럽 국가들에게 멕시코와 같다. 2001년에 멕시코 인구가 1억 명이었다. 반면 미국에 살고 있는 멕시코인은 3천5백만 명에 이른다. 마그립 지역 인구는 7천만 명이다. 유럽에서는 1천-1천5백만 명의 마그립출신 이주자가 살고 있다고 본다. 모로코 인구는 3천만 명이다. 해외에 살고 있는 모로코인은 5-7백만 명이며, 매년 1만에서 2만 명이 국내에서 해외로 빠져나간다.

1980년대까지 마그립 지역 국민들은 권위주의 체제 하에서 살았다. 대다수 주민들은 농부로 외부세계와의 접촉이 거의 없이 지냈다. 국영방송은 이들의 애국심을 고취시켰고, 서구사회의 소비를 매도했다. 모로코의 경우 해외여행이 가능한 사람들은 일부 엘리트들이었다. 모로코인이 해외이주를 감행하는 이유는 국가 경제의 심각한 수준에 있다. 이는 스페인에서 체포된 불법이주자의 70%가 실업자라는 데서도 잘 드러난다. 불법이주를 감행할 수밖에 없는 이들에게는 삶의 절박함이 있는 것이다. 경제상황이 나아질 것이라는 희망을 포기한 이들에게는 불법으로 해외로 국경을 넘는 외에 다른 방안이 없다.

현대의 교통수단은 합법적 이주자의 전유물만이 아니라 불법이주자들에 의해서도 이용된다. 모로코의 각 해안은 스페인으로 들어가는 전초기지 역할을 한다. 2006년 스페인 정부의 발표에 따르면 47,686명의 아프리카 이주자들이 스페인 해안에 당도하였다. 같은 해에 말타와 이태리의 시실리 남부해안에 23,151명의 아프리카인들이 상륙했다. 이들은 리비아나 또는 튀지니아로부터 위험한 항해를 시도하여 성공한 것이다

(Le Monde diplomatique, 2008. 3). 불법이주자들은 서유럽 땅의 어느 한 곳에 발을 내려놓기만 하면 다음은 어느 나라로 가든 이동하는 데는 어려움이 없다.

21세기에 이주를 촉진시키는 하나는 국가 해체과정의 일면에서 나타나는 가치체계의 위기이다(Ferdowsi 2004, 100ff). 이런 가치체계의 변화는 모로코의 경우를 보면 국민들이 외부세계에 연결되면서부터 시작되고 있다. 1980년대 말에 위성 안테나가 설치되면서 모로코 국민들의 세계에 대한 생각이 바뀌기 시작했다. 1990년대 알제리와 모로코에서의 위성 안테나의 급증한 판매는 이들의 서구사회에 대한 호기심이 얼마나 급증하였는가를 잘 보여준다.

모로코는 1970년대에 관광사업을 시작하였고, 당시 하산 국왕은 매년 백만 명 이상의 유럽 관광객을 불러들였다. 이들을 통해 외부세계와의 접촉은 더 가까워졌다. 유럽의 소비와 향락문화가 모로코로 흘러들어 왔다(Le Monde diplomatique 2002, 6). 한편 국내방송들은 모로코 출신 배우 나디아 파레(Nadia Fares), 알제리 출신 축구선수 지단(Zinedine Yazid Zidane)과 같은 이주자들의 성공사례를 대대적으로 방송했다. 또한 매년 150만 명의 모로코인들이 고국을 방문하면서 유럽의 소비재를 싸들고 왔다. 때로는 새로운 자동차도 가지고 왔다. 교통과 통신의 발달로 모국 방문이 어렵지 않게 되어가고 있다. 국내에서 이 모든 것을 지켜보는 내국인들에게 유럽은 유토피아로 다가왔다. 모로코는 국가의 개방, 외부세계와 접촉, 지속적인 정보의 획득이 어떻게 국민들의 해외이주에 영향을 미치는가를 보여주고 있다. 해외이주는 어느 날 갑자기 생긴 것이 아니라, 나아질 전망이 없는 경제환경 가운데서 외부세계와의 정보획득을 통해서 어려서부터 싹이 트고 구체화되어 가는 것이다.

21세기에 발생하고 있는 사람들의 이동이나 이주는 이와 같이 교통과 통신의 발달로 축소된 공간과 단축된 시간 속에서 이루어지고 있다. 이주자들은 장기적으로 또는 평생 자신의 출생지를 떠나 살며 현지에서 새로운 네트워크를 이룬다. 이런 이주와 네트워크의 구성은 주의 국제화 과정의 일부를 이룬다. 통신의 발달은 이런 모국과 현지(diaspora) 간의 관계를 안정적이며 심화시킨다. 통신의 발달은 바로 초국가적 공동체들(transnational communities)을 만들어내며, 이주자들은 자신들의 고향과의 연대성을 유지하며 이주 사회에서 살아가는 것을 가능하게 해주며, 어느 특정 지역으로서 국가에 속하는 정체성도 그만큼 덜 중요하게 되었다.

세계 이주자 현황(1990-2010)

연도	각 연도별 추정(명)
1990	155,518,065
1995	165,968,778
2000	178,498,563
2005	195,245,404
2010	213,943,812

출처 : United Nations, Department of Economic and Social Affairs, Population Division (2009).

3. 한국 : 인력수출국에서 수입국으로

한국의 경우 600만 명 이상의 한민족이 해외에 흩어져 살고 있다. 이들은 한 국가뿐만 아니라 이주자 개개인에게 있어 역경과 파란만장한 삶을 보여주는 역사이다. 한국인의 해외이주는 20세기 초에 시작되었다.

외국인 국내체류자(체류목적별)

체류자격별	2005	2006	2007	2008		
	계	계	계	계	남자	여자
총계	266,280	314,677	317,559	311,652	173,081	138,571
공무	667	552	461	485	289	196
사증면제	12,033	11,168	10,267	8,559	5,000	3,559
관광통과	20,838	20,504	21,024	21,642	12,434	9,208
일시취재	22	6	25	12	7	5
단기상용	9,617	14,325	18,283	9,363	7,349	2,014
단기종합	39,904	40,382	33,269	24,556	11,243	13,313
단기취업	543	522	603	421	271	150
문화예술	108	138	177	141	88	53
유학	8,983	13,003	15,272	15,097	6,813	8,284
산업연수	37,788	43,991	5,859	2,267	1,144	1,123
일반연수	4,411	8,579	14,185	13,586	6,817	6,769
취재	29	18	20	21	16	5
종교	590	640	649	622	369	253
주재	469	430	426	412	368	44
기업투자	1,734	1,363	1,657	1,460	1,333	127
무역경영	855	728	817	845	828	17
교수	460	472	503	637	422	215
회화지도	5,649	7,248	8,816	11,610	5,974	5,636
연구	798	894	855	660	562	98
기술지도	137	101	101	68	66	2
전문직업	76	86	108	125	125	0
예술흥행	3,547	2,890	2,677	3,024	821	2,203
특정활동	1,739	2,055	2,824	2,844	2,265	579
연수취업	379	172	131	11	11	0
비전문취업	31,575	28,694	30,983	45,901	41,435	4,466
# 선원	204	243	1,881	2,327	2,326	1

방문동거	51,304	84,367	20,143	5,478	2,756	2,722
거주	24,223	24,291	24,118	23,617	1,838	21,779
동반	3,439	3,050	3,315	3,090	836	2,254
재외동포	2,560	2,775	3,323	4,216	2,002	2,214
영주	426	434	586	651	299	352
기타	765	280	135	143	97	46
관광취업	292	276	283	311	92	219
방문취업	–	–	93,783	107,450	56,785	50,665
미상	116	0	0	0	0	0

자료 : 통계청.

최초의 이민자로는 태평양을 건너 하와이와 멕시코로 떠난 이민노동자들이다. 이들은 하와이 사탕수수 농장에 값싼 노동력을 제공하였고, 멕시코 에네켄(henequen) 농장에서는 노예와 같은 이동 제한을 받으며 살았다. 일본 식민지 시대에는 많은 사람들이 가난에 쫓겨 만주와 연해주로 삶의 터전을 옮겨갔다. 이들은 다시 소련의 스탈린에 의해 강제로 멀리 중앙아시아에까지 흩어져 보내졌다. 새로운 기회를 찾아 일본으로 떠난 사람도 있었지만 노동자들이 강제로 끌려가 중노동에 투입된 경우도 있었다.

1960년부터 젊은이들이 간호사와 광부로 독일로 진출했다. 간호사들의 임금은 한국의 경제발전을 위한 차관의 담보가 되었다(백영훈 1997). 1980년대에는 중동으로 오일달러를 찾아 다시 한 번 노동자들이 해외로 대거 이동했다. 한편, 미국은 가난한 한국인에게는 선망의 나라요 기회의 땅이었다. 1960년대부터 미국으로 이민간 한국인은 1,228,427명으로 전체 인구의 0.4%를 차지한다(2000년 기준). 이와 같이 한국은 지난 1세기에 동안 이주노동력을 수출하는 나라였다.

한국의 산업화는 이주역사에서 새로운 전기를 마련했다. 한국에

외국인 국내체류자(체류목적별) 증가율

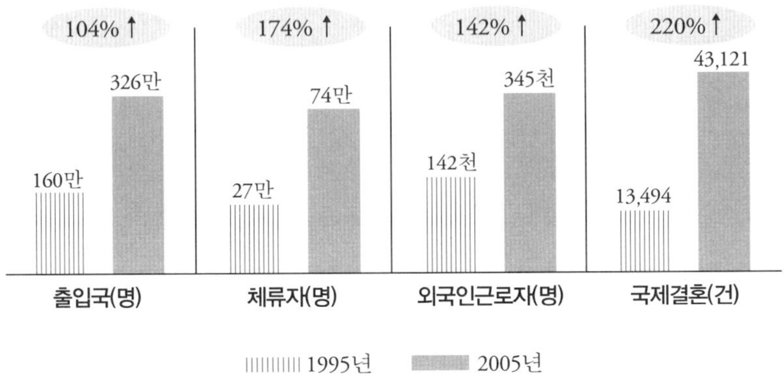

자료 : 통계청.

서 산업이 발전함에 따라 산업노동력이 부족해지기 시작했는데, 그 주요 원인은 한국 노동자들의 사회가치에 대한 인식이 변한 것이다. 노동자들은 어느 정도 가난에서 벗어나자 그간의 힘들고 어려운 일들을 기피하기 시작했다. 이와 같은 현상은 한국 노동자의 사회적 신분상승을 꾀하려는 노력에서 나타난 것이다. 이른바 '어렵고 힘들며 위험한 직종'에 종사하는 한, 신분의 하층화와 예속화를 벗어나지 못하는 것이다. 이와 같은 기피로 1980년대 후반부터 관광 비자 혹은 단기방문 비자를 받아 입국하는 외국인들이 하위 직종을 넘겨받기 시작했다.

외국인의 국내입국은 아시안게임과 올림픽을 치르면서 해외여행 규제를 대폭 완화함으로써 용이하게 되었다. 산업연수생 제도를 도입하여 1991년부터 실시해 해외인력 도입을 제도화하였다. 산업연수생은 노동자로 인정하지 않는 제도적인 한계와 인권문제로 인하여 2004년부터 고용허가제로 바꾸어 외국인근로자를 충당하고 있다.

2006년 통계에 따르면 외국인 거주자가 100만 명에 이르렀다. 외국인 100만 명 시대가 열린 것이다. 이 가운데 절반은 외국근로노동자들

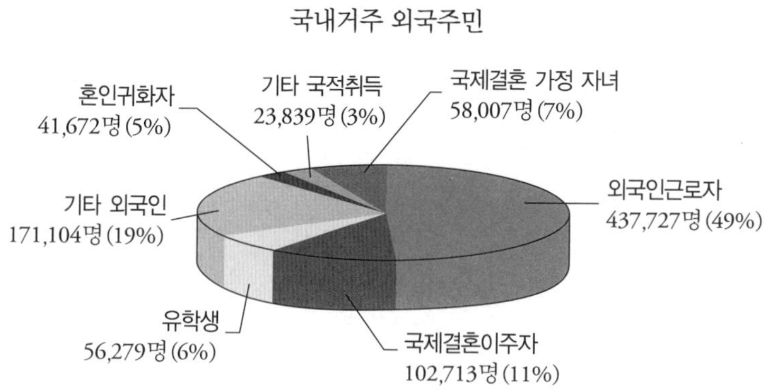

자료 : 행정안전부 : 2008년 지방자치단체 외국인주민 실태조사 결과

이다. 단순기능 외국인 노동자 수는 2005년 3월 말 기준 40만 2천 명 수준으로 추산되었다. 이 중 합법체류자는 산업연수생 3만 5천 명, 연수취업 5만 1천 명, 비전문취업 9만 5천 명, 취업관리제 2만 2천 명 등 20만 3천 명이며, 19만 9천 명은 불법체류자인 것으로 파악되었다. 외국인 거주지역별로 보면 경기(31.2%), 서울(29.2%), 인천(5.5%) 등 수도권에 65.9%가 집중 거주하고 있으며, 외국인 주민이 1만 명이 넘는 지자체는 22곳으로 2007년 16곳에 비해 6곳이 증가했다. 1백 명 미만인 지자체는 경북 울릉군이 58명으로 유일하다.

외국인근로자의 증가와 더불어 국제결혼 역시 증가하고 있다. 2008년 전체 외국인 주민 891,341명 중 외국인근로자는 49%인 437,727명, 결혼이민자가 16.2%인 144,385명으로 나타났다. 2004년 국제결혼은 약 3만 5천 건으로 결혼하는 쌍의 10% 이상이 국제결혼으로 국제결혼 이주자가 87,964명으로 12.2%이다. 다만 2008년 외국인과의 혼인은 2007년 27,560건과 비교하여 36,204건으로 3.6% 감소했다. 외국인과의 혼인건수는 2005년 이후 3년째 감소하고 있다. 국제결혼 가정 자녀는 행정안전부의 2008년도 외국인실태조사에 따르면 4만 4,258명으로 2006

한국인 남편의 혼인종류/외국인 아내의 국적별 혼인

외국인 아내의 국적	한국인 남편의 혼인종류	2000	2002	2004	2005	2006	2007	2008
계	총계	6,945	10,698	25,105	30,719	29,665	28,580	28,163
	초혼	5,219	6,968	13,285	16,914	18,627	17,895	18,223
	재혼	1,708	3,678	11,543	13,442	10,641	10,609	9,930
	미상	18	52	277	363	397	76	10
필리핀	총계	1,174	838	947	980	1,117	1,497	1,857
	초혼	1,033	669	664	691	776	1,014	1,288
	재혼	140	165	274	282	330	481	569
	미상	1	4	9	7	11	2	0
베트남	총계	77	474	2,461	5,822	10,128	6,610	8,282
	초혼	61	343	1,769	4,296	7,532	4,875	6,054
	재혼	16	129	678	1,492	2,509	1,727	2,228
	미상	0	2	14	34	87	8	0
캄보디아	총계	…	…	72	157	394	1,804	659
	초혼	…	…	57	107	279	1,208	458
	재혼	…	…	15	50	111	595	201
	미상	…	…	0	0	4	1	0
태국(타이)	총계	240	327	324	266	271	524	633
	초혼	207	266	245	202	187	299	388
	재혼	33	60	79	64	83	220	245
	미상	0	1	0	0	1	5	0
몽골	총계	64	194	504	561	594	745	521
	초혼	54	141	315	354	392	538	354
	재혼	9	53	185	199	194	206	167
	미상	1	0	4	8	8	1	0
중국(중화인민공화국)	총계	3,566	7,023	18,489	20,582	14,566	14,484	13,203
	초혼	2,325	4,133	8,551	9,481	7,460	7,685	7,359
	재혼	1,230	2,853	9,718	10,814	6,867	6,753	5,834

	미상	11	37	220	287	239	46	10
일본	총계	819	690	809	883	1,045	1,206	1,162
	초혼	716	570	671	732	876	1,022	995
	재혼	101	117	119	133	141	172	167
	미상	2	3	19	18	28	12	0
우즈베키스탄 공화국	총계	43	183	247	332	314	351	492
	초혼	29	140	154	206	215	234	329
	재혼	14	43	91	124	93	117	163
	미상	0	0	2	2	6	0	0
미국 (미합중국)	총계	231	267	341	285	331	376	344
	초혼	169	186	226	207	251	287	278
	재혼	60	79	115	75	75	89	66
	미상	2	2	0	3	5	0	0
기타 및 미상	총계	731	702	911	851	905	983	1,010
	초혼	625	520	633	638	659	733	720
	재혼	105	179	269	209	238	249	290
	미상	1	3	9	4	8	1	0

자료 : 통계청.

년 2만 5,246명에 비해 1만 9,012명이나 늘었다. 국제결혼 가정 출신 초등학생 역시 2007년 1만 3,445명으로 2년 전 6,121명보다 2배 이상 늘었으며, 6세 이하의 자녀도 2만 6,445명에 이른다. 이는 국제결혼 가정의 초등학생 수는 대폭 증가할 것을 예고한다.

이주노동자의 증가와 국제결혼의 지속적인 증가, 국제결혼에 따른 2세의 증가는 한국 사회에 새로운 도전이 되고 있음이 분명하다. 다양한 민족 출신의 외국인의 증가는 한국 사회를 다인종 사회라 부르는 근거로 인용되며, 이들의 존재를 인정해 주어야 한다는 요구와 사회통합이 다문화정책으로 타나나고 있다.

제2장

이주와 연구

1. 이주의 개념

이주가 사회에 미치는 영향은 문제라기보다는 현대 사회에서 일어나는 사회현상으로 보아야 한다. 정치 · 경제적 문제들 혹은 지진이나 홍수와 같은 자연재해로 인하여 이주가 발생한다. 이와는 달리 개인적인 수준에서 해외노동이나 또는 국제결혼의 경우에서와 같이 결혼으로 인해 이주가 일어나기도 한다. 산업화 이전의 이주자들과 달리 오늘날의 이주자들은 헌법과 국제조약이 보장하는 권리와 의무를 갖게 되며, 이주에 대한 자기 자신의 의사와 결정에서 더 자유롭다. 이주자 자신의 의지에 따라 정착된 사회에 계속 정주할 수도 있고, 자신의 의사와 결정에 따라 그 사회를 떠날 수도 있다. 마찬가지로 그 사회에 얼마만큼 통합되거나 동화하는 것도 이주자의 인식과 결정에 의존한다.

1) 시간적 변화에 의한 이주

이주 개념은 공간과 시간이라는 두 축을 갖고 있다. 여기서 공간은 다시 출발지로서의 공간과 도착지로서의 공간으로 나뉜다. 시간도 크게 보면 거주의 지속성과 거주의 목적에 따라 분류된다. 외국을 방문하는 목적이 여행이라면 이는 거주시간에 관계없이 이주로 분류되지 않는다.

이주의 기간과 관련한 문제는 국제이주의 통계(statistics of international migration)에 대한 UN의 권고에서 찾아볼 수 있다. UN의 첫 번째 권고는 1953년에 채택되어 1976년에 개정되었다. 1980년 UN의 이민에 대한 개정된 권고는 장기국제이주를 다음과 같이 단순화하였다. 다음 두 조건을 충족하는 사람을 장기 이주자라고 한다. (1) 이전에 그 국가에서 1년 이상 계속해서 체류한 적이 전혀 없거나 또는 최소 한번 1년 이상 체류했다 하더라도 마지막 체류일로부터 1년 이상을 계속해서 그 국가에 머물지 않았으며, (2) 적어도 1년 이상 체류할 의도를 가지고 일국에 입국한 사람(United Nations 1980, par. 32).

1998년에 마지막으로 개정된 유엔 권고에 따르면 거주기간(the period of stay)이 적어도 1년일 때에 장기이주(long-term migration)가 된다. "그·그녀의 일반적 거주지가 아닌 타국으로 최소 1년(12개월) 동안 이주하여 그 목적지 국가가 실질적으로 자신의 새 일반 거주지가 되어버린 경우의 사람을 장기이주자라 정의한다".[1] 이 정의에 따르면 장기국제

1. United Nations, Recommendations on statistics of international migrations. Revision 1, Statistical Papers, series No. 58, Rev. 1, New York, 1998, 95 p. 2.

이주(long-term international immigration)는 개인이 자신의 나라를 떠나 외국에 들어가 적어도 1년 이상 그곳에서 체류하면서 살아가는 것을 의미한다. 마찬가지로 장기국제이민(long-term international emigration)도 개인이 자신의 나라를 떠나 적어도 현지국가에서 생활하는 것이다. UN은 단기국제이주(short-term international migration)는 3개월에서 1년 사이의 체류로 정의하고 있다.

이 새로운 정의에서 나타나는 문제는 1년(more than one year) 개념이다. 1년 이상을 거주기간으로 보기 때문에 정확히 1년을 기준으로 입국하는 이민자를 배제하게 된다. 따라서 1998년 이주 정의에서는 "1년 이상"은 "적어도 1년"(at least a year)로 개정되었다.

이주에 따른 통계에서 누구를 이주자로 볼 것인가에 대한 문제가 있다. 국가별 통계는 보통 국내이주와 해외이주를 구별한다. 가령 서울에서 경기도로의 이주는 거주지를 바꾼 국내이주로 간주되지만, 서울에서 미국이나 그 외 국가로의 이주는 해외이주로 구별된다. 해외이주는 국가 간의 경계선을 넘는 데서 차이가 있다. 국가 간의 경계선을 넘는 것은 바로 언어적·문화적 경계선을 달리 하는 것을 말하며, 이는 한 인간의 삶의 축이 변경되는 것을 뜻한다.

그러나 대도시로의 정기적인 출퇴근이나 또는 주말에 서울과 지방 간의 이동은 시간과 거리에 따라 그 이동성에서 차이가 있지만 국내이동으로 간주된다. 따라서 이런 이동은 이주가 갖고 있는 차원의 문제는 가지고 있지 않다. 마찬가지로 유목민도 가축을 키우기 위해 목초지를 따라 지속적으로 이동을 하지만 이는 이주와는 성격을 달리한다. 유목민은 이동 후에 그곳에서 정주하지 않기 때문이다.

2) 공간적 변화에 의한 이주

이주에 대한 개념의 정의에서는 변경과 이동이 중심적인 역할을 한다. 가령 엘리아스(N. Elias), 스코트슨(J. Scotson)은 이주를 "그룹 귀속성의 변화"(Wechsel der Gruppenzugehörigkeit)로 보았다. 즉 사람이 장소를 이동하면 외면적으로는 단지 장소만을 바꾼 것으로 보이지만 실제로는 '접촉하는 사회 그룹'을 바꾼 것이다(Elias/Scotson 1990, 248). 잭슨(Jackson 1969)은 사람들이 겪는 모든 유목민적 경험에 속하는 것을 이주에 포함시킨다. 즉 사람들은 성장을 하면서 이동을 경험하게 된다. 가령 직장을 얻어서 이동을 하게 되며, 결혼을 통해서 자신이 사는 고향을 떠나 타지역으로 이동하게 된다(Jackson 1969, 4). 따라서 이동은 특별한 움직임과 변경을 묘사한다.

다음의 그림은 이주의 가장 단순한 형태를 보여주는 그림이다. 이주는 개인 또는 그룹이 생활중심 지역을 A국가 지역에서 B국가 지역으로 이동함으로써 일어난다. 따라서 삶의 터전이 되는 생활과 활동영역의 이전이다. 이는 마치 동물들이 자신이 거주하는 지역과 사냥하는 지역을 바꾸는 것과 같다. 이동에 따라 삶의 변화가 일어난다. 즉 일터가 바뀌며 주거공간이 바뀐다. 목적지로 이동한 지역에서는 그곳 현지인과 같이 소비를 하게 된다. 가령 생활필수품 등에서 변화가 올 수 있다. 현지에서 이주자는 과거에 소비하지 못했던 것을 소비하게 되며, 반대로 그렇지 못할 수도 있다. 문화의 소비도 마찬가지이다. 사람들과의 사회적인 네트워크도 바뀌게 된다. 현지인과의 새로운 관계가 어떻게 될지 열려 있는 상태가 된다.

공간의 이동은 이와 같이 부가적인 변동이 있다. 국내이주가 아닌

이주에 따른 생활중심의 변화

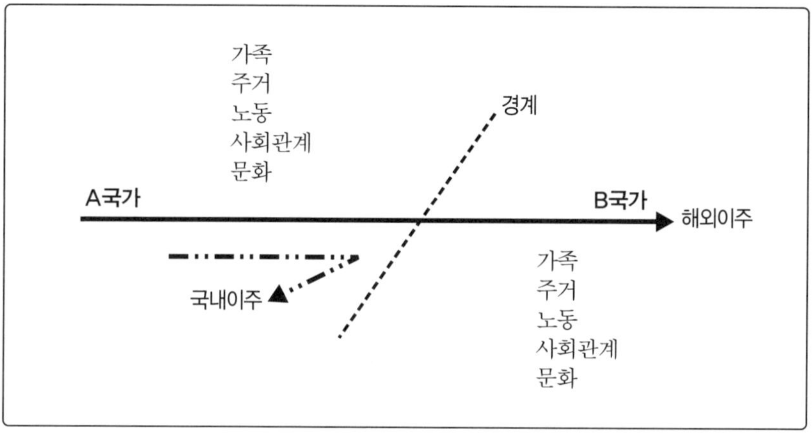

국가의 경계를 넘어서는 이주자는 그 경계선에 따라 문화적 · 종교적 · 언어적 · 인종적 경계의 차이를 만나게 된다. 이러한 경계가 이주과정에서 극복될지 또는 이주 동안에 일어나게 될지 모든 것이 불확실할 수밖에 없지만 그 경계를 넘는 데서 오는 차이에 분명히 직면하게 되어 있다. 가령 여성의 권리가 억압되는 중동의 회교 사회에서 유럽 서구 사회로 이주할 경우 여성의 자유와 권리가 보장되며, 사회참여가 획기적으로 늘어나게 된다. 이는 여성들의 교육과 사회참여의 확대로 나타난다. 물론 이런 경계의 차이에서 오는 문화적 · 종교적 차이의 범위와 수용, 동기 등은 개인이나 또는 소속 가족의 태도에 따라 차이가 있지만, 이런 차이를 어떻게 누리며 극복할 것인가에 대한 근본 문제는 이주자 누구나 똑같이 직면하는 문제이다.

(1) 거주지

이주문제에서 거주장소의 지리적 변화는 항상 강조되는 요소이다. 거주장소의 변경은 이주의 성격을 규명하는 데서 대부분 논의의 출발점이 되고 있다. 개인의 '일상적인 거주지' (the usual place of residence)는 생활에 익숙해져 있는 장소이다. 이는 객관적으로 고향(home), 불어는 셰수아(chez soi), 독일어 하이마트(Heimat), 네덜란드어 투이스(thuis)로 불린다. 고향은 좁게 보면 개인뿐만 아니라 같은 거주지역의 사람들이 만나는 만남의 장소이다.

(2) 집단이주

이주는 보통 개별적인 이주를 말하는데, 실제로 개별적인 이주는 분석수준에서 어떤 사회학적 문제를 논할 수는 없다. 이주하는 사람들을 그룹 또는 카테고리를 통해 분류하는 것은 사회학에서 주요한 관심 대상이다. 가령 과거 이주의 집단적 특성은 개인적 이주의 특성을 등한시한다는 이유를 들어 무시되는 경향이 있었다. 그러나 이주 사회학적으로 이주를 분석하기 위해서는 바로 기본적인 분류방법이 강조되어야 한다. 왜냐하면 개인적 이주의 특성도 집단적 이주의 특성 내에서 일어나는 한 행동적 특성으로 파악할 수 있기 때문이다.

이주 사회학은 발생하는 이주자의 개인적 · 사회적 원인과 결과를 다루며, 이를 통해 이주의 일정한 행태나 모형, 그리고 이주와 관련된 각 사회에 대한 영향력을 일반화하여 찾고자 한다. 예로 엘리아스와 스코트슨은 영국 미드랜드(Midlands)의 대도시의 한 교외인 윈스턴 파르바(Winston Parva)의 3천 명의 현지인과 지역(Zone 3)에 사는 1천2백 명의 외래인(Outsiders)에 대해 조사했다. 이 조사에서 이들이 갖는 질문은 왜 외래인들은 현지인(Villagers)에 의해서 사회적 · 도덕적으로 열등하다고 평가되고 또한 그렇게 받아들여지는가였다(N. Elias/J. L. Scotson 1965). 이들은 약 100명의 윈스턴 파르바의 거주자들을 인터뷰했다. 이런 개별 인터뷰를 통해서 사회적 · 거주적 이동성과 '그룹 간 적대감의 제도화' (institutionalization of intergroup hostility) 관계를 밝혀내고 있다. 이들의 연구는 도시 사회문제의 이해에 기여하고 있다.

이와 같이 이주에 관심을 갖는 사회학자들은 이론적인 필요에서 뿐만 아니라 실제적인 유용성으로 인하여 이주의 집단적 차원을 염두에 두고 이주를 연구한다.

3) 수직적 가치체계를 넘어서는 결정에 의한 이주

이주는 한 국가에서 다른 국가로 변경하는 항구적 이동이지만 이런 이동의 결정 뒤에는 대개 가족의 관심과 우려가 있으며, 이주는 이런 우려를 넘어서 이루어지는 결정이다. 따라서 사회심리학적인 측면에서 이주문제를 다루고자 할 때 이런 "수직적 가치체계의 기저"(the basis of a hierarchically ordered set of values)를 직시해야 한다. 즉 과학적 조사에서 이주는 임의적 행위로 다루어질 수 없다. 물론 이주자들 가운데는 즉흥적으로 짐을 싸서 떠나는 경우도 있다. 그러나 이 경우에도 인간의 행동이 돌출적이라기보다는 이런 연구에 필요한 자료가 오히려 불충분한 것으로 보아야 한다.

일정한 부류의 사람들은 자신이 속한 사회가 개별적 필요를 충족시켜 주지 못하면 다른 곳으로 장소를 이동하여 자신들의 결핍과 필요를 채우고자 한다. 그러나 모든 사람들이 이와 같은 필요성 내지 상대적인 박탈감에 공감하며 이주를 실행하지는 않는다. 왜냐하면 모든 사람들이 이런 생각들로 인하여 이주를 고려하거나 이주를 결정하여 떠나는 것은 아니기 때문이다. 따라서 이주의 과정을 들여다 보기 위해서는 이주하고자 하는 결정에 미치는 기준들과 이런 결정을 통해 이주하는 과정들을 찾아내야 한다.

이주 연구에서 일정 집단이 자신들의 결핍의 상대적인 중요성을 인식하고 있는 기준들, 이주와 관련된 가치와 목적 등을 활용하는 것 또한 유용한 분석수단이 된다. 이주 가치와 이주에 연관된 수단들이 높게 평가되고 공유되고 있는 사회에서 사람들은 그렇지 못한 사회보다 이주결정에 더 많은 영향을 받는다. 또한 공간적 이동 후에도 이주에 영향을 미치는 결핍과 이주에 대한 높은 가치는 지속적으로 이주의 목적에 연계되어 작용한다. 따라서 이런 가치의 상황변화는 다시 제2의 이주나 '귀향이주' 등에 영향을 미치게 됨을 충분히 예견할 수 있다.

물론 높게 평가되고 있는 결핍의 수준이 이주에 대한 충분조건은 아니다. 그 예로 우리는 이미 주어진 사회구조가 특정 가치목적을 추구하는 데 다양한 수단들을 제공하고 있음을 보아야 한다. 가령 사회구조나 사회집단성이 경제나 정치적 영역에서의 경쟁을 제한한다면, 그리고 이런 장애들이 지역체계의 내재적인 요소로 인식된다면 상대적 박탈감은 바로 이주에 영향을 주는 힘이 된다. 같은 논리로 위와 같은 사회환경에서 이주는 상대적 박탈감에 대한 '최종 답' 또는 최후의 보루(last resort)라 할 수 있으며, 공유되고 있는 가치수단의 획득에 대한 명목적인 수단이 될 수 있다.

4) 주관적 결정에 의한 이주

이주 결정은 또한 주관적인 행동이다. 따라서 중요하게 여겨야 할 것은 집단의 구성원들이 객관적인 기회나 사회구조에서 자신이 처한 상황을 어떻게 느끼는가 하는 점이다. 기꺼이 이주하고자 하는 생각, 마음의 준비 또는 구체적인 이주 결정 등은 바로 구조적인 사회여건에 대한 주관적 인식과 판단에 기인한다.

따라서 이주에 따른 기타 조건들이 충족되지 않으면 이주하고자 하는 준비성만을 고려하여 이주를 결정하지는 못한다. 예를 들어 사람들은 이주에 따른 미래의 잠정적인 목적을 고려하여 이주 사회에서 과연 이 목적을 달성할 수 있는지에 대해 충분히 고려해야 한다. 이성적으로 자유로우며 자유결정을 내릴 수 있는 사회에서 사람들이 이동할 때에는 자신들이 속한 고향에서 즐겼던 삶의 방식들을 포기하지 않고 결핍된 것들을 충분히 극복하며 보완할 수 있다고 여겨지는 장소로 이주 결정을 내린다. 물론 가치는 우선순위에 따라 결정하며, 이런 선택을 하는 데 있어서는 당연히 숙고하는 과정이 있다.

이주자나 또는 잠정적 이주자들은 자신들을 이주로 이끌고 있는 사실들을 객관적으로 인식하거나 논리적으로 표명하지 못할 수도 있다. 그러나 이주 연구에서 이런 요소들이 다양하게 나타나며, 결과적으로 이주과정의 각 단계에 영향을 미친다고 봐야 한다.

5) 상호 행위체계의 변화에 의한 이주

농부들이 시골에서 도시로 이주할 때 자신의 원래 사회적 조직들을 유지할 것이라 가정한다면 이는 큰 오류이다. 시골에서 도시로 이주한다면 직업을 바꾸는 것이 실제로 주목적이며, 따라서 직업의 변화는 이주자들의 상호 행위체계에 중대한 변화를 주기에 충분하기 때문이다.

가령 도회지에서는 시골과 같이 자연스러운 이웃 방문이 쉽지 않다. 또한 여가생활, 쇼핑 등과 같은 일상생활에서도 상당한 행위변화가 일어난다. 이런 변화들은 즉각적으로 심각한 혼란이 되지는 않지만 농부들은 농부로서 구별하는 정체성에서 벗어나 도시생활을 하면서 시간이 지남에 따라 기존의 상호 가치와 체계 등은 자연스럽게 소멸되게 된다. 이주 연구에서 한 가지 심각한 실수는 이주자들의 상호적 행위에 상당한 변화 없이 이주를 바라보는 것이다. 따라서 이런 경우에는 이주에 대한 설명과 실제 이주 간에 간극이 나타난다.

이주의 사회체계 면을 강조하는 연구에서 사회학자들은 거주지 재배치와 관련된 사회변화 상황에 관심을 갖는다. 즉 이런 관점에서 이주 연구는 상호적 행위체계(interactional system)에서 변화를 만드는 현상으로서 이주를 보는 것이다. 이주의 특성을 만들어내는 사회변화가 설명되지 않는 한, 사회조직에 대한 일반이론(a general theory)으로 이주를 소개하는 것은 합리화하기도 어려울 뿐만 아니라 사회학적 관점에서만 보는 것도 옳지 않다.

그러나 거주지의 변화가 반드시 관계하고 있는 행위자들의 상호 행동적 체계에서 변화를 가져온다고 보는 것은 아니다. 예를 들어 집단의 일부 특정한 사람들이 멀리 이동해 가며 새 지역에서 거주지를 형성하지만, 이들의 일부가 이주한 지역에서 기존의 상호 행동적 체계에서 어떤 기본적인 변화를 체험하지 못하거나 어떤 기여도 하지 못하는 것을 볼 수 있다. 즉 거주지의 재배치에도 불구하고 공유하고 있는 상호 행동적 체계의 기본적인 구조적 특징이 변화되지 않을 수 있다. 물론 이런 모든 변화들을 관찰하며 설명한다는 것은 연구자에게 분명 큰 짐이다.

이주는 사회의 두 체제에 관련된 사회과정으로 봐야 한다. 이런 개념에서 출발한다면 두 체제에 대한 지식, 가령 역사적인 지식이나 문화 이해 같은 것은 바로 사회현상과 관련된 사회차원을 이해하는 데 매우 유용한 것이 된다. 이주의 목적지에 연계된 수용체계(recipient system), 또는 모국 고향에 대한 기여체계(donor system) 등 한 가지에만 집중된 지식은 이주문제를 다룸에서 부적합하며, 이는 사회과정의 역동성에 대해 불충분한 지식을 낳게 한다. 게다가 이주에서 발생하는 사회문제들은 상호작용의 변화가 일어나고 있는 사회조직의 각 배경과 영역에 대한 조심스런 설명을 통해서만 이해가 가능하다. 이주에 따라 상호 행위 패턴이 흐트러지지 않는다면 사람들의 물리적인 장소 이동은 일탈행위에 미칠 어떤 내재적인 이유를 갖고 있지 않은 것이다.

2. 이주의 분류

이주의 상호 행동적인 체계에서 변화의 기준들은 사람들의 이주에 대한 본질적인 사회학적 특성들 중 하나를 보여주는 것이다. 이주의 현상은 다양하기 때문에 일정한 특징을 기준으로 분류하기는 어렵다. 다만 여기서 어떤 공통점을 찾아 분류할 수 있으며, 그 분류 또한 다양하다.

① 공간요소에 따른 분류

– 국내이주(농촌에서 도시로)

– 국제이주(국제이주는 대륙 내 이주와 대륙 간 이주로 나눌 수 있다)

② 시간요소에 따른 분류

– 일시적 이주(계절에 따라 이동하는 계절노동자)

– 영구적 이주(영구적 이동은 전입과 전출로 나뉜다)

③ 이주의 원인에 따른 분류

– 자발적 이주(주로 노동자)

– 강제이주[난민, 구축(驅逐)]

④ 이주의 크기에 따른 분류

– 개별이주

– 단체이주

– 대량이주

물론 이러한 이주의 분류에서 이주의 동기에 따른 분류를 할 때에는 정치적 · 도덕적 · 법적인 판단에서 논란이 일어난다. 그 예로 자발적 · 경제적 요인에 의해서 이주하는 사람은 이주자로 보고, 비자발적 · 정치적인 근거로 해서 이주하는 사람은 난민으로 보는 경우이다. 그러나 이런 개념구성은 여러 가지 면에서 문제를 내포하고 있다(Suhrke/Zolberg 1992, 39). 예로 1996과 1997년 알바니아를 떠난 사람들을 들 수 있다. 이들은 대부분 이태리로 왔는데 실제로 노동이주자들이었다. 그러나 이들의 이주를 더 좋은 노동조건과 높은 임금을 바라는 동기를 가진 이주노동자로 볼 것인지, 또는 자신의 사회에서 더 이상 희망을 찾지 못하기 때문에 강제로 이주할 수밖에 없었던 난민으로 볼 것인지는 논란의 여지가 있다.

이주의 크기에 따른 분류에는 문제점이 있다. 즉 이주통계에서 대다수 이주자는 개별적 이주자로 분류된다. 그러나 실제로 연속적인 이주에서 친척이나 아는 사람과 함께 이주하는 경우도 있다. 연속적인 이주의 경우는 한 가족구성원이 이미 정착한 지역이나 사회로 연속적으로 일어나는데, 이는 가장 흔히 발견되는 이주현상이다.

이주의 분류에서 과거의 "전통적 이주"와 "노동자 이주" 같은 분류를 오늘날 그대로 적용하는 데에는 한계가 있다. 예로 미국으로의 이주는 초기에는 일시적인 또는 경과적인 이동으로 되었다가 후에는 정착하게 되어 다시 영구이주로 변화되었다. 노동이주와 난민이주의 구별도 제한된 범위에서만 가능하다. 난민들이 고향을 떠나는 배경과 동기는 정치적 핍박과 지속적인 고문, 그리고 학대와 위협이다. 따라서 난민들은 목숨을 유지하고 살아남기 위해서 고향을 떠난다. 이러한 이주는 사실상 강제추방과도 같다. 그러나 강제와 자발성이 점점 혼합되어 나타나는 것을 볼 수 있다.

오늘날 세계화 속에서 세계경제와 부의 편재를 놓고 보면 경제사회와 정치적 불평등이 증가하고 있음을 볼 수 있다. 즉 점차 더 많은 사람들이 자신들이 속한 지역사회를 떠나도록 압박을 받는다.

3. 이주 개념과 관련된 질문들

이주는 (1) 장소변경, (2) 사회적 관계의 변화, (3) 새로운 환경에의 적응 등을 수반한다. 이주는 또한 어떤 특정 시기에 국한되는 것이 아니라 생활중심축의 변화에 따른 과정이며, 따라서 이주는 삶과 관련된 전 영역에 걸쳐 있는 문제이다. 삶의 중심축이 변화하면 이는 사회적 · 정치적 · 문화적 경계의 변화를 가져온다.

이주 개념에 대한 사회학적인 정의는 다음과 같다.

– 이주는 사람들의 모든 장소변경이다(Hoffmann–Nowonthy 1970,

107).

- 이주자는 자신이 태어난 지역 밖에서 장기간 동안 또는 오랜 기간 동안 사는 사람들이다(Castles 1993, 1).
- 이주는 주거지를 영원히 또는 반영구적으로(semipermanent) 바꾸는 것이다(Lee 1972, 117).
- 이주는 주거지를 바꾸는 것이다(Nauck 1988, 362).
- 이주는 그룹의 소속을 바꾸는 것이다. 이주는 신체적으로 한 장소에서 다른 장소로 이동하는 것으로 보이나 실제는 한 그룹의 소속에서 다른 그룹의 소속으로 소속을 바꾸는 것이다(Albrecht 1972, 23).
- 이주는 현재까지 살던 지역을 떠나 상당한 거리에 있는 주거지를 장기적으로 구하는 것이다(Hoffmann-Nowontny 1994, 400).
- 이주는 사람의 중심 주거지를 바꾸는 모든 행위이다(Wagner 1989, 26).
- 이주는 한 사회체계에서 다른 사회체계로 바꾸는 것이며, 이를 통해 직·간접적으로 두 체계에 내적·외적 관계 및 구조변화를 유도한다(Ronzani 1980, 17).
- 이주는 개인이나 또는 그룹이 한 사회에서 다른 사회로 옮겨가는 것이다(Eisenstadt 1954, 1).

이러한 이주에 대한 다양한 개념들을 정리하면 몇 가지 특징을 도출해낼 수 있다. 첫째, 공간의 변수로 출신 지역과 이주해 가는 지역 간의 대조이다. 둘째, 공간의 변동을 통해 일어나는 특정 변화를 이주의 주요 특징으로 언급하는 것을 볼 수 있다. 이주는 결과적으로 사회생활에서 "소속 그룹"의 변화를 가져온다. 이런 변화는 시간의 흐름에서 일시적으로 발생하는 것이 아니라 장기적으로 일어나고 있는 점이 강조되고 있다. 따라서 여행, 관광, 출장과 같은 장소 이동은 소속 그룹의 변화와 무관하기 때문에, 또한 대부분은 단기간에 일어나는 것이기 때문에 이주의 대상에서 제외된다. 다만, 강제적인 추방은 이주의 특수 형태로 분류된다.

이와 같은 이주에 대한 개념 정의는 출발지와 목적지의 장소 변경을 포함한다. 이주 개념을 정의하는 데서 나타나는 특징들을 종합하면 다음과 같다. 이주 개념에는 (1) 누가 어디서 어디로 왜 이동했는가에 대한 질문과 (2) 그 이주에 따른 변화는 무엇인가에 대한 질문을 포함하고 있다. 이주를 광의적 수준에서 정의할 때 이민의 주요 요인은 '일자리 찾기' 와 '학대로부터 보호' 이다. 이주는 노동이주와 같은 형태를 갖게 된다. 이는 난민도 마찬가지이다. 따라서 자발적 의사의 이주와 강제에 따른 이주의 구별은 점점 어려워지고 있는 것이 현실이다.

이주의 개념을 정의할 때에는 이주에 따라 나타나는 특성적 요소를 고려하여 정의할 수밖에 없다. 따라서 이주는 '소속 지역 사회에서 타 지역 사회로의 장기적인 개인 또는 무리의 이동' 이라 할 수 있다. 이런 이주의 내용을 보면 경제적 요인, 가족구성원의 관계, 정치적 요인이 작용하는 이주의 원인이 전제되어 있다. 최근의 이주 연구는 이주, 노동자, 난민의 개념들이 이주의 특성을 보여주며 서로 구별될 수 있음을 보여준다. 또한 과거 이주에 대한 전통적인 개념과 설명방식이 여전히 현재에 적용될 수 있음을 보여준다. 이러한 기준에 준하여 이주, 노동자, 난민 등을 구별해 보는 것이 필요하다.

이주는 장소 또는 거주지를 변경하는 것 이상으로 사회구성의 정체성의 변경이기도 하다. 이주자는 새 거주지에 등록을 해야 한다. 이주 등록을 하지 않는 경우 불법이주 또는 노동자의 경우는 미등록 이주노

150여 명의 이주노동자를 태운 트럭. 이들은 나이지리아 아가데즈(Agadez)를 떠나 북으로 향하다 휴식을 하고 있다.
출처 : www.unfpa.org/swp/2006/presskit

동자가 된다. 그러나 이주등록 통계를 통해 얻게 되는 이주에 대한 연구는 이주 연구의 일부에 지나지 않는다. 왜냐하면 이주 연구를 위해서는 생활중심축의 변화에 따른 그들의 일상적인 삶의 변화, 가치의 변화, 안전에의 필요성 문제 등도 밝혀야 하기 때문이다. 그러나 이는 쉽게 접근하기 어려운 문제이다.

따라서 이주에서 다음과 같은 질문들이 제기되고 이에 대한 적정한 답을 찾아야 한다.

- 무엇이 인간으로 하여금 이동케 하는가?
- 이주자들은 새로운 환경에서 어떤 반응을 보이는가?
- 구(舊)환경 또는 사회에 대한 집착(정향)은 어떤 의미를 갖는가?
- 사회학의 이주노동에 대한 연구는 어떤 대안들을 제시하고 있는가?
- 전통적인 "동화(assimilation) 개념"은 어느 정도 유용한가?
- 이주는 어떤 과정을 거쳐 일어나는가?
- 언어습득, 거주, 노동상태, 사회적 접촉은 이주과정에서 어떤 역할을 하는가?
- 이주자를 받아들이는 사회는 이주자에 대해 어떻게 대응하며

수용하는가?

- 소수 그룹, 민족과 사회 간의 관계에서 정체성, 귀속성, 출신지역 또는 배경의 전통은 어떤 역할을 하는가? 또한 배경의 특징은 어떤 역할을 하는가?

4. 이주자에서 시민으로

이주자는 자신이 원한 현지국가에서 시민이 됨으로써 이민자로서의 법적인 지위를 벗어나게 된다. 이런 이주자에서 시민으로의 변경과정은 일부 국가에서는 쉽게 또한 비교적 단기간에 이루어지지만 대부분의 나라에서는 그렇지 않은 것이 현실이다. 이러한 차이는 이주자 자신보다도 해당 국가의 역사적 요인, 사회문화 및 경제문제 등의 요인에 기인한다.

국적을 얻는 방법은 크게 속인주의(ius sanguinis)와 속지주의(ius solis)로 나눌 수 있다. 속인주의는 시민이 되기 위해서 해당 국가 국민의 자손으로서 요구조건을 충족시켜야 하며, 속지주의는 해당 국가의 영토에서 태어나야 하는 조건을 충족시켜야 한다. 현재 대부분의 나라들은 이 두 원리 중 하나를 주도적 원리로 택하고 있지만 대개는 두 형을 혼합하는 방식을 택하고 있다.

독일은 지속적으로 속인주의를 따랐는데, 2000년대에 들어 속지주의를 겸하여 채택하고 있다. 독일에 이주해 온 터키 이주자들의 자녀들은 독일에서 태어나 독일에서 성장했지만 독일 시민이 되는 과정에서는 오랜 시기 동안 배제되어 왔다. 반대로 독일 통일 이후에 동유럽에 거주하는 독일인의 후손은 독일로 이주해 오면 자동적으로 독일인이 되었다.

호주, 캐나다 및 영국은 독일과 대조적으로 넓은 의미에서 속지주의를 따르는 국가이다. 따라서 적법하게 이주한 이주자의 자녀는 현지에서 출생하면 자동적으로 시민이 된다. 미국은 더 포괄적인 속지주의 원리를 따른다. 미국은 부모의 체류 신분과 관계없이 미국에서 태어난 모든 신생아에게 자동적으로 시민권을 부여한다(일부 주에서는 원정출산이 문제가 되어 이를 제한하자는 주장이 제기되고 있다). 이주자들은 또한 일정 거주기간의 요구를 충족하는 경우 시민권을 받는다. 거주기간은 짧게는 3년(호주 및 캐나다)에서 길게는 10년에 걸쳐 있다(오스트리아, 독일).

시민권을 얻는 데 있어서 국적문제, 즉 이중국적의 문제가 있다. 근대국가가 발전하는 과정에서 한 국가는 자국민의 일관된 충성을 요구했다. 국적문제와 관련하여 가령 미국은 1795년 이래 귀화신청인에게 "신청인이 신민 또는 시민으로 있던 외국 군주, 통치자, 국가 또는 주권에 대한 충성과 신의(allegiance and fidelity)를 절대적으로 또 완전하게 포기함을 맹세한다"는 선서를 요구했다. 이와 같은 단일국적에 대한 요구는 과거에는 일부 국가를 제외한·대부분 국가가 요구하는 것이었다.

이중국적에 대한 인식변화와 법 개정은 국제이주, 국제결혼 등의 사회적 변화에 따라 일어났으며, 1970년대부터 이중국적을 허용하는 나라가 증가했다. 캐나다, 프랑스, 이태리, 스위스, 영국 등이 이중국적을 허용했고, 남미 국가로는 아르헨티나, 콜롬비아, 코스타리카, 도미니카, 엘살바도르 등이 있다. 특히 남미국가들이 이런 이중국적을 허용하는 이유는 미국으로 이민간 자국 국민들의 송금이나 투자에 유리하기 때문이다.

한국은 현재 이중국적을 인정하지 않고 있다. 현행 국적법은 만

시민권 원리 : 속인주의와 속지주의

국가	시민권 원리	거주기간	이중국적
한국	속인주의		× (불가)
미국	속지주의	5	○ (가)
호주	병용	3	○
오스트리아	속인주의	10	×
벨기에	병용	5	○
캐나다	속지주의	3	○
프랑스	속인주의	5	○
독일	속인주의(2000년까지), 이후 병용	0	×
이스라엘	유대계 개방	5	○
네덜란드	속인주의	5	○
스웨덴	속인주의	5	×
영국	병용	5	○

20세 이전에 이중국적자가 된 경우 만 22세가 되기 전에 한쪽 국적을 포기하도록 규정하고 있다. 또 20세 이후 이중국적자가 되면 2년 내에 한쪽 국적을 버려야 한다. 한국 국적을 취득한 외국인도 6개월 안에 원래 국적을 포기하도록 요구하고 있다(해외에서 한국 국민은 자진해 외국 시민권을 취득하는 순간 별도의 허가나 신고 없이도 자동으로 한국 국적이 상실된다고 대법원은 판결하고 있다). 일본, 중국도 단일국적 제도를 택하고 있다.

한국에서 이중국적의 문제는 외국의 우수 인력을 유치하기 위해 이중국적을 긍정적으로 검토해야 한다고 주장되고 있다. 가령 과학, 경제, 문화, 체육 등 각 분야에서 뛰어난 외국인들에게 원국적의 취소 없이 우리 국적을 허용하는 것이다. 그러나 이중국적은 국민 간에 위화감을 조성할 것이라는 반대 여론도 있다. 또한 재외동포 700만 명에게도 이중국적을 허용하는 문제도 숙제로 남아 있다.

시민권을 얻는 데 있어 요구되는 기준으로는 거주기간 외에 문화적 동화(cultural assimilation)가 있다. 문화적 동화에서 가장 대표적인 것은 현지국가의 언어습득이다. 프랑스와 같은 나라는 언어습득, 문화적인 동화를 통해 소수민족으로서의 주도적인 문화적 특성을 포기하는 모델을 따른다. 이에 반해 다문화주의적 모델에서 소수민족은 주류 사회에서 자신들의 언어 및 문화적 차이를 유지할 수 있다. 호주, 캐나다, 네덜란드, 영국 및 미국은 각 나라별로 차이가 있지만 다문화주의 모델의 원리를 따른다.

5. 이주의 학제 간 연구

현대 사회는 이주를 특징으로 하는 사회이다. 이는 세계화된 현대 사회에서 빈번하게 나타나고 있는 이주를 그 증거로 제시할 수 있다. 글로벌 시대는 물품의 교환을 중심으로 금융자본과 인적 자원의 이동을 통해서 이루어지고 있다. 따라서 이주는 하나의 문제라기보다는 현대 사회의 한 특징이라는 문제인식을 가져야 한다. 엘리아스 · 스코트슨은 이주와 이주의 영향을 문제로 보기보다는 현대 사회에서 나타나는 '그룹 관계의 한 특수한 형태'로 보고 있다. 이런 이주문제는 사회의 한 과정이며, 따라서 사회학자는 인간이 관여하는 이 문제에 관심을 갖게 된다.

이주자는 이주를 통해 자신의 정치적 · 사회적 · 도덕적인 기대와 기준을 갖게 된다. 가령 자발적으로 이주하는 동기가 높을수록 이주 기대는 그렇지 않은 경우보다 훨씬 높다. 이주자는 이주를 통해 자신과 출신지역 고향이 더 많은 혜택을 얻게 될 것으로 기대한다. 그러나 강제로 이주하게 되는 이주자들은 난민구호 및 세계적인 전략적 구조체계와 연계된다. 이주자를 받아들이는 국가나 사회는 이런 이주에 따른 정치적 · 사회적 변화에 대한 대응과 적응을 갖추어야 한다. 이주자들은 당연히 기조 사회에 하나의 새로운 변화와 도전으로 등장하게 되기 때문이다.

이주과정은 매우 복잡하며 여러 단계가 있다. 또한 이주자가 경험하게 되는 다양한 법적 · 정치적 · 문화적인 면이 있다. 이주의 결과는 이주하는 당사자뿐만 아니라, 당사자가 속한 지역과 사회는 물론 그와 관계하는 주변 사람들까지도 관련된 문제이다. 따라서 이주는 다양한 이론적 접근에 따라 논의되어야 한다. 즉 이주는 단지 사회학적인 문제뿐만 아니라 인접 학문과 연계된 연구 대상이 되며, 따라서 학제 간 문제로 다루어진다. 이에 대한 주요 인접 학문은 다음과 같다.

① **사회학** : 많은 사회학자들은 이주의 원인에 관심을 갖지만 사회학이 이주에서 주요 관심을 갖는 것은 이주과정이며, 이주에 따른 개인 및 사회의 문제들을 다룬다. 이주자의 사회행태, 이주국 주민의 수용 및 태도, 사회갈등의 최소화, 성공적 이주정책 등이 주요 연구 대상이다. 이주자의 사회통합 및 동화는 이주를 연구하는 사회학에서 핵심 개념이다. 최근에는 다문화주의와 다문화 사회 측면에서 이주통합을 다루고 있다. 이주와 관련된 언론보도는 바로 다문화 사회의 논쟁을 증폭시키고 있다. 사회철학은 현대 사회에서 인간의 공동거주 및 이주에 관련된 관용성을 다룬다.

② **정치학** : 이주와 난민의 전체적인 문제를 정치적 측면에서 다룬다. 이주에 대한 국제 간 협력과 정책결정, 난민의 지위에 대한 협상과 정책적 조정 등은 근래 들어 정치학이 관계하는 대표적인 분야이다. 지난 수년간 세계화와 국제화의 환경에서 난민과 망명에 대한 문제가 집중적

으로 다루어진 것도 이주에서 나타나는 문제의 특징을 보여준다.

③ **법학** : 이주자의 법적 지위문제, 난민문제, 국적취득, 노동의 법적 문제를 비롯하여 국제 간 비교, 법의 개선문제 등은 법학의 주요 연구 대상이다. 체류, 국적 등에 대한 국가 간의 법적 협력이 유럽연합에서 이주정책의 주요 대상이 되고 있다.

④ **경제학** : 경제학은 경제적인 측면에서 이동의 원인과 현상, 국가 간의 이동, 국민경제에 미치는 긍정적·부정적 효과, 노동시장 및 노동인력의 문제 등에 관심을 갖는다.

⑤ **교육학** : 이주자, 이주자 자녀의 교육에 대한 문제는 각 개인의 능력 개발뿐만 아니라 사회통합의 측면에서도 중요한 요인이 되고 있어 교육학의 중요성은 더욱 커지고 있다. 이주자 교육 프로그램의 개발, 시행 및 평가가 다문화 사회의 발전에 주요 부분이 되고 있으며, 최근 다문화 교육을 위한 학자의 관심이 한국에서 높아지고 있다.

⑥ **심리학** : 이주자는 심리적으로 타지역에 대한 적응에 따른 문제뿐만 아니라 정체성 문제에 직면하게 된다. 따라서 사회적·문화적 맥락에서 이주자의 정체성 형성과 심리적 부담의 해소 등이 주요한 연구 대상이다.

⑦ **인류학과 문화인류학** : 이주민에 대한 사회적 인식과 관계 등을 다룬다. 이주자의 사회적응, 문화 간의 교류, 다문화에 대한 연구 등은 현재 질적 연구뿐만 아니라 계량적 연구에서도 주요 대상이다.

⑧ **인구학** : 인구학의 주된 관심은 인구의 변화이며 인간의 탄생, 죽음 및 이주는 인구변화의 주요 변수이다. 따라서 이주가 인구의 수준 및 변화에 미치는 영향 등에 관심을 갖는다(조혜종 2006, 17). 가령 한국도 출산율 저하와 노인인구 증가에 따른 문제의 해결로 이주노동자의 허용이 제기되고 있다.

이주자행위와 영향의 모델화

학문분야	종속변수	독립변수
인류학	이주자 행위(탈이주, 통합)	사회적 · 문화적 맥락 (국가 간 네트워크)
인구학	인구변동(분포, 수준, 비율)	인구에 미치는 영향(출산율)
경제학	이주자 행위(이주와 통합)와 경제적 영향	임금/수입차이, 푸쉬-풀 차이, 인적 자원과 구성
역사학	이주자 경험	사회 · 역사적 맥락
법학	이주자의 법적 · 정치적 · 사회적 경제적 대우(treatment)	법과 정책
정치학	정책(허가와 규제), 결과(통제와 통합)	제도, 권리, 이해관계
사회학	이주자 행위(이주와 통합)	네트워크, 고립, 사회자본

Caroline B. Brettell and James F.Hollifield(ed.), Immigration Theory, Talking Across Disciplines, Routledge, 2000, 19.

⑨ **역사학** : 이주의 일련의 문제를 시간적 흐름에서 파악한다.

이와 같이 이주에 대한 문제는 사회과학과 모두 연관성을 갖고 있다. 종교학과 범죄학도 마찬가지로 이주의 한 영역을 담당하고 있다. 지역학 또한 지역과 이주문제를 다루는데, 가령 동유럽, 중동, 남아프리카, 남미 등에서의 이주현상에 대한 연구이다. 이주에 대한 연구가 사회과학에 모두 연계되어 있는 것을 감안해 볼 때 국제 간 이주나 난민 등의 문제는 방법론이나 그 연구 대상이 되는 소속 학문을 분명하게 규정하는 것이 쉽지 않으며, 그 경계도 분명하지 않다. 따라서 이주에 대한 연구는 여러 방법론과 관련 학문의 상호 연계성에서 이루어질 수밖에 없다. 이주와 관련한 연구에서 다양한 자료와 접근방법을 동원함으로써 얻어지는 이점은 이주에 대한 전체적인 이해를 가능하게 해주며, 또한 관련된 문제의 해결이나 예측을 찾게 해준다.

이주에 대한 학제 간 연구의 필요성과 당위성이 제기되고 있고, 제왕적인 방법론은 없지만 실제로 이주에 대한 기본적인 연구와 방법론적인 문제제기는 사회학에서 출발하고 있다. 가령 이주의 원인, 근대화 과정과 영향, 도시화 과정, 노동시장의 구조변화, 사회변화와 그 결과의 문제, 도시화 과정, 가족구성의 변화, 성역할의 변화, 20세기 후반에 나타나는 사회의 이동성 등의 문제는 바로 사회학적 질문이다. 근래에 보이는 세계화 또한 마찬가지이다. 이주는 사회학적인 기본적 질문들과 관련되어 있으며, 또한 이런 문제들과의 연계에서 설명 · 분석되어야 한다. 이주에 관한 기본적인 자료수집, 통계처리, 논의 및 설명 등은 기본적으로 사회학의 범주에서 이루어질 수밖에 없다.

6. 이주정책의 목적

이주문제를 다루는 경험적 · 사회학적 연구는 이주자의 개별수준에서 사회학적 원인과 결과에 초점을 맞춘다. 이런 이주의 경험적 · 사회학적 연구는 첫째로 이주 행태에 대한 일반 이론을, 둘째 이주와 관계하는 사회에 미치는 이주 기능의 일반 이론을 찾는 데 그 목적이 있다. 이주는 사회변화의 구조적 요소로 보고 있다(Hoffmann-Nowotny 1994 ; Kalter 2003). 가령 정착, 도시개발과 발전, 국민 수의 증가나 감소, 국민의 사회경제적 계층의 감소와 증대, 사회질서, 문화적 교류와 무역, 국가의 건국과 몰락 등 이 모든 것들은 이주의 결과이며 원인이 되는데, 이를 인과적으로 보지 않고 이주의 과정을 부가적으로 다룬다. 이런 인식과 발견은 이미 시카고 대학에서 1920년대에 로버트 파크(Robert E. Park)에 의해서 제시되었고, 도시발달에서 이주의 영향에 대한 체계적인 연구의 기초를 이루고 있다(Linder 1990, 2004). 그러므로 시카고 학파는 이주 연구의 선구자이며 도시사회학의 개척자이기도 하다.

사회적 연구의 관심은 제2차 세계대전 후에 일어나는 최근의 이주를 다루고 있다. 이런 시대역사적인 연구는 관점의 선택과 차이라기보다는 대상의 차이이다. 사회학적 질문은 모든 시대와 지역을 포괄하며, 따라서 역사적인 연구는 다시 지역과 시대별로 분류된다. 가령 미국으로의 유럽의 이주와 그 영향, 양차 대전 전후 독일의 이주 등으로 나누어 볼 수 있다(Helbich 1988 ; Bade 2004, 13-48). 이런 이주 연구는 시대별 이주에 대한 비교연구를 가능하게 해주며, 또한 유형을 만들어내는 데 도움을 준다. 그 외에 이주의 개념과 변화, 이주의 현상 등이 연구 대상이다.

제3장

이주의 원인 : 과거와 현재

사회의 다양한 현상들을 설명하고 예측하기 위한 이론을 만들려는 노력은 이주 연구에 있어서도 마찬가지이다. 즉 이주의 발생원인과 전 과정을 설명할 수 있는 일반 이론의 정립이 가능한가에 대한 논란이 있다. 이주 연구는 이주를 발생시키는 원인은 무엇인가, 이주의 흐름은 어떠한가, 이주는 언제 그치게 되는가, 이주자는 새 환경에 어떻게 적응하는가 등 수많은 질문과 관련된다. 그러나 이 모든 질문에 답을 줄 수 있는 일반 이론을 만드는 것은 불가능하며, 따라서 학제 간 연구가 특히 강조된다(Evert S. Lee 1966, 47-57). 본장에서는 이주에 대한 관심과 연구가 어떻게 진행되어 왔는지 역사적인 관점에서 이주의 연구를 보고자 한다.

1. 국내이주 연구 : 19세기 영국의 농촌에서 도시로의 이주

1880년대에 인구학자인 라벤슈타인(Ernest George Raventsein 1834. 12. 30-1912. 3. 13)은 왕립통계협회(Royal Statistical Society)에서 「인구이동 법칙」(The Laws of Migration)이라는 제목으로 이주에 대한 발표를 하였다. 이 발표는 두 편으로 나뉘어 실렸으며(Ravenstein 1885/1889), 첫 글과 두 번째 글도 똑같이 인구이동 법칙(The Laws of Migration)을 제목으로 하고 있어 두 번째 글은 첫 번째 글을 보완하는 성격을 가진다. 그의 발표 논문 「인구이동 법칙」은 오히려 원리로서의 법칙을 갖기보다는 '법의 부재' (lawlessness)를 보여주고 있는 것이 특징이라는 비판을 받았다. 그럼에도 불구하고 라벤슈타인의 연구는 이주 연구의 시작점으로 여겨진다.

당시 영국의 인구는 18-19세기에 폭발적으로 증가했으며, 이 인구는 바로 산업화 지역과 도시로 몰려들었다. 도시인구는 1750년에 15%에서 1801년에는 25%, 1850년에는 60%로 증가했다(Neidhart 1987, 20). 1750-1850년 사이에 영국 도시인구는 4배 이상 증가했다. 라벤슈타인은 영국이 산업화와 도시화의 정점을 향하여 이르는 기간에 따라 이주과정을 분류하고 있다.

그는 먼저 1881년 인구조사를 근거로 하여 영국(잉글랜드, 웨일즈, 스코틀랜드, 아일랜드)의 당시 특징을 이루고 있는 농촌-도시 간 이주를 조사하였다. 당시 영국은 인구가 증가하고 있음에도 불구하고 팽창하는 산업화에 필요한 인력을 내국인만으로는 채울 수 없었다. 이에 따라 아인랜드인의 영국으로의 이주가 시작되었고, 1818년에 증기선의 발명으로 이주는 더욱 활력을 얻었다. 아일랜드는 당시 기근이 심했는데, 이는 특히 감자의 흉작으로 인해 가중되었다.

아일랜드의 인구감소를 보면 당시 아일랜드인의 영국 이주를 잘 보여준다. 1841년 아일랜드 인구는 8,222,664명으로 증가했지만 1851년에는 6,623,989명으로 감소했다. 이는 다시 1861년에 5,850,309명으로 감소했으며, 1866년에는 더 떨어져 1801년 수준인 510만 명으로 감소했다.

영국으로의 이주 결과 아일랜드는 20년이 채 안 되는 기간에 인구의 30% 정도를 잃었다. 1851년부터 1865년까지 전체 이민자 수는 1,591,487명에 이른다. 이 중 1861–1865년의 마지막 5년 기간 동안에 50만 이상이 이동하였다. 그 결과 거주 주택은 1851–1861년 사이에 52,880채나 줄었다(Marx 1962, 726). 1880년대에 아일랜드에서 태어난 사람 중 2/3가 아일랜드에 거주한 것이 아니라 미국, 캐나다, 오스트레일리아나 잉글랜드, 스코트랜드 또는 웨일즈로 이주하여 살았다. 19세기에 영국 인구를 보면 아일랜드인이 차지하는 비율이 가장 높았다(Jackson 1986, 47f, 59 ; Redford 1964).

라벤슈타인의 이주 관련 분석 대상을 보면 (1) 이주자의 동기, (2) 이주자의 고향과 이주지역 간의 거리, (3) 지역에 미치는 분배, (4) 남녀 행동을 구분하는 행태로 분류하여 다루고 있다. 라벤슈타인은 본 조사를 통해 나타나는 이주의 원인과 과정을 '인구이동 법칙'로 정리하였다. 그에 따르면 이주발생의 특징은 다음 7가지로 정리된다.

① 이주와 거리

– 이주의 거리는 매우 짧은 거리 내에서 일어난다. 즉 바로 이웃하고 있는 지역으로 이주하는 것이다. 이주를 흡수하는 중심지

역에서 멀리 있으면 있을수록 그만큼 이주는 덜 일어난다(I, 198-199).

- 이주자는 지역에서 다음 지역으로 짧은 거리 내에서 이주한다. 그리고 그 이동에 따라 결과적으로 고향으로부터 멀리 떨어져 있게 된다.

② 단계별 이주(migration by stages)

- 인구의 변화는 보편적 전환(universal shifting)으로 일어나는데, 이는 이주 흐름(currents of migration)을 낳으며, 산업이나 상업지역으로 향하며 이주자들을 흡수한다(I, 198).
- 급속한 성장을 하는 도시의 주변지역 인구는 그 도심으로 몰려든다. 인구가 감소된 주변지역은 다시 더 멀리 떨어진 지역의 인구로 채워진다. 이는 매우 빠르게 성장하는 도시의 매력이 단계적으로 한 나라의 가장 멀리 떨어진 지역에 이르며, 그 매력이 더 이상 존재하지 않을 때까지 일어난다(I, 199). 결국 대도시로의 인구이동은 단계적으로 나타나는 결과를 초래한다.
- 한 나라에서 여러 지역으로 흩어지는 이런 분산은 바로 흡수의 반대 모습이다(I, 199).

③ 이주 흐름(stream)과 역류(counterstream)

- 이주가 각각 발생함에 따라 이를 상쇄하는 역류가 발생한다(I, 199). 대응적인 역류는 적은 범주에서 일어나는데, 이는 실제 이주지역의 인구감소를 상쇄하는 수준은 되지 못한다.

④ 이주형성에서 도시와 농촌의 차이

- 도시 원주민들은 농촌지역의 사람들보다 덜 이민적이다(I, 199). 도시의 성장은 농촌지역의 희생으로 이루어진다. 도시인구의 50% 이상은 도시지역 출신자가 아니다.

⑤ 단거리 이주자 중 여성들의 주도

– 짧은 거리의 이주는 남자보다 여자에게 많이 일어난다. 이주자들 중에서 단거리의 경우에는 여자들이 주도적인 것으로 보인다(II, 288). 반면 남성은 국제적 모험 이동을 한다.

⑥ 기술과 이주

– 이주는 산업화와 더불어 강화된다. "이주는 삶이며 발전이다. 한곳에 머무는 정주는 침체이다"(II, 198ff.). 이주의 증가현상은 기술의 발전과 관계가 있다. 가령 교통·통신수단의 발달과, 상공업의 발달은 이주의 증가를 가져왔다(II, 288).

⑦ 경제적 동기의 주도

– 억압적인 법체계, 과도한 세금, 살기 힘든 기후조건, 마음에 들지 않는 사회적 환경, 심지어 노예무역이나 수송 같은 강제성 등 모두가 이주의 원인이 된다. 그러나 이런 모든 요소들 중에서 비교할 수 없는 이주의 원인으로 작용하는 것은 경제적인 면에서 좀 더 나은(better) 삶을 추구하려는 사람들의 욕구(desire)이다(II, 286). 인구이동의 대부분은 경제적 이동이다.

이주의 법칙에서 일반적으로 여자보다 남자들이 더 빈번하게 이동한다고 여겨진다. 그러나 라벤슈타인은 오히려 여성들의 이주가 남성보다 더 빈번하게 일어난다고 보았다. 1881년 인구조사에서 보면 잉글랜드와 웨일즈 출생자 중 남성 100명당 여성은 106명이었고 스코틀랜드는 108명, 아일랜드는 103명이었다. 이는 아일랜드에서 여성 이주가 대량으로 일어났다는 것을 말하지는 않으나 다른 곳에 비하여 여성 이주가 많다는 사실은 보여준다(I, 196). 여성들은 가령 도시지역에서 부엌일과 같은 일을 할뿐만 아니라 생산공장과 같은 산업현장에도 진출한다.

물론 남성 노동력은 철, 석탄 등 중공업업종에 몰리는 반면에 여성의 직종은 섬유업종 등 경공업에 몰려 있다.

라벤슈타인은 이주법칙 외에 5가지 이주유형을 분류하고 있다(II, 1885, 181–184).

① 지역 내 이주자(local migrant)

지역 내 이주자는 자신이 태어난 동일한 지역이나 도시 내에서 이동하는 것이다.

② 근거리 이주자(short-journey migrant)

근거리 이주자는 짧은 거리의 이주자를 말하며, 가령 인접한 도시나 지역으로 이주하는 경우를 말한다. 라벤슈타인에 따르면 이런 부류의 이주자가 주류를 이룬다.

③ 단계적 이주(migration in stages)

가령 런던에 이주한 아일랜드인은 처음부터 런던에 온 것이 아니라 그 이전에 다른 도시를 거쳤다.

④ 장거리 이주(long-journey migrants)

먼 거리, 가령 국제이주 같은 경우를 말한다. 장거리 이주는 예외적인 사항이며, 라벤슈타인에 따르면 장거리 이주는 이주의 25%를 넘지 못한다.

⑤ 일시적 이주(temporary migrants)

이런 이주노동은 일시적인 노동수요 등에 기여한다. 가령 계절적 요인에 따른 농촌의 수확기 노동자, 학생들의 방학기간 노동, 휴가철 휴가지에서의 노동 또는 수용소 내 노동도 이에 포함된다. 일시적 이주는 인구구성의 변화에 있어서 주요 변수이다.

공간을 기준으로 하여 이주를 분석할 때 이주지역의 특색이 나타난다. 가령 이주자를 주로 흡수하는(absorption) 지역을 볼 수 있는데, 이 흡수지역은 인구증가로 나타난다. 반면 떠나(Dispersion)는 지역은 지속적으로 인구감소를 겪는다. 이런 인구 흡수과정은 도시주변 지역에서 도심으로, 그리고 먼 주변지역에서 도시주변으로 이동하는 것으로 나타난다. 오늘날 이주에서 기술의 발전, 가령 통신의 발달과 수송의 발달은 이주에 관한 정보의 획득과 평가를 용이하게 해주며, 수송의 발전은 이동비용을 절감을 가져온다.

라벤슈타인의 연구는 이주 연구에서 주요한 이론적 기여를 하였는데, 이주의 원인을 설명하는 푸쉬-풀 모델(push-pull)이 그것이다(Jackson 1986, 15). 다만 난민이주는 이 모델의 토론에서는 제외된다. 라벤슈타인은 이주의 원인에는 여러 요인이 있을 수 있지만 어느 한 곳의 인구가 과잉상태라면 이곳 지역 거주자들은 당연히 좀 더 나은 일에 대해 큰 기대를 갖게 마련이다. 억압하는 법, 높은 세금, 부적당한 기후, 낮은 수준의 생활상태 또한 이주의 원인으로 작용한다. 노예매매나 강제이주 역시 사람들이 이주하는 원인이 된다.

라벤슈타인이 「인구이동 법칙」들에서 밝혔듯이 이주에 영향을 미치는 여러 요인 중에서 결정적인 것은 바로 물질적인 측면에서 더 나은 상태를 원하는 인간의 마음 가운데 깊이 자리잡고 있는 욕구라는 것이다. 좀 더 나은 물질에의 욕구는 오늘날 이주노동자들을 움직이는 주요 동인이다. 라벤슈타인은 결국 이주를 발생시키며 이주자를 끌어당기는 여러 요인들을 바로 경제적 · 인구적 요인으로 축약하였다. 그러나 그의 이론은 왜 남자보다 여자들이 더 많이 이주를 하며 그것도 짧은 거리 이주를 하는가 등에 대해서는 설득력이 부족하다. 이에 대해서는 잠정적 노동의 가능성과 더 나은 물질적 보상보다는 가족에 대한 관계와 의무

등이 더 큰 영향력을 미칠지 모른다는 가정을 해볼 수 있다. 아일랜드 여성들은 이웃 지역으로 이주하는 경우도 있지만 실제로 먼 미국으로 이주해 간 예도 있다. 이는 공업이 발달한 지역에서 여성 노동력의 수요에 의해 파생된 것으로 여겨진다.

통계에 근거한 영국에서 지역 내외지역 간의 이주에 대한 라벤슈타인의 연구는 산업사회에서 노동이주의 첫 번째 형태를 학문적으로 설명하는 시도이다. 그의 경제적 합리성에 근거한 이주 이론은 오늘날까지 경제적 · 인구학적 이주 이론과 연구에 그 기초를 제공하고 있다.

에버렛 리(Everett S. Lee)는 그의 「이주 이론」(A theory of migration)[1]에서 이주발생을 경제적 인구적 · 푸쉬-풀(push-pull) 요소의 결과로 보았다. 이를 세분화한다면 고향과 이주 대상지 간의 노동시장의 차이(Job-vacancy-Hypothese)와 소득의 차이(Income-differentials-Hypothese)로 구체화된다. 따라서 지역 간 노동시장과 소득의 차이에 따른 물질적 개선의 개인적 동기는 바로 이주하는 모든 개개인에 있어서 이주 고려의 첫 번째 요인이다.

이주와 반대되는 현상은 출신지로의 이주자들의 귀향이 될 수 있다. 가령 에버렛 리는 이주자 중 일부는 이주 후에 고향에서의 조건들을 긍정적으로 평가하고 자신의 고향으로 돌아간다고 보고 있다. 이런 이해에서 본다면 "이주의 귀향"(Lee 1972, 124-126)을 논할 수 있다. 그러나 보통 이런 귀향을 논할 때에는 여러 조건들이 다시 생기는데, 가령 출신 고향이 다시 이주자를 필요로 하는 지역으로 바뀌는 것과 같은 경우이다. 이는 가령 전통적 이주국가인 터키의 경우에 해당된다. 오늘날 한국에서도 역이주현상이 나타나고 있다.

---

1. Everett S. Lee, A Theory of Migration, in Demography, Vol. 3, No. 1 (1966), pp. 47-57.

2. 대륙 간 이동 : 19-20세기 미국으로의 이주와 연구

초기에는 짧은 거리를 두고 일어나는 다량의 이주가 일반적이었다. 이런 이주는 이미 19세기 중반에 이루어졌다(Redford 1964). 두 번째 이주의 형태는 19세기와 20세기 초에 일어난 대륙 간의 다량 이주이다. 미국으로의 이주는 그 범주에서 본다면 어떤 이주와도 비교할 수 없는 것이다.

미국의 이주역사를 보면 먼저 영국 제임스왕이 1606년 6월 북아메리카 체사피크(Chesapeake) 지역에 영국 정착지 건설에 특허를 내주었고, 1607년에 버지니아 회사(Virgina Company)가 제임스타운(Jamestown)에 도착한 것에서 시작한다. 그 이후 4천5백만 명이 미국으로 이주해 왔다. 20세기인 1950년대에는 2백만이, 그리고 1960, 1970년대에는 각각 4백만이 이주했다. 이런 이주는 지금도 계속되고 있으며, 따라서 미국을 전형적인 이주국가로 부르기에 부족함이 없다.

이주자의 구성비율은 변화되어 왔다. 가령 20세기의 1960년대까지만 해도 이주자의 82%가 유럽 출신이었는 데 반해 1980년대 이후 84%는 라틴아메리카와 아시아 출신이다. 19세기의 대량 이주에서 보면 현재의 이주물결은 그다지 큰 것이 아니라 평가된다. 한센(Marcus Lee Hansen 1893-1938)은 "미국 이주사의 위대한 학자"(Mann 1974, 39)로 불리는데, 19세기의 3개 민족이동을 언급하고 있다.

① 대서양에서 미국으로의 이주

② 라틴아메리카로의 이주, 가령 1820년대 유럽에서 브라질로의

이주

③ 영국 식민지에로의 이주

“19세기 동안에 5천만 유럽 인구의 이주 가운데 3천5백만이 미국으로 이주하였다. 나머지 1천5백만에서 1천만은 캐나다, 남아프리카, 오스트리아, 뉴질랜드로 이주하였다”(Hansen, 1948, 16). 19세기 대량의 이주는 증가하는 세계적인 관계의 표현으로 이해된다. 지구의 국가들과 지역은 통신체계, 교통수단(가령 항해노선), 산업화, 기술화, 이동성 증가, 경제적·정치적 자유화와 밀접하게 연계되어 있다. 유럽에서 미국으로의 대량 이주는 바로 이런 요소를 종합하여 나타난 현상이다. 해외로의 대량 이주와 경제발전은 상호 촉진적이며, 이는 한센이 항해노선의 확충을 예로 들어 설명한 바와 같다. 즉 “배의 2등석에 몰려드는 수천 이민자들의 소원은 대양을 건너 다른 대륙에 도착하여 많은 돈을 버는 것이다”(Hansen 1948, 4).

1817년 이후 미국의 이민자(immigrants)에 대한 언급이 시작되었고, 1819년 이후 이민자 통계가 만들어졌다. 19세기 중반에 주요 이주자들은 아일랜드인, 독일인, 스칸디나비아인이며, 이들은 구이민자(old immigrants)로, 남유럽 및 동유럽국가에서의 이민자들은 신이민자(new immigrants)으로 불리었다.

1) 역외주

고향을 떠나 타국으로 이동하는 이주자들에 대한 연구는 정치적인 것보다 오히려 경제적·사회적 동기가 이주 설명에 핵심 역할을 하고 있다(Helbich 1988, 36ff.). 예로 고향국가에서의 상황은 '땅은 너무 비싸고 노동력은 너무 값싸다' (Helbich 1988, 40)라고 표현되는데, 이런 상황은 미국 내의 노동력 수요에 대한 이해와 맞아떨어진다. 독일의 경우는 외국인 모집이 국가수준에서 이루어진 반면에 미국의 경우는 개별 연방주의 각자의 노력에 따라서, 또는 인력회사를 통해서 전문직 노동자들이 모집되었다. 초기의 농업이주정책(약 6백만)에서 후기에는 노동이주정책(2천5백만)으로 변해갔다(Knauf 1988, 86). 이는 이주농민들이 후에 산업에 종사하는 이주노동자들로 대체되어 간 것이다.

이주하는 사람들에게 있어 이주를 했다고 해서 그 한 번의 이주로 모든 것이 끝나는 것은 아니다. 계약이주노동자들에게 있어서 이주로 인해 드는 비용은 우선 뱃삯을 지불하게 되지만 상당수는 다시 귀국하기도 한다. 미국은 이런 귀국에 대해서 초기에 관심을 갖고 있지 않았으며, 공식적인 조사는 1908년 이후에서부터 되었다(Hoerder 1984, 424).

왜 이주를 결정했다가 다시 돌아오는가와 관련된 개개인에 대한 연구조사는 없다. 다만 넓은 의미에서 본인의 기대가 충족되지 않거나 또는 극복할 수 없는 개인의 감정과 고향에 대한 향수 같은 상황 등을 그 원인으로 볼 수 있다. 가족 간의 유대가 강한 사람에게 있어서는 타국에서의 이주생활보다 오히려 귀국이 본인 자신에게 환영받는 것이 될 수 있다. 그리고 많은 사람들은 자신들의 이주를 일시적인 것으로 본다. 대다수의 이주노동자들은 미국으로의 이주 결정을 귀국하여 고향에서 농지와 토지를 획득하거나 또는 자립할 수 있는 수단을 모색하는 계기로 여겼다.

2) 이주에 대한 반대와 여론

미국의 여론에서 특정한 그룹에 대한 이주 반대 내지 유보를 요구하는 비판적인 여론이 제기되었다. 초기 이주자들은 후기 이주자에 대해 반대하였다. 가령 초기 이주자들은 후기 이주자들을 따로 신이주자라 불렀는데, 이는 바로 이주에 대한 반대성향을 보여준다. 오늘날에는 이런 구이주자와 신이주자들의 구별이 없는데, 당시 이런 용어의 사용은 상호 간의 갈등을 보여준다(Heckmann 1981, 37). 후기 이주자들은 상당수가 귀향을 결정했다. '새 이주자' 들은 선임 이주자들보다 귀향길에 오르는 빈도수가 더 많다. 가령 1900-1912년 이주한 이태리인의 60%가, 그리스인의 50%가 고향으로 돌아갔다(Elschebbroich 1986, 31).

3) 이주의 원인

유럽인들의 대서양을 횡단하는 이주역사의 일면을 보면 일관되게 적용되는 설명의 원리를 볼 수 있다. 즉 라벤슈타인이 강조하였듯 모든 이주는 전적으로 경제적 동기에 의한 것, 자신들의 물질적인 상태를 개선하고자 하는 것이다. 따라서 이주는 주로 노동이주로 이해된다.

이주는 지역이나 사회 간의 '발달수준 차의 모델' (Ronzani 1980, 8)을 따른다. 사람들이 이주를 하는 것은 이런 이주를 통해 자신이나 가족에게 좀 더 나은 삶의 환경을 제공할 수 있거나 그렇다고 믿기 때문이다. 그러나 떠나는 고향은 여전히 이주자에게 장기적인 계획이나 정착, 삶의 설계에서 늘 고려되는 기준점이 된다. 이주자들은 언젠가는 축적한 재산을 가지고 고향으로 돌아가 경제적으로 향상된 좀 더 나은 사회적 삶을 향유할 수 있다고 믿는다. 이는 바로 이주자들에게 귀향을 가능케 하는 요인으로 작용한다. 이런 맥락에서 본다면 이주는 '사회의 근대화 수준'(Ronzani 1980, 2)이 같거나 또는 지역 간의 차별이 균등화된다면 그 유용성은 더 이상 없게 된다.

3. 이주의 원인과 동기에 대한 설명 모델 : 개인적 수준에서

일반적으로 이주의 동기는 바로 이주를 통한 자신들의 상황 개선 목적 또는 '경제적 합리성'의 원리에 의해 설명되었다. 이주의 원인에 대한 연구는 결국에 경제적·인구적 요인을 찾게 된다. 그 요인으로는 노동시장 상황, 임금수준, 인구발달 등을 들 수 있다. 이러한 요소들이 고향과 이주목적 국가 간에 상호작용을 한다(푸쉬-풀 모델). 사람들을 이주로 몰아가는 푸쉬(push)와 이주자를 당기는 풀(pull) 요소가 있다. 에버렛 리에 따르면 이주 연구에 있어서 이주의 원인과 관련된 요소를 다음과 같이 5개로 나누어 분류할 수 있다(Lee 1966, 50-52).

① 모국지역(the are of origin)에 관련된 요소들
② 목적지(the area of destination)에 관련된 요소들
③ 이주에 개입하는 방해요소들(intervening obstacles)
④ 이주를 결정하는 개인적 요소들(personal factors)

먼저 모국지역과 목적지 지역에서 이주와 관련된 요소는 수없이

많다. 이런 요소들은 이주를 촉진하는 요소일 수도 있고, 또는 이주를 떠나는 것보다 현지에 머물도록 하는 매력적인 요소도 있을 수 있다. 또는 이주와 전혀 관련이 없는 요소들도 있을 수 있다. 이와 같은 수많은 요소들을 크게 3가지로 나눌 수 있다. (1) 이주에 긍정적인 요소, (2) 이주에 중립적인 요소, (3) 이주에 부정적인 요소이다.

긍정적 요소와 부정적 요소들은 사람에 모두 동일하게 적용되는 것이 아니라 사람에 따라서 차이가 난다. 가령 자녀가 없으면 세금을 많이 내야 되는 지역에 대한 인식과 평가는 자녀를 둔 사람들과 다르다. 이는 '출산의 경제적 이론' 에서 보여주는 바와 같이 이동의 의사결정에도 이동에 따르는 비용과 이익을 저울질하는 손익(Cost-Benefit)을 따지게 된다는 것을 의미한다(Schultz 1962).

이주결정을 방해하는 요소들로는 이주거리, 운송수단, 이민을 규제하는 이민법, 미국과 멕시코 간의 장벽과 베를린 장벽 같은 물리적 장애들, 이주에 따른 비용 등이 있다. 특히 비용에 있어서는 실제적 비용(actual costs)과 심리적 비용(psychic costs)이 모두 포함된다. 개인적 나이 및 건강도 주요 결정요소로 작용한다. 개인별 특성에는 또한 결혼 여부, 기술 및 교육수준, 개인의 품성 및 성격도 고려된다.

에버렛 리의 이주 이동에 대한 설명은 단순하면서 푸쉬와 풀의 요인들을 보여주며 그 방향을 알려주는 장점이 있다. 반면에 이에 대해 이주에 따른 전체적인 경험적 수준에서 복잡한 이주의 원인에 따른 구조를 구체적으로 설명하지 못하는 한계를 갖는다. 이주의 원인에 대한 연구에서 결국 이주자 개인의 수준보다 이주자를 둘러싼 사회적 요소들에 집중하게 된다. 이같이 이주자를 둘러싸고 있는 이주에 작용하는 요소들은 다음과 같다.

① **이주자를 둘러싼 사회조직에 영향을 미치는 요소들** : 인구성격, 환경요소, 역사적 선례들, 기술적 요소(tecnologically skills)들
② **상호작용** : 협력, 경쟁 및 가능한 의사소통 수단들
③ **문화적 하위요소들** : 생활방식, 이념차이, 가치, 언어 등
④ **개인적 요소들** : 건강, 궁핍, 취미, 야망 및 능력차이 등
⑤ **사회적 요소들** : 경제체제, 복지제도, 통합수준 등

반면에 피터슨(W. Petersen 1972)은 국가 간 또는 지역 간 발전의 차이에 대해 이주자들이 어떻게 인식하고 평가하는가를 기준으로 설명하고 있다. 즉 이주자들은 "혁신적" 동기와 "보수적" 동기를 가진 자로 분류한다. 여기서 보수적 동기를 가진 자들은 자신들의 환경변화에 적응하면서 자신의 고향에서 다시 균형상태를 이루고자 한다. 이들은 이런 균형상태의 노력이 노동이든 또는 생활수준이든 개의치 않는다. 반면에 혁신적 동기를 가진 자들은 이주로써 뭔가 새로운 것을 달성하고자 한다. 여기서 무엇이 새로운가에 대해서는 어떤 평가와 의식이 고정되어 있는 것이 아니다. 가령 과거에 노예상업은 국가 편에서는 혁신적이며 새로운 것이었지만 지금은 인권이나 순수한 경제성 측면에서 전혀 그렇지 않다. 세계 각국은 고급두뇌 유치를 위해 경쟁한다. 마찬가지로 도시화와 시골 탈출도 동전의 양면과 같다. 오늘날에는 오히려 도시를 떠나 변두리로 가는 것이 혁신적이다.

이주자들에 있어 이주의 원인과 이주 결정에 이르는 요소들은 이민자의 출신지역과 이주목표가 되는 지역의 각 요소를 어떻게 인식하고 평가하는가 하는 데 작용하게 되며, 이를 통해 이주를 하지 않도록 한다. 또한 이주목적 지역에서 이주에 대한 억제정책 등은 이주를 결정하는

데 관여하여 이주를 촉진 또는 억제하는 기능으로 작용한다. 물론 이와 같은 모든 요인을 감안하여 이주문제를 연구한다는 것은 불가능하다. 따라서 푸쉬-풀 모델에 주목하게 된다.

1) 푸쉬-풀 모델

푸쉬-풀 모델의 출발점은 앞서 밝힌 라벤슈타인의 '이주법' 에서 시작되고 있다. 그는 이주의 빈도는 잠재적인 이주 대상 지역의 거리에 따라 감소한다고 보았다. 이는 거리가 멀면 그만큼 비용이 증가하기 때문이다. 그러나 이런 거리의 비용은 그 뒤 20세기 중반에 들어서면서부터 교통의 발달로 인하여 그 비중이 줄어들게 되었고, 따라서 분석에 주요하게 여겨졌던 가치를 잃게 되었다.

(1) 노동수요와 임금격차

노동력에 대한 수요와 공급의 차이가 이주에서 주목을 받게 되었다. 따라서 푸쉬-풀 모델이 주목하는 주요한 요소는 노동시장의 상황이다. 이주자의 고향에서 노동력은 값이 싸며 수요가 없는 반면에 이주지역에서는 반대로 수요가 있으며 가치가 높다. 이러한 차이는 바로 고용상황에서 차이가 난다. 고향에서는 실업률이 높고 고용할 일자리가 불충분한 반면 이주지역에서는 실업률이 낮고 일자리가 많다.

노동력 수요의 차이와 더불어 주요한 요소는 임금수준이다. 이주지역에서는 임금이 고향지역보다 훨씬 높다. 이러한 요소들의 고려는 고용가설(job-vacancy-Hypothesis)과 임금차별가설(income-differentials-Hy-

푸쉬-풀 모델

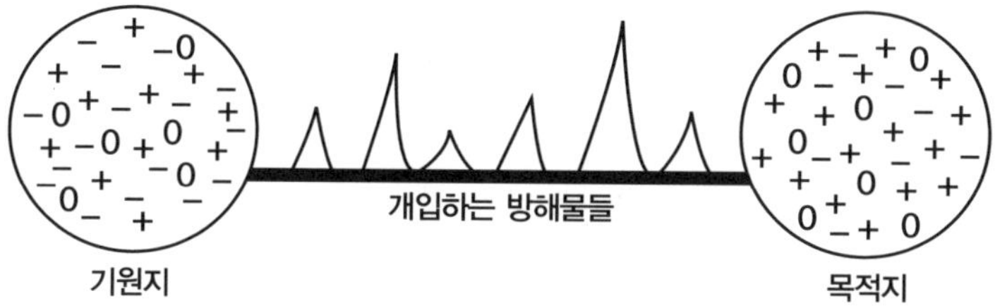

출처 : E.S. Lee(1965), p. 50.

pothesis)로 명명된다. 이 두 가설은 바로 푸쉬-풀 모델의 양면과 같다. 이런 이론에 기초해 볼 때 사람들을 새로운 미지의 지역으로 이주하게 하는 요인은 바로 다양한 사회와 지역 간의 '노동시장의 동일세력'(Arbeitsmarkunggleichgewichte) (Kuenne 1979, 66)이다.

푸쉬-풀 모델이 주요하게 여기는 임금 간의 격차 외에도 가족 간의 헤어짐, 친구 상실 등과 사회심리적인 요소도 있다. 이런 요소로 인해 푸쉬-풀 모델에 대한 비판이 제기되었다(Cohen 1995).

- 이주에 대한 결정은 항상 합리적이며 이성적이지는 않다. 집단이주나 일종의 사슬이주를 보면 개개인은 어떤 자신의 선택 없이 이주가 이루어지고 있음을 보여준다. 따라서 연속적인 이주나 집단이주 같은 것을 볼 때 이주의 결정은 합리적이지만은 않다. 이주가 때로는 개인이 아니라 가족단위로 이루어지는 경우도 마찬가지이다. 이런 경우에 개인은 이주가 싫든 좋든, 또는 이주목적지가 자신이 원하는 곳이든 원하지 않는 곳이든 수용할 수밖에 없다.
- 비용, 수송, 정보 등과 같은 비용요소는 개인 자신이 혼자 감당

할 때에는 크지만 다수가 협력하거나 단체적으로 한다면 훨씬 절감이 된다.

– 또한 모든 사람에게 균등하게 적용할 수 없는 요소들이 얼마든지 있다. 가령 외부 국가들은 이주에 대해 그들만의 어떤 기준을 세워 선택적으로 받아들인다. 때로는 개별적 특성과 관련 없이 특정 지역이나 소수민족을 강제이동시키는 경우도 있다. 이는 피난민이나 강제이주와 같은 경우에 발생한다. 이런 요소들은 푸쉬–풀 모델이 고려하지 못하고 있는 요소들이다.

이주에서 중시되는 요소들, 가령 노동력에 대한 수요, 빈곤, 높은 임금 등은 서로 개별적으로 분리되어 고려되지 않고 함께 고려되기 때문에 푸쉬–풀 모델에서와 같이 단선적으로 고려될 수 없다.

2) 정보가설

노동과 임금격차가 이주의 원인으로 작용하는 데 있어서 제기되는 다른 의문은 이에 관한 정보가 언제 이주하고자 하는 사람에게 어떻게 전달되는가이다. 사람들이 누구나 쉽게 접근하며 또한 정보를 수집할 수 있는 신문이나 기타 전자 미디어 등을 통해 얻는 '일반정보'는 사람들이 자신의 삶의 터전인 고향을 떠나게 할 수는 없다는 것이다. 만약에 이런 일반적인 정보에 의해서 사람들이 이주를 결정하게 된다면 오늘날 이주율이 높은 아프리카 일부 지역에는 남아 있는 사람이 아무도 없을 것이라는 것이다. 이는 정보가 이주의 결정에서 보다 중요하게 작용할 수 있음을 보여준다. 따라서 푸쉬–풀 모델을 좀 더 정교화하기 위해서는 정보가설(Informationshyophe)이 부가적으로 필요하게 된다. 이는 바로 에버렛 리가 내세우는 정보가설(migrant-stock-variable)이다.

정보가설에 따르면 이미 이주한 사람과 이주를 계획하고 있는 사람 간의 개인적 관계와 '정보통로'가 이주를 결정하는 과정에 기폭제가 된다. 업튼 싱클레어(Upton Sinclair)는 그의 소설 「정글」(*The Jungle*)에서 리투아니아인의 이주에 대한 동기에 다음같이 쓰고 있다.

> 오나는 유리기스와 결혼해서 따라 나와 살 수도 있었지만 사랑하는 테테 엘즈비에타를 남겨두고 떠날 수는 없었다. 때마침 요나스는 자기 친구가 돈깨나 벌었다는 미국으로 건너가자고 제의했다. 모두 일을 한다면 어떻게든 살아갈 수 있지 않겠느냐는 것이었다. 미국에 대해서라면 유리기스도 아는 바가 있었다. 하루에 3루불 정도는 벌 수 있다고들 했다. 리투아니아에서의 화폐가치로 계산해 볼 때 일당 3루불이면 상당한 액수라고 그는 생각했고, 미국으로 건너가 결혼도 하고 부자가 될 마음도 생겼다. 그 나라에선 부자나 거지나 모두 자유롭다지 않은가. 군대에 갈 필요도 없고 야비한 관리들에게 돈을 뜯길 필요도 없는 나라, 누가나 내키는 대로 할 수 있고 누구든지 똑같이 취급되는 나라라고들 하지 않던가. 이곳의 젊은이들이나 연인들이 꿈을 꿀 만한 곳인 것 같았다. 그저 건너갈 여비만 생기면 문제가 끝나는 것으로 생각했다(업튼 싱크레어 1982, 26).

이와 같은 정보를 통해서 이주자들은 고향에서의 사회경제적인 상황보다 이주목적 국가의 경제상황에 대한 정보를 통해 이주를 결정한다(Petersen 1972, 98).

산업국가에서 현지 노동자들의 사회적 신분상승과 청소년의 직업교육이 긴 것을 감안해 볼 때 단순노동자에 대한 수요가 증가한다. 제2차 세계대전 후에 유럽 이주노동자들에게 있어서 바로 기업의 사업주가 실제적인 풀(pull) 요소였다. 그리고 바로 수용 사회의 상황이 이런 이주노동자를 끌어들이는 복잡한 일련의 요소에서 가장 큰 비중을 갖는다.

개인적 관계를 맺어주는 정보가설은 푸쉬-풀 모델의 적용을 확장시켜 준다. 이주지역을 중심으로 본다면 그곳에서 좀 더 나은 요소들이 이주자들을 끄는 요소를 더 많이 찾아볼 수 있다. 몇몇 연구자들은 이런 이주지역에서의 끄는 요인이 고향에서 이주자를 떠미는 힘보다 더 강하다고 판단하고 있다.

파이텐(Rosemarie Feithen)은 EU 산업노동자의 이주를 조사하였는데(Feithen 1985), 그에 따르면 푸쉬-풀 모델은 보강이 되어야 한다. 왜냐하면 고용, 소득 상황과 정보 가용성 외에 직업적·사회적 지위 개선에 대한 소원, 거리요소 및 이주결정에 관계하는 이주자의 특징도 연관을 갖는다고 보기 때문이다(61). 여기서 이주결정을 하는 이주자 자신의 특징은 바로 이주에는 경제적 합리성에 대한 고려가 이주를 결정하게 하는 유일한 요소가 아님을 보여준다. 그렇지 않으면 똑같은 사회적 여건에 이주하지 않고 남아 있는 수많은 사람들을 설명할 수가 없다. 파이텐은 그의 조사에서 유럽으로 오는 이주노동자의 설명에 바로 푸쉬-풀 모델 적용이 유효함을 증명했지만, 한편으로 이주는 서로 다른 다양한 상황에서의 복잡한 인간 행동결정으로, 이는 한 가지 일반 모델로 설명될 수는 없다고 덧붙이고 있다(55).

낮은 고용수준이나 높은 실업률과 같은 경제적 요소만을 가지고 왜 사람들이 이주하게 되는지를 설명하기에는 충분하지 않다. 따라서 이미 이주한 친척 또는 아는 사람과의 개인적 관계와 목적지인 이주지역에 대한 정보가 주요한 요소이다. 이 정보는 물론 언제나 사실에 부합하지는 않는다. 왜냐하면 이주자가 원하는 소원들이 이 정보에 함께 담겨지며 또한 전달 되기 때문이다. 이미 이주한 사람은 따라서 이런 정보에 자신이 원하는 목적을 달성했다는 일종의 성공의 증명으로 정보를 흘릴 수도 있다. 가령 19세기 미국 이주에 대한 성공신화 또는 1970년대에 독일 이주의 성공신화 등이 이에 해당된다. 스트라우베[2] (Hanne Straube 1987)은 다음과 같이 터키 이주노동자에 쓰고 있다.

> 노동이주의 첫 기간 동안에 독일에서 터키인들이 겪는 경험들은 전적으로 긍정적이었다. 독일은 터키의 노동자를 필요로 한다. 이에 터키인들은 독일에서 필요로 하며 원한다는 것을 느낄 수 있었다. 독일로의 이주 문이 일단 열리자 이주는 역동성을 띠기 시작했다. 경제적 필요성이 주된 요인이지만 후에는 독일에로의 신화가 이주 결심(Ausreisebereitschaft)을 지배했다. 이주 초기에 만들어진 독일에 대한 것들이 오늘날에도 훨씬 더 긍정적으로 작용했음을 볼 수 있다(218).

3) 네트워크 접근

최근 이주 연구들을 보면 네트워크 관계가 중시되며, 이에 따라 다른 요소나 가설들은 그 비중이 약해졌다(Portes/Rumbaut 1990). 파이스트(Faist 1997)는 이주의 원인을 찾는데서, 왜 많은 사람들이 이주를 하지 않는가라는 질문과 연계하고, 이에 따라 감정이주자의 친척-네트워크에서 강한 또는 약한 사회적 관계(유대)를 논하고 있다. 이런 사회적 유대를 중심으로 이주의 현상과 이주 후의 모습을 보여주는 주요한 연구가 힐맨(Hillmann 1996)에 의해서 이루어졌다. 힐맨은 이태리로 이주한

2. Hanne Strabue는 터키 Samsun에서 성장하며 여기서 학교를 다녔으며, 독일과 터키를 중심으로 하는 이슬람 문화에 대한 사회적 경험, 관찰 등을 통해 타문화에 대한 유용한 소개를 하고 있다.

페루, 필리핀, 소말리아 여성들을 연구하였다.

인터뷰한 이주여성들 가운데 많은 사람들이 거주허가증이 없다. 그들의 이주결정과 가족관계에 대한 설명을 보면 이들은 이태리로 여행할 때에 이미 현지에 거주하고 있는 친척들의 지원을 받았다. 이런 지원이 없는 경우에는 모국의 입장과 가족의 생활관계에서 매우 운신의 폭이 좁았고 결정에 큰 압박을 받았다(253).

인도의 경우에 어느 지역에서는 4가족 중 3가족이 이주자를 갖고 있다. 인도의 해외이주는 이미 19세기에 시작되고 있다. 식민지를 경영하던 유럽인들은 노예제도가 1883년에 폐지되자 그 대안으로 인도인을 고용하기 시작했다. 인도인들은 영국령 식민지(가이아나, 피지, 트리니다드, 자메이카 등), 프랑스 식민지(과달루프, 마르티니크 등), 수리남의 네덜란드 식민지령에 투입되었다. 또한 후기에 케냐, 우간다 등 영국령 식민지에서 철도건설에 인도인이 투입되었다. 1950년대 및 1960년대 다시 인도인은 영국, 미국, 캐나다, 호주 등으로 대규모 이주하였다.

인도인은 세계 도처에서 지역, 종교, 카스트 등의 정체성을 유지하고 있으며, 정체성을 유지하기 위해 초국가적 네트워크를 형성하고 있다(김경학 2006). 호주에 거주하고 있는 오늘날의 휘지계 인도인들은 1879-1916년 사이에 인도에서 휘지로 사탕수수 계약노동자로 이주한 인도인들의 후손들이다. 이들의 이주과정은 전형적인 '가족 연쇄 이주'(family chain migration)의 형태를 보여준다.

둘째 누나가 1980년 시드니에 간호공부를 하러 왔다 주저앉고 다음으로 큰 누나와 가족이 1986년에 이주해 왔다. 다음으로 내가 1990년 7월에 딸아이를 데리고 와서 큰 누나 집에 일시 기거했다. 1991년 남동생이 왔고 동년에 둘째 형이 왔다. 이들 모두 큰 누나 집에서 길게는 몇 개월 짧게는 몇 주를 보냈다. 그후 각각 자신의 집을 세 얻어서 독립했지만 그래도 지리적으로 가까운 곳에서 살기 시작했다(김경학 2005, 8).

호주로 이주한 인도인들은 집중거주지(enclave)를 형성하며 확대한다. 인도인들은 특히 인도 모국뿐만 아니라 세계 도처에 흩어져 있는 대상을 찾아 '초국가적 중매'를 행한다. 이런 초국가적 중매가 가능한 것은 인도인들 간에 형성된 초국가적 네트워크가 작동하기 때문이다. 인도인은 이와 같은 혼인, 친족, 종교, 학연, 지연, 노동 등의 라인을 통해 서로 간의 사회적 네트워크를 형성하며 공동체를 이루어 간다. 이런 네트워크로 인하여 새 이주자들은 이주에 대한 정보를 얻으며 큰 무리 없이 이주에 따른 새로운 환경에 정착하게 된다.

이주 결정은 일련의 요소들에 의해 영향을 받으며, 특히 여행의 목적은 지속적인 접촉을 통해 큰 영향을 받는다. 또한 난민발생도 이와 비슷한 것을 볼 수 있다. 이주를 하게끔 촉발시키며 움직이게 하는 것은 모국의 상황과 목적지에서의 실제적 요소들이 아니라 이런 요소들을 어떻게 인식하는가에 달려 있다고 본다(Lee 1972, 120). 그러므로 이주의 결정은 어떤 점에서는 결코 완전히 이성적이지 못하다고 볼 수 있다(Jackson 1986, 38f.).

아이젠슈타트(Shmuel N. Eisenstadt)는 그의 고전적 연구 「이주자들의 흡수」(The Absorption of Immigrants, 1954)에서 이민은 한 사회 구성원들의 기대를 충족시켜 줄 여건이 못 될 때에 발생한다고 보았다. 이주발생의 첫 번째 단계는 자신이 살고 있는 사회환경의 조건에서 만들어진 동기(initial motivation)이다. 아이젠슈타트 이주동기를 발생시키는 사회의 주요 영역을 4개로 분류하고 있다. 여기서 좌절과 불만(feeling of frustration and inadequacy ; lack of gratification) (Eisenstadt 1954, 2)이 이주에 동인을 부여한다고 보고 있다.

① 이주자와 이주자 가족의 물질적 존립이 더 이상 보장되지 못한다.
② 제도적 구조는 물질적, 특히 경제적 목적을 더 이상 확보해 주지 못하는 경우이다. 특히 이런 경우에는 해외로의 이주가 발생한다.
③ 정치이념적 영역이다. 사회구성원과의 연대감이나 정체성의 결여이다. 이는 난민과 탈이주에서 나타난다.
④ 삶의 목표가 실현되지 못하는 경우이다. 이는 가령 아메리카로 이주한 프로테스탄트와 같은 경우이다.

이런 초기의 동기가 미치는 영역은 이주과정에 영향을 주고, 이주 방향을 결정하며, 이주에 따른 변화를 받아들이려는 준비성도 결정한다. 또한 이는 이주자가 '새 나라'에 대해 갖는 그림을 결정한다. 만약 이주가 전적으로 경제적인 것에 의해 동인되었다면 이주자는 이주목적 지역에서 경제적 가능성에 초점을 맞춘다. 사람들이 경제, 제도, 정치 그리고 가치의 영역 안에서 만족하지 못할수록 이는 더 불안정해지며 사회변화의 필요성은 강해진다. 이는 과거 동독에서 국내의 사회적 압력이 동독인의 대량 탈출을 불러온 것에서 잘 나타난다. 당시 지배정당인 독일사회통일당(SED)은 오랫동안 시민들이 감당할 수 없을 만큼 강한 압력을 행사했다.

이주과정에서 이주자뿐만이 아니라 두 사회도 영향을 받는다. 가령 자신의 고향을 떠나 목적지인 이주 사회에서 사는 동안 목적지의 인구, 사회경제적인 변화 등이 일어나게 된다. 경제적 동기에 의한 이주였다면 고향 친척에의 송금을 통해 경제적 상황 개선 등의 변화가 일어나게 된다.

이주자는 두 사회의 실험을 요약하는 변화의 축이다(Jackson 1986, 48). 이런 이해에서 보면 이주자는 사회적 변화를 개인화한다고 볼 수 있다(personaliziert). 이에는 스펜서(Herbert Spencer 1820-1903) 이후 논쟁이 된 '인류학적 기본 논의'가 배경에 깔려 있다. 이는 이민발생 이론의 뒤에 있는 인간의 모습에 관한 것이다.

스펜서는 우리 인간에게는 '유목민적 경험에서 유산으로 넘겨진 불안'(von den nomadischen Vorfahren geerbete Unruhe) (1876, 578)이 잠자고 있다고 믿는다. 이런 관점은 이주 연구의 소수 그룹에서 오늘날에도 여전히 발견할 수 있다. 뵈닝(Boehning)은 이동(Wanderung)은 인간의 억눌리지 않는 내적 추구(ein nicht zu unterdrueckender innerer Drang des Menschen) (1984b, 12)는 아니다라는 것이다.

이에 반하여 대다수의 이주 연구가들, 특히 푸쉬-풀 모델을 주장하는 이주자들은 '자연적인 내재요인'(Lee 1972, 119f)에 반하는 생각을 가지며, 이들에게서 자연적·내적 요인은 여러 요소들의 결합과 만남을 통해서 얼마든지 극복될 수 있는 것으로 본다. 정주의 자연적인 상태의 극복은 먼저 긍정적으로 평가된다(Hansen 1948, 9). 이주는 근대 사회의 특징이며, 이는 모험촉발(Park 1950b, 147)을 가져왔고, 사회적 관계의 다양성을 가져왔다. 노동이주의 초기는 환호적인 목소리로 들린다. "이주는 삶이며 발전이다. 정착은 퇴보이다"(Ravenstein 1972, 86). 19세기에 대륙 간 이동이주와 연결된 이런 환호는 오늘날은 사정이 다르다. 세계의 많은 국가들, 특히 미국과 서유럽 국가들은 1990년대에 이주에 대해 방어적이며 제한적인 태도를 견지했다.

탈이주국가에서 이주입국국가로의 변화는 독일의 상황을 적절하게 묘사해 주었는데, 이는 점점 유럽에서, 가령 스페인과 이태리에도 적용되고 있다. 여기서 서술함에 약간의 구분이 필요할 것으로 보인다. 이태리와 같은 나라는 부유한 국가로 전환함으로써 이전과 비교하여 이주자들에게 더 매력적인 대상국이 되었을 뿐만 아니라, 동시에 회피전략을 (Ausweichmanoever)을 택하고 있는 나라라는 점이다. 즉 정착한 이주지역이 폐쇄적으로 될수록 이주발생은 다른, 그리고 열린 지역으로 향하게 된다. 이로써 이주자들의 네트워크는 더 확산된 이주를 촉진한다.

이동, 지역변화 그리고 이주의 보편화된 일상성에도 불구하고 정착성으로 가는 경향은 어떤 면에서는 인류학적으로 보면 더 설득력이 있다. 인간은 자신이 익숙하며 신뢰하는 지역에서 정치적 · 경제적 · 사회적인 어떤 핍박이 없다면 떠나지 않는다.

4. 이주와 이주통제 : 국가수준에서

이주와 이주통제를 설명하는 이론들은 3개의 주요 그룹으로 분류된다. (1) 현지인과 외래인 간의 경제적 경쟁에 초점을 맞추는 이론, (2) 현지인과 외래인 간의 문화적 차이를 강조하는 이론, (3) 이주통제 정책에 국제적 관계와 상호 협약의 영향을 다루는 이론이다.

1) 경제적 경쟁 이론

현지인과 외래인 간의 경제적 경쟁관계에 대해 허스밴드에 따르면 이런 유형의 이론들은 희귀(부족)자원(scarce resource)을 놓고 벌이는 소수민족 간의 경쟁을 통해서 인종주의를 설명한다(Husbands 1988). 희귀자원에는 직업, 주거, 민간 및 공공 복지혜택 등이 있다. 또한 머니(Money)에 따르면 경제관련 이론들은 이주정책을 주빈 사회(host sociey)에서 경제적 행위자의 우선적 선호들의 결과로 보고 있다(Money 1999, 26). 여기서 선호들이라는 것은 주빈 사회에서 그룹들에 대한 서로 차이가 나는 이주자들의 경제적 영향을 말한다. 페처(Fetzer)에 따르면 "계급정치"(class politics)나 "경제적 자기 중심"(economic self-interest) 이론은 이주자들이 현지인의 경제적 복지에 줄 것으로 가정되는 위협을 지적하고 있다(Fetzer 2000, 15).

경제적 경쟁 이론은 맑스주의자와 비맑스주의자, 그리고 다원주의자들을 포함하고 있다. 맑스적인 접근은 경제적 요소와 계급에 기초한 정치과정이 이민정치를 형성한다고 본다. 이 이론에 따르면 자본주의자들은 이주노동자들을 수입하는데, 이는 임금에 대한 압력을 가함으로써 자신들의 이익을 증대시키기 위한 것이며, 노동자 계급을 분열시키기 위한 것이다. 노동자 계급의 분열은 가령 노동자 계급 간에 인종주의를 촉진함으로써 달성된다. 국내정치와 다원주의 모델(Domestic politics and pluralist models)은 국가는 사회적 이해관계—이익단체, 정당들—에 중립적인 장을 제공한다고 가정한다. 정책결정은 이런 이해당사자들의 타협뿐만 아니라 협상(bargaining)의 결과이며, 그 결과는 종종 하나 또는 일부 그룹이 정책결정 과정에서 달성한 승리로도 평가된다. 경제적 경쟁관계에서 두 개의 두드러진 이익집단은 고용주와 노동조합이다. 맑스주의자와 다원주의자의 접근은 노동력에 대한 고용주의 수요, 경제와 노동시장에서의 부침이 이주제한정책에 영향을 준다고 주장한다.

2) 현지인과 이주자 간의 문화적 차이

이주에서 현지인과 이주자 간의 문화적 차이가 존재하며, 차이가 발생한다. 허스밴드에 따르면 문화적 차이에 기초한 이론들은 '인종주의를 낯선 것이며, 사람들이 처음 보는 것들에 대한 즉시적인 반응' 으로 본다. 후반 단계에 들어서 인종주의는 이주 그룹의 관습과 습관들의 부정적인 반응에 기초하는 것으로 보고 있다(Husbands 1988). 문화적 차이에 근거하는 이론들, 가령 인종주의를 현지 사회에서 현 상태(status quo)에 도덕적 및 상징적 도전에 기초하는 것으로 본다. 머니(Money)에 따르면 이런 이론들은 문화가치의 탁월(primacy)을 강조하며, 종종 민족적 일체성을 이주정책의 주요 결정요인으로 강조한다(Money 1999, 6–7 ; 27–30). 페처(Fetzer)는 이 이론 그룹에 가장 관련이 있는 두 접근법을 분석하고 있다. 즉 한계 이론(Marginality theory)으로 이는 이주자와 주도적인 종족을 구성하는 현지인 간 문화적 차이, 문화적으로 다른 이주자들의 물결, 그리고 경기침체를 강조한다. 다른 하나는 접촉 이론(contact theory)으로 외국인 비율의 영향을 강조한다(Fetzer 2000, 5–16). 한계 이론(Marginality theory)은 경제적 경쟁 이론과는 달리 경기침체가 이주와 이주자에 대한 저항감을 감소시킨다고 본다.

문화를 기초로 한 이론의 변형들은 이주통제정책에서의 변화를 이주의 크기와 이주자와 현지인 간 문화적 차이에 대한 반응으로 설명한다. 다른 변형, 즉 민족정체성 접근(the national identity approach)은 각 나라의 고유 역사, 시민권과 국적에 대한 개념, 민족정체성에 대한 논의 및 국가 내에서의 사회적 갈등 이 모두가 이주정책을 형성한다고 본다.

다른 이론들과 비교해 볼 때 민족정체성 접근은 내외적 및 상황적 요인들의 중요성을 경시한다. 이 접근은 이주 목적지가 되는 나라 간에서의 이주와 시민권 정책에서의 차이를 민족정체성 또는 민족성의 서로 다른 이해와 접목시킨다. 여기서 일부 중첩되고 있는 두드러진 것들은 (1) 대규모 이주를 수용하는 정착하는 사회(settler societies) 간에, (2) 이런 이주를 반대하는 경향이 있는 민족국가(ethnic states) 간에, (3) 동일적이며 이질적인 나라들, (4) 시민권법이 혈통주의를 지향하는, 반대로 속지주의를 지향하는 나라들 간에서 구별해 봐야 한다.

3) 이주통제와 다자 간 협약

국제관계와 이주 통제에 관한 다자 간 협약에의 영향에 초점을 맞춘 이주 연구가 있다. 실제적 접근(realist approach)에 관계된 일부 연구는 군사적 갈등을 포함하여 국가 간의 실재적·잠재적 갈등은 이주정책에 영향을 미친다고 본다. 신자유주의 제도적 접근(neoliberal institutionalist approach)을 채택하는 다른 사람들은 국제적 제도와 체제가 이주통제에 관한 국가 간 협력을 촉진한다고 주장한다.

이와 같은 거시수준에서 세 가지 부류의 이주정책에 관한 이론들은 강점과 약점을 가지고 있다. 예로 경제적 경쟁 이론은 경제 사이클과 이주정책 간의 단기간 관계를 정확히 예측한다. 특히 이 이론은 이주노동자들에 대한 정책과 일부에서는 불법이주에 대해 명확한 설명을 하고 있다. 문화를 기초로 한 이론들은 이주자와 현지인 간의 문화적 차이를 중요하게 여긴다. 국제 간 수준과 다수준(multilateral) 제도간의 이론들은 가령 유렵연합 내의 난민과 이주정책의 이해에 도움을 준다.

반면에 이런 이론은 또한 약점을 갖고 있다. 먼저 맑스적 접근에서 약점들을 살펴보면 다음과 같다.

① 이주에서 장기간의 성장을 자본주의의 부분으로 예측하는 것은 논쟁거리이다. 불법이주와 난민자들은 노동시장에서 이들의 역할을 볼 때 전통적인 노동지주를 대체할 수 있다고 주장할 수 있다. 그러나 이는 자본주의자들은 왜 국가의 통제를 감안해 볼 때 이런 대체에 의존하는지 명확하게 설명하지 못한다.

② 맑스적 접근은 비유사한 민족들에 대한 이주제한을 하는 경향에 대해 설명하지 못한다. 맑스적 접근에 따르면 자본의 서비스에서 국가는 비유사한 인종의 이민 유입을 장려하며, 노동력을 강화하기 위해서도 이들을 원한다. 그리고 이주자와 지역노동력 간에 인종적 긴장을 부추긴다. 그러나 실제에서 보면 이주정책은 비유사한 인종과 민족의 구성하는 이주를 냉대해 왔다.

③ 경제적 동기에 대한 맑스주의자들의 초점은 영구거주에 대한 설명을 하는 데 방해가 된다. 즉 많은 나라들은 지난 전쟁기간 동안에 노동에 대한 수요가 있음에도 불구하고 영구이주를 제한해 왔다.

민족정체성(national identity)의 주요 약점은 다양한 나라들에서 동시에 일어나는 이주정책을 설명하지 못하는 데 있다. 또한 모호하게 규정된 변수도 마찬가지이다.

첫째, 민족정체성 접근은 다양한 나라들이 동시에 택한 유사한 이주정책을 설명하지 못한다. 이러한 유사성은 이주정책이 각 나라의 고유성, 민족정체성에 대한 이해, 사회적 균열에 의해서 구체화된다는 주장을 뒷받침하지 못한다.

둘째, 이 접근법은 사회적 갈등을 구체화하는 데, 그리고 민족정체성(national identity)의 논의에서 모호하다. 예를 들어 시민전쟁(Civil War) 은 미국의 역사에서 주요한 사회갈등을 이룬다는 데는 이견이 없다. 그리고 이는 또한 1960년대의 시민권리운동에서도 마찬가지이다. 그러나 다른 역사적인 사건들을 사회적 갈등으로 보며 또한 국민신뢰 상실(a loss of national confidences)을 말하는 데 합의하기란 쉽지 않다. 이런 유형의 모호한 개념규정은 중언부언이 될 위험성이 있다. 여기서 독립변수—가령 사회갈등 및 민족정체성에 대한 논의—는 종속변수(이주제한)에 따라서 선택되었다.

셋째, 마지막으로 국제관계에 대한 이론과 관련하여 실증주의자나 또는 신자유주의 제도적 접근은 이주제한정책에 크게 기여한 것이 없다. 실증주의 이론은 안보(security)를 강조하는 반면 사회문제는 중시하지 않는다. 결과적으로 실증주의자들은 이주문제를 등한시하는 경향이 있다.

이주를 발생시키는 것은 국민 총생산성의 차이만은 아니다. 이른바 노동이주는 경제적인 면에서 유인되는 것만이 아니라, '사회적 비교상황' (Ronzani 1980, 51)의 결과이기도 하다. 개인은 고향과 목적지역에서의 실제적인 또는 상상의 빅그룹에 비해 자신이 훨씬 뒤처져 있다고 느낀다(박탈되어 있다). 이른바 난민이주도 대부분이 정치적 · 군사적 · 인종적 · 종교적 문제에서 근거하기도 하지만 이도 마찬가지로 '복합적 원인, 이주 이유 계산' 에서 찾아진다. 독일의 특별한 해외이주자(Aussiedler)도 난민과 노동이주의 면을 같이 보여주며, 이들은 이주의 특수형태로 계속해서 현재뿐만 아니라 미래에도 영향을 줄 것으로 보인다.

이주의 형태들, 가령 개별이주, 그룹이주, 연쇄이주, 그리고 그 외 다른 형태의 이주도 실제 이주발생에서는 서로 얽혀 있다. 그래서 여성들은 연줄이주나 가족 이주자들뿐만 아니라, 개별이주노동자이다. 가령 아일랜드, 스칸디나비아인들의 19세기 미국의 이주에서 이 같은 사실을 볼 수 있다. 가족과 노동의 중복은 양쪽 성에서 크기 때문에 한쪽만 따로 떼어볼 수 없다(Morokvasic 1987 ; Stalker 1994).

모든 이주 흐름은 이주하는 사람들의 이질성을 지닌 만남의 과정들을 가진다. 또한 이주는 각 과정에서 역동성이 있다. "이주가 시작되면 독자적으로 진행되는 역동성을 지니게 되며, 기업가와 지원세력의 적극적인 역할은 의미를 잃어간다. 초기 주도권(Initiative)은 이주하고자 하는 개별 노동자들에 달려 있다. 여기서 입으로 전달되는 선전 또는 수용 국가에서의 이상적인 생각들이 주요한 역할을 한다. 그 외 영향을 주는 요인들은 직업교육이나 학교교육 등이 있는데 이 역할은 그다지 크지 않다.

제4장

이주자통합정책 : 동화와 소수 분리

이주 연구에서 선도적인 역할을 한 곳은 미국의 사회학 탄생지인 시카고이다. 시카고는 수천 명의 유럽 이민자들이 몰려온 도시이며, 이곳을 중심으로 이주에 대한 사회학적인 관심과 연구가 이루어졌다.

1920, 1930년대에 북아메리카에서 이주자들의 거주와 일반 생활 상태가 처음 조사되었다. 이를 통해 사람들은 시간이 흘러가면 이주자들의 이주자 공동체(식민지)가 스스로(von selbst) 해체될 것으로 보았다. 또한 독일, 아일랜드, 폴란드 가족들은 적어도 3세대에서는 도시지역에 균등하게 분포될 것으로 보았다. 이주자들의 공간적 분리(segregation)와 이들의 구분(separation)은 없어질 것이라는 것이 동화 개념이었으며, 동화가 바로 이주의 마지막 단계과정이라고 보았다.

본장에서 논의되는 것은 전통적 개념의 동화와 이와 관련된 미국, 오스트리아, 이스라엘에서의 연구 · 발전과 관련된 논의를 다룬다.

1. 미국 : 용광로인가?

아일랜드 이주자들이 가장 먼저 내국 미국인의 차별을 경험했다. 이들에 뒤이은 이주자들도 정도의 차이는 있으나 적대적인 차별대우를 받았다. 아일랜드 이주자들은 먼저 언어와 복장에서 차이가 났다. 이들은 가난했고, 교육을 받지 못했으며, 큰 무리를 지어 이주해 온 자들로 인식되었다. 이들은 무엇보다 미국의 가치에 적대적이며 로마에 있는 교황에 의해서 조종되고 있다고 여겨졌다.

19세기 초반을 지나면서 외국인 이주를 반대하는 적대적인 운동이 일어났다. 이 운동 중 가장 대표적 것이 독일-아일랜드인의 이주(1825-1855)에 편승해서 일어난 반가톨릭의 무장세력들인 이른바 부지당(不知黨, Know Nothing)이다. 부지당은 비밀조직으로서 시작되었으며, 소속당원들은 자신들의 이민배척 행동에 대해서 질문을 받으면 "나는 모른다"(I now nothing)고 대답하도록 훈련받았다. 부지당은 토박이 프로테스탄트 미국인들의 주도적인 참여로 이루어졌으며, 미국이 아일랜드 가톨릭 이주자들에 의해서 위협받고 있다고 보았다.

1852년에 부지당은 급격히 성장하여 주 선거 및 지방 선거에서 상당한 성과를 올렸으며, 1854년 캔자스-네브래스카 법이 통과됨에 따라 노예제에 찬성하는 민주당이나 이에 반대하는 공화당 중 어느 쪽도 지지할 수 없었던 보수주의자들이 이 당으로 몰려들었다. 부지당은 1845년에는 전국 정당이 되었으며, 1855년에 아메리카당(American Party)으로 명명했다. 1855년 12월 3일 의회가 열렸을 때 부지당 당원이라고 밝힌 의원은 43명이나 되었다. 필라델피아에서 열린 아메리카당 대회에서 남부 대의원들이 추진하던 노예제 지지 강령을 둘러싸고 이견이 생겨 지역적으로 분열되었으며, 이를 계기로 점차 약해지기 시작했다. 노동조합은 이주배척에서 정치적으로 아일랜드인에 대해 반대했으며, 낮은 임금을 부추기는 중국인을 반대했다. 1887년에 부지당과 비슷하게 가톨릭 이주자를 제한하며 영어를 시민권 획득의 조건으로 요구하는 미국보호협회(American Protective Association)가 만들어졌다. 이 단체는 한때 회원이 35만 명에까지 이르렀으며 1900년대에 들어 쇠퇴했다.

1) 앵글로 동화

러시아에서 이민온 작곡가 데이비드(David)는 앵글로 동화(Anglo-Conformity)는 북아메리카 백인들의 식민지와 혁명 후의 정신에 근거한다고 보았다. 미국 동화는 이주자들이 자신들의 고향문화의 포기, 미국의 주요 가치와 문화에의 적응과 순응을 요구한다(Gordon 1964, 85). 또한 영국을 지향하고 있는 언어와 문화의 틀이 기준이 되며, 이는 북유럽과 서유럽의 이주자들을 선호한다. 즉 '이들은 우리와 더 비슷하다' (They are more like us)는 것이다.

앵글로 동화는 19세기에 내국인에 의해 주도되는, 주목을 받거나 영향력 있는 이데올로기는 아니었다. 앵글로 동화(assimilation)의 최고 전성기는 제1차 세계대전 기간이었다. 1917년 전쟁개입과 더불어 미국은 사람들에게 정치적 충성심만을 요구함으로써 미국화 열기를 불어넣었다(Gordon 1964, 98ff). 이런 정치적인 충성심의 요구는 이주자에게 있어서는 어떤 우려할 만한 충성 갈등이 생길 수도 있는 문제였다. 이는 루즈벨트 대통령의 견해에서 보여진다. 루즈벨트는 1915년 "미국주의는 정신과 영혼의 문제"(Americanism is matter of the spirit and soul)라고 연설하였다(인용, Mann 1974, 180).

루즈벨트는 출신지역 또는 국가와 상관없이 미국에 대한 무조건적 충성을 요구했다. 절대적으로 충성하지 못하면 돌아가라는 것이다. 빠르면 빠를수록 좋다는 것이다. 앵글로 동화는 특히 아시아 이민자들을 겨냥했다. 미국이 전쟁에 개입함으로써 상황은 더욱 미묘해졌다. 일본사람과 일본계 미국인들은 이태리나 독일계 미국인들과 달리 제2차 세계대전 동안에 감금되었다.

미국의 전통에서 앵글로 동화 행태에 대한 논의는 오늘날 더 이상 논의 대상이 되지 않는다. 앵글로 동화는 오늘날 북미의 문화, 정치 그리고 이념을 지배하는, 즉 WASP(White-Anglo-Saxon-Protestand) 그룹들에서 발견될 뿐이다.

2) 용광로 개념

미국 사회가 다민족 혼합의 산물이라는 주장은 미국에 대한 대표적인 견해에 속한다. 용광로(melting-pot) 개념에 대한 비유는 오랜 역사가 있다. 18세기에 프랑스계 미국 작가 크레브꾀르(Michel-Guillaume Jean de Crevecoeur, 1735-1813)는 그의 생애의 절반을 미국에서 보냈다. 그는 미국의 의식에 대한 두 사상을 만들어내는 데 기여했는데, 그 첫 번째 사상은 "미국 아담"(American Adam)이다. 이는 미국인이라 불리는 미국인은 다르며, 독특하고 특별하며 새롭다는 것이다. 두 번째 사상은 바로 "용광로"이다. 이 개념은 각 사람들의 소수민족적, 문화·종교적 배경을 뛰어넘는 미국인으로 만든다는 것이다. 이런 개념에 동의하든 안 하든

MANAGER'S ANNOUNCEMENT

THE Redpath Lyceum Bureau makes announcement of the producing rights of the great American drama, "The Melting Pot," for Lyceum and Chautauqua audiences. Arrangements have been made with the representatives of the author, Israel Zangwill, for a thirty weeks' tour, with the privilege of extension.

No play ever presented for the Lyceum has had such a strong cast of players. The parts in this play require the services of the most accomplished and experienced actors. Nearly all of the players engaged for this tour have played the same parts during the long run of this play in the larger cities. There are nine players in the cast.

"The Melting Pot" is a great drama with an interesting story, but it is vastly more than an entertaining production. Mr. Zangwill symbolizes our land as the melting pot of the world. Into this crucible, beneath which burn the fires of our political and social philosophy, refugees from all parts of the earth, men and women oppressed by the arbitrary dictum of crime and religion, are poured, to be fused and amalgamated into the sterling gold of a broader, nobler humanity and a self-governed nation. It is a sound philosophy and appeals to every patriotic American citizen.

THE REDPATH LYCEUM BUREAU

New York, January 3rd, 1916 C. A. PEFFER, *Vice-President*

THE STORY OF THE PLAY

David Quixano, a Jewish musician, recently come to America after a massacre of Jews in Russia, is filled with intense loyalty to his adopted country, regarding it as a place where the persecuted and weary of other countries may find rest and prosperity. Under the inspiration of this feeling, he writes a symphony which he is very anxious to produce.

Meanwhile he has fallen in love with a Russian girl, Vera Revendal, the daughter of a Baron and an orthodox Christian, who fled Russia after becoming implicated in a revolutionary movement. David and Vera cannot marry until David's symphony is produced or he obtains a position as violinist in an orchestra, and while they are waiting Vera's father, Baron Revendal, appears upon the scene with his wife, Vera's stepmother, and attempts a reconciliation. He hates Jews and is filled with horror that his daughter contemplates marrying one. David, who has never forgotten the scene of the massacre in Russia and broods upon it a great deal, comes face to face with the Russian and recognizes him as the man who ordered his father and mother killed. He finds he cannot think of marrying the daughter of this man, and leaves her, thereby repudiating all his theories about the leveling of all racial differences and former feuds in a new country.

Later his music is published and he becomes famous. He realizes that there is no reason why Vera's father should keep them apart, and he decides that as a representative of a new generation, it is his right and duty to live his own life without reference to the past.

프로그램 The Melting Pot(1916), The University Libraries, The Univer-sity of Iowa.

실제 두 개념은 미국의 문화를 설명하는 데 설득력을 갖고 있다.

19세기 영국의 수필가 에머슨(Ralph Waldo Emerson, 1803–1882)은 부지당에 반대했다. 그는 미국이라는 대륙은 모든 국가의 망명(Asyl)지이며 새로운 종족, 새로운 종교, 새로운 국가 그리고 새로운 문학을 만든다고 보았다. 그는 자연은 교차를 선호한다고 하여 용광로 개념을 옹호했다.

장윌(Israel Zangwill, 1864–1926)은 영국 작가이며 시오니스트인데, 그가 쓴 「용광로」(*The Melting Pot*)가 1908년 브로드웨이에서 연극으로 공연됨으로써 "용광로"는 미국 사회에 분명한 이미지를 갖게 되었다. 용광로 이론은 현지 그룹과 이주 그룹이 서로 혼합되면서(blend) 문화적 · 생물적으로 새로운 '미국 문화'(American culture)를 만들어낸다는 것이다. 따라서 미국은 거대한 용광로(a big pot)에 비유되며, 서로 다른 소수민족과 문화는 새로운 요소를 갖게 된다. 이는 분명 미국화 동화론이 갖는 민족중심주의로부터 자유로우며, 상호 간의 관계와 지속적인 역동성과 변화를 보여준다는 점에서 이상적으로 보였다.

문제는 이런 용광로 개념이 일견 설득력이 있어 보이지만 실제로 미국이 과연 용광로인가, 용광로 개념이 과연 미국 사회에서 일어난 것들을 정확히 묘사해 주는가에 대한 의문이 있다. 이에 대해 긍정하는 학자들은 많지 않다. 훅스(Lawrence Fuchs, 1990, 276)는 용광로 개념은 미국의 다양한 이민족과 문화를 설명하는 데 적절하지 않다고 주장했다. 이는 특히 인디언과 흑인들 그리고 그들의 후손을 볼 때 더욱 그러하다. 또한 용광로가 부분적으로 미국 사회에서 적용된다 해도 이는 미국 사회 전체를 놓고 볼 때는 그러지 않다고 보았다(Yang 2000, 185).

이주수용의 3유형

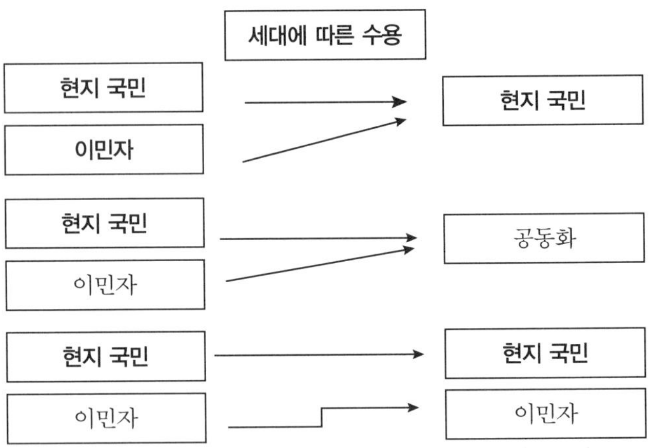

Andrew Greeeley, Ethnicity in the Unied States, John Wiley and Sons, 1994 ; Philips Q. Yang, Ethnic Studies, 2000, p. 83에서 재인용.

2. 전통적인 동화 개념 : 완전한 동화

1) 도시생태학과 이주

오늘날 전 세계에서 상파울로, 멕시코, 상하이, 자카르타 등과 같은 거대도시가 상상할 수 없을 정도의 범위로 확대되어 있다. 이런 메타폴리언 도시는 매년 수많은 사람들을 유입한다. 인구의 유입을 보면 현지 주민의 출생에 따른 증가도 있지만 바로 노동자와 더불어 가난한 자들도 함께 유입되고 있다. 이런 유입의 가장 큰 흐름은 초기 유럽사회에서 나타난 근교에서 도시로의 이동인 국내이동이다. 이런 이주자의 유입과 더불어 도시변화를 수반한다.

도시는 건물, 도로, 통신, 병원, 학교, 행정건물 등 물리적으로 기능하는 집합체와 인공물만이 아니라 바로 이를 구성하는 사람들의 활동에 관계하며, 도시와 특히 인간 자연(human nature)의 산물이다. 도시에의 인구유입은 도시의 확장을 가져왔다. 19세기 중반에 시카고와 뉴욕은 매년 유럽에서 수만의 인구가 유입되었다. 미국에서는 도시의 급격한 팽창으로 인한 변화와 더불어 도시의 구조, 인종적 조화, 거주지의 구성, 이주자들의 현지 사회에의 적응과정과 문제 등이 학문적 연구의 대상들이 되었다. 미국 사회학의 정립기간에 도시의 연구에서 많은 부분을 차지한 것은 바로 이주자에 대한 연구였다. 따라서 당시 사회학은 바로 이주사회학과 동일시되었다.

북미 사회학의 제도화와 떨어질 수 없는 것이 바로 시카고 학파(Chicago schule)이다. 시카고 학파는 파크(Robert Erza Park, 1864-1944)와 토마스(William I. Thomas, 1863–1947)에 의해 결성되었다. 이들은 제자들인 버지스(Burgess), 즈나니에츠키(Znaniecki), 위쓰(Wirth)와 더불어 사회철학적 중심의 사회 연구에서 경험적 연구의 사회학으로 바뀌었다. 이들은 경험적 연구에서 사회개혁적 의미를 갖고 있는 「Hull–House Maps and Papers」의 연구에 의존했다.[1]

1889년에 창시된 헐 하우스는 서부 시카고에 위치하며 전개된 이른바 정착운동(Settlement Movement)으로 이는 오늘날 사회노동운동의 유형에 속한다. 이들의 주요한 회원은 에봇(Edith Abbott), 브레킨리지(Sophonisba Breckinridge), 에봇(Grace Abbott)이다. 에봇은 이민에 관한 800페이지 분량의 연구보고서를 내놓았다(Abbott 1926, 84ff.). 사회개혁 운동 외에 시카고 학파의 미국 사회학에 중심이 되는 또 다른 연구분야는 저널리즘이다. 사회학자들은 저널리스트와 같은 발견의 기쁨을 자신의 것으로 해야 하며, 책상을 떠나 현장으로 돌아다녀야 한다고 주장했다.

> 지역으로 들어가라, 느낌을 얻어라, 사람과 친해라 … 이런 말들은 학생들에게 전달한 파크의 지침인데, 처음 보기에는 중요치 않게 보이지만 '도서관사회학'의 환경에서 적절하게 이해될 수 있다. 이들은 첫 번째로 관찰을 중시했다(Lindner 1990, 118).

오늘날에도 초기 시카고 토마스/즈나니에츠키(Thomas/Zaniecki)의 폴란드 이주자들을 다룬 5권으로 된 일대기를 담는 연구는 주목을 받

---

1. Huoo–House Maps and Papers는 1895년에 the Hull–House Association이 헐하우스 주거자들과 이들과 함께 일하는 사람들에 의해서 씌여진 에세이를 모아놓은 것이며, 이들은 사회학이 산업사회에서 생기는 도시문제를 해결해 줄 것이라고 믿었다. 편집자인 제인(Jane)은 헐하우스 지역에서 문제들을 조사하기 위한 연구팀을 조직하였다(Simon Parker 2003 36f.).

고 있다(*The Polish Peasant in Europe and America*, 1918–1921). 토마스(1863–1947)는 시카고 대학에서 사회학을 공부한 후 1908–1918년에 집중적으로 유럽을 여행하며 폴란드 사회와 미국 이주노동자들의 삶을 조사했다. 1914년에 즈나니에츠키를 만나 공동연구를 하였다. 즈나니에츠키(1882–1958)는 폴란드 태생으로 바르샤바 대학을 졸업한 후 반정부 시위에 가담한 혐의로 추방당했다. 그는 인문철학을 공부하였으나 토마스를 만난 후 사회학으로 연구영역을 바꾸었다. 이들의 저서와 더불어 도시사회학과 도시생태학의 고전자 파크(Robert E. Park), 버지스(Ernest W. Burgess), 맥켄지(R. D. McKenzie)의 연구인 "The City : Suggestions for the Study of Human Nature in the Urban Environment"(1925)가 있다.

이 두 연구는 이민자들의 제한된 세계—한 부류의 손해와 다른 부류의 점진적인 수용과 점진적인 이해—를 기록하고 있다(Jackson 1969, 2). 여기서 토마스/즈나니에츠키는 오늘날 문화 대조/문화 쇼크(cultural contrast, cultural shock) 개념을 처음 찾아 사용하였다. 그리고 이민은 개인의 방향상실과 사회적 탈조직화를 이민결과로 갖는다는 점도 지적하였다.

"The City"는 이에 비하여 북아메리카의 거대도시 발달에 있어서 이주자와 이주의 의미를 다루고 있다. 버지스는 도시 개개지역 사람들의 분포를 이상적으로 보여주며, 이를 일반화하기 위하여 '집중지역'(concentric zone)의 모델을 발전시켰다. 토지와 같이 부족한 자원의 추구(struggle)는 그룹 간 경쟁(competition)을 낳으며, 생태적 지위(ecological niches)로 등장하게 되어 그 일정한 도시공간은 공동의 사회적 특성을 갖는 사람들에 의해서 점유된다는 것이다. 따라서 경쟁을 통해 부유한 사람들은 도심에서 외곽으로 이주하게 되며, 도심지에는 범죄 및 빈곤이 더 많이 발생한다고 분석한다. 이런 이론의 경험적 연구의 대상으로 시카고의 사

시카고 도시구조 모델(버지스)

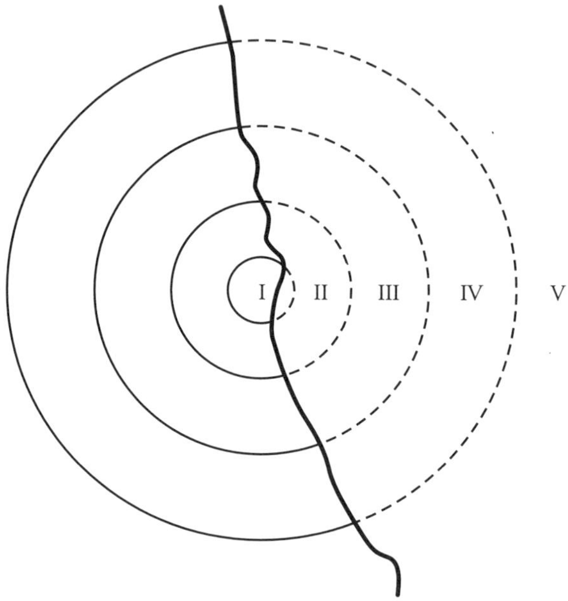

출처 : Burgess 1925, 55.

례를 들었다.

시카고는 1850년에 인구 3만 명에서 1930년에는 330만으로 증가했다. 이러한 인구증가는 80년 동안 100배의 증가이다. 이 중 1/4이 주로 독일 및 북독일계 이주자였다. 1850년에서 1910년까지 독일인이 중부에서 메트로폴의 가장 많은 민족 그룹을 구성했다(Keil 1984, 382). 시카고는 1920년대부터의 공적인 인구통계 조사 등으로 인하여 좋은 도시연구 대상지가 되었다.

도심의 상업지역(loop)은 사회적인 하층계를 구성하는 사람들, 식민지역 이주자로 구성된다. 소 시실리(Little Sicily), 그리스 타운, 차이나 타운 그리고 유대인 게토 지역은 첫 이민자들과 이태리, 그리스, 중국, 독일인들의 새 이주자들로 구성된다(first immigration settlement). 이 링들을 버지스는 과도기 지역(zone 지역은 transition)으로 표시했다. 이 지역은 다시 전문노동자들, 즉 독일에서 온 이민자들의 3번째 링도 포함된다. 이로써 거주지역은 성공한 이주자들을 의미하며, 이들은 게토 지역을 떠나는 데 '성공' 한 것이다. 여기에는 주로 2세대 이주자들이 포함된다(second immigrant, settlement). 첫 번째에서 4번째 링까지 검은 띠(black belt)이고 독일인들 4번째에서 또는 5번째 링은 중산층 개인소유 지역으로 구성된다.

버지스는 이를 통해서 시카고의 거주자들은 서로 다른 경제적 신분(가령 흑인 수위, 아일랜드 경찰 또는 중국 세탁소 종업원)으로 지역적으로 집중하여, 그리고 하위문화에 따라서 정주했다고 보았다(57). 이러한 경향은 내부에서 외부 링으로 이주해 가는 것이다. 하여튼 하층민이 거주하는 '나쁜 지역' 은 역동적인 것을 경험한다. '악화되는 지역' (지역 II의 slum)은 본질에서 와해되는 지역이며, 주민의 정체성이 감소하는 지역이다. 동시에 이 지역은 재생지역이다. 예로 미션, 정착, 미술가 지역, 그리고 급진자가 태어나기도 하며, 새로우면서도 더 나은 세계에로의 비전을 갖는다(56).

특정한 지역에 대한 평가는 가령 민족적 · 문화적 다양성을 '다채로운' 것으로, 그리고 환상적인 것으로 평가하는 반면에 사회적 · 정치적으로 문제가 있다거나 또는 위험하다고 평가하는데, 이런 평가는 도시생활의 전체 평가에서 보여진다. 대도시는 모험과 위험이 존재하며 흥미와 신경이 쓰이는 지역으로 간주되었다. 버지스는 다양한 이민 그룹과의 지속적인 사회적 상승은 피할 수 없으며, 도시지역에 이러한 그룹은 서로 연계되어 있다고 본다.

집중지역 이론(Concentric zone theory)은 초기 도시사회학의 발전에 기여했으며, 후에 도시지역의 조직을 설명하는 데 기여했다. 이런 모델에 의한 연구는 후에 버지스와 그의 동료들에 의해서 지속되었다(Social Science Research Base Map of Chicago). 데이비스(Mike Davis)의 로스엔젤레스의 사회문제 지역에 대한 설명도 집중지역 모델을 응용하고 있다(The Ecology of Fear 1992). 도시생태학에 대한 초기 이론은 후에 도시의 사회문제, 범죄, 공공정책의 영역에 방법론적 기여를 하였다. 이 모델에 대한 비판은 문제를 너무 단순화한다는 것, 도시생활에서의 사회적·문화적 요소와 도심지리학(urban geography)에서 산업화의 정치경제적 영향을 고려하지 않았다는 점이다.

호프마이어-츨토니크(Juergen Hoffmeyer-Zlotnik)는 도시사회학 연구에서 1970년대 베를린 크로이츠베르크(Kreuzberg) 조사에서 시카고의 민족적 식민지(콜로니) 민족상황을 다음과 같이 요약하며, 소수민족 식민지(ethnische Kolonie) 형성을 밝히고 있다.

> 직업적으로 다양한 목표와 이를 통한 사회적 상승이 이루어진 후에 이민자들의 대다수가 동향 사람들과 함께 '콜로니'에 정주한다. 이 연구결과에 따르면 이주자 수가 비교적 많은 민족 그룹들은 1901년 시카고의 경우에 보통 2개의 거주지(콜로니)에 거주한다. 이는 대부분 '경과지역' (Zone of Transition) 또는 산업의 중심지(도축장, 철공소 지역)이다. 그리고 주민들의 민족적인 필요에 일치하는 기본구조를 보여준다. 즉 이민자들은 여기에 자신들의 교회, 학교 그리고 자신들의 상점 등을 갖는다. 이로써 자신들의 문화를 보여준다(Hoffmeyer-Zlotnick 1977, 36f.).

베를린의 크로이츠베르크는 터키의 이주노동자들에게 점유되기 이전에 노동자 거주지역과 산업지역으로서 발전하였다. 제2차 세계대전 후에 지역의 상당부분이 파괴되었지만 재건은 더디게 진행되었다. 1970년대에 건물의 복구가 진행됨에 따라 거주 가능한 집(Wohnung)이 당시에 이주해 오던 터키인들에게 집중적으로 주어졌다. 그 결과 터키인들은 독일에 이주하여 처음 정착지와 경과지역으로서 이곳에서 자신들의 가계를 중심으로 상업을 시작하였다. 외국인, 특히 터키인들이 넘쳐나기 때문에 독일인들은 이곳을 자신의 고향으로 느끼는 것이 이상하게 되었다. 베를린 크로이츠베르크의 터키 이주노동자에 대한 연구는 이주-정착과정의 전형적인 모습을 보여준다.

크로이츠베르크는 1990년대에 들어와서 문화변화의 중심지로서 인식·평가되기 시작했다. 이 지역은 '다문화의 연결점', 다문화 도시지역으로서의 긍정적 평가를 받음과 동시에 지속적으로 외국인의 고향, 게토, 빈민가 등으로 상반된 평가가 지속되고 있다.

2) 상호작용 모델에서 인종관계 사이클

파크/버지스(Park/Burgess)는 1921년에 발간된 『사회학 입문』(*Introduction to the Science of Sociology*)에서 사회학의 기본 구성을 보여주고 있다. 파크와 버지스는 인간의 사회(community)를 식물이나 동물사회와 같이 공간적으로 구별된 개체들의 공동구성으로 보고 있으며, 이들의 관계는 경쟁과 상호 의존을 특징으로 한다. 모든 개별구성원은 전체로서 공동사회에서 자신의 생활조건에 적응된 환경(둥지) 또는 성향의 변화로서 적응되는 환경에 직면한다(Park/Burgess 1921, 26). 즉 존립을 위한 투쟁은 바로 침략과 직접적 관계를 가지며, 모든 생물존은 지속적으로 새로운 원천과 생활환경을 찾는다. 따라서 자신의 생존을 위해서 멀리 가서 생활영역을 넓히며 식민지화해 간다. 이런 공간적 전체 이동은 이주로도 표현된다. 따라서 인간의 역사는 어떤 면에서는 이주의 역사이다.

과거에 이주는 부족단위 또는 집단적으로 행해졌으나 오늘날은 이주가 개별적으로 행해지고 있다는 점에서 차이가 날 뿐이다.

(1) 경쟁과 순응

국내이주의 다수는 주로 지방에서 도시 중심 지역으로 이루어진다. 따라서 이런 이주자들은 도심 주거민의 대부분을 구성하게 된다. 도시-주변 간의 이주는 인구의 재분산과 사회구조의 변화를 가져오기 때문에 중요하다. 먼저 지방지역의 인구는 지속적으로 감소하며, 이는 도시지역의 노동상황을 악화시킨다. 이러한 새로운 현상은 현지인과 이주자 간의 갈등을 일으키며, 이런 갈등은 부족한 자원의 재분배에 관한 것이다. 따라서 이는 갈등 당사자가 적응하거나 종속하는 형태로 된다.

여기서 갈등은 다시 사회 상호관계의 두 번째 단계로 이어진다. 파크와 버지스는 인간 상호관계의 설명에서 갈등과 경쟁을 분석 개념으로 설명하고 있다. 경쟁과 갈등의 차이는 경쟁이 개인과 개인의 그룹 간의 투쟁(struggle)이며, 이들은 반드시 사회적 접촉과 사회적 소통을 할 필요는 없다는 것이다. 비인성적 투쟁(impersonal life-struggle)에서 경쟁은 무의식적(unconscious)이다. 반면에 갈등은 싸움(contest)이다. 이는 당사자의 접촉이 필수적인 조건이다. 갈등은 갈등 당사자에게 있어서 항상 의식적(conscious)이며, 이들 간에는 깊은 감정, 열심, 최고의 집중력, 긴장이 작용한다. 결국 경쟁과 투쟁은 싸움의 형식이다.

경쟁은 지속적이며 비인성적(impersonal)인 반면에 싸움은 지속적이지 않으며 또한 인성적(personal)이다. 그러므로 경쟁은 싸움을 넘어선다. 경쟁에서 싸움으로 전환됨에 따라 경쟁자는 라이벌이 되며, 심지어 적이 되기도 한다. 갈등은 이에 반해서 의식적인 경쟁이다. 경쟁에서 중요한 것은 경제질서를 놓고 일어나는 노력이며, 이는 집단 내에서 개인의 지위를 결정하게 된다. 갈등에서 중요한 것은 개인의 지위이며, 이는 지배와 복종(subordination and superordination)과 사회 안에서 통제권력을 결정한다. 갈등, 경쟁 그리고 라이벌 상태는 바로 그룹을 이루는 주요 요인이다(Park/Burgess 1921, 236-237).

사회적 상호행위의 4번째 단계는 순응(accommodation)이다. 순응 개념은 적응(adaptation)과 동의어이다. 적응은 다윈의 진화론에서 자연적 선택을 통한 '종의 기원'에서 중요한 역할을 한다. 이 이론에 따르면 한 생물에 속한 두 개의 종은 결코 같지 않다는 것이며(no two members of a biological species are ever exactly alike), 이들은 변종으로 인해 구별되는데, 이는 자연에의 적응의 결과이다. 따라서 이런 차이는 결국에 개별적 변형체의 순응(accommodation)과 영구화(perpetuation)로 설명된다. 이를 통해서 살아남는 개체의 생존가치(survial value)를 갖게 된다.

적응은 이런 방식으로 선택 · 전승된다. 적응(adaptation)은 조직적 변화의 개념에서 쓰이며, 또한 생물적으로 전달된다. 이에 반해 순응은 습관의 변화(changes in habit)를 표현하는 데 사용된다. 사회학에서 순응 개념은 생물학적이 아닌 사회학적으로 전달된 모든 획득한 적응(acquised adjustments)을 표현한다. 가령 문화, 전통, 기술 등이 그 예이다. 이러한 전통은 각 개인이 자신들의 경험을 통해서 획득한다.

두 개념 적응(adaptation)과 순응(accomodation)은 다음과 같은 점에서 차이가 있다. 즉 적응은 '경쟁'의 결과로서 적응한 것이며, 순응은 '갈등'의 결과로 적응한 것이다. 삶의 존립을 위한 싸움의 결과로서 순응과 적응은 상대적 균형의 상태(a state of relative equilbrium)이다. 이런 적응에서 생물적 유산(biological inheritance)으로서 균형상태가 전달되며, 따라서 이는 종별 또는 종족의 주요 구성요소로서 유지된다. 순응에서 이런 규형상태는 경제적·사회적 주요 요소로 유지되며 전통으로 전달된다(Park/Burgess 1921, 303-304).

순응은 갈등과 직접 관계가 있다. 사회적 순응에서 적대적인 요소들은 갈등으로 표면적이면서 일시적이 되도록 조정된다. 따라서 이런 조정은 잠재적인 힘으로 유지되기 때문에 한번의 적응과 평형상태가 흐트러지면 다시 갈등이 분출된다. 전쟁, 싸움 또는 정치적 대결 같은 갈등은 새로운 적응 또는 사회적 질서의 문제를 불러온다. 사회조직들은 기본적으로 갈등을 통해서 일어나는 차이의 순응(accommodation of differences)의 결과이다(Park/Burgess 1921, 304-305).

순응은 지금까지 사회적 관계와 행태(attitude)의 조직의 의미에서 적응과정으로서 기술되었다. 여기서 갈등과 경쟁은 서로 다른 이해관계를 가지며, 경쟁하는 사람들을 위한 사회적 질서가 세워지도록 조정·규제된다. 순응은 갈등을 회피하는(to prevent or reduce conflict) 의미에서 정치과정의 마지막 단계이다.

이와 반대로 동화(assimilation) 개념은 두 가지 면에서 차이가 난다. 동화 개념이 가장 많이 쓰이는 곳은 이주문제이다. 동화는 이주문제와 관련하여 자유의사로(자발적으로) 자신들의 문화유산을 포기하고 거주 사회의 이방문화를 받아들이는 노력을 하는 이주자들에 대한 수용(현지) 국가의 문화전달 과정으로 이해된다. 반면 유럽국가에서 사용되는 맥락에서 동화과정은 일종의 서로 다른 소수민족의 귀화(denationalization)를 의미한다. 따라서 유럽과 마찬가지로 미국에서도 핵심 문제는 공동 문화(common culture)를 갖고 있지 않지만 공동 정치질서(political order)를 만들며 유지해야 하는 것이다(Park/Burgess 1921, 359-360).

동화는 사회학적 의미에서는 사람들과 인간 집단들이 자신의 경험과 역사를 서로 나누는, 그리고 이를 통해 공동의 문화생활을 만들어

가는 상호 침투(interpenetration)와 융합과정을 의미한다. 동화는 전통의 서로 나눔(sharing of tradition)과 공동 경험에의 참여를 보여준다. 순응의 과정에서 발생하는 변화들은 비교적 급작스럽게 마무리되는 반면에(가령 전쟁으로 비교적 빨리 종결되며 평화조약을 만든다), 동화과정에서 달성되는 내적인 변경은 점진적이며 지속 가능하다. 종교 개종(conversion)과 같은 행태의 변화(mutation)는 대표적인 순응으로 말할 수 있으며, 반면에 성장은 동화로 비유될 수 있다. 순응을 의식적인 과정으로 본다면 동화는 무의식적 과정으로 공동의 생활에 포용되는 개개인들은 이런 동화과정을 의식하지 못한다. 사회적 접촉은 사회적 상호 행동을 만든다. 동화는 이런 사회적 행동의 이상적인 또는 완벽한 결과물이다.

이런 동화과정은 그 접촉이 집중적일 때, 가령 가족과 같은 경우—그리고 서로 비슷한 그룹의 사람들일 때(intime congenial groups)—상대적으로 빠르게 일어난다. 따라서 부차적이며 이차적인 접촉은 순응을 불러오겠지만 동화는 거의 불러오지 못한다. 공동의 언어는 내적인 그룹 형성에 필수불가결한 조건이므로 공동 언어의 부재는 동화에 큰 장애가 된다(Park/Burgess 1921, 360–362).

개념적으로 동화는 융화(fusion)와 구별된다. 융화는 서로 다른 소수민족 간의 결혼(intermarriage)을 통해 인종차이가 융합되는 생물학적 과정이다. 모든 민족은 서로 다른 민족과 혼합되는 것은(interbreed) 필연적이다. 한 사회 그룹에서 다른 사회 그룹으로의 문화요소의 전달인 문화적 적응(acculturation)은 보통 큰 범위로 그리고 각 영역에 걸쳐 일어난다. 융합은 물론 동화를 촉진한다. 왜냐하면 융합은 일차적인 사회접촉의 가장 좋은 조건을 만들기 때문이며, 이는 다시금 동화에 긍정적인 영향을 미친다. 카네기 연구소의 연구에 따르면 미국화(Americaization)는 공동체 생활에서 이주자들의 참여로 정의된다. 이로써 참여는 동화의 수단이며 목적이 된다.

파크와 버지스는 사회적 상호 행동의 과정을 특별한 행태와 단계로 분석하였다. 여기서 공동체의 탄생과 자연적 질서는 그들의 경쟁으로 돌려진다. 사회통제와 공동체에서 각 구성원의 예속(복종)은 사회적 갈등에 그 기원을 갖고 있다. 공동체는 사회 상호 행동의 4가지 유형으로 발전되는데, 그 4가지 유형은 경쟁, 갈등, 순응 및 동화이다.

파크와 버지스는 도시는 이민을 통해서 인간의 생활공간으로 무계획적으로 확산되지만 그럼에도 불구하고 각 개별 그룹의 생활조건에 따라서 구조화가 일어난다고 보았다. 주거지역의 연구는 여기서 동화 및 이동과정을 보여준다. 이로써 이주자 그룹의 구별 기제로서 계층이 형성되는데, 이것들이 동시에 공동의 국가적 현상이므로 주거지역의 위상은 동시에 이주국 국가성의 다른 층을 보여준다(Heckmann 1981, 45).

두 인간 행동의 특별한, 그리고 보편적 행동에 대해 파크와 버지스는 다윈, 스펜서, 스미스(Smith) 원리에 귀기울인다. 파크와 버지스는 경쟁을 통해서 만들어진 노동분업 사회를 본다. 경쟁은 세계적으로 인구이동을 불러일으키며, 이는 특별한 경제적 조직체를 만들어낸다. 이런 관계에서 생겨난 관계는 외부적으로 지속된다. "경쟁은 개인 간 또는 그룹 간의 싸움이며, 이는 서로의 접촉과 커뮤니케이션을 통해 일어난다" (Park/Burgess 1921, 574). 파크와 버지스에게 있어서 경쟁은 사회적 접촉 없이도 일어나는 것으로 보고 있다. 그래서 이는 필연적으로 갈등을 낳는다. 갈등은 경쟁에 대한 개인적 의식의 한 행태이며, 이는 인종관계에서는 매우 격렬한 형태를 띠게 된다. 이방인은 한편에서는 환영받는 존재이지만 다른 한편에서는 두려움을 갖게 하는 존재이다.

(2) 동화

동화(assimilation) 개념은 보통 이주문제와 관련되어서 사용되고 있다. 이와 비슷한 성격의 단어는 가령 Americanization, 동사로는 Americanize, Anglicize, Germanize 등이 있다. 이런 모든 단어는 공동체나 국가의 문화가 전달되거나 채택되는 과정을 묘사한다. 반면 동화는 부정적인 의미를 가진 탈민족화(denationalization) 과정의 성격을 갖고 있다. 유럽과 미국에서 드러나는 동화의 차이는 유럽에서는 제국주의와 같은 큰 정치체제 안에서 소수문화 그룹의 강제적인 편입(incorporation)과 연계되어 있는 반면, 미국에서는 자신들의 조국에 대한 충성을 포기하는 사람들의 자발적 이주와 연계되어 있는 점이다(Park/Burgess 1921, 734).

순응이 적응과정으로 묘사된다면 동화는 사람과 단체가 또 다른 사람이나 단체가 갖고 있는 감정, 기억 및 태도 등을 중심으로 하는 일상의 문화 삶에서 공유해 가는 침투(interpentration)와 혼합(fusion)과정이라 할 수 있다. 동화는 이주자와 내국인과의 의미균일화(like-mindedness)를 의미하는 것이 아니라 공동 문화생활에의 연계된 사용을 의미한다. "침투와 용해과정"에서 순응은 개인과 그룹은 기억, 감정, 다른 사람이나 그룹의 행태, 그리고 그들의 경험과 역사를 나누는데, 이와 같은 사회생활에서 상호 관계된다(Park/Burgess 1921, 735). 따라서 동화는 역사와 문화과정에서 중심역할을 한다.

동화는 파크와 버지스에 따르면 상호작용 모델의 4번째 영역에 위치한다. 여기서 중요한 것은 적응이 아니라 문화와 전통에의 일치화이다. 이 과정은 특히 지루하다. 이는 개인 성격의 변화와 문화유산의 변화를 요구한다. 동화는 증가하는 일차적 접촉을 통해 지지된다. 즉 이주자와 내국인은 형식에서 뿐만 아니라 친밀한 가족적 · 친지적인 관계를 갖는다. 따라서 파크와 버지스는 2, 3세대에서 비로소 동화가 일어난다고 본다. 이때 이주자는 이를 원치 않을 수도 있다. 동화의 중심적인 가정은 공동의 언어이다. 공동 언어의 부재는 바로 동화의 장벽이다. 언어는 표현적 사회 의미 전달에서 특히 그러하다 : "모든 그룹이 자신의 언어를 가지고 있는 현상, 자신들 고유의 토론 우주(universe of discourse), 자신들의 문화적 상징은 의사소통과 동화관계에서 상호관계에 대한 증명이다" (737).

버지스가 기술한 것보다 더 상세하게 파크와 밀러(Herbert Miller)는 마찬가지로 1921년에 발간된 책 『옮겨진 구세계의 특성들』(*Old-World Traits Transplanted*)에서 동화의 정치적 필요성을 언급했다(Park/Miller 1969). 민주사회로 가는 미국의 길이 이주자들의 필요의 잠재성에 의해서 더 어렵게 되었다는 것이다. 동화의 문제가 해결되지 못하면 '우리는 우리 문화의 성격을 잃어버린다' (264). 파크와 밀러는 '현명한(weise) 동화정책', 대부분의 이주자에게 시간적으로 자유여력을 주는, 옛 습관을 새로운 것에 연계하는 정책을 옹호한다. 이런 정책은 문화적으로 발달되지 않은 흑인들의 '세계' (Material)에는 적용되지 않는다. 인디안, 멕시코인, 슬럼가 거주자에게도 마찬가지이다. 본질적으로 동화는 피할 수 없다(282). 이주자들은 오래 기간 동안 자신에 갇혀 머무를 수 없다. 적응의 단계(adjustment) 후에 이주자들은 자신을 받아들이는 사회와 일체화될 것이다. 여기서 이런 동화적인 발전을 더디게 하거나 또는 촉진할 수 있지만 정지시키는 것은 할 수 없다고 보고 있다.

상호작용 모델(Interaktionsmodell)에서 암시적으로만 고려한 1차접촉과 2차접촉의 의미는 파크의 책—그는 이른바 인종(race) 그리고 민족관계(ethnic relations)로 분석—에서 새로 평가되었으며, 상호작용 모델

인종관계 사이클(race-relations-cycle)(Park)

1단계	접촉
	• 평화적이며 정보소통적
⇩	
2단계	경쟁/갈등
	• 직업지위, 거주 등을 둘러싼 경쟁
	• 오랜 힘든 적응과정
	• 일방적 요구에 따른 과제
	• 공간적 분리
	• 하위 피라미드 단계에의 고용
	• 소요, 차별
⇩	
3단계	순응
	• 2단계 구조들을 수용함
	• 소수민족 간 노동분업
	• 차별화된 차별
	• 분리, 차별
⇩	
4단계	동화
	• 다수사회와 소수민족 그룹의 혼합
	• 소수민족 차원의 해체, 소수민족 정체성 해체

출처 : Park 1950b, 150.

은 수정되었다. 사회접촉은 처음에는 인종 간 상호작용으로 시작해서 종국에는 동화로 끝이 난다. 경쟁과 갈등의 단계는 함께 일어난다. 사회적 관계에서 경쟁은 종종 갈등으로 이어진다. 쿨리(Charles Horton Cooleys, 1864–1929)의 1차집단(Primaergruppe)에 연계하여 파크와 버지스는 1차 접촉과 2차접촉을 구별한다.

1차접촉은 구속에서 다양한 수준을 갖는다. 그러나 항상 개인적 성향을 갖는다. 친근한 관계뿐만 아니라 교제도 이에 속한다. 2차접촉은 구속력이 없고, 익명성을 지닌다. 사회환경으로서 마을은 1차접촉에, 도시는 2차접촉에 기여한다. 마을에서 사람들의 행태는 절대적이고, 사회통제는 항시적이며, 가족과 개인의 장소(지위)는 강하게 고착되어 있다(285). 이에 따라 1차집단은 2차집단보다 더 구속력을 갖는다.

1926년에 파크는 「태평양에서 우리의 인종변방」(*Our Racial Frontier on the Pacific*, Park 1950b)을 발표했다. 여기서 파크는 아시아인의 이주제한(Johnson–Reed Act, Oriental Exclusion Act 1924)에 관심을 가졌다. 파크는 전 세계적인 커뮤니케이션 네트의 확충이 새로운 접촉형식을 가져왔다고 보고 있다. 이런 접촉은 첫째로 '간접소통' (second–hand–communication)이다(Park 1950b, 149). 왜냐하면 익명의 정보원천(예로 텔레비전, 영화, 라디오 등)에 근거하기 때문이다. 예로 일본과 미국인 간의 '인종경계'가 제거되면 간접접촉에서 직접접촉이 된다.

그래서 경쟁과 갈등의 상호작용 형태는 국제적인 차원을 갖게 된다. 단지 간접적으로 그리고 다른 매체를 통해서 알려지던 많은 사람들이 서로가 가까워지며, 나중에 얼굴을 서로 맞대게 된다. 이런 문제는 파크가 '인종관계 사이클' (race relations cycle)로 명명한 적법한 과정의 주요 부분으로 보았다(Park 1969, 214). 따라서 사람들은 이를 인종관계 사이클로 명명하였다. 그리고 이런 인종 간 관계를 진전하는, 그리고 다시 되돌릴 수 없는 4개의 상호작용의 결과로 보았다. 인종관계 사이클은 접촉, 경쟁, 갈등 그리고 순응에서 동화로 이어진다(Park 1950b, 150).

파크는 동화는 '인종차별' 법을 통해서도 정지시킬 수 없으며, 또한 세계적으로 점점 짧아지는 거리 역시 정지시킬 수 없다고 보았다. 또한 장기적으로 미국뿐만 아니라 전 세계가 용광로화되며, 인종과 문화는 사라질 것으로 보았다. 따라서 파크의 동화 개념은 다음과 같이 정리된다. 동화는 수용하는 사회와 '인종' 또는 민족 그룹 간 상호작용의 불가피한 마지막 단계이다. 이런 과정에서 궁극적으로 그룹들은 변화된다. 인종관계 사이클은 '집단적 적응의 모델'이다(Esser 1980, 35). 이 적응은 힘들 지만 소수인종의 '소멸'로 이어진다. 민족적 차원은 해체되고, 이주자는 동화되며, 그리고 파크의 견해에 따르면 미국인이 된다. 유럽이나 아시아의 배경, 가령 부모나 할아버지, 할머니는 중요치 않게 된다. 이주자들은 수용하는 사회와 정체성을 갖는다. 그 사회에 적응할 뿐만 아니라 일치화되어 간다. 이 개념의 이해는 오늘날까지 유용하다.

(3) 동화와 게토

동화 개념은 단순히 사회학에서 미국화된 개념이다. 시간이 흐름에 따라 2세대 또는 3세대 이주자는 그들의 인성을 바꾸고 자신들의 문화적 유산을 포기하거나 또는 수정하여 '민족성'의 흔적을 지워나간다. 따라서 이런 개념은 이상적으로 보면 바로 '용광로' 개념에 부합한다.

파크의 논점은 정치적 계획과 인류학적 개념구성과 연계되어 있기 때문에 오늘날에도 학문적 개념보다는 실용적인 것으로 여겨진다. 많은 인종 내에서의 관계에 있어서 민족성(ethnizitaet)은 여전히 중요하게 존속되고 있다. 에서(Esser)는 전통적인 동화 개념을 다음과 같이 비판하여 정리하고 있다.

> 장기적으로 보면 과정들이 카스트 제도로, 지속적인 갈등으로, 또는 지속적인 한 그룹의 예속관계로 흘러갈 수 있다. 간단히 요약하면 동화는 '피할 수 없는 것'과는 다르다(Esser 1980, 48).

동화 단계에서는 소수인종 그룹에 의해서 지배적으로 거주하는 게토의 역할이 있다. 게토는 일종의 닫힌 공동체(a closed community)이다. 내국인의 다수와 게토—또는 식민지 거주자—의 소수자 간에 공동의 생활은 전혀 일어나지 않는다. 양 집단은 서로 서로 곁에 선 것과 같이 살아간다. 여기서 각 그룹은 자신의 정체성을 유지하려고 노력한다. 시카고 학파에 속했으며 인종 간 관계의 개념을 사용하는 워쓰(Louis Wirth)는 이런 구조를 조화(accommodation)라 하였다(Wirth 1928, 58). 사회학자의 입장에서 보면 게토는 고립에 대한 연구의 대상이다. 게토는 일종의 적응의 형태이며, 이를 통해서 소수자들은 다수의 지배 그룹에 대해 효과적으로 대응할 수 있다. 게토는 적어도 다수 그룹 사회와 소수 그룹 사이에서 일어날 수 있는 갈등을 조정해 줄 수 있는 관용의 형태를 보여준다(Wirth 1928, 58). 이러한 기능들은 오늘날의 게토에서도 여전히 발견된다.

서유럽 사회에서 유대인 게토는 6백 년간 지속되어 오며 형성되어 온 지역적으로 구별된다. 유대인의 게토에 주는 영향들은 유대인의 전통, 관습, 습관, 문화 그리고 중세에까지 거슬러 올라가는 역사성에서도 찾을 수 있다. 유대인들에게 있어 이런 게토는 자신들에게 종교적 행위를 따르며 문화와 전통을 따를 기회를 준다. 게토 공동체의 내적인 결속은 가족생활에 중심이 있고, 유대인 회당의 조직을 통해서 가족들은 공동체 내에서 지위를 얻는다. 따라서 이런 게토는 개인들을 가족과 공동체 간의 관계를 유지하는 기능 또한 갖고 있다.

게토 역시 유대인과 비유대인 간의 접촉을 통해서 변화한다. 교육, 상업, 문화 등을 통한 다른 세상과의 교류는 게토에 다른 사회적 가치를 가져온다. 비유대인 간의 결혼 역시 이런 변화에 기여한다. 점차 고립의 벽들이 사라짐에 따라 게토의 크기도 줄어들며, 유대인을 구별짓는 특징의 정도도 낮아진다. 이런 변화에도 불구하고 유대인의 게토는 여전히 르네상스 이후 유럽 사회의 변화와 사상의 흐름에도 그 특성을 유지해 오고 있다.

워쓰에 따르면 소수 그룹의 소수자들은 게토를 통해 효과적으로 소수파와 다수파 간의 물리적 거리를 둠으로써 사회적 거리를 유지하며, 이는 곧 '거리감 유지'의 수단이 된다. 워쓰는 상식적인 이해와는 다르게 게토의 긍정적 기능을 평가한다. 즉 게토는 단체 소속을 강화시켜 주고, 거주자들을 외부와의 갈등으로부터 보호해 주며, '자신들로 남는 것'을 가능케 해준다. 따라서 워쓰는 게토 상황을 심지어 유대적 정체성과 동일시했다. 유대인 게토는 유대인 특성의 표현이자 사회심리적·행태적 현상이다. 이는 물리적 사실일 뿐만 아니라 '정신의 표현'(a state of mind)인 것이다(Wirth 1928, 71).

적응(adjustment)을 설득력 있게 보여주는 예는 주브릭키(Jerzy Zubrzycki 1956)의 영국에서 폴란드 이주자들의 적응과정에 대한 연구를 들 수 있다. 폴란드인의 대량 이주는 1848년 독일에의 이주로 나타난다. 그 이후 폴란드인의 호주, 캐나다로의 이주가 있다. 영국에의 이주는 제2차 세계대전까지는 크게 이루어지지 않았다. 미국으로 건너갈 수 없었던 폴란드인들이 독일의 브레멘이나 함부르크에서 영국으로 향했다. 1870년 영국에 폴란드인은 1,500명이 채 안 되었고, 1882년 리버풀에 거주한 폴란드인은 800명 수준이었다(Zubrzycki 1956, 38).

주브릭키는 제2차 세계대전을 전후하여 영국에 이주한 폴란드 이주자를 조사했는데, 그는 관찰, 현장조사, 신문기사, 개인 기록물, 그리고 관련 단체들의 기록을 통해서 폴란드인의 이주적응을 분석했다. 이런 정착과정은 미국에서의 경험과 유사하다고 결론짓고 있다. 그러나 수용사회와의 완전한 일치와 정체성은 폴란드 이주자의 소수에게서만 발견되었다. 그는 폴란드인의 이주적응을 동화보다는 적응으로 해석하고 있다. 적응은 바로 이주자들이 일정한 차별을 갖고 거리를 두는 그룹으로 남으며, 보통 관용적이지만 자신이 거주하는 사회에서 수용되지 않는 적응의 형태이다. 다수는 노동에서 보면 내국인과 격리되었고, 거주와 문화, 여가 사용에서도 마찬가지로 분리되었다. 이런 배경에는 폴란드인이 모국으로 돌아가고자 하는 희망이 저변에 있기 때문이기도 하다.

사회에의 고립은 정신질병에서 찾아볼 수 있다. 영국인과 폴란드인과의 비교에서 폴란드인 정신병 치료가 월등히 높은 것으로 조사되어 사회적으로 고립될수록 정신질병은 높아진다는 것을 보여주고 있다. 영국인의 경우 천 명당 남녀 정신질병률이 0.86인 데 비하여 폴란드인의 경우 남성은 4.42, 여성은 3.76으로 나타났다.

파크와 관련하여 인종관계 사이클의 또 다른 이론이 개발되었다. 보가더스(Bogardus)는 파크의 4단계 모델을 7단계 모델로 확장시켰다(Bogardus 1930).

① 새 도착자에 대한 내국인의 호기심과 동정(sympathy)
② 새 도착자에 대한 경제적 환영(economic welcome)
③ 현지인과 새 도착자 간 경제적 · 사회적 적대관계로 발전
④ 법적인 적대관계, 예 : 이주의 제한
⑤ 인류적 반대운동(fair-play tendencies)
⑥ 진정(quiescence)에 이름
⑦ 2세대의 곤란과 부분적으로 동화된 2세대의 일부 수용(accepted)

보가더스는 동화과정은 내국인의 참여와 개입에 의존한다고 파크보다 더 강하게 강조한다. 이 이론은 너무 특수적이라는 평가를 받아

거의 적용되지 않았다(Price 1969, 217). 영향력이 있는 이론은 오스트레일리아 사회심리학자 리차드슨(Richardson 1957)과 태프트(Taft 1957)의 단계 모델이다.

3) 동화의 단계 모델

리차드슨(Alan Richardson)은 제2차 세계대전 이후 오스트레일리아로 이주한 영국인의 동화과정을 조사하였다(The Assimilation of British Immigrants in Australia, 1957). 당시 이주자 남자, 여자 및 어린이를 포함하여 50만 명이 이주하였다. 이런 이주에 따른 관심은 이들의 동화가 어떻게 이루어지는가이다. 그는 동화를 사회가 이주자를 흡수(absorbs)하는 것과 구별하고 이주한 소수자가 다수에 적응하는 것으로(같아지는) 이해하며, 소수자들은 다수자의 가치와 행태를 점진적으로 받아들이는 것으로 보았다. 이러한 행태의 변화는 이주자의 동기에 의존한다. 다수자의 행태변화도 역시 필요하다. 리차드슨은 동화의 3단계를 다음과 같이 보고 있다.

① **소외**(Isolation) : 출신 문화에 집착, 불만족

② **순응**(Akkomodation) : 외적인 적응, 만족

③ **일체화**(Identifikation) : 일자리 외에서의 훨씬 증가된 참여, 소속감과 우리라는 감정

리차드슨은 거주기간이 늘어남에 따라 동화는 피할 수 없다고 보았다. 가령 11개월 뒤에 이주자가 쓰는 단어와 규범(norm)은 수용 사회

와 일치될 것이다. 그는 이런 일치화 상태에서 완전한 동화까지 그 길은 매우 길 수밖에 없다고 보며, 이는 결코 어떤 연도를 정해서 확정할 수 있는 것이 아니라고 보았다. 여기서 영국인의 이주자들과 영국 지배적인 오스트레일리아의 수용 사회 간의 별로 차이 없는 언어적 · 문화적 거리는 동화를 촉진하는 것으로 보았다(Richardson 1957, 165).

태프트(Ronald Taft 1957)는 더 차별된 단계 모델을 제시하였다. 태프트의 이론은 좀 더 포용력을 가지는데, 이는 그가 문화적인 유용성을 강조하는 이론들과는 달리 단체 소속관계(person-group relationships)를 바꾸는 일반적 문제를 포용하고 있기 때문이다. 따라서 그는 이전의 이주 사회학자들이 동화를 사회화(sozialization)와 동일시하고 있다고 비판하면서 그의 독자적인 동화 개념을 정의하고 있다. 그의 동화 개념에서는 '단체 소속성'이 중심역할을 한다. 개인은 그가 속한 단체에서 다른 단체로 바꿈(transfer)에 따라 인지적 · 행동적 변화를 경험한다. 따라서 동화는 한 사람이 자신의 소속을 다른 2차 그룹으로 이전함에 따른 사회 상호 행동의 결과이다.

동화는 이주상황에만 제한되지 않고 다양한 인간적 기본상황 또는 사회와 관련되어 일어나고 있다. 가령 이런 예는 다른 종교에의 개종, 투옥, 사회복귀(rehabilitation), 군입대, 산업노동에의 종사, 사회 그룹 또는 이웃 단체에의 소속, 결혼(많은 경우에서), 새 학교에의 입학과 같은 사회적 · 공간적 이동과 관련된 동화이다(Taft 1957, 141).

태프트는 사회동화를 한 사람이 자신의 소속을 한 그룹에서 다른 그룹으로 전이되어 가는 과정으로 보기 때문에 2차 소속 그룹의 가치규범은 일차 소속 그룹의 규범과 일치하지 않으며, 이런 가치는 어느 정도 이주자가 획득하고 수용할 수도 있다. 새 그룹이 요구하는 소속원에 대한 전제조건은 다음과 같다.

– 양면적인 의사소통의 준비
– 규범(norms)과 가치의 합의
– 역할요구에 대한 수용
– 그룹과의 일체감

태프트는 일차원(monism), 다원적(pluralism) 그리고 상호작용적(interactionism) 동화 개념을 구별하고 있다. 첫 번째 일차원 유형은 파크의 개념과 일치한다. 일차원적 동화의 경우에 이주자들은 새 그룹으로 완전히 이전되어 가며, 출신 그룹에의 소속을 포기한다. 따라서 이주자들은 가능한 한 빨리 새로운 사회에 흡수되기 때문에 현지인과의 구별은 더 이상 존재하지 않게 된다. 상호작용의 동화 개념은 양 그룹이 점차 일치화(convergence)하며, 그래서 이주자는 자신들의 '출신 정체성'의 일부를 유지한다고 본다. 현실에서 이는 예외적인 현상으로 나타난다. 다원적 동화 개념은 문화다원주의의 정치적 개념과 일치한다. 여기서는 한 나라의 지속에 필요한 초월적 가치를 수용하는 것을 넘어서 자신들의 상호 문화차이가 존중 · 유지되어야 한다는 것 외에는 현지인과 이주자 간에 어떤 일치하는 것이 없다.

태프트는 오스트레일리아의 동화에 대한 태도 연구에서 질문을 다음과 같이 나누고 있다.

다음 질문에서 오스트레일리아에서 동화문제의 최상의 해결책이 어느 것이라고 봅니까?

① 일차원 동화 : 이주자들은 가능한 빨리 오스트레일리아인과 같이 되도록 해야 한다.

② 다원주의 동화 : 오스트레일리아인이 자신들의 생활방식을 유지하며, 또한 이주자들은 자신들의 기존의 생활방식을 유지하도록 격려되어야 한다.

③ 상호작용 동화 : 이주자와 오스트레일리아인은 서로 다른 생활방식에서 뭔가를 배워서 점차 서로가 같아져야 한다.

태프트는 일차적 동화의 이상적 흐름(전개)를 7단계로 나누었다.

태프트의 동화단계

1	문화적 학습(수용하는 그룹에 대한 지식, 언어지식, 접촉에 종속되지 않음)
2	수용하는 그룹에 대해 긍정적 견해, 상호작용, 그러나 오해의 위험성 존재
3	출신 그룹에 거부적인 견해, 수용하는 그룹에의 접근을 통한 그룹 생활에로 진전(가치는 전이되지 못함)
4	조화(외적인 적응) : 역할 수용 : 그러나 일체화는 없음 : 과도한 적응의 위험
5	수용하는 그룹을 통한 사회적 수용 ; 어느 정도의 신뢰성
6	일체화 (수용하는 사회의 소속원)
7	가치의 일치화(수용 그룹의 가치와 새 그룹 구성원의 가치의 일치화)

Taft 1957, 142-152.

7단계를 통해 양 그룹의 서로 다른, 때로는 적대적인 가치는 일치화된다. 태프트는 자신의 결과를 확고한 모델로서가 아니라 제안으로 여긴다. 그에 따르면 1, 4단계 그리고 7단계는 문화적 동화, 그리고 5, 6단계는 사회적 단계에 해당한다. 민주주의에서 이주자를 위한 적절한 결과는 이민국의 행태 요구에 대한 조화로부터 시작하고 일체화와 기준의 전이로 종결되는 것이다(152). 태프트는 수용하는 사회 내에서도 그룹의 가치에서 벗어나는 것이 있음을 말하고 있다. 그 외에 종종 문화적 동화만이 일어나고 사회적 동화는 일어나지 않는다. 그리고 태프트에게 모든 동화단계의 시행은 예외이며, 동화는 결코 피할 수 없는 것이 아니다. 완전한 동화는 잠정적인 새 그룹 구성원의 인성의 특징을 통해서, 그리고 수용하는 그룹 또는 개별 구성원의 방어를 통해서 방해가 된다.

많은 사회과학자들이 파크의 이론과 씨름했다는 사실은 전통적인 동화 개념의 중요성을 방증한다. 인종관계 사이클은 동화 논의에서 출발하여 점차 세분화되며 변형되어 갔다. 그럼에도 동화의 개념은 여전히 존속하고 있다.

3. 부분적 동화

시카고 학파, 특히 파크는 동화를 정치적·사회적인 면에서 바람직한 현상으로 보았으며, 또한 사회학적 측면에서는 피할 수 없다고 보았다. 그는 나아가 법칙성을 가진 인종관계 사이클을 유도해내는 사이클 모델을 만들어내는 데 기여했다. 인종관계 사이클 모델은 혁신적이며 장기적인 현장 연구에도 불구하고 굳건히 자리를 잡지는 못했다. 이후 이주자들의 적응과정의 실제적인 흐름을 연구한 학자들은 파크의 실용적인 주장과 입장을 상대화시켜 나갔다. 가령 이주자들의 이주 사회에의 동화는 바람직하지만 결코 피할 수 없는 것은 아니라는 주장이다. 동화는 이주자와 이주 사회가 특정한 조건을 이룰 때에만 가능하다고 본다. 가령 아이젠슈타트(Shmuel N. Eisenstadt)는 동화 대신에 흡수(absorption) 개념을 사용했다.

1) 흡수의 조건들

바르샤바 태생의 사회학자 아이젠슈타트는 1940년대 말과 1950년대 초에 팔레스타인과 이스라엘 국가로의 건너온 유대인 이주를 조사했다. 그는 이주자들의 이주 사회에의 완전한 동화를 설명하는 데 있어 흡수 개념을 사용하였다. 이주 사회로의 이주자들의 흡수(원뜻은 빨아들임)는 이주자들이 자신들의 가치(원래의 가치)를 변화시키며 인종적 정체성을 포기할 때 달성된다. 동시에 이런 흡수를 위해서는 이주 사회의 사회구조가 변화해야 하며, 이로써 이주자들이 완전히 신분체계에 편입되며 현지의 사회제도 참여가 보장되어야 한다.

아이젠슈타트에 따르면 이주는 개인이나 그룹으로서 다른 사회로의 물리적 이동(physical transition)이다. 따라서 이주자는 지금까지의 사회적 관계(social setting)를 포기하고 새로운 그리고 차이가 있는 다른 사회적 관계에 들어간다. 이런 이주운동(the migratory movement)은 보통 3단계로 구성되며, 각 단계마다 일련의 전형적인 사회심리적 과정을 겪게 된다.

(1) 첫 단계 : 이주동기

잠재적인 이주자는 고향에서 좌절을 느끼는데, 이는 자신의 기대와 이상을 만족시킬 수 없기 때문이다. 이런 좌절과 이룰 수 없는 생각(feeling of frustration and inadequency)과 자신의 이상을 실현할 수 있는 객관적인 가능성의 존재(existence of some objective opportunity)는 잠재적 이주자에게 이주동기를 갖게 하는 조건이 된다. 좌절의 근본적인 원인은 자신의 고향에서의 물리적인 생존에 대한 불신에 기여한다. 이로써 잠재적 이주자는 고향에서는 기본적인 삶의 영위에 필요한 것들을 해결할 수 없다고 여긴다. 고향에서는 의미 있는 삶을 영위할 가능성은 거의 없다는 확신이 이주의 결정적인 계기로 작용하게 된다.

잠재적 이민자는 이제 다른 나라에서 자신의 이상을 생각하고 실천할 가능성을 모색하게 된다. 이런 초기의 생각들은(initial and predisposing attitude) 점차 구체화되어 가며 실현 가능성을 찾게 된다. 반면에 잠재적 이주자는 자신의 고향의 모든 것을 포기하며 단절하는 것은 아니다. 고향에는 자신의 삶의 영역과 동질을 느끼는 영역들이 있으며, 이는 이주자가 바로 자신의 고향을 떠나지 못하고 계속 머무는 이유가 된다. 이는 이주 후에도 현지 사회에서 제한적인 삶을 살아가는 이유가 된다. 이로써 초기의 동기와 태도는 다음 이주단계에 영향을 미친다. 이주자의 기본적인 생각과 정향은 그가 얼마만큼 이주에 따른 변화된 삶을 수용할 것인가에 달려 있다(Eisenstadt 1954, 1–4).

(2) 두 번째 단계 : 이주의 물리적 과정, 즉 이주자의 실제적인 공간이동

이주는 표면적으로는 단지 물리적인 이동으로 보이지만 실제로는 많은 사회적 변화(social changes)를 수반한다. 이주자는 새로운 환경에서 실제적인 변용(actual stage of reforming) 단계에 직면하며, 지금까지의 사회적 참여 또는 그룹 생활은 급격히 줄어들게 된다. 이주자는 친구, 친척 또는 지금까지 사회적 관계를 맺어온 주도적인 사람들과 분리되어 가며, 자신이 참여했던 다양한 사람들 및 그룹 또한 떠나게 된다. 이로 인해 소통관계가 단절된다. 마찬가지로 자신이 수행해 온 사회적 역할도 더 이상 할 수 없게 된다. 따라서 이주자는 사회적 관계와 활동이 축소될 뿐만 아니라 탈사회화(desocialization)된다. 이로써 전체의 가치정향은 변하게 된다.

반면에 이주자는 새로운 거주지에서 자신의 행동을 규정하는 새 가치들을 충분히 습득하지 못하는 경우가 발생한다. 이주자는 실제 구조적이지 못하며(unstructured) 불안정한 환경에서 살게 된다. 이런 상태와 과정은 이주자에게 불안과 걱정을 가져다 준다. 따라서 이주자는 모국에서 그 좌절을 극복해야 했던 것처럼 현지 사회에서도 이런 불안과 걱정을 극복해야 하며, 현지 사회에서 새로운 가치와 활동행태를 받아들이려는 자세를 가질 필요성에 직면하게 된다. 이주자 누구에게나 이런 과정은 내재해 있으며, 이주자는 새로운 목표와 필요를 채우는 문화적 형태(patterns of cultural gratification)를 받아들여야 하고 지위변화(status image)라는 재사회화와 재구성을 받아들여야 한다.

(3) 세 번째 단계 : 현지 수용 사회에 이주자들의 흡수

이주자 편에서 보면 이주과정은 이주자의 역할기대의 제도화(institutionalizing his role-expectations)로 구성된다. 즉 이주자는 새 언어 및 새 사회역할을 학습해야 하는 동시에 사회의 가치정향에 적응하며 또한 역할을 수행해야 한다. 다른 표현을 빌리면 이주자는 자신이 지금까지 관계하며 참여한 1차집단을 변용(전환)하거나 또는 재구성해서 수용 사회의 사회구조에 연계시켜야 한다. 여기서 이주자의 행태가 어느 정도까지 제도화되어야 하는가의 문제가 생기는데, 이는 자신의 기대가 흡수 사회의 역할규정과 양립해야 하며, 다른 한편에서는 자신의 기대가 실제 실현 가능해야 되는 정도가 어느 수준인가이다. 제도화된 행태가 증가함에 따라 자신의 1차 그룹과의 관계를 넘어서 사회적 참여를 확대하며, 이를 통해 흡수 사회의 주요 영역에 침투해 들어가게 된다. 흡수 정도의 성공 범위에서 이주자는 흡수 사회의 기능적인 구성원이 되어 간다(Einsenstadt 1954, 1, 6–9).

이주자 행태의 제도화 과정은 흡수 사회(absorbing society)의 범주에서 일어난다. 여기서 이주자의 기대와 흡수 사회의 요구는 매우 작은 범주에서 일치하기 때문에 제도화 과정이 항상 마찰 없이 성공적으로 흘러가지는 못한다. 그러므로 흡수과정은 이주자 편에서 뿐만 아니라 이주를 통해 변화되는 흡수 사회도 함께 봐야 한다. 이러한 배경을 염두에 두고 개인이나 그룹의 완전한 흡수(full absorption)를 말할 수 있는가의 질문을 생각해야 한다. 완전 흡수를 말할 수 있는 지수는 다음 3가지로 축약해 볼 수 있다.

① 첫 인덱스는 문화적응(accultuation)이다. 이주자들은 흡수 사회의 다양한 사회역할 및 기준과 습관을 학습한다. 이 학습과정은 두 가지 측면에서 고찰할 수 있다. 양적으로 점증하는 범위로 언어, 행동거지, 종교성향, 경제습관 등 일상적 생활행태(day–by–day behavior)에서 볼 수 있다. 다른 한편 이주자는 수많은 행동규범을 새로 습득해야 할 뿐만 아니라 기대에 부흥하는 행동을 해야 한다.

② 두 번째 인덱스는 이주자의 개인적 적응(personal adjustment)이다. 자신의 인식관점, 만족, 문제해결 능력과 방식 등이 이에 속한다. 두 번째 인덱스인 개인적 적응은 이주는 이주자에게 많은 좌절과 어려움을 수반한다는 것을 근거로 한다. 이로 인한 직접적인 결과로 이탈행위가 있다. 가령 지나친 알코올 소비, 공격성 또는 소심성 등의 행동과 범죄,

자살 및 심리적 질병 등은 모두 적응의 부정적 인덱스로 평가된다.

③ 세 번째 인덱스는 제도화 수준(institutional dispersion)이다. 이는 이주자 그룹이 흡수 사회의 다양한 제도영역에 침투해 들어가서 결과적으로 자신들의 분리적인 정체성을 내려놓는 것을 말한다. 이와 반대로 이주자들이 하나의 또는 다른 영역에 집중해서 머물며 문화와 사회적으로 고립된다면 자신들의 분리적 정체성(separate identity)을 포기한 것은 아니다. 이런 현상은 사회로의 흡수가 성공하지 못한 것임을 보여준다. 흡수는 이주자들이 흡수 사회의 형식적·제도적 영역에 침투해 들어가고, 이들이 더 이상 형식적인 사회적 상호 행태를 하지 않으며, 1차 그룹에의 접근이 이루어지며 관계가 만들어질 때이다. 이렇게 될 때 흡수 사회로의 사회적 근접(social proximity)이 가능하며 완전 흡수도 달성 가능하다. 이 세 번째 인덱스는 성공적인 흡수에 대해 결정적이다(Eisenstadt 1954, 9-15).

세 번째 인덱스의 실현은 실제로 많은 현실적인 어려움들과 연계되어 있다. 왜냐하면 흡수 사회에 대해 일련의 제도적 변경을 요구할 뿐만 아니라, 다양한 제도영역에서 새로운 인력배분(배치)이 일어나야 하기 때문이다. 또한 이런 구조변화가 매우 느리게 일어나며, 이주자 그룹들의 서로 다른 정체성을 소멸시키(obliterate the distinct identities of difference)는 대신 이들을 단계적으로 가입시켜야(incorporate) 하기 때문이다. 대량 이주자들의 흡수는 흡수 사회의 구조적 다원화(pluralistic structure)를 낳는다. 즉 자신들의 정체성을 유지하는 소수민족적 하위 그룹이 증가하게 되는 것이다. 따라서 이주자들의 통합이나 탈퇴(Desintegration)가 흡수 사회의 제도적 틀에 변화와 긴장을 얼마나 가져올 것인가 봐야 한다. 원리적인 면에서 이주자를 통해 발생하는 긴장과 이탈은 현지인들에게 영향을 미치는 긴장 또는 이탈과 기본적으로 차이가 없다. 그럼에도 불구하고 전형적인 이탈이라고 볼 수 있는 것들이 있다. 가령 빈번한 공통의 이탈은 개인적 탈조직화(personal disorganization)인데, 이는 주로 고향의 맥락에서 자신의 원래의 일차집단과의 관계단절에서 발생한다. 또 다른 이탈은 공격적 행동, 사회적 규범의 침해이다. 공격성은 자기 자신의 그룹으로 향하기도 하고 흡수 사회의 그룹으로 향할 수도 있다.

이주로부터 발생하는 하위 그룹의 형성과 더불어 일어나는 흡수 사회의 다원구조는 이주의 민족 그룹이 흡수 사회의 일반 역할(universal roles)을 완전히 수용하지 않음을 말하기도 한다. 반면에 정당하게 허락된 경계가 특별한 역할에서 허용되는데, 이는 흡수 사회가 그 개별 이주자에게 허용하는 것이다. 완전한 일치화인 흡수는 아이젠슈타트에게서는 예외이다. 중요한 것은 다원적 구조이다. 이는 수용하는 사회가 먼저 인정해 받아들여야 한다(Eisenstadt 1954, 19). 민족 그룹화는 해체되지 않으며, 이는 서로 다른 이주역사와 또한 그들의 사회적 위상으로 인하여 결코 동일하지 않다(260ff). 아이젠슈타트는 이스라엘의 사회구조가 얼마나 서로 다르게 이주자들을 흡수했는지를 보여주고 있다. 이스라엘 국가 성립 이전에 유럽과 북아메리카의 이주자들은 1950년대 말까지 효과적인 편입 관료 행정으로 인해 신속히 통합되었다.

이와 대조적으로 이스라엘 국가 성립 이후에 이주해 온 아시아의 새 이주자들은 상당한 사회적 거리감을 갖고 있었다. 이들 간에는 이주의 동기에서부터 차이가 난다. 초기 이주자들은 1930년대 이후 이주한 대부분 유럽국가들 출신이며, 이들은 자발적으로 유대인의 정체성과 문화를 갖고자 하였다. 따라서 이들의 유대 사회에로의 흡수는 시오니즘에 활력을 불어넣었다. 이들에게 언어, 종교적 · 문화적 흡수는 전혀 문제가 되지 않았다. 즉 초기 이주자들의 본래적인 동기는 경제적인 것이 아니라 팔레스타인에 유대국가 사회(the Jewish National Home)를 건설하는 것이었다.

따라서 초기 이주자들은 자연히 출신 고향에 매이지 않았으며, 새로운 정착지에의 적응과 사회의 요구에 응하며 변화할 준비를 갖추고 있었다. 이들은 살고 있는 기존의 사회에서 이미 내적인 변화와 준비를 한 것이다. 이주자들은 서로 간에 강한 상호적 정체성을 공유했고, 민족에의 애국심도 강했다. 결과적으로 새로 건설되는 유대 사회의 경제는 이주자들의 유입과 이들을 통한 자본에 전적으로 의존했다(1953, 178). 반면에 후기 이주자들은 주로 구오스만터키와 북아프리카 등에서 왔는데, 이들은 사회에 급히 흡수되지 않고 자신들의 특별한 그룹과 영역을 유지했으며, 매우 천천히 사회적 관계를 확대해 나갔다. 이들의 유대 사회에의 흡수는 오히려 더 긴장을 야기하여 사회적 관계도 불안정했다.

이스라엘은 통합에 적극적인 민족적(국가적) 이해를 가지며 이민국으로서의 특수성에도 불구하고 이주를 통한 적응과정에 대한 아이젠슈타트의 결론을 일반화시킬 수 있는가의 문제가 있다. 이주 사회에의 이주자의 적응과 편입에 결정적으로 중요한 것은 흡수하는 사회의 다원적 잠재성과 이주자 그룹의 적응능력성(transformationspotential)이다. 이 두 요소는 장기적인 제도화 과정을 만들어낸다. 제도화는 장기적인 사회적 관계의 모든 형식(form)을 말한다.

아이젠슈타트는 자신의 오랜 관찰에서 제도화 과정은 성공한다고 믿지는 않는다. 이는 북아메리카 사회에도 적용된다. 미국에서 서로 다른 소수민족 그룹 간에 그룹 전이(gruppentransformation)과정은 단일적이지 않다. 제도화가 성공하지 못할 가능성 또한 많다. 비성공(실패)은 이주자들의 이탈적인 행동에서 나타난다. 가령 자살이나 범죄 등이다. 이런 이탈은 문화의 불양립성(cultural incompatibility)으로 보여진다. 그리고 부정적인 정체성(identifications)은 흡수하는 사회에서의 차별이나 자신의 지위 열망(status aspiration)을 알지 못하는 무능과 연계되어 있다. 전체로 미국의 사회구조는 충분히 다원적이다. 도구적인 그리고 성과 중심의 지향(성향)과 같은 제도화 과정은 특히 이런 정향을 받는 이주자들에게는 긍정적으로 작용한다.

아이젠슈타트는 광범한 전이(transformation)과정을 이루는 자기중심적인 이주를 관찰하고 있다. 이를 통해 탈사회화(desozialisation)와 재사회화(resozialisation)의 개념이 얼마나 강하게 이주자에게 압력을 가했는가를 보여주었다. 이 압력은 이주자들이 이스라엘 이주자이든 난민이든, 또는 의존적 이주자이든 아카데미적인 이주노동자이든 관계없이 모든 남녀 이주자들에게 흔적을 남긴 것을 볼 수 있다.

아이젠슈타트의 흡수 개념은 그가 1차집단의 가치 또는 1차집단 관계가 수용 사회와 일치화되기 위해서는 변화되어야 한다고 보는 한 동화 개념(Assimilation)과 상응한다. 이로써 이 과정은 제도화되며 고착화되므로 흡수하는 사회구조를 필요로 한다. 아이젠슈타트는 수용 사회의 측에서도 이주자와 이주 사회 간의 지속적인 사회관계가 맺어질 수 있도록 특정한 조건들이 반드시 충족되어야만 한다고 보고 있다.

2) 문화와 구조 동화 : 1차접촉의 주요 역할

1964년에 북미의 사회학자 고든(Milton M. Gordon)은 『미국생활에서의 동화』(*Assimilation in American Life*, 1964)를 발간했다. 고든은 이 책에서 미국 이주 사회에서 동화의 성과 내지 결과를 비판적으로 보지 않았다. 그는 미국 사회의 모습(용광로 대 문화다원주의)을 미국 내의 흑인과 소수인종의 실제 삶과 대조하였는데, 여기서 그가 주목하는 것은 산업화되고 도시화된 이질적 사회가 보여주는 그룹 생활의 본질이다. 그룹 생활의 본질에서 고든은 "우리의 인종적 · 종교적 · 민족적 그룹들과 그들의 다양한 상호관계"의 사회구조를 이해하고 있다. 즉 미국 사회가 다양한 인종 그룹으로 구성되어 있다는 것을 증명하기 위해서 그는 먼저 사람들을 공동의 인종적 · 종교적 출신을 배경으로 공동 가치(values shared)를 나누는 국민구성원(peoplehood)으로 이해한다.

여기서 국민(people)의 개념은 그리스어 Ethno에서 유래되는 민족성(ethnicity) 개념이다. 공동의 인종적 · 종교적 · 국가적 출신으로 인해서 국민감정(a sense of peoplehood)이 발전되며, 상호 서로 분리되는 사람들의 그룹이 소수민족 그룹으로 불린다. 미국 사회는 이런 소수민족 하위 그룹(ethnic subsociety)의 다수로 형성되어 있다. 이들은 사회적 조직, 형식적 · 비공식적 사회관계, 제도적 활동의 네트워크를 발전시켜 간다. 이런 인종적 부분 사회가 자신들의 구성원을 위한 중요한 3가지 기능을 충족시킨다.

첫째로, 이들은 자아정체성의 심리적 근원(a source of group self-identification)으로 기능하며, 내적인 국민정서의 장소를 제공한다.

두 번째로, 이는 그룹과 제도 간의 조정된 네트워크를 제공하므로 구성원들은 자신들의 전 생애를 통하여 자기 소수민족 내에서 1차접촉의 관계를 발전시킬 뿐만 아니라, 자신들의 사회적 관계를 거의 자신의 민족 그룹 내에 제한시킬 수도 있다.

세 번째로, 이 네트워크는 자신들의 문화적 · 종교적 · 국민적 유산을 통해 주거 사회의 문화적 가치와 행태를 정화하는 역할도 한다. 이로써 문화의 다양성이 나타난다.

소수인종 그룹의 구성원들은 함께 소속되어 있다고 느끼며, 서로가 연계되어 있다고 본다. 그들의 민족적 정체성은 민족 출신 배경에만 근거하지 않고 '해체되지 않으며 신뢰하는 정체성의 감정'에 기초한다(29). 현대 사회에서 민족성은 전통적인 과거 관계적인 요소로 여겨진다. 사회의 구성원은 민족적 통일 또는 세계 사회와 일체화되어야 한다. 고든은 민족성은 '살아남았다'는 결론을 지었다. 그에게 있어서 민족성이 바람직한지 또는 그렇지 않은지는 중요하지 않다. 왜냐하면 민족성은 원하든 원치 않든 항시 되돌아오기 때문이다.

고든은 미국을 민족적 정체성에 기초한 하위사회로 체계화된 사회로 보았다(37). 즉 두 개의 층화가 종횡으로 교차하는 '구조적 다원주의 사회'(structural pluralist society)이다. 여기서 수직층으로서 소수민족 집단들로 구성된 민족성의 층화가 한 축이며, 다른 한 수평의 축은 사회계급적 층화이다. 두 개의 층화가 만나는 지점에 민족계급(etclass)이 존재한다. 바로 이 민족 그룹은 역사의 정체성의 기저(축)이다(53). 그러므로 미국 사회는 수많은 민족계급들로 구성된 것으로 보며, 미국 사회의 부분을 구성하는 다양한 민족사회는 자신들의 민족적 문화를 지키기 위해 노력한다. 그 결과 문화적인 다양성을 넘어서 문화다원주의(cultural pluralism)의 모델이 존속하게 된다. 다시 말해 미국의 부분 사회에는 민족적 하위 문화(subculture)가 존속하며, 이는 현지 사회의 문화와도 선택적으로 혼합된다.

미국화된 용광로의 이데올로기와 파크의 동화 개념에 반하는 민족적 정향의 안정성에 대해 고든은 그룹 간(intergroup relations)의 관계발전으로 설명한다.

① 민족적 정체성은 계급정체성과 함께 공생(共生 symbiosis : 생물

학에서 각기 다른 두 개나 그 이상 수의 종이 서로 영향을 주고 받는 관계로 상리공생, 편리공생 등이 있다)과 연계하며, 계급과 민족층(segment ethclass)과 연계한다. 민족계급(ethclass)은 민족 그룹 내에서 계급층을 보여준다. 고든은 민족계급(ethclass)의 사람들만으로 사람들은 소속감을 느끼며 '긴장완화' (entspannen)할 수 있다고 보았다.

② 미국 사회에서 민족 그룹의 동화에 결정적인 것은 인종 간 1차적 접촉의 정도이다. 이는 실제로 적은 범위 내에서만 주어진다. 왜냐하면 친구의 사랑의 관계는 인종적 경계를 넘어서는 거의 일어나지 않기 때문이다. 1차 그룹의 관계는 구조적으로 구별되어 있다. "1차 그룹의 수준에—인종적으로 보면—중립적이라는 미국 사회구조는 단지 신화(mythos)이다" (113).

③ 1차 그룹 관계에서 수용하는 사회의 소그룹(Cliqen), 단체 가입과 같은 구조적 동화는 큰 범위에서 지금까지 일어나지 않았다 (81).

④ 이주자들은 지금까지 수용하는 사회의 문화적 행태에 적응할 것으로 생각되어 왔다(77).

동화단계에서 문화적 적응이 따른다고 자동적으로 다음 단계의 적응이 뒤따라 오는 것은 아니다. 그러나 구조적 동화는 다른 동화단계를 갖는다(가령 문화적 적응, 결혼, 정체적 동화). 고든은 권력의 차이를 제시함으로써 이런 순차진행 모델의 유용성을 제한한다. 이는 특히나 새 이주자들과 오래 정주한, 권력을 가진 그룹, 즉 미국에 WASP로 명명되는 이주자들 간에는 큰 차이가 있다.

고든은 다음과 같이 동화의 단계를 구별하고 있다.

(1) 동화의 첫 번째 단계는 문화적응이다. 즉 이주자들은 일상생

고든에 따른 동화의 변수들

하위과정/조건	유형/동화 단계	특별 칭호
수용하는 사회체계와 일치하는 방향으로의 문화적 행태의 변화	문화적 또는 행태적 동화 (cultural or behavioral assimilation)	문화적 적응 acculturation
1차집단의 기초 하에 이민 사회의 단체 제도 Clique에 가입	구조적 동화 (structural assimilation)	–
일반적 수준에서 소수민족 간에 결혼형태 발생	결혼 동화 (martial assimilation)	인종 간 융합 amalgamation
이주사회로의 소속감의 발전	정체적 동화 (identificational assimilation)	–
선입견이 없음	태도수용 동화 (attitude receptional assimilation)	–
차별이 없음	행동수용 동화 (behavioral receptional assimilation)	–
가치갈등과 권력투쟁이 없음	시민동화 (civic assimilation)	–

활에서 올바르게 행동하기 위해 현지 사회의 문화적 행태와 언어에 목적을 가지며 외형적으로 적응한다. 이 적응은 문화적 또는 행태적 적응(cultural or behavioral assimilation)이라 불린다. 이런 문화적 적응을 통해 이주자들이 백인 사회의 그룹과 제도에 대해 접근하는 것은 보장되지 않는다. 문화적 동화에서 두드러지는 점은 구조적 분리(structural separation), 즉 서로 다른 인종적·종교적·국민적 출신 구성원들 간의 접촉이 주로 2차적 및 목적적 수준(가령 직업수준)에서 일어나는 것이며, 1차적 수준에서는 발생하지 않는다는 것이다. 이의 직접적인 결과로서 구조적 다원주의(structural pluralism)가 발생한다(Gordon 1964, 69–83, 233–235).

(2) 두 번째 단계는 구조적 동화이다. 이는 이주자들이 점점 현지 사회의 조직영역으로 침투에 들어가며 사회적 소그룹(clique), 조직 및 제도에 참가하는 것이다. 문화적 적응이 반드시 구조적 동화로 이끄는 것

은 아니지만 구조적 동화는 필연적으로(inevitably) 문화적 동화와 다음 단계의 동화를 이끈다. 구조적 동화는 이로써 전체 동화과정의 기저를 만든다(80-81). 즉 구조적 동화는 다른 유형의 동화와 평등한 기회구조를 만드는 데 중심적인 역할을 한다.

(3) 구조단계는 현지 사회(core society) 중심문화의 구성원과 이주자 간의 민족 간 결혼으로 일어나는 결혼동화(marital assimilation)로 이어진다. 여기서 생물학적인 일치화를 인종 간 융합(amalgamation)으로 표현하였다. 결혼동화는 구조동화가 필연적 부산물로 광범위하게 일어나면 민족적 정체성은 상실되며, 다음 단계로의 정체성 동화가 이어진다.

(4) 정체성 동화에서 선입견이나 차별은 더 이상 없는데, 왜냐하면 이주자들의 후손과 현지인 간의 더 이상 구별이 어렵기 때문이다. 이들의 내부 그룹 관계는 모든 그룹 구성원을 포용하는 내부 그룹 소속감(in-group feeling)을 만들어낸다.

(5) 정체성 동화에 뒤이어 기타 동화, 가령 태도수용 동화(attitude receptional assimilation), 행동수용 동화(behavioral receptional assimilation), 시민동화(civic assimilation)가 후속적으로 문제 없이 이어진다. 따라서 가치와 권력갈등은 없어진다(80-81).

이주자들의 문화적 적응이나 문화적 동화를 촉진하는 과제를 갖고 있는 사회제도들은 이 목적들을 조심스럽게 따라야만 한다. 이주자들은 미국 문화나 2차 그룹이나 제도들에서 자신들의 사회적 관계를 성공적으로 만들 수 있다. 여기서 주목해야 할 것은 이주자들의 과도한 구조적 분리(excessive structural sepration/compartmentalization)는 그들의 사회적 관계에 부정적으로 영향을 미치며 선입견을 불러온다는 것이다. 다른 한편 이주자들은 소수민족 단체가 제공할 수 있는 감정적 안정성에 의지할 수 있다. 그러므로 구조적 · 문화적 다원주의는 어느 정도는 필요하며 또한 허락되어야 한다. 따라서 여기서 권고하는 것은 구조적 동화를 촉진하는 것과 병행해서 이주자들에 대한 소수민족 그룹 생활의 기능적 필요성을 수용하는 것이다.

소수민족의 부분 사회는 이주자들의 고향문화와 미국 문화 간의 전달에서 중요한 역할을 한다. 이런 사실을 인정하는 것이 이주자들의 목적달성을 위한 소통과 네트워크를 효과적으로 이용하는 데 도움이 된다. 고든은 아이젠슈타트와 비슷하게 수용 사회의 제도와 그룹관계에서 이주자들의 참여의 중심역할을 강조한다. 아이젠슈타트 제도적 분배는 고든의 구조적 동화와 비슷하다. 양 경우에 있어서 인종적 그룹은 사라진다. 이는 파크/버지스의 동화와 일치한다.

고든은 자신의 어려운 동화과정에 대한 분석에서 동화(adjustment)의 변형된 문화적 · 다원주의적 개념이 허용되고 촉진되어야 한다는 정치적 결론에 이르렀다. 각자가 자신의 민족 내 또는 밖에서 관계를 갖는 것은 스스로 결정해야 한다. 사람들은 동시에 인종 사회(ethnic communities)에 틀어박히기를 좋아하거나 완전히 동일한 것으로 취급되지 말아야 한다. 미국화 또는 용광로에 대한 대변자들에 대해 그는 '미국인들이 수많은 소수민족에 갖는 적대성에서 해방될 것'을 요구했다. 소수자들은 미국인들의 입장에서 보면 여전히 동화되지 않거나 또는 '용해되지' 않은, 다시 말해 백인이며 프로테스탄트 국민이 되지 않은 자들이다.

4. 동화의 대안 모델 : 뿌리뽑힘, 이방성, 경계성

1) 뿌리뽑힘

이민자들에게 있어서 이주의 '가장 급진적' 결과는 이른바 '뿌리뽑힘'(Uprooted)이다. 이 개념은 1951년에 북미의 역사가이며 러시아 유대인 이민자의 아들로 태어난 핸드린(Oscar Handlin 1951)에 의해 전파되었다. 그는 미국으로 온 이주자가 미국을 바꾸었지만 미국도 그들을 바꾸었다(alter)고 보고 있다(4). 그는 그의 저서를 『뿌리뽑힌 자들』(*The Uprooted*)라고 제목을 붙였는데, 19세기 말과 20세기 초에 미국에서 온 유럽 이주자들이 미국에 정주하면서 경험하는 문화적 · 심리적 영향을 조사하였다. 그는 이주자들의 공통적 경험을 찾아 이들은 '뿌리뽑힌 자들'이며, 문화적 · 규범적 정향을 강탈당했다고 보았다. 그들이 조국에서 얻은 의사소통 방식은 새 이주 사회에서는 더 이상 통하지 않는다. 이들은 과거의 이주자들이나 흑인들과는 달리 기존 제도화된 사회에 자신의 방식들을 부과할 수도 없고, 또한 자신들을 그 기존 사회에 동조하여 제한시킬 수도 없다. 이주자들은 위기 속에서 살게 된다. 왜냐하면 이식(transplantation)에서 이주자들은 새로운 것에 뿌리를 내리기 전에 자신의 과거 것들이 뿌리째 뽑히기 때문이다(6). 새로운 이 중단된 상황은 심리적 불안정으로, 탈정향과 상실로 이끈다(Thomas/Znaniecki 1974).

'뿌리뽑힘'의 개념으로 이주과정의 결과가 매우 극적으로, 또한 인간의 편에서 단적으로 설명된다. 이주하는 사람은 자신들의 새 환경에 결정적으로 진입되어 가며, 새 환경에서 그들의 과거 환경은 설 자리가 없어지고 희생의 제물이 된다. 핸드린에 따르면 이민 1세대는 이질감의 쇼크에 빠진다(Handlin 1951, Kap X). 어떤 사람들에게 그들의 새로운 '고향'은 자신들이 태어난 실제의 고향이 아니며, 그리고 어떤 이들에게는 '자신의 실제의 고향'이 점점 더 낯설어져만 간다. 모국에서의 친구와 친척에 대한 접촉은 더 어려워진다. "모국에 남아 있는 친구나 친척들은 미국의 거리는 금으로 장식되어 있다"라는 생각에서 벗어나지 못한다(261). 이주자들의 뿌리째 뽑힘은 모국에 대한 증가하는 이질성을 의미한다. 뿌리를 뽑힌 자들은 모국에도 새 이주 사회에도 속하지 않는다.

핸드린의 진단은 그룹 이주 또는 연속적(쇠사슬) 이동의 중요성을 간과했기 때문에 '극적'으로 나타난다. 제1세대(가령 중-북유럽 미국 이주자)는 전체적으로 소외된 1인 이주자가 아니었다. 이들은 뿌리를 뽑힌 것이 아니라 오히려 이식되었다. "이 이주자들은 오히려 한 소수민족 사회에 깊게 뿌리를 내렸으며 그리고 적응하였다. 이들은 안전을 느꼈지만 수용 사회와의 직접적인 그리고 강한 만남으로부터 보호되었다"(Kamphoefner 1984, 348f.). 1세대의 문화 쇼크 상황은 민족공동체(ethnic communities)에 의해 완화된다. 아마 스스로 이주를 결정한 주체가 아닌 이민 제2세대들에게 쇼크나 위기는 어떤 면에서는 더 클지도 모른다.

이론적으로 뿌리뽑힘의 개념은 더 이상 유효하지 않다. 수많은 경우에 있어서 격정적 또는 비극적으로 보일 수 있는 이주의 결과를 일목요연하게 보여주는 그림들이 이에 적용된다. 근래의 난민이주에 대한 조사가 이러한 이론에 근거를 두고 있음은 놀랄 만한 일이 아니다. 이런 연구는 스웨덴의 류스타드(Göran Rystad)에 의해 출간된 책도 똑같이 『뿌리 뽑힌 자들』(*The Uprooted*)이라는 제목을 쓰고 있다(Rystad 1990). 1979년

10명의 그의 후학들이 「뿌리뽑힌 미국인들 : 오스카 핸들린 기념 논문」(Uprooted Americans : Essays to Honor Oscar Handlin, 1979)이라는 제목으로 글을 발표했다.

2) 이방성

독일 사회학자 짐멜(Georg Simmel 1858-1918)은 북미에 한 짧은 텍스트로 알려지게 되었다. 즉 사회학에서 「이방인에 대해」(Exkurs uber den Fremden)라는 제목을 가진 연구이다. '이방인'(stranger)의 현상은 한편으로는 공간적 관계이며 다른 한편으로는 인간에 관계한다. 여기서 논의된 '이방인'은 이제까지 다루어져 왔던 의미에서 방랑자, 즉 오늘 왔다가 내일 떠나가는 사람이라기보다는 오히려 오늘 왔다가 내일도 머무를 그런 사람으로서의 '이방인'을 가리킨다. 소위 말해서 그는 잠재적인 방랑자이다. 비록 그가 지금 당장 떠나려고 하지는 않을지라도 오가는 '자유의 유혹'(Geloestheit)을 완전히 떨쳐버리지는 못한 사람이다.

모든 사람 간에 있는 가까움과 멈의 일치는 대립에 속한다. 즉 관계에서 거리는 가까움이 먼 것이며, 그러나 이방인으로서 존재는 먼 것이 가깝다는 것이다. 왜냐하면 이방성은 긍정적인 관계에서 상호작용하는 관계이기 때문이다. 이방인은 우리 자신 가까이에 존재한다. 즉 우리가 민족적·사회적·직업적·일반적·인간적 유형을 우리와 그가 같이 느끼는 한도에서이다. 그는 우리에게 멀리 있다. 즉 이는 그와 우리 사이가 멀고 이것이 우리들만 연계할 때이다(Simmel 1908, 509).

이방인은 짐멜에서 중간 위치점에 의해 특징지어진다. 이방인은 원래의 고국 그룹과는 구별되는 한 그룹에 속한다. 이 새로운 그룹을 그는 외부에서 들여다 보며 스스로 그 안에 속한다. 그는 더 이상 동행하지는 않지만 그에 다가오는 생각(Vorstellung)은 그를 의존적으로 만들지는 않는다. "여기서 이방인은 오늘 오며 내일 가는 그런 여행자(Wanderer)보다는 오늘 오고 내일 머무르는 그런 자를 이방인이라 하는 것이 더 적합하다. 즉 더 이상 이주해 가지 않지만 오며 가는 매임을 완전히 떨쳐버리지 못하는 잠재적 방랑자이자 여행자이다"(Simmel 1908, 509).

짐멜은 이방인의 사회유형에서 근대 사회에서 오며 가는 자보다는 중세 사회 유대인의 행상인을 염두에 두었다. 유대 행상인은 한 사회나 그룹을 '임시로'로 경험했다. 즉 이방인은 방랑자(Wanderer)의 한 특별한 형태이다. 이방인은 일상적인 의미에서 이질감(fremd)를 느끼지 않는다. 즉 사회적 거리감에서 심리적 이용을 찾는다. 이방인은 이동적이며 객관적이다. 이방인은 단순한 구성요소 또는 한 그룹의 일방적인 경향에 고착되어 있지 않기 때문에 단순한 거리감이나 불참여를 의미하지는 않는 거리감이 아니라, 그는 특별한 객관성을 가지고 단·장거리에서 특별한 관념을 가진 방관과 참여이다(510).

짐멜은 이방인과의 관계에서 부정적 경향(차별과 비관계, Nicht-Beziehung)이 가능하다. 그리고 보통 이 관계는 긍정적으로 흐른다. 이방인은 항상 그룹에 속하기 위해 가까이에 있다. 왜냐하면 이방인도 그룹의 조직구성원이기 때문이다(512). 사람들은 1차 그룹과 2차 그룹을 구별한다. 그래서 사람들은 이방인의 그룹 구성관계를 2차적, 즉 형식적 접촉의 영역으로 쉽게 분류한다. 그룹과 이방인의 관계는 구속적이지 않더라도 거리로 인해 비교적 느슨하다.

1944년 슈츠(Alfred Schütz 1899-1959)는 이방인의 다른 유형을 보여준다. 짐멜과는 대조적으로 슈츠는 한 대표적인 이주자를 염두에 두고 있는데, 이는 우리 시대와 문명의 성인(成人)으로 다가서는 그룹에서부터 장기적으로 받아들여지며 용인된다(A. Schütz 1972, 53). 이방성(Fremdheit)은 슈츠에게는 접근의 상황을 말한다. 즉 새로운 도착자는 이방인이다[거꾸로 말하면 새로운 환경이 이질적(fremd)이다]. 슈츠는 '그룹생활의 시민화 형태'(Zivilisationsmuster des Gruppenlebens)라고 명명한 1차 그룹 관계의 새로운 형태와의 직면은 새 도착자들을 불안하게 한다고 본다. 새 이주자는 자신의 '고향'에서부터 가져온 관계축(Bezugschema)을 현지인들과의 사회적 관계에서 상쇄해야만 한다(61). 이는 단절로, 그러나 적어도 습관화된 사고와 행태에서 이주자들의 사고 위기로 가져간다. 이런 상황은 이주의 특성을 보여준다. 그룹을 바꾸는 형태에서 이는 항상 위기로 오는 것은 아니다. 즉 이방인을 자신의 고향에서 획득한 시각에서 현지의 문화를 무관심하게 바라보지만, 자신이 접근하는 그룹의 가능한 구성원으로 변화하기 위해 노력한다(60).

슈츠는 이방성(Fremdheit)과 새로운 문화에의 접근을 적응의 전단계로 이해한다. 슈츠의 이방성은 짐멜의 이방성과 연관성을 갖는다. 여기서 이방인은 '의심적인 충성'(zweifelhate Loyalität)을 보여주며, 새로운 문화와 문명행태를 수용할 뿐만 아니라 이것들과 일체화되어야 한다(이는 태프트에 있어서 규범의 일체화 연계화의 7번째이며 마지막 단계와 비교된다).

짐멜은 단·장거리에서 양면적인 중간적 위치에도 불구하고 이방성을 현지인의 그룹으로 처리하는 데 반하여 슈츠는 이를 중간위치에 놓는다. 슈츠에게는 이방성이 만들어내는 접근으로부터 점점 더 적응과정이 이루어지며, 이는 연계(assimilation)로 끝나거나 끝날 수 있다. '완전한 구성원이 되고 싶음'(möchtegernmitgelied)으로부터 완전한 수준의 구성원이 된다. 이방성 연구는 1990년대에 다시 르네상스를 맞았는데, 특히 독일에서 그러하다.

짐멜이 강조한 그룹 소속의 문제는 오랫동안 논의의 배경 역할을 해왔다. 여기서 대신 구조(Konstuktion)접근이 의미가 있다. 이방인은 주어지는 것이 아니라 이방인이라 여기는 고착된 특별한 이해관계, 정치적 조건 등에 의존한다. 따라서 이런 조건은 변화 가능하며, '이방인에 관한(vom Fremden) 그림' 도 변화 가능하다. 이방성은 고착되어 있는 것이 아니라 만들어지며 구성된다. 이 개념에는 두 개의 개념, 즉 신뢰성(Vertrautheit)과 경계(Grenze)가 있다. 현대의 복잡한 사회에서 우리는 모든 현상과 모든 사람들을 알 수도 없으며 인지할 수도 없다. 따라서 경계선 없는 열림(Offenheit)을 어떻게 할 수 없기 때문에 새로운 경계선을 긋는 것이 된다. 이러한 시각에서 보면 이방성은 원래 당연한 것이다. 왜냐하면 모든 사람들(심지어 우리 자신들까지도)은 경계의 범주에서 신뢰(vertraut)하기 때문이다(A. Han 1994, 142).

루만(Luhmann)의 개념학(Terminologie)에서 인간의 규정은 '소속하는' (zugehörig) 또는 소속하지 않는(nicht-zugehöerig) 것으로, 전자는 포용으로 후자는 배제로 본다. 이런 포용과 배제는 현대 사회에서 다른 기제들이 어떻게 복잡성을 감소하는가에 의존한다(Luhmann 1996).

이방성 개념의 중요한 적용영역은 페미니즘 이주 연구이다. 이 연구는 많은 현지 여성에 해당되는 개념을 여성의 관점에서 고려하며 세분화한다. 지금까지 인정받지 못한 이 연구의 기여는 이주여성에 대한 관심을 갖게 한 점이다.

독일에서 이주여성들은 이질적 그룹이며, 이 그룹은 다른 이주자에 적용되는 그 이질성에서도 제대로 인식되지 못하고 있다. 이주여성들은 특히 여성들에게 스트레오타입이 적용되는 현상으로 인식된다. 이는 그들이 누구인가보다 그들이 무엇을 하는가에 관심이 있다. 이들은 이방여인들이며 여성 '이다' (sind). 외국인들의 부인, 또는 파트너, 외국인의 딸 그리고 많은 경우 독일인의 부인이다(Schoettes/Treibel 1997, 107).

이방성(Fremdheit)은 뮌클러(Münkler)가 보여주는 바와 같이 (1997) 사회적 차원과 문화적 차원의 두 체제에서 체계화할 수 있다. 사회적 차원에서는 그룹 소속을, 문화적 차원에서는 환경을, 특정한 흐름에 대한 신뢰(Vertrautheit)를 말한다. 이로써 이방성 연구는 다시 짐멜에 귀의하며, 이는 시각의 변화를 갖는다. 즉 더 이상 지위와 이방인의 인식이 중심점에 서는 것이 아니라 이방인과의 생활, 다수 사회를 통한 이방인에 대한 관계설정(Konstruktion)이 중심에 선다.

최근 독일의 이민자 연구에서 이방성(Fremdheit) 개념이 주목을 받고 있다. 짐멜과 슈츠의 견해는 이방인의 사람에 초점을 맞추며 새로운 접근법은 다수 사회에서 출발한다. 바로 이주자라는 이방인 상표에 들어오는 사람들은 민족적으로 보면 오히려 독일에 더 접근해 있음을 볼 수 있다. 예로 카자흐스탄, 키르지스탄, 또는 루마니아로부터 오는 이주자들은 '이방 독일인' (Die fremden Deutschen)이라고 불리워졌다. 이방성(Fremdheit)은 동방이주자(Aussidler)들의 자아인식뿐만 아니라 독일 사회를 통한 배제과정(Ausgrenzungsprozess)을 포함하고 있음을 보여준다(Herwartz-Emden 1997, 4). 그럼에도 이방성 개념의 문제는 이 개념이 사회학적 연구에 대한 사회철학적 근거로 전통적인 사회학적 개념이 동화나 흡수보다 사용성이 훨씬 떨어진다는 한계를 갖고 있다.

3) 경계성

파크(R. Park)는 특히 자신의 관심에서 미국 유대 이주자들의 2, 3

세대의 상태를 특징적으로 묘사하기 위해 그의 후반기 글에서 짐멜의 이방성에 다시 의존하고 있음을 보여준다. 그의 글 「인간 이주와 경계인」(Human Migration and the Marginal Man, 1928)은 경계성(marginality)의 개념, 즉 이주자와 소수민족의 사회적 경계상황의 개념을 세운 것으로 평가받고 있다. 비슷하게 슈츠의 이방성도 경계적 인성(Randpersönlichkeit)을 보여주고 있다.

이주자들은 한 그룹에서 다른 그룹으로, 한 사회에서 다른 사회로 전이(change)하는 경우에 직접 자신을 둘러싸고 벌어지는 문화적 갈등을 경험하게 된다. 그 결과 이주자는 '정신적 불안정성, 강화된 주저함, 혼란, 불편함' 등의 고통을 받는다. 이 갈등은 당사자가 한 그룹 또는 다른 그룹이나 문화에 속해 있음을 의미한다. 즉 그는 각 변두리에 존재한다. 경계인(marginal man)의 예는 파크의 경우 전 세계적인 "해방된 유대인"(The emancipated Jew)이다. 그는 이 유대인을 '문화적 경계인' (cultural hybird)으로 불렀다. 이 문화적 경계인은 두 민족 그룹의 문화 및 전통생활을 공유하면서 사는 전혀 새로운 유형의 인격(a new type of personality)이다. 그런데 이들은 '분열된 자아' (the divided self)의 갈등, '구자아와 신자아' (the old self and the new self)의 갈등을 겪는다. 이들이 가령 유럽 게토 출신이라면 이들은 미국 도시에서 좀 더 자유롭고 복잡하고 보편적인(cosmopolitan) 삶을 추구한다.

이와 같은 파크의 경계인(the marginal man)이 더욱 주목받게 된 것은 스톤퀴스트(Stonequist)의 『경계인』(*The Marginal Man*, 1937)에 의해서이다. 스톤퀴스트는 변방인성은 행태에서 불안정하고, 유동적이며, 과도하게 민감하다(148)고 본다. 변방인성은 심리적인 위기상황으로 인해 자신의 상태를 다른 것보다 강하게 보여주며 강한 적응을 보여주는 것이다. 이는 낮게 인식된다. 문화의 이중성에 대한 그의 테제는 특정한 문화가 갈등을 수반하는 것으로 이해되는 것을 원치 않는다. 한 인간의 변방 상태는 불안정한 지위, 설명되지 않은 그룹 소속성, 그리고 다수 사회의 행태에서 나온다. 다수 사회는 차별화 같은 사회적 거리를 통해 유지한다. 그러므로 문화적 갈등은 그룹 갈등이다. 유대인들이 경험하는 것과 같이 서로 다른 문화에 대한 도덕적 · 문명적 평가에 대한 '논쟁'에서 스톤퀴스트는 이를 개인적 결과로 본다. 설명되지 않은 그룹의 귀속성은 분열된 인성을 낳으며, 동화과정은 방해되며 또는 완전히 제지된다.

변방인성(Randpersönlichkeit)은 자신이 단체 또는 다른 단체에 속했다고 느끼지 않는 것이며, 다수 사회로부터 그는 소수자로 분류된다. 중간위치는 단지 변방인성로부터 스스로 경험하게 된다. 이런 방식으로 그룹 갈등은 문화 갈등으로부터 개인적 갈등이 된다. 변방상태는 한 개인에게서 문화적 갈등으로 작용하며, 이는 노력하여 획득하려는 귀속성(Referenzgruppensituation)이다(Heckmann 1981, 116). 스톤퀴스트는 변방성 접근의 독립성을 명확히 해주었지만 오늘날에는 파크의 경계인(marginal man)이나 짐멜의 이방인(Fremden)개념이 더더욱 주목받고 있다. 파크의 배제된 경계인은 영적인 불안정, 증가된 포로의식, 불안 등에 시달리는 반면에 짐멜의 이방인은 그룹에의 특정적인 위치로 인하여 성공적인 상인, 판사, 신뢰할 만한 사람, 그리고 개인적으로 호감이 가는 인간으로서 드러난다.

고든은 경계인과 경계문화(marginal culture)를 구별하는데(Gordon 1978, 271), 그에게 있어 지적인 하위문화(intellectual subsociety)에 속하는 자들은 이주자들보다 오히려 더 지식인이고 예술가들이며, 이들이 경계인의 전형으로 나타난다(Gordon 1964, 228f.).

다음과 같이 동화의 대안으로 제시된 접근을 정리할 수 있다.

- 뿌리뽑힌 자들은 어떤 그룹에도 속한다고 느끼지 않는다. 이주자로서 그들은 새로운 환경에서 완전히 정향을 잃었다. 이들은 또한 고국 사회에서도부터도 이질화되었다고 느낀다(핸드린).
- 이방성의 경우에 수용하는 사회 그룹에의 귀속성이 있으나 이는 상대적으로 느슨하다(짐멜).
- 새 그룹에 소속하고자 노력하며, 이 사회에 대한 접근을 이주자는 위기로 경험한다(슈츠).
- 변방성에서 사람들은 두 문화 간 또는 그룹 간의 상대적으로 장기적이며 위기가 내포된 변방상태로 이해한다. 그룹 소속성은 설명되지 않았다(파크/스톤퀴스트).
- 모든 접근법은 사회심리학적인 측면에서 논의한다. 이 접근들은 이주자의 귀속성 또는 비귀속성에 우선적으로 관심을 갖는다. 양쪽에 관계하는 그룹(모국 사회와 수용 사회)과 이주자의 관계는 비교적 안정적인 것으로 여겨진다(슈츠는 접근의 상황을 묘사한다).

이방인 또는 경계인의 위치 변경에 대한 조건은 연구에서 거의 언급되지 않았다. 경계성 접근에서 그룹 귀속성은 자체평가와 자체등급화(selbsteinstufung)의 문제일 뿐만 아니라 수용 사회의 개별적 또는 그룹에 의한 표현적 과정의 결과라는 것이 고려되었다. 다만 여기서 변방성은 좀 더 양자적인 강화된 과정으로서, 그리고 이로써 변방화로서 다루어져야 한다.

가이탄이데스(Gaitanides 1983)는 독일에서의 제1세대 및 제2세대에 대한 사회구조 연구에서 그들의 상황을 지속적인 변방화(marginalisierung)로서 이해하였다. 그는 변방화를 '이주자들의 증가하는 심리적 불안정성의 과정, 문화적 · 하위문화적 구별, 현주민과의 개주자 접촉과 관계의 소외, 사회적 조건의 악화, 그리고 내국인에 비교한 불이익의 증대로 보았다(6). 이 과정은 2세대에서도 지속된다고 가이탄이데스는 보고 있다.

실제로 '피할 수 없는' 이주의 결과는 부분적 동화 또는 비동화(Nicht-Assimilation)로서 이방성 및 변방성의 형태를 나타낸다. 변방접근은 이방인이 모국과 수용 사회 간의 서로 다른 가치관념의 차이로 결코 완전히 일치될 수 없다는 데서 출발한다. 이방인은 그가 남녀이든 구분하지 않고 변방(경계)에 남는다. 경계성은 이른바 문화적 갈등과 설명되지 않은 그룹 귀속성을 통해서 정의된다.

6. 문화다원주의

1) 문화다원주의 : 개념과 초기 상황

역사적으로 보면 다소 늦은 20세기 초에 문화다원주의가 등장했다. 문화다원주의 개념은 용광로와 앵글로 동화에 반대하는 것이지만 이주자들이 스스로 주장하고 나온 것은 아니다. 초기의 옹호자는 에밀리 볼치(Emily Greene Balch 1876-1961)이다.

볼치는 국민경제학자이며 평화주의자로 1946년에 79세의 나이로 노벨평화상을 받았다. 그녀는 여성의 참정권을 위한 운동, 인종, 아동노동의 통제, 더 나은 이주자 노동조건 등에 관심을 갖고 지속적으로 참여했다. 그녀는 1910년 『우리의 슬라브 동료 시민』(*Our Slavic Fellow Citizen*)에서 슬라브족의 미국 이주를 다루고 있다. 그녀는 이를 위해 여러 도시의 슬라브계 미국인들과 함께 살았으며, 슬라브인들의 본국을 직접 알기 위해 동유럽을 여행했다. 본 연구책에서 그녀는 미국은 국가(Nation)가 아니라 단지 정부와 다양한 국가 출신자들을 주민으로 갖는 국가라고 보았다. 앵글로 미국인이 유일한 순수한 미국인은 결코 아니며, 볼치는 다양성을 허용하는 것이 인류적인 정책의 기본이라 보았다. 가령 다양성이란 언어의 다양성을 꼽을 수 있다. 이런 다양성을 통해서 국가의 더 높은 통일성을 달성할 수 있다고 본 것이다.

칼렌(Horace M. Kallen)도 이런 문화다원주의를 견지하고 있다. 그는 논문 [「민주주의 대 용광로, 미국 국가성의 연구」(Democracy versus the Melting Pot, A Study of American Nationality, 1914)]에서 앵글로 색슨 미국인을 '경제 상위계급' (economic upper class)이라고 강한 비판을 가했다. 볼치와 마찬가지로 칼렌 역시 "미국은 한 단어다. 역사적인 사실로서 또는 이상적인 민주적 삶으로 미국은 전혀 실현되지 않았다" (Kallen 1970, 95)고 보고 있다. 칼렌의 견해에 따르면 '미국이라는 인종' 은 전혀 주어지지 않을 것이다. 대신에 고유의 이주자 문화가 그 인종적 정체성, 외적 또는 심리적 유산으로 정의되는 문화가 만들어지는 것이다. "사람들은 자신들의 옷, 정치, 아내, 종교, 철학을 크든 작든 바꿀 수 있다 : 그들은 자신들의 선조는 바꿀 수는 없다" (Kallen 1970, 122).

칼렌은 철학적 생명의 문제를 과다하게 단순화하는 것에 대해서는 반대했다. 그에 따르면 복잡성과 난이도(difficulties)를 부인하는 것은 오히려 그것을 배가시키는 것이며, 악에 대한 실재를 부인하는 것은 이 악을 더욱 악화시키는 것이다. 그는 문화적 다양성과 민족적 자긍심은 서로 공존 가능하며, 민족 다양성과 민족적 · 인종적 차이에 대한 존경은 미국을 강하게 한다고 주장했다. 이런 칼렌의 주장은 바로 문화다원주의로 명명되었다.

민족 그룹들의 표현되지 않는 속성과 권리는 가령 스위스의 모델에 따른 연방주의에서 가장 잘 촉진·유지될 수 있다. 용광로는 비민주적이라고 칼렌은 보고 있다. 문화다원주의는 현재까지 소멸되지 않은 미국 민주주의의 피할 수 없는 결과라는 것이다. 볼치와 같이 그의 이념은 '일치에서 다양성' (Vielfalt in der Einheit)이다. 사회는 마치 오케스트라와 같아서 여기서 각 소수민족들은 바꿀 수 없는 악기를 연주한다고 본다. '문명화의 심포니' (symphonie of civilization)는 연주에서 생겨난다.

제2차 세계대전 후에 문화다원주의 개념은 민족공동체에 점점 더 많은 지지를 받았다(Gordon 1964, 157). 글레이저(Glazer)와 모이니한(Moynihan)은 「용광로의 저편」(Beyond the Melting Pot)에서 "용광로에 대한 아이디어는 공화국만큼이나 오래되었다. 그런데 요점은 용광로가 발생하지 않았다는 것이다"라고 하였다(1963, 288-289).

2) 문화다원주의 : 민족부흥과 강화

정치가와 사회과학자들은 이주민들의 미국 다수 사회에의 동화는 시간이 지남에 따라, 세대에서 세대로 흘러감에 따라 스스로 해결될 것이라는 기대와 희망을 갖고 있었다. 그러나 이런 기대는 실현되지 않았다. 그 대신에 시간이 지남에 따라 이전에 전혀 주의를 끌지 못했던 새로운 개념, 즉 문화다원주의가 1960년대 말 이전에는 알려지지 않았던 새로운 의미를 갖고 나타났다.

민족부흥(ethnic revival)으로 1960년대에 시민권리운동(black consciousness)이 영향을 받았다. 2개 언어를 통한 교육과 요구가 분명해졌다. 이는 멕시코계 미국인에서 시작되어 이태리어, 슬로바키아어, 그리스어, 폴란드어와 문화영역에 영향을 주었다. 엘쉔브로이치(Elschenbroich)는 백인 이주 그룹의 민족부흥을 "자유주의 하에서의 차별"화에 대한 대응으로 보았다. 그녀는 다음과 같이 민족부흥의 옹호자인 앤드류 그릴리(Andrew Greeley)를 인용하고 있다.

> 흑인과 멕시코계 미국인(Chicanos), 그리고 미국계 인디언에게 있어 민족의식은 인정된 사실이다. 그러나 다른 미국의 민족 그룹에게 있어 이는 비도덕적인 것으로 보인다(Elschenbroich 1986, 133f).

민족부흥으로 미국 내의 다양한 민족 그룹에 대한 많은 연구가 이루어졌고, 프로젝트 발표와 문화행사가 이어졌다. 교육과 문화정책에 있어서 1970년대는 2개 언어주의(bilingualism)의 전성기였다. 민족 귀속성에 대한 호소는 북아메리카의 일상의 핵심이 되었다. 갠스(Ganns 1979), 스미스(Smith 1981, 157)에 따르면 백인 이주자들의 많은 후손들은 특히 3, 4세대에서 민족 귀속성이라는 향수를 가졌다. 이런 형태의 민족성은 사회적으로 용인되고 있다. 용광로 이론은 살라드 사발(Salad bowl)을 통해 경쟁을 갖게 되었다 : 살라드 사발의 그림은 종종 '용광로' 개념을 대치하고 있다. 왜냐하면 미국에서의 다양한 이민자 그룹의 혼합 때문이다. 혼합된 샐러드에서 각 부분들은 소멸되지 않고 여전히 자신의 고유성을 찾아낼 수 있다(Redling 1989, 151).

1980년대 말 이후 문화다원주의는 다른 차원에서 다루어지기 시작했다. 여기서 내용적으로는 소수자의 정체성의 가능성과 기회균등이 주로 다루어지지만 이는 더 이상 민족적인 입장에서 정의되지 않는다.

따라서 이에 대한 언급은 민족부흥 측면에서가 아니라 '정치적 올바름'(political correctness) 측면에서 이루어져야 한다. 이 운동은 몇 개 대학의 캠퍼스에서 시작되었고 다양한 형태의 차별에 대한 저항을 결집하였다. 가령 민족적 · 인종적 그리고 성별 차별이다.

정치적 올바름은 문학과 사회학에서 죽은 백인 남자들을 주제로 하는 것이 아니라 지금까지 고려하지 않은 여성, 그리고 비백인 저자들을 작품에 담는다. 그리고 표현함에 어느 누구도 차별을 받거나 억압되지 않도록 조심하는 것이다. 언어의 '정치적 올바름' 경향은 서로 다른 상대방을 최대한 존중해 어떤 사항에 대한 직선적인 언급보다는 한 번 자제하며 돌려서 말하는 일종의 완곡어법이다. 이는 상대방에게 모욕적인 혹은 차별적인 생각이나 말을 하지 않는 것이다. 1970년대 말까지만 해도 버지니아 대학에서는 흑인 학생의 입학을 허용하지 않았다는 점을 고려한다면 정치적 올바름을 통한 언어상의 변화는 대규모 사회적 변화를 의미하는 것이었다.

1990년대 말에 정치적 올바름 운동은 쇠퇴했다. 심지어 문화다원주의에 대한 반대운동의 조짐도 있었다. 케네디 대통령은 취임하자마자 '고용평등위원회'를 만들었고, 대통령령으로 '차별철폐조처'(Affirmative Action)를 공포했다. 내용은 인종이나 종교, 피부색으로 인한 차별이 있어서는 안 된다는 것이었다. 이후 존슨 대통령은 교육에서의 차별금지를 추가했다. 이런 차별철폐운동은 특히 캘리포니아에서 일어났다. 하지만 차별철폐조처는 늘 '역차별'이라는 논란을 불러일으키고 있다. 능력이 아닌 다른 이유로 채용이나 입학을 결정하는 것은 공정한 경쟁을 해친다는 주장이다.

6. 요약

이주에 대한 학문적인 최초의 연구는 1920, 1930년대에 북아메리카에서 시작된 이주자들의 거주상태와 일반 생활상태에 대한 것이다. 사람들은 이주자들의 집단거주는 시간이 지남에 따라 스스로 해체될 것으로 보았다. 독일, 아일랜드, 폴란드 가족들은 적어도 3세대에서는 균등하게 도시지역에 분포될 것으로 보았다. 이는 바로 동화의 개념이 갖고 있는 공간적 분리(segregation)와 구별(separierung)이 없어질 것이라는 기대 때문이었다. 제시된 모든 동화 모델은 동화가 마지막 단계라고 보았으며, 동화되었을 것으로 보는 이주자들은 현지 사회에서 더 이상 이주자들로 인식되지 않을 것으로 기대되었다. 동화는 양자적 과정으로 여겨지지 않았다.

동화는 파크의 이해를 빌리면 수용 사회와 이주자들 간의 상호행동의 피할 수 없는 과정의 마지막 단계이다. 이런 상호 행위에서 마침내 이주자들을 변형되어 간다. 이주자와 후손들은 광범하게 새 환경에 정향해(orientieren) 나가며, 심지어 기억 속에서도 더 이상 어떤 역할을 하지 않는다고 파크는 보았다. 그렇게 되면 더 이상 민족공동체(ethnic commiunities)와 연계 정체성(Bindestrich-identitaeten)은 없다. 왜냐하면 이주자들은 모국과 정체성을 갖는 것이 아니라 수용 사회와 정체성을 갖기 때문이다.

파크 이후의 이주 연구는 '완전한 동화'에 대한 관념에서 벗어났다(Eisenstadt/Taft/Gordon). 부분적 · 비균등시간적(ungleichzeitig) 동화의 모델은 실제에 부합하는 것으로 여겨진다. 왜냐하면 이주자들은 다양한 영역에서, 가령 직업, 친구 그룹, 문화행동 등에서 서로 다른 범위와 속도에 적응하기 때문이다. 동화 개념 자체도 이에 따라 분화되었다. 완전한 것으로서는 단지 정체적 동화만 이해된다. 여기서 이주자는 수용 사회의 가치와 도덕을 수용한 것으로 본다(태프트에서 6단계와 7단계). 이는 다만 이주자와 수용 사회 간의 접촉점이 그들의 형식적인 특징을 잃어버리며 비공식적 접촉(친구관계, 사랑관계, 결혼)이 들어올 때 달성될 수 있다.

연구들은 동화의 마지막 단계의 비달성을 지속적으로 확인해 주고 있다. 이민국가 미국에 대한 고든의 분명한 논점은 외국노동자를 끌어다 쓰는 독일에서 그룹 관계에 직접 적용된다. 내국인노동자와 외국인노동자 간의 접촉은 기능적으로 노동영역에 국한되며, 밀접한 개인적인 친구관계는 성립되지 않는다. 이들의 접촉은 외국고용노동자들의 상황에 대한 연구가 보여주는 바와 같이 '노동영역'에서 끝난다.

일상생활에서 노동상황은 '상대적으로 정상적이다.' 그러나 노동 동료 가운데 갈등이 있지만 이는 사람들이 좁은 공간에서 함께 일해야 할 때 발생하는 그런 갈등이다. 서로 간에 연대성은 노동장소에서만 존재한다. 따라서 그 외 두 그룹이 서로 하는 것은 없다. 매일 7–9시간을 땅 밑 수백 미터 아래에서 일해야 하는 사람들은 일을 마치고 밖으로 나가면 서로 다시 보는 일이 없다. 접촉은 가능한 회피된다. 이는 양 측에서 마찬가지이다(H. Korte 1984, 275).

이주자는 자신의 1차 그룹 관계를 대폭 변경하지 않는다. 그리고 수용 사회의 사회구조는 흡수할 만큼 충분치도 않다. 이주자들과 수용 사회 간에 장기적인 그리고 사회적인 관계가 성립되지 않으며(Eisenstadt), 계급 귀속성과 민족계급(ethclass)의 관계는 이 구조를 고착화시킨다. 거주기간과 관계없이 비교적 갈등 없이 있을 수 있는 이주자와 내국인 간의 병행생활(Nebeneinanderleben Akkommodation)이 오히려 바람직하다고 보았다. 이주자는 부분적으로 사회화되었고, 이들은 '개인적 현대화'의 요구에 동의하고 따르지 않았다.

대부분의 저자들은 동화 개념을 일반적으로 현대 사회에서 이주를 사용하기 위해서 사용할 수 없는 것으로 보고 있다. 문화적이든 구조적이든 '완전한 동화'는 산업 사회에서 문제시된다. 왜냐하면 사회는 자체가 이질적이고, 층화되어 있으며, 다원적이기 때문이다(Richmond 1969, 275). '현대화'(moderner)된 사회의 다원성과 근대성(modernitaet)을 가지고 동화 개념의 불사용성을 논하는 것이 충분하지 않아 보일 수는 있다. 그러나 수용 사회에 대한 이주자의 완전한 일치는 동화 또는 정체적 동화로서 정확히 표시된다. 따라서 고든은 동화의 부분적 형태를 문화적·구조적 동화로 구분하였다.

문화갈등에 관해 스톤퀴스트(Stonequist 1937)와 홀랜더(Hollander 1955)는 문화적인 갈등뿐만 아니라 그룹 갈등도 중요하다는 견해를 견지하고 있다. 문화갈등 개념은 본질적으로 동질인 문화의 이중성에서 출발한다. 홀랜더는 "넓은 의미에서 수용된 문화적 갈등이 부분 그룹의 규범으로 나누어지는지 또는 이를 통해 영향을 받는지는 불확실하다"(Hollander 1955, 176)고 보았다. 문화에 있어서 어느 누구도 전체 문화에 참가하지도 않으며 참가할 수도 없다. 문화는 대개는 단편적인 방식으로 경험하며 나이, 성, 종교, 성장배경이나 환경, 직업, 다양한 부분 그룹의 계급을 통해서 구분된다.

지식인과 예술가들은 이주자와 더불어 주변 인물의 전형이 될 수 있으며, 자신들의 주변적 상황을 창의적으로 만든다. 이들에게 있어서 영원한 불안정의 상황이 문제가 되기보다는 오히려 생산적이다. 이는 이방성에 대한 긍정적 인식과 평가이다. 이들은 극적인 것과 변방성이 문제되지 않으며, 때로는 이를 찾는다. 반면 보통의 노동이주자는 다르다.

제5장

이주노동자정책 : 통합과 배제

고전적으로 이민국가에서 '동화'는 피할 수 없다고 보았다. '이주 사회'를 설명하는 '용광로'(melting pot) 개념도 마찬가지이다. 목적을 갖고 다른 사회에로 이동하는 이주에서 그 결과가 동화가 아니라고 한다면 이는 다르게 불려질 수밖에 없다. 이주에 따른 정착에서 통합과정은 피할 수는 없는 것이다. 통합(Integration) 개념은 다양한 형태의 통합(Integration), 동화(Assimilation), 문화적응(Acculturation)을 포괄하는 개념이다. 독일에서는 외국인노동자가 초청노동자로 불리는 반면 한국에서는 초기에 산업연수생으로 불렸다. 독일은 한국에 앞서 이주노동자 정책에서 통합과 배제의 문제에 직면했었다. 본장에서는 독일의 초청노동자를 시작으로 이주노동자정책이 당면하는 문제를 다룬다.

1. 고용체계에서 외국인노동자의 기능과 위치

초청노동자(Gastarbeiter) 개념은 국경을 건너온 노동이주의 첫 단계 기간의 이주노동자 그룹을 지칭한다. 초청노동자의 개념은 제2차 세계대전이 끝난 후에 민간노동자(Zivilarbeiter)를 지칭했는데, 이 개념은 전쟁포로, 수용소 난민(Häftlinge)과 더불어 나치 시대의 강제노동자까지 지칭했다. 독일이 지속적으로 외국인노동자가 필요했기 때문에 1945년 이후에 초청노동자는 더 이상 나치 시대와 연관되어 사용되지 않게 되었다.

초청노동자는 초청국인 독일에 일시적으로 거주하는 외국인을 말하며, 다른 한편에서 수용 사회가 이런 이주노동자에 대하여 초청관계(Gastfreundschaft)를 제공한다는 기본인식을 갖게 되었다. 즉 이주노동자들에 대해 일시적으로 거주를 허용한다는 인식과 상징성을 가진 것이다. 초청노동자 개념은 행정적 측면에서 사용되는 '외국인노동자'(ausländische Arbeitsnehmehr) 개념보다는 사용하기에 좋아 보인다. 왜냐하면 초청노동자로서 외국인은 국가가 초청을 한 것이며, 그 초청에 따라 입국한 일정부분은 있지만 국민 입장에서 보면 이들은 조건적으로 허용된 외국인으로서 일을 하고 있는 제한성을 갖고 있기 때문이다. 초청노동자는 손님으로서 이들에 기대되는 역할이 드러난다. 반면에 '외국인노동력'은 수용 사회를 중심을 강조하는 면을 갖고 있다.

리히텐베르거(Lichtenberger)는 빈(Wien)의 이주노동자를 연구하는 가운데 초청노동자가 두 사회사에 걸쳐서 살아가는 사회적인 특성을 지적하고 있다. 그의 지적은 한국의 이주노동자에게도 적용된다.

> 초청노동자는 일시적 이주자(Zeitwanderer)이며, 새로운 삶의 형태를 만들어냈다. 즉 이들은 두 사회에서 생활한다. 이런 생활형태는 본인 스스로 선택한 것이 아니라 이주하는 나라의 노동시장정책의 외부적 근거에 의거해 생겨난 것이며, 이주국은 임시적으로 경제의 특별한 영역에 외국노동력을 필요로 한다. 초청노동자는 두 사회에서 이런 생활에 특별한 적응전략을 도모해 왔다(Lichtenberger 1984, 413).

1970년대에 들어서는 이미 초청노동자 개념이 일종의 완곡어법(euphemistic)으로 되어 있어 사회학적으로 문제가 되었다. 따라서 외국노동자에 대한 적절한 개념을 찾는 공모도 이어졌고, 이 가운데 외국인노동자 개념과 일부에서는 이주노동자(Arbeitsmigranten) 개념도 사용되었다.

이주노동자에 대해 칼 맑스가 보는 산업국가의 노동력을 어떻게 볼 것인가의 문제가 먼저 제기된다. 특히 이는 유럽의 이주노동자정책에서 보면 기본적인 질문이다. 즉 1960년대의 이주노동자가 갖고 있는 기능과 지위가 1990년대 말 그리고 오늘날의 고용관계에서도 동일하게 적용되는가이다. 따라서 이주노동자는 이런 산업영역에서의 분포와 임금, 고용체계, 승진 가능성 등과 연계하여 논해야 한다.

초정노동자의 모집은 미국, 캐나다, 호주와는 달리 유럽국가에서 보면 국가가 주도적으로 외국노동자를 모집했다. 즉 유럽국가들은 남유럽과 북아프리카 국가들과 직접 고용계약을 맺었다. 이런 외국노동자의 도입은 정부로부터의 압력이 아니라 특정한 경제영역, 가령 조선, 건축, 섬유, 숙박 서비스 등의 기업가, 로비스트 등을 통해서 이루어졌다는 점에서 그 특징이 있다. 기업들은 국내에서 동원할 노동력이 고갈되어 해외에서 필요한 노동력의 공급을 찾았고, 외국노동자들은 고용과 사회적 신분상승에서 내국노동자들만큼 많은 근로복지 요구를 하지 않는 것도 매력으로 보였다.

독일의 경우에는 노동청(Bundesanstalt für Arbeit)이 기업의 위탁을 받아 건강검진 등을 실시하여 노동자를 선발하였으며, 이 과정에 기업의 이해가 자동적으로 반영되었다. 1964년 독일 노동청이 모집하는 독일 기업 AEG/Telefunken의 라디오와 텔레비전 조립 노동에 응모한 한 터키 여성은 당시의 상황을 이렇게 회고하고 있다.

> 나는 당시 경제기적의 나라 독일로 떠나기 전에 일련의 비인격적인 조사과정을 거쳐야 했다. 망아지처럼 자신의 몸 상태를 조사받았다. 당시 첫 1년에 외국인노동력 모집에 대해 소개비로 165마르크를 지불해야 하는 독일 회사들은 하자 없는 상품을 원했다. 이는 정말로 무서웠다. 우리는 팬티만 남기고 모두 벗어야 했으며, 독일 남자 의사로부터 조사를 받았다. 우리는 일렬로 섰으며, 그 의사는 말들의 입을 들여다보는 것처럼 우리의 치아가 튼튼한지를 살폈다. 그리고 나서 우리는 혈액검사 및 소변검사를 해야만 했는데, 이는 우리가 임신은 했는지, 또는 당뇨병은 없는지 확인하기 위해서였다(Seidel-Pielen 1989).

이와 같이 기업이 필요로 하는 노동력의 수요에 따라 결정된 노동자 모집은 '산업예비군'(Industrielle Reservearmee)의 모집이라 할 수 있다. 이 표현은 1840년 영국에서 쓰여졌는데 칼 맑스(1818-1883)가 처음 사용했다. 맑스는 산업예비군 개념을 자본 생산방식과 자본주의의 내재적인 노동력 부족과 연관하여 사용하고 있다. 맑스는 이를 '자연적 인구과잉'인 생물학적 이해와는 구별하고 있다. 자연적 인구과잉은 멜더스(1776-1834)에 따르면 인구는 스스로를 부양할 수 없고, 따라서 인구성장은 인위적으로, 가령 전쟁이나 억제를 통해서 가능한 한 작게 유지되어야 한다.

맑스는 이와는 반대로 '상대적 인구과잉' 을 말하는데, 이는 노동자의 '상대적 과대계산' (relative Überzähligmachung)이며 기업의 산업예비력에 대한 요구는 자본축적의 필연적인 산물로 본다(Marx 1962, 663).

> 과잉인구가 자본축적의 필요한 산물이며, 과잉인구는 반대로 자본축적의 지렛대가 된다. 심지어 자본 생산방식의 존립을 위해서도 그러하다. 인구과잉은 자본에 절대적로 귀속되는 투입준비가 된 산업예비군을 만든다(K. Marx, *Kapitel* I. 661).
>
> 기능하는 자본의 범위와 힘이 크면 클수록, 프롤레타리아의 크기와 이들 인구과잉 생산성이 크면 클수록 개별적 산업예비군은 증대된다(673).
>
> 자본주의적 생산은 인구의 자연적 성장에서 나오는 사용 가능한 노동력의 양에 결코 만족하지 못하다. 이는 자연적 한계와 독립적인 산업예비군의 자유로운 동원의 수준을 원한다(664).

산업예비군은 호경기 때에는 노동자에게 가할 수 있는 실제적 효과를 갖는 압박이라는 것이다. 노동계층은 행동하는 군대와 예비군대로 나뉘게 된다. 따라서 자본은 지속적으로 교환하는 노동력 수요를 위해서 산업예비군을 만들어내며, 다른 한편에서 이런 산업예비군의 존속이 자본의 지속적인 축적을 위한 절대적 조건이 된다.

독일에서 산업예비군의 개념은 외국노동력의 고용에 대한 국민경제적 이용과 유연하면서도 동원 가능한 노동력 자원의 보고(寶庫)로서 이에 대한 공공 논의의 비판적인 변용으로서 등장한 것이다. 공식적인 논평들은 물론 이런 외국노동력 고용을 옹호했는데, 그 근거는 외국인노동력으로 인하여 국내노동자들의 신분상승을 가능케 하고 있다는 점이다. 예로 씨난이(Cinanni 1979), 가이젤베르거(Geiselberger 1972), 니콜

리나코스(Nikolinakos 1973) 등은 바로 이런 점들은 고용하는 국가들에 도움을 주는 많은 유용성 가운데 하나라고 본다.

반면 외국인노동자 고용의 본질에 대한 비판이 있다. "어떤 자비로운 생각이 이주체계를 규제하고 있는 것이 아니라 수입과 송출은 나라 간의 이해의 일치이다. 이주의 역사에서 배우는 교훈은 이주가 이주국가의 성장을 촉진한다는 점이다" (Nikolonakos 1973, 130). 반면 초청노동자들은 본질에서 보면 '유럽의 흑인' (Klee 1971)이며, 이들은 '노예같이 산다' (Geiselberger 1972, 13). 이주노동자들은 의도적으로 '매매' 된 것이며, 이들의 거주는 일시적으로 계획된 것이다. 그리고 자신들의 고향에서의 좀 더 나은 삶을 생각하며 고향에 강한 귀속을 갖고 있다는 것이다.

맑스의 주장에 따르면 외국인노동력 고용은 수용 국가의 사회경제 구조를 안정화시키며 노동자 계층의 더 심화된 분리(Spaltung)와 계급 간 갈등을 감추게 된다. 국제 간의 관계에서 보면 노동자를 모집하는 국가의 경제적 착취가 지적된다. 외국노동력의 고용은 새 제국주의 형태의 하나이며, 군사력에 의한 지배가 아닌 정치적 · 경제적 관계를 통한 종속을 통해서 이루어지는 것이 특징이다. 씨난이는 1970년대 말에 이런 주장을 다음과 같이 보여주고 있다.

> 종속과 착취의 구조는 더 고착화되었다. 저발전, 해외이주(Auswanderung) 그리고 제국주의는 서로 얽혀 있다. 해외로의 탈이주는 저발전을 심화시키며, 국내로의 이주는 제국주의를 강화시킨다(Cinanni 1979, 214).

1970년대 초에 정치경제 비판에서 '적극적 개입과 거리둠' (zwischen Engegement und Distanzierung) 간의 외국인 연구의 특성은 매우 분명해진다(연구는 바로 응용과 기초정향 연구의 두 가지 목표를 갖는다).[1] 이 경우에 정부와 기업들이 외국인 고용에서 추구하는 정치적·경제적 이해에 대한 서독 공공 여론의 계몽적 비판가들은 정치적 동원을 약속했다. 이로써 맑스가 산업예비군으로 추구하고자 했단 것들, 즉 노동계층의 분리가 예방된다.

> 차별받는 모집된 외국인노동자들은 노동자 계급 투쟁에서 주요한 위치를 점한다. 이들은 이주로써 계급투쟁의 국제화에 기여했다. 독일 사회주의 조직들은 독일 노동자들에게 자신들의 위치는 외향적으로 나아진 상태와 권리에도 불구하고 외국인 동료들의 상태와 비교하여 본질적으로 나은 것이 없다는 것을 알리는 임무를 가졌다. 독일과 외국인노동자들이 협력하여 국제화된 대자본에 대항함으로써 노동자들이 속박에서 해방되며 자아결정으로 변화될 수 있다(Geiselberger 1972, 7).

서독 노동자들은 외국인노동자들의 유입을 통해 자신들의 약간의 신분상승이나 고용에서의 공적인 고용상태(Angestellen-Status)에도 불구하고 외국인 동료들과 '한 배에 타고 있다'는 사실과 이들과 별반 다르지 않은 이해관계를 갖고 있음을 인식하게 되었다. 따라서 외국인노동자가 산업예비군으로서가 아니라 서독 노동계의 '혁명화'의 자극제가 될 때 외국노동력의 또 다른 도구화가 될 수 있다고 보았다.

---

1. 이 개념은 엘리아스(Norbert Elias)에서 시작된다. 그는 1965년 "Problem of Involement and Detachment"로 된 책에서 개입(Engagement)은 내적인 결속, 가령 무엇에 대해서 자신이 뭔가를 해야만 하는 내적 의무감 같은 것인 반면에 거리둠(Distanzierung)은 개입의 반대로 수동적인, 내키지 않는 것을 말한다. 따라서 어른들의 행태는 이런 양 극단에 있다기보다 일반적으로 이 양축의 어딘가에 있는 것으로 보고 있다.

1970년대 말에 서유럽 노동계의 혁명화가 불가능하게 되어가는 것으로 보임에 따라서 이런 주장들은 단지 논의수준에 머물렀다. 독일인의 정치적인 개입이 아니라 외국인노동자들의 해방이 주장되었다. 북아메리카의 동화 연구에서와 비슷하게 학자들은 이주자들의 의식에 관심을 가졌다. 외국인의 비판적인 잠재성과 갈등의 여지에 대해 관심이 집중되었고, 분리된 주거와 생활조건, 심지어 게토가 긍정적 요소로 지적되었다. 왜냐하면 이주자들은 여기서 정치적으로 동원되기 때문이다. 이주노동자들은 '과도기의 계층'(Klasse im Übergang)으로 이해되었으며, 이주로부터 발생하는 '사회적 학습과정'(Blaschke/Greussing 1980, 17)을 통해 전체 사회의 변화에 대한 촉진을 주장했다.

외국인노동자에 대한 도구적 수단 내지 기능화를 좌파의 시각에서 비판하게 된다면 정치경제적 분석은 어느 정도 타당성을 갖는다. 이는 특히 외국인 고용의 유용성이 수용하는 사회의 사회적 구조에 관계에서이다. 기업은 완전고용 또는 초과고용에 대한 위험에서 벗어나게 된다. 또한 기업은 노동조합의 임금 요구에 민감할 수밖에 없는데, 이 경우 외국노동자를 통해 생산을 확대할 수 있다.

이주에 대한 주도권이 점점 이주자 자신에 돌아가지만 외국인 남녀 노동자들의 주요한 기능인 필요한 부분을 채우는 '예비산업노동력'(Manövriemasse)에는 어떤 큰 변함은 없다. 경기의 사이클에 따라서 얼마든지 이런 산업예비군의 공급을 조절할 수 있는 것이 현실이다. 국가는 경기하락과 실업이 증가하면 일차적으로 외국인노동력의 공급에 제한을 가하고자 한다. 1966/1967년에 경기침체로 인해 독일에서 외국인 고용의 수준은 일시적으로 줄어들었다. 점증하는 실업자는 자동적으로 외국인노동자들 수의 감소로 이어졌으며, 이와 같은 감소는 재정적 지원에 의해서도 부추겨졌다. 이런 일시적인 대응은 특히 독일 노동행정에 대해

외국인노동자를 언제든지 증감이 가능한 예비노동력으로 할 수 있다는 생각을 강화시켜 주었다.

한국에서 보면 출국하는 외국인근로자는 2009년에 월 평균 2만 명 정도였지만 2009년 11월에 4만여 명으로 약 2.4배 증가했다. 월 평균 2,500명이던 불법체류 외국인의 자진출국도 2,992명을 기록해 11월에 17.2%가 출국했다. 이와 같은 외국인 출국의 증가는 국내 경기침체와 함께 원화가치가 하락한 상황에서 고용시장 악화와 불법체류자 단속 강화 등으로 외국인근로자의 출국자 수가 증가한 것으로, 외국인노동력의 산업예비적 성격을 여실히 보여준다.

이와 같은 검토에서 볼 때 수용 국가에서 '초청노동자'의 경제적 가치와 기능을 서술함에 있어 바로 '산업예비군'으로서 개념은 이주노동자의 성격을 정확하게 나타내 주고 있다. 정치경제적 분석에서 본다면 이런 이론적 개념은 단순하게 사용되고 있다. 왜냐하면 이주하는 개인이나 그룹은 단지 경제적 관심의 희생자일 뿐만 아니라 어느 정도의 수준에서는 산업예비군의 일부이기도 하기 때문이다. 그러나 이는 단순한 '자본'은 아니다(Fijalkowski 1984, 399). 이주자들은 스스로 특별한 이해와 필요를 자신들의 이주와 연계하고 있으며, 이들은 어떤 점에서 적극적 행위자이다.

고용상황에 대한 분석에 있어서 이주 연구에서 미진한 부분은 여성의 이주노동자들에 대한 연구이다. 남성 위주의 연구는 가령 독일에서 전체 이민시기(1955-1968)를 놓고 보면 모집한 노동력의 20%가 여성이었다는 사실을 숨기고 있기 때문이다. 사회학에서 남자 중심의 관점은 1980년대에 이민 연구에서 비판을 받았다. 이주에 대한 문헌들은 남성들, 또는 성이 없는 이주자들에 의해서 주도되었다는 그림을 전달한다. 여성들은 의존적인 가정구성원으로 분석된다. 여성 연구에서조차 여성

노동자들은 특히 이론형성에서 보면 주제로 되지 못하였다(Potts 1988, 259 ; Morokvasic 1983).

에서(Elke Esser 1982), 모로코바직(Mirjana Morkovasic, 1987) 등은 여성이주노동자 연구의 많은 연결점을 제공하고 있다. 1990년대에 일련의 여성이주노동자에 대한 연구가 있었지만 이는 학문과 언론의 논의에서 큰 주목을 받지 못하였다.

2. 여성이주노동자들의 고용

1) 여성이주의 증가

오늘날 이주의 절반은 여성이 차지한다. 수년 전부터 여성이주노동자가 꾸준히 증가하였다. 1990년에 이주자 100명 중 47명이 여성인데 반해 10년 뒤에는 50명을 넘어섰다. 2006년 세계 인구조사에 따르면 이주노동자 1억 9천만 명 중 여성이 9천5백만 명이며, 2010년에는 1억 명을 넘어서는 것으로 추정되었다. 물론 이런 통계는 이주여성노동자의 흐름을 보여주지만 사실상 통계로 정확히 전체 수를 파악하는 것은 불가능하다. 노동자를 수입하는 국가들은 해외인력에 의존하는 산업구조를 은폐하기 위해 모든 통계를 발표하지 않고 선택적으로 발표한다. 가령 싱가포르나 말레이시아 같은 경우가 이에 해당한다. 노동자를 송출하는 국가도 마찬가지로 통계적으로 분리해 발표하지 않는다. 가령 방글라데시 같은 경우 여성의 해외이주에 대해서 찬반으로 의견이 갈려 있으며, 여성이주자를 구별하여 발표하지 않고 있다. 이외에도 미등록 이주

세계 여성이주자 현황(1990-2010)

연도	각 연도별 추정(명)
1990	76,385,633
1995	81,761,249
2000	88,256,349
2005	96,074,285
2010	104,794,962

출처 : United Nations, Department of Economic and Social Affairs, Population Division (2009).

자로서 거주하는 경우에도 통계에 잡히지 않는다. 이러한 제한 가운데서도 이주여성의 수가 지속적으로 증가하고 있음은 분명하다.

여성의 이주는 자신과 남편, 그리고 가족에까지 영향을 미치는 것은 물론 모국과 이주 대상 국가에까지 영향을 미친다. 글로벌한 세계 경제체제에서 여성이주에 대한 관심이 촉구되었고, 이주여성의 문제들을 포함하여 당면 문제들과 취약점에 대한 개선책이 지속적으로 제기되어 왔다.[2]

여성의 이동과 관련하여 다음과 같은 문제들이 제기되고 있다.

- 노동이주와 관련하여 이주의 여성화(a feminisation of migration) 수준은 어느 정도인가?

2. UN 결의 : the 1951 Convention Relating to the Status of Refugees ; 1967 Protocol relating to the status of Refugees ; the 1990 International Convention on the Protection of the Rights of All Migrant Workers and Members of their Families ; 2000 Protocol to Prevent, Suppress and Punish Trafficking in persons, Especially Women and Children ; 2000 Protocol Against The Smuggling of Migrants by Land, Sea and Air ; The United Nations Convention against Transnational organized Crime ; the Convention on the Elimination of All Forms of Discrimination Against Women.

- 국내 및 국외로 여성들을 이주시키는 원인은 무엇인가?
- 이런 여성이주의 결과에 따른 여성의 지위는 어떤 변화를 겪는가?
- 이주여성의 권리와 안전의 보호는 어떠한가? 성적인 차별과 착취(예 성매매)는 어떠한가?
- 여성의 이주에 따른 가족에 대한 보호와 지원은 어떠한가?
- 여성의 이주에 따른 국내송금, 귀환 가능성, 기술적 기여 등은 어떠한가?
- 국내에 머문 여성의 교육, 건강관리 등은 어떻게 촉진할 것인가?

여성의 이주와 여성들이 직면한 문제의 개선을 위해서는 이에 따른 필요한 통계 및 자료들이 있어야 한다. 그러나 대체적으로 여성의 이주에 관련된 자료들은 통상 일부분으로 수집되며 관리된다. 가령 국적은 속지주의와 속인주의를 따라 주기 때문에 이주여성 자녀들의 지위는 자녀의 부모가 속한 나라에 따라 확연히 다르게 된다.

여성의 이주에 영향을 미치는 요소들은 다양하다. 가령 첫째로 개인수준에서 영향을 미치는 요소는 나이, 출생순서, 소수민족, 도시/농촌, 결혼상태, 자녀 수, 가족에서의 지위와 역할, 가족구성 등이 있다. 사회적 수준에서 영향을 미치는 요소로는 사회규범, 문화, 이주 국내법 등이 있다(Boyd/Grieco 2003). 가장 전형적인 여성의 이주유형은 남편을 따라서 이주해 오는 것이다. 독일에서 터키 여성들의 이주의 경우 남편을 따라 오는 이주유형을 잘 보여준다. 필리핀의 이주여성노동자들에서 보여지는 것처럼 가족의 생존전략에 따르는 경우도 있다.

결혼이나 가정의 이유로 인한 이주와 독립적인 이유로 인한 이주 간의 구별은 별로 의미가 없다고 본다. 결혼과 가정의 이유로 인한 경우는 수동적인 것(followers)이며, 다른 경우에는 경제적인 동기가 주도적이다. 독일에서 볼 때 가족관계로 인해 이주한 여성들 또한 대부분이 노동을 하였다. 모집비용을 절감하기 위해서 서독 기업들은 1960년대에 공공과정을 거치지 않고 이주노동자 부인이나 친척 여성들을 직접 모집했다.

경제위기, 여성들의 가족에 따른 이주, 실제 이주, 그리고 결혼 등에 따라 볼 때 1970년대에 외국인 이주여성노동자는 줄어들었다. 1990년대 중반에 독일 내 외국인은 1994년에 690만에 이른다. 그 중 남성은 380만, 여성은 310만이다. 고용노동 관계를 보면 여성에 유리하게 작용해 갔다. 690만 중에 취업노동자가 360만이며, 이 중 240만이 남성, 120만이 여성이었다.

독일에서 오스트리아 여성은 55.1%로 가장 높은 고용률을, 그리고 터키 여성이 29.9%로 가장 낮은 고용률을 나타냈다. 절대 수에서 보면 독일에서 노동하는 터키 여성이 32만 6천 명이며, 오스트리아 여성노동자는 4만 6천 명, 기타 국가가 40만 명이다. 기타 국가에 속하는 나라들은 네덜란드, 포르투갈, 그리고 기타 유럽국가, 미국, 스위스, 모로코, 체코, 슬로바키아, 튀니지 등이다(Cornelsen 1996, 49).

여성들은 자신들이 사는 지역에서 자신들의 지위와 역할이 중요하지 않다고 볼 때 도시로의 고용기회를 찾아 이주한다. 도시지역의 산업화에 따라 달리 다른 선택이 없는 젊은 여성들은 도시와 농촌 간의 임금격차가 클 때 이주를 선택하게 된다. 즉 여성들은 '모집되어' 왔을 뿐만 아니라 좀 더 나은 일자리를 찾아, 그리고 더 좋은 수입을 따라 이주해 온 것이다. 이주노동은 남자들만의 특권영역이 아니다. 1960년대 스웨덴, 프랑스, 그리고 독일로 온 유고슬라비아 여성들은 과대 교육되어 있지 않다 하더라도 매우 잘 교육되어 있었다.

> 유고 여성의 대다수가 농촌지역과 일부 산업지역에서 교육되었으며, 이들은 넘쳐나는 국민들(노동자들) 가운에서 온 것으로 보인다. 이들은 보통 생각과는 달리 이주에 대한 높은 동기를 가졌는데, 이는 자신들의 나라에서는 더 이상 일자리를 찾을 수 없었기 때문이다. 이들의 비교적 높은 수준의 교육은 이주하는 국가에서 찾게 되는 교육 없이 할 수 있는 일자리라는 것을 감안하면 낭비로까지 보여진다(Morokvasic 1987, 68).

수용 국가에서의 열악한 거주와 노동조건에도 불구하고 많은 여성들이 이민을 결정하는데, 이는 희망 없는 열악한 사회와 가족들로부터 탈출하고자 하는 욕구가 강하기 때문이다.

2) 이주여성의 노동

여성들의 노동에 대한 평가는 전통적으로 낮게 폄하되거나 또는 무시되어 왔다. 서유럽에 진출하는 이주여성들도 노동에 있어서 욕구가 높고 이들의 고용수준은 국내여성보다 높은 수준에 있었지만 독립적인 노동력이 아니라 종속되는 노동력으로 다루어졌다. 오스트리아, 독일, 프랑스, 스위스와 같은 경우에 외국여성자의 비율이 내국여성의 거의 2배가 된다(United Nations 1979, 135-136 ; 273). 이런 현상은 이주노동력을 수용하는 모든 국가에 해당된다.

> 1964년 전과 1974-1981년 사이에 이주한 여성들은 특히 대단히 높은 노동 욕구를 보여주었다. 이는 특히 1964년 전에 이주한 소수 그룹에 해당되는데, 이들은 남편 없이 독일에 노동자로 건너왔다. 그리고 후에 남편들이 뒤이어 오도록 하였다. 단지 재정

상의 이해관계 다음에 일자리를 바꾼다든지, 또는 자영업을 한다든지에 대한 소원이 이런 높은 노동욕구에 대한 이유가 된다. 고용직업을 분류해 보면 고용된 터키 여성이주노동자의 2.7%가 자영업이며 13%가 사무직 고용관계, 84.3%가 노동자이다(Zentrum fuer Türkeistudien 1995, 18f).

외국인 여성노동자들의 고용의 관심은 경제위기에서 어떻게 되는가 하는 점이다. 즉 경제위기는 여성 고용수준과 이민에 제일 먼저 영향을 미치며 그 영향도 크게 나타난다는 점이다. 독일 내 여성 외국인 고용이 이를 잘 보여준다. 외국인 민족 그룹 안에서 남녀 간의 소득에서 큰 차이가 나는데, 이는 지난 시기에 더 심화되었다. 1984–1991년 남성의 임금은 평균 1,175마르크에서 2,296마르크로 증가했다. 이에 비해 여성은 단지 1,097마르크에서 1,206마르크로 증가했을 뿐이다. 따라서 이는 남자 임금수준의 61.8%에서 52.5%로 떨어졌다. 구조적인 문제는 외국 여성노동자의 빈약한 임금체계이며, 보호받지 못하는 노동법 관계에 근거한다. 또한 1982년에 높은 실업률도 이에 주요한 변수이다(Thränhardt 1995, 7).

고용과 임금구조는 내국인과 외국인 간에 차이가 날 뿐만 아니라 남녀 간의 관계와 합법과 불법 카테고리에 따라 차이가 나고 있다. 외국 여성노동자들의 업무영역은 독일 여성에 비해 세분화되지 못한 상태이다. 이들의 노동은 주로 전자산업, 식당, 섬유, 병원간호, 청소 등에 집중되어 있다. 자이페르트(Wolfang Seifert)는 독일 내 노동자들의 상황을 다음과 같이 분석하고 있다. "외국인 여성노동자의 신분상은 외국인 전체와 비교하여 매우 낮다. 이주여성들은 남성들보다 많이 가족들에게 송금을 하지만 여성들은 남성들보다 적은 임금을 받기 때문에 결과적으로 송금 절대액수는 적을 수 있다"(Seifert 1995, 97).

이주여성노동자들의 작업장은 낮은 임금, 초과노동, 과업무 요구 등이 특징을 이룬다. 부업을 통해 여성노동자들은 이런 적은 임금을 상쇄하거나 보충하고자 해왔다. 이는 바로 이민 1세대들의 특징이다. 이민 2세대와 3세대들은 청소년 실업에서 보면 이들이 차지하는 비중이 매우 높게 나타나고 있다. 반면에 이들은 또한 서비스 등의 제3직업 영역에 치중하는 경향을 보여준다. 젊은 여성들은 가령 은행직원, 미용실, 매점원으로 일하고 있다. 외국여성들의 고용은 내국여성 고용수준에 접근하고 있는데, 예로 터키 출신의 학생들 가운데 여성은 24%를 차지하며 터키 자영업자는 10%에 이른다(Zentrum für Türkeistudien 1995).

1970년대 이후 이주자와 내국인에 미치는 지속적인 실업 이후에 이주노동자를 내국인으로 대체하는 방안이 논의되었다. 페리(Frey)와 루빈스카이(Lubinski 1987)는 1980년대에 내국인들이 다시금 임금이 낮고 사회적으로 인식이 낮은 일자리를 넘겨받을 수 있는 준비가 되어 있다면 예비노동력으로 될 수 있다는 견지를 밝혔다(77). 그러나 여성이든 남성이든 외국인이 차지했던 일자리를 다시 넘겨받는 것은 불가능하다. 저숙련노동자의 지위를 다시 넘겨받는 것은 예나 지금이나 매우 낮다. 이런 테제에 대한 증거는 1998년 봄에 스파겔 수확에 투입된 내국인에 대한 실태보고에서 잘 드러난다(Sueddeutsche Zeitung 98. 4. 25/26 ; die Tageszeitung 98. 5. 30/31).

실업자 측에서 보면 계절적 농업노동은 매력적이지 못하다. 왜냐하면 시기적으로 제한되어 있고, 임금이 낮으며 육체적으로 힘든 일이기 때문이다. 스파겔 농장주의 입장에서 보면 오히려 폴란드인을 쓰는 것이 유리하다. 왜냐하면 이들은 이미 서로 알고 있으며, 일에 대한 동기도 분명하고 또 일을 잘 해내기 때문이다.

독일의 산업은 외국인노동력의 도움 없이는 지속될 수 없음을 보여준다. 먼저 외국인의 고용이 20%를 넘는 영역을 보면 다음과 같다 : 요리(29.5%), 금속 관련 노동(23.3%, 이 중 용접은 28.0%), 조립작업(25.4%, 이 중 전기 관련 조립 22.8%), 서비스(숙박 등 24.3%), 보조노동력(23.9%), 플라스틱 제조(23.9%), 청소(22.8%), 광부(20.1%). 여성고용이 높은 직업을 보면 다음과 같다 : 청소(68%), 요리(45. 8%), 설치 및 금속 관련 노동(39.9%, 이 중 전기조립 71.3%), 플라스틱 제조(27.5%). 의무사회보장에의 외국여성 비율은 1996년 6월 34.2%였다(Bericht der Beauftragten der Bundesregierung für Ausländerfragen 1997, 52).

리히텐베르거는 이런 상황은 새로운 것이 아니며, 독일에 언제나 있었던 것이라고 밝히고 있다. 초청노동자의 이중구조의 노동시장에서 전통적으로 성의 구별이 있는 서비스, 가령 숙박, 청소 등의 일에서 외국여성노동자들이 일을 하며, 여기서 가족의 결합은 생존의 기반을 매우 안정적으로 해준다. 이와 같은 경우는 가령 미국의 흑인들에서도 보여진다. 여성들은 이런 직업에서 보통 실업자로 전락되지 않는 반면에 큰 기업 등에 고용된 남성들은 기업 구조조정을 통해 일자리를 잃게 된다(Lictenberger 1984, 507).

실업은 안정적으로 살며 경제를 위해 일하고자 하는 이민의 결정과 모순된다. 파트너가 일자리를 잃게 되면 여성에 대한 압박도 강화된다. 대부분 이주 여성들은 일을 하는 데로 방향을 틀며, 남편과 함께 한 공동의 경제 프로젝트에 참여하게 된다. 이런 가정의 경제위기에 직면하여 이주여성들은 낮은 일자리를 차지할 수밖에 없다.

이러한 분석은 전 세계에 공통된 현상으로 나타나고 있다. 많은 해외 이주노동, 가령 필리핀에서 사우디아라비아로, 또는 도미니크공화국에서 스페인으로의 이주는 여성들에 의해서 이루어지고 있다. 이들에게 기다리는 일들은 개인 가정에서의 종사가 대부분이지만 때로는 불법의 일(가령 매춘)도 있으며, 이런 노동시장이 확대되고 있다. 그 외에 이런 여성들을 내보내는 가정들은 그 대가로 송금을 통해서 경제적인 혜택을 누리게 된다.

여성노동자들에 대해 통상적으로 "고요한 예비력"(stille Reserve)이라는 개념이 적용된다. 이 개념이 의미하는 것은 여성들은 주로 집—가령 요리, 유아 돌봄—에서 일을 하며, 때로는 남편이나 파트너의 일상일 돌봄에서 일을 하며, 시간제로 일을 하더라도 이런 일에서는 실업으로 신고하지 않는다. 사람들은 여성노동자들은 언제든지 필요에 따라서 사용할 수 있는 예비노동으로 여긴다.

3) 가족구성과 재결합

가족의 구성과 재결합은 국내이동과 마찬가지로 국제적 이동에도 똑같이 중요하다. 결혼을 하면 배우자들은 가족을 떠나 새로운 곳에 정착하게 된다. 대체로 이런 이동은 동일 국가의 범위 내에서 일어나기도 하지만 국경을 넘어서는 이동이 될 수도 있다. 배우자가 노동의 목적으로 국경을 넘었다면 배우자도 마찬가지로 가족의 재결합을 위해서 국경을 넘어야 한다. 이런 가족의 재결합이 일시적일 수도 있지만 영구적일 수도 있다. 정부들은 이런 합법적인 가족의 결합을 일반적으로 허용하며, 전통적인 이민국가의 경우 가족의 재결합을 허용하지만 그렇지 않은 경우도 있다. 즉 처음부터 노동계약을 통해서 가족의 결합을 배제하는 경우이다. 이런 경우에 이주자들은 가족과의 결합을 위해 귀국해야만 한다. 이미 현지 이주국가에 거주하며 결혼할 배우자를 얻어 가족을 새로 구성하는 경우도 있다.

반면 이주국가들은 이런 가족구성과 결합에 있어서 그 남용으로 인해 불신을 갖고 있다. 왜냐하면 위장결혼을 통해 이주의 합법성을 갖추고자 하기 때문이다. 국제결혼에서 당사자들은 때로는 국제적인 결혼중매회사의 희생양이 될 가능성도 있다. 가령 미국은 이런 사기를 예방하기 위해 결혼으로 이주하는 배우자에게 조건적 지위를 부여하며, 영구거주를 허용하기까지 심사의 단계를 거치도록 하고 있다.

아시아나 중동지역에서 여성의 이주는 '한시적 체류' 라는 이주방식으로 이루어지고 있다. 즉 이주자 수용 국가들은 여성들에게 체류허가를 특정기간을 확정하여 허용하며, 이 기간을 엄격히 지킨다. 따라서 각 국가들은 해외여성들이 자신의 현지 사회에 통합하거나 가정이 재결합하는 것 등을 철저히 예방하는 것이다. 한시적 체류허가는 물론 여성에게만 해당되는 것이 아니라 현지에서 체류허가를 연장하고자 하는 남성들에게도 해당된다.

가족의 결합은 국제 인권법률에 의해서 지지되고 있다. 세계인권선언 16조(3)는 다음과 같이 선언하고 있다 : "가족은 사회의 자연적이며 기초적인 구성단위이며, 사회와 국가의 보호를 받을 권리를 가진다." 가족을 분열시키는 것은 가족의 각 구성원에서 그의 또는 그녀의 생활을 존중하는 기본권을 박탈하는 것이다. 가족구성 단위는 바로 가족을 지원하는 중요한 원리이므로 분리는 또한 다른 사람의 권리를 침해하는 것이다. 특히 아동과 여성은 분리되어 있을 때 이용당하기 쉽다.

가족의 재결합은 종종 이주노동의 결과이다. 유럽에서 보면 유럽에 입국한 이주노동자들은 후에 다시 가족과 결합했다. 미국의 경우도 가족결합을 통합을 통해 많은 가족구성원들이 이주자격이 없는 가운데서도 합법적인 입국자격을 획득한 것을 볼 수 있다. 이와 같이 가족의 재결합은 앞으로 이주의 원인으로 작용할 것이다. 그러므로 이주노동자를 허용하는 국가는 가족의 연쇄적 이주, 이른바 연쇄이주(chain migration)를 감내할 준비를 해야 한다.

이미 정착한 이주자는 후속 가족 이주자의 정착에 도움을 준다. 가령 주택이나 직업을 찾는 데서부터 현지 사회에의 적응에 도움을 주며, 가족의 결합은 소득의 증대나 손자들을 보살펴 줌으로써 가계에 힘을 줄 수도 있다. 가족의 결합으로 공동으로 사업을 새로 시작할 수도 있는 반면에 현지 국가에 사회적 비용의 증대를 가져올 우려도 있다. 가령 노인들의 입국은 이들에 대한 공공 의료비의 지출증대를 가져올 수 있으며, 자녀들에 대한 언어교육과 특별한 교육과정 프로그램은 공공교육의 지출증대를 가져올 수도 있다. 그러나 이런 비용은 장기적인 면에서 보면 지출이 아닌 투자가 된다.

외국여성들은 불안전한 거주지위로 인하여(가령 남자가 먼저 이주하였고 남자를 따라 이주하게 되었다면 이에 의존하게 된다), 그리고 갈등의 여력이 적기 때문에 그만큼 여성에 대한 선호가 높다. 이는 국내여성과 비교해 보면 훨씬 순진한 조용한 예비노동력이다. 이주노동자는 여성이든 남성이든 수요하는 사회의 가장 낮은 일자리를 차지하도록 처음부터 모집된 것이며, 또한 차후에 필요에 의해서 되돌려 보내려는 계획이 저변에 깔려 있다.

3. 제1세대 이주노동자의 노동 및 생활조건

1) 부분적 적응과 갈등

쿠르쯔(Ursula Kurz)는 1962-1963년 기간 동안 450명의 이태리 건설노동자를 면담하고 그들의 숙소와 남부 이태리 출신지역에서 비교관찰을 하였다. 남부 이태리와 남부 독일 간의 지리적인 이점으로 인하여 19세기와 20세기에 이주가 많이 이루어졌으며, 노동자들은 적어도 한번은 이태리 고향을 방문하였다. 순환기의 모집 동안에 서독의 외국인 정책에 근거하여 쿠르쯔는 서독에 오는 초청노동자는 궁극적으로는 일시적으로 거주할 것이라는 가정을 세웠다. 여론의 단기적인 전망과는 차별을 두고 쿠르쯔는 초청노동자가 결코 일시적인 현상에 지나지는 않을 것이라고 믿었다. 그녀는 독일에의 외국인의 '장기적' 이주를 예견했고, 장기적으로 이 그룹들의 상황을 조사하고자 하였다. 그녀는 거주지(Lager)에서의 그룹 구조, 노동자들의 접촉과 관계를 분석하였고 수용 사회에의 적응면을 조사했다. 여기서 그녀는 초청노동자는 '부분적' (즉 목표지향적으로)이면서도 일시적으로 (즉 귀화지향적으로) 수용 사회의 그룹에 적응한다고 보게 되었다. 응답자의 90%는 경제적 이주동기를 보여주었다.

사람들은 가능한 충분한 돈을 모을 수 있는 한—집을 증축하고, 건축에 필요한 재원을 조달하고, 세금을 내며, 가족의 생활수준을 향상시키는—일반적으로 오래 머물고자 한다. 장기적인 목표로 인해 저축은 드물다. 집 건축, 학교 교육, 새 전포 개점, 많은 경우는 실제로 가족의 생계 유지를 위한 것이다(Kurz 1965, 820f.).

쿠르쯔는 고전적인 동화 개념은 일시적인 거주(초청노동자)의 새로운 상황에는 적용할 수 없다는 견해를 보였다. 그녀의 연구결과에 따르면 초청노동자는 자신의 목표실현이 필요한 수용 사회에 적응한다.

- 노동자는 출신지역의 가치와 규범에 지속적으로 정향되어 있다(가족주의).
- 행동의 주축이 되는 그룹(가령 편지쓰기, 가령 3–5주마다), 계획(저축)은 고향에 남아 있는 가족과 친척이다.
- 거주지 내에 자신들에 오는 사람들과는 매우 친밀하거나 또는 갈등을 피하는 전제가 있다.
- 그룹의 문화는 느슨하며(diffus) 단순하다. 주도적인 인물은 없으며, 주목할 만한 지위와 역할의 분할화도 없다.
- 특별한 가치에 부분적 적응(partielle Anpassung)이 있으며, 노동분야와 관련되는 수용 사회에의 역할분화가 일어난다.
- 노동일을 벗어나 독일인과의 가까운 접촉은 젊은이나 독신 남자를 제외하고는 원하지 않는다.

따라서 이주자의 동화는 초청노동자의 부분적 동화로 대치된다고 쿠르쯔는 보았다. 또한 부분적 동화를 '수용 사회'이며 주류 역할을 하는 "주빈(主賓) 사회"(Wirtsgesellschaft)가 아니라, 자신의 고향 사회가 요구하는 목표의 달성을 위해 이방문화의 사회체계가 기대하며 요구하는 데 대한 역할의 적응'이라 보았다(818). 이런 부분적 동화는 일상적인 동화에 대한 이해와 다르다. 쿠르쯔가 조사한 노동자들은 분명하게 고향 그룹과 지역을 지향하며, 따라서 독일에서 그들의 거주와 노동 그룹은 '남이태리 사회의 부분체계' 와 다르지 않다고 본다(824).

이와 더불어 초청노동자는 부분적 · 도구적으로 일에 관련하여 서독에 적응한다고 결론지었다. 수용 사회와의 관계는 느슨하며 기능적으로 제한되어 있어서 사람들은 이 시점에서 이태리 노동자의 '사회문화 이중구성원' (sozial-kulturelle Doppelmitgliederschaft)에 대해서 알지는 못했다.

쿠르쯔의 예상과는 달리 문화적인 갈등은 엄밀한 의미에서 나타나고 있지 않다. 이에 대해 수용 사회에 대한 실제적 · 감정적인 거리감은 크다. 비교적 장기적인 문화갈등은 당사자가 양쪽 어느 그룹에도 속하지 않으며 주변에 있다는 것을 통해 두드러진다. 소속(Zugehörigkeit)의 문제는 초청노동자들에게서 거주의 초기 단계에서는 제기되지 않는다. 초청노동자들은 자신을 고향 사회에 속하는 것으로 보지 이주자로 여기지 않기 때문이다. 노동이주의 첫 단계에서 노동에 대한 도구적인 인식은 1950, 1960년대 서독의 모든 초청노동자들에게 해당된다.

부분적 적응(partielle Anpassung) 또는 부분적 동화(partielle Assimilation)는 순응(accommodation)으로 대체할 수 있다. 반면 두 개념은 제1세대의 상황을 적절하게 표현하지 못한다. 1950, 1960년대의 초청노동자가 수용 사회가 갖고 있는 비교적 느슨한 연계에서 보면 부분적인 동화를 말할 수 없다. 마찬가지로 시카고 학파의 순응에 대해, 또는 고든의 문화적 · 구조적 동화에 대해서도 마찬가지이다. 이방인(Fremden) (비동화형태)로서 짐멜과 슈츠의 개념은 초청노동자의 상황을 가장 잘 묘사한다.

이방인은 '오고가는 평정' 을 극복하지 못하며(Simmel 1908, 509), 원주민과 단지 공적 접촉(여기서는 노동관계)만을 갖는다. 또한 부분적 일치(동화)는 외국인의 고용단계에서 수용 사회나 이주자에게 전혀 문제로 제기되지 않는다. 이주자는 위협적인 갈등이나 부정적인 경험의 경우에 위안의 도구를 의지한다. 기대하지 않은 문제들(뿌리뽑힘, 고독이나 고향 상실감)은 사라진다.

고향과의 연계가 실제로 약화될 때에 이는 수용 사회에서의 장기간의 거주가 불가피한데, 가족과 친척 그리고 고향에의 귀속이 허물어질 때 당사자에게 있어서 '비조직화' (desorganization), '뿌리뽑힘' 이라는 문화적 쇼크의 인식이 더해진다. 이러한 갈등상황의 결과는 이주 연구에서 종종 아노미 개념으로 설명되었다(Esser 1990, 74). 쿠르쯔에 있어서 이태리 노동자들의 거주지에서의 마찰 없는 공동생활로 보여지는 아노미 경향은 단지 겉모습만 그런 것으로 보인다. 남이태리 가족의 전적인 기능은 독일에서 개인적 해체(비조직화)를 우선적으로 막았다.

아노미는 일반적으로 사회적 해체상태를 말한다. 그러나 이주 연구에서 이는 이주자의 개인적 해체에 적용된다. 아노미 개념은 뒤르케임(Emil Durkheim 1858-1917)에게 있어 사회의 해체상태, 즉 노동이 분화된 사회에서 빈약한 연대감과 권위로 여겨진다. 산업화와 사회변화를 통해서 구속적인 가치의 체계와 일치가 위협받는다. 사회적으로 높게 평가된 목적(가령 복지에 이르려는 것)과 이를 달성하는 가능성이 서로 분리된다. 이런 가능성이 주어지지 않는 자에게서는—목적을 달성하고자 하는 데—이탈행위가 나타난다. 가령 범죄가 그 예이다(Merton 1968).

호프만-노보티니는 아노미적 긴장(anomische Spannungen)으로(원주민과 이주자 간의 관계) 무규범의 개인적·심리적 면으로 사회적·구조적으로 연계하려는 주요한 시도를 하였다. 제1세대에게 있어 고향에 돌아가고자 하는 환상(Heimkehrillusion)의 영향은 기계적인 것의 하나이며, 이는 주변적 상황과 결부된 아노미를 극복하게 한다고 보았다(176).

이주자 당사자들은 사회에서 불합리와 차별에 대해 어떤 조치를 취하지 않는다. 1970년대 후반까지 외부에서 보아도 차별과 불합리의 상징인 거주상태도 1960년대 초반 이후 독일의 언론에서 전혀 논란이 되지 않았다. 이는 언론뿐만 아니라 노동조합, 복지단체에서도 마찬가지였다. 1970년대 초에 초청노동자와 그 가족들에 대한 연구가 시작되었고, 이는 한편에서는 비판적·정보적 계몽의 성격도 갖고 있었다. 그 예로 1971년 프랑크푸르트 시청이 주최한 푸랑크푸르트 시의 외국인 가정의 기초지원에 대한 즉시 프로그램이 있다. 마찬가지로 1971년에 신교사회학연구소(Sozialwissenschaftliche Instituts der Evangelischen Kirchen) 연구자들에 의한 '초청노동자'에 대한 정보제공적·계몽적 공동 저서가 출간되었다(Leudesdorff/Zillessen 1971). 양 조사에서 통합의 정치에 대해 선호되었고, 제2세대와 외국노동자의 자녀에 대한 더 많은 관심이 촉구되었다.

입센(Detlev Ipsen 1977)은 1970년대 중반에 만하임을 중심으로 그리스, 터키, 이태리, 독일 노동자에 대한 조사에서의 결론은 10년이나 또는 그 이상의 거주 후에도 물질적(materiell) 또는 이념적 통합에 대해 말할 수 없다는 것이다(Ipsen 1977, 423). 현지 원주민과의 갈등 후에 이주자들은 하위지위로 돌아간다. 일치화는 이런 양립에 비교적 갈등이 없는 한에서, 이주자가 자신의 낮은 지위에서 만족하는 한에 이르기까지 일어난다. 여기서 제기되는 문제는 적응(accodomation)에 뒤이어 무엇이 따라오는가이다.

4. 정착 후의 통합단계

1) 이주와 통합

통합(integration)의 정치규범적 개념은 사회적 통합 개념과 비교된다. 외국인의 오늘날 상황은 통합의 응용차원에서 분석된다. 사회학에서 통합 개념은 정치에서와 완전히 다른 의미를 갖고 있다. 그러나 사회학적인 통합도 일치되어 있지 않다. 스펜서(Herbert Spencer 1820-1903)와 기능주의자인 파슨즈(Talcott Parsons 1902-1979)는 통합을 사회의 전체 체계에 적용하는데, 통합은 이들에게 있어서 전체를 복원하는 것, 다수를 전체에 통일시키는 것이다.

파슨즈에게 있어서는 통합된 체계만이 안정적인 체계이다. 이 한도에서 통합은 체계의 유지에 도움을 준다. 이러한 체계의 유형에서 가치, 규범 그리고 이를 달성하기 위한 가능성들은 대부분 일치한다. 통합은 해체 또는 아노미의 반대이다. 기능, 안정, 합의의 개념과 더불어 통합은 구조기능주의의 기본개념에 속한다(Parsons 1964). 뮌츠(Richard Münch)는 파슨즈의 전통을 따르고 있는데, 사회통합을 모든 사회의 구성원이 서로 연계되어 있고 외부에 대해 단일성을 이루는 '사회상태'로 정의했다(Münch 1997, 66).

통합이 오랫동안 중심 개념이 되어 있는 이주사회학은 성공적인 통합과정을 위해 수용 사회의 편에서 특정한 조건을 전제할 때, 통합을 이주자의 적응으로 이해할 때 정치규범적인 적용을 하게 된다. 앵글로 아메리카의 동화 개념은 이런 개념에 통합되어 있으며, 마찬가지로 초청노동자의 상황을 변용하였다. 호프만-노보티니는 예를 들어 지위구조(예로 직업의 지위, 소득, 교육, 법적 위치, 주택)에서 이주자의 부분으로서 통합과 수용 사회의 문화적 일치화로서 동화(예로 언어와 가치정향)를 구별하였다(Hoffmann-Nowotny 1973, 171ff.). 통합의 준비를 이주자의 문제 또는 요구로서 보는 정치규범의 토론과 달리 호프만-노보티니는 수용 사회의 필요한 '사전적 성과'(Vorleistung)를 예시한다.

> 초청노동자가 요구될 때 이들은 자신들이 할 수 있는 한에서 우선적으로 수용 사회의 관습, 습관, 풍습에 적응해야 한다. … 이에 반해서 사회학적인 측면에서 초청노동자의 동화 준비(Assimilationsbereitschaft)와 동화는 수용 사회의 통합 준비의 기능(Funktion der Integrationsbereichschaft)이다. 그러나 초청노동자가 수용 사회의 주변에 고착화되면 이주 사회의 문화적 참여(Teilhabe an der Kultur)에의 적극적인 노력을 취할 것이라고 기대할 수 없다(Hoffmann-Nowotny 1987, 61f).

에서(Hartmut Esser)는 이주자, 소수집단, 소수자의 '동화와 통합'의 광범한 이론을 제시하고 있다(1980). 지금까지의 접근과는 달리 에서의 관점은 사례(가령 거주와 학교 상황을 고려)를 통해서 보여주며 이론적으로 더 정교하다.

에서에게 있어서 이주자 또는 초청노동자의 적응과정에서 공통점은 차이점보다 더 결정적이다. 그러므로 그는 '이주사회학'(Wanderungssoziologie)이라고 말하지 '외국인 연구'(Ausländerforschung)라고 말하지 않는다. 독일의 이주 연구에서 동화 개념의 수용은 그에게 귀착된다. 미국화 또는 독일화라는 의미함축으로 인하여 동화 개념에 반한 정치적인 고려가 생길 수 있지만, 다른 한편에서 에서의 연구는 이주 연구를 풍요롭게 해주는 것이 사실이다.

에서는 이주한 소수와 현지 원주민 다수 간의 관계에 대해 다음과 같이 3가지 형태로 구별한다(1980, 20–25).

① 적응(Akkulturation)은 문화적으로 행동양식과 가치정향을 이해하는 '일치화 과정' (Prozess der Angleichung)이다.

② 동화(Assimilation)는 행동양식, 정향 그리고 수용체계에의 상호적 연계에서 이주자가 유사해지는 상태이다.

③ 통합(Iintegration)은 개인적 또는 관계적(relational) '동일위치화' (Gleichgewichtszustand)이다.

적응과 동화는 모두 수용 사회에 이주자의 일치화(지금까지는 동화)를 말한다. 여기서 과정의 일치와 동화로서 일치화의 결과(상태)를 말한다. 힐(Paul Bernhard Hill)은 이주노동자의 통합요인에 대한 연구에서 에서의 방법을 적용했는데, 그는 적응, 동화, 통합 간에 확실한 연계가 없으며, 또한 이런 요소들 간에 자동성(Automatismen)도 없다고 강조한다. 예를 들어 수용 사회에서 전적으로 고립되어 살아가는 이주자의 경우, 그가 개인적인 균형을 이룬다고 할 때에 전적으로 통합되었다고 여겨진다. 그러나 그가 어떤 소수민족적인 내적 관계를 갖고 있지 않으므로 관계적(relatonal)으로 통합되었다고 말할 수 없다(Hill 1984, 39).

에서 이론의 중심에 이른바 이주자의 동화적 행동이 있다. 에서는 동화의 다양한 차원을 구별하고 있다. 에서가 구조동화(strukturell Assimination)로 분류한 변수를 보면 그는 고든보다 다르게 보는 것이 있다. 고든(1964)에서 보면 구조동화는 일치화 과정의 회랑(Schaltstelle)이며 종착점이다. 여기서 이주자들은 원주민 그룹과 기본적인 접촉을 하며, 이러한 접촉을 넘어 수용 사회의 제도와 그룹에 참여한다. 이와 비슷하게 아이젠슈타트(Eisenstadt 1954)는 '제도적 분배'를 사용하고 있다. 그러나 인종적 접촉이 세대 후에도 단지 적은 범위에서만 보이기 때문에 고든(미국에 대해)과 아이젠슈타트(이스라엘 대해)는 이런 이상적인 종착 상태는 달성했다고 보지 않는다. 에서는 동화과정의 접촉차원을 사회적 동화로 보았다. 모델적인 일관적인 적용에서 에서는 태프트(Taft 1957)와 리차드슨(Richardson 1957)에 속하는데, 이들에게 있어서 정체적 동화 또는 정체성(Identifikation)은 마찬가지로 종착점을 구성한다.

고든의 개념구조적 동화는 1차접촉(Primärkontake) 영역에, 수용사회의 그룹과 제도에 이어지는 일치화에 적용되는 것이 아니라 제도적 지위구조, 그리고 무엇보다 직업적 지위구조(Positionsstruktur)에 적용된다. 고든의 구조적 동화는 따라서 호프만-노보티니의 통합과 동일시된다. 에서에게 있어 이주자의 동화적 행동이 가능하면 할수록 사람의 변수는 그만큼 긍정적이며, 또한 개인적 저항이나 환경에 대한 장애는 적어진다. 이러한 행동은 특정한 목표에의 기대를 근거로 하여 선택된다(Esser 1980, 209-235).

다음의 주장들은 논의들을 명료하게 하기 위한 정리이다.

(1) 동화 개념이 초기부터 이주 연구와 밀접하게 연결되어 있는 동안 통합은 사회학과 정치규범적 분류의 일반적 분류로서 오해로 이끌어졌다. 따라서 통합의 개념은 제한적인 사용이 필요하며, 이주사회학의 개념으로 대체하는 것이 필요하다. 대신에 동화 개념은 앞으로도 세분화될 필요가 있다.

(2) 동화 개념은 앵글로 아메리카의 토론에서 보여지는 바와 같이 수용 사회에의 이주자의 일방적인 일치화이다. 사람들은 이에 대해 상호적 동화(interaktionsistischer Assimilation)를 말하기도 한다(Taft 1957, Price

1969). 그리고 독일어권 연구에서 동화는 양면의 과정을 말하지 않는다. 필연적으로 시카고 학파가 받아들인 것처럼 이주자의 일치화에 적용되지 않는다. 동화는 전형적으로 일방적·목표지향적, 즉 이방 그룹에 대해 일어나며, 문화적 기준과 가치규범의 수용을 그 내용으로 한다(Goetz 1987, 71).

이주자의 통합과정은 다음과 같이 분석된다(H. Esser 1980 ; Hill 1984, 92f.).

- 인지적 동화(cognitive Assimilation) : 새 환경에의 지식, 특히 언어 지식
- 구조적 동화(strukturelle Assimilation) : 특히 직업에서 통합
- 사회적 동화(sozialen Assimilation) : 종족 내 간 접촉
- 정체적 동화(indentifikative Assimilation) : 감정상의 동화, 정체성 변화

에서와 단계 모델을 통해 동화과정의 인과적 모델은 다음과 같이 설명할 수 있다. 인지적 동화는 동화과정을 주도한다. 이는 구조적 동화를 도우며, 이는 다시 사회적 동화를 돕는다. 정체적 동화는 마침내 모든 동화과정을 종결한다(Esser 1980, 194). 이 모델에 따르면 전체 동화과정은 인지적 동화, 특히 언어 및 언어정복으로 시작된다.

여기서 다시 문제의 핵심으로 떠오르는 것은 과거의 초청노동자(이민 1세대)가 오늘날에 와서 어떻게 동화되는지, 또는 그 이민 2세대와 3세대와는 어떤 다른 점이 존재하는가이다. 이 문제에 대한 답변을 보기 위해서는 1980, 1990년대에 조사된 많은 연구에 의존해 볼 수 있다. 특히 이 중 독일연구재단(Deutsche Forschungsgemeinschaft)에 의해서 지원된 「문

동화의 각 요소들

일반변수	특수변수
인지적 동화 kognitive Assimilation	언어 기술 행위의 안전성 제스처와 관습에 대한 규칙능력 규범지식 상황인지력
정체적 동화 identifikative Assimilation	귀화성 자연화의 의도(Naturalisierungsabsicht) 민족적 귀속적 동화성 민족적 관습의 유지 정치적 행태
사회적 동화 soziale Assimilation	형식적·비형식적·내재적·인종적 접촉 탈분리(De-Segregation) 수용 사회 제도에의 참여
구조적 동화 strukturelle Assimilation	소득 직업명성 지위점유 수지적 이동성 탈분리(De-Segregation)

H. Esser 1989, 221.

화와 소수민족 정체성」(kulturelle und ethnische Identität)이 주요한 연구이다(H. Esser/Friedrichs 1990).

이민 1, 2세대의 인지적·구조적·사회적·정체적 동화를 주거상태(분리, 탈분리)의 면에서 살펴볼 수 있다. 동화단계의 모델에서 보면 이민자의 거주상태는 수용 사회 또는 그들의 공간질서에서 통합과정(Eingliederungsprozess) 동안 사회적·구조적 면에서 탈분리 경향(De-Segregation-Tendenzen)과 연계되어 있다. 소수민족의 식민지 해체와 이로써 혼합된 국가적(national) 거주 및 주거구조의 탄생은 사회적 동화와 마찬가지로 구조적 동화의 핵심 요소로 여겨진다. 주택의 크기 또는 시설과 더불어 거주지의 위치는 이민자의 사회적 통합수준에 대한 주요한 변수이다. 특별한 시간에 목표지역에만 머무는 사람에게는 자신의 거주에 대해 어떤 요구도 없으며, 또한 귀향에 대비해 가능한 많은 시간과 돈을 많이 저축하고자 한다. 주택지역과 주택시설에 대한 관심은 장기적으로 거주하고자 하는 자들에게 해당된다(Seifert 1998, 55). 인종적으로 비교적 동질의 거주지역(가령 공동주택 또는 외국인 집중지역)을 떠나는 것은 중심축을 이동하는 것이다.

2) 인지적 동화

인지적 동화는 사회체계에서 그 사회에 속하기 위한(inclusion) 조건을 충족시키기 위해서 개인적 수준에서의 구조동화를 말한다. 가장 대표적으로 언어, 행태, 규범에 대한 인식과 지식 등을 들 수 있다. 수용 사회의 문화와 기술 습득 및 언어 습득은 시카고 학파에서는 통합의 필수 불가결한 전제조건으로 여겨졌다. '공동의 언어를 말하는 것'은 외적인 적응 이상으로 그룹의 귀속성 또는 그룹의 사람을 바꾸는 주요한 도구이다(Taft 1957, 145 ; Park/Burgess 1921, 737). 가령 그가 우리 말을 사용하지 않는다고 하는 것은 "그녀 또는 그는 우리에 속하지 않으며, 우리와 같지 않고, 우리는 그녀 또는 그를 이해하지 못한다"고 말하는 것과 같다. 그러므로 동화단계에서 언어 습득은 항상 이런 단계의 첫 번째 단계에 속한다(Park/Taft/Esser도 모두 같다).

외국인 보고서는 언어 습득에 대해 다음과 같이 적고 있다.

독어에 대한 지식은 독일에서 이주자의 통합에 중심적인 조건이다. 그러므로 이민자들이 독일어를 배우는 기대를 가져야 한다. 기회균등과 동등대우의 조건은 당사자가 자신의 환경에서 관계를 맺게 되는 생활환경에서 일어난다. 그러므로 사회의 구성원으로 느껴져야 되며, 사회의 이방인으로서 느껴져서는 안 된다(Beauftragte der Bundesregierung füer Ausländerfragen 1997, 42).

언어는 상당한 상징적 기능을 갖는다. 공공장소에서 사람들이 자신의 언어로 이야기한다면 이는 결국 경계를 갖게 된다. 이방언어의 사용은 사회적 거리, 즉 방어를 불러일으킬 수 있으며, 동시에 이국적으로 작용한다. 언어를 통한 감정적 논쟁은 모든 지역의 문화적·민족적 갈등의 전형적인 형태이다. 자신의 언어만을 고집하는 것은 소수자 그룹에 체제, 통치 또는 다수 인구와의 다양한 갈등을 가져다 준다. 자신의 언어와 문화는 폭력적으로 압력을 받게 될 수도 있고(쿠르드족), 부분적으로 허용될 수도 있으며(Euskadi, Baskenland), 국가적으로 지원될 수도 있고(스웨덴의 이주자들에 대한 지원) 교육적으로 허용될 수도 있다(가령 독일의 연방에서 언어교육 등의 논란에서 보여짐). 어린이에게 학습도구로서 이용되는 언어 결정은 이른바 이주 사회에서는 아젠다의 상위를 차지하며, 이는 이중언어에 대한 결정 등으로 나타나기도 한다.

스웨덴의 경우에 외국인관청은 이중언어 지원에 대해 비교적 관용적인데, 다수와 소수의 언어소통에서 문제가 없는 것은 아니다. 이주자들은 보통 원주민들이 거부하는 행동을 하며, 그러므로 이런 갈등의 행태를 피하고자 노력한다. 자크코라(Magdalena Jaakkola 1985)는 핀란드 이주자들의 이런 상황을 "침묵의 하위문화"(Subkultur des Schweigens)라 규정했다. 몇몇 핀란드인은 공공장소에서 속삭이거나 전혀 말을 하지 않는다.

일부 어떤 이들은 길에서 인사를 하지 않는데, 이는 특별한 행위로서 관심을 끄는 것을 원치 않기 때문이다. 그리고 원주민은 버스에서 큰 소리로 이야기하는 것을 부끄러워 한다. 어떤 이들은 전화에 답을 해야 되는데도 전혀 말을 하지 않는다. 이는 그 당사자는 아마 통화의 상대가 스웨덴인이라고 염려에서 일 것이다(265).

독일의 경우 1970년대 말과 1980년대 초에 통합에 대해 논쟁이 일어났다. 바이에른주 정부의 결정과 마찬가지로 모국어 교육에 대한 부모들의 선호, 즉 터키어, 그리스어, 유고슬라비어 교실을 만드는 것은 크지 않았다. 오늘날에는 완전히 그리스어 학교체제로서 그리스어 학교가 설립되었고 독일-이태리어 학교도 설립되었는데, 여기서는 독일과 이태리 학생의 상호작용을 통한 통합의 목표를 중시한다(Beauftragte der Bundesregierung fuer Auslaenderbefragen 1997, 152f.).

독일에서 독일어를 하지 못하는 외국여성의 비율(32%)과 외국남성의 비율(19.5%)은 1970년대에 비교적 높은 편이었다. 따라서 언어를 통한 통합은 다만 직장생활을 하는 여성들에서 이루어졌다(E. Esser 1982, 198). 터키 노동자와 최근 젊은 이주자 그룹에서 언어지식은 매우 부족하다. 1990년대에 들어 이 그룹들에게 언어는 대단히 많이 보완되었는데, 지금은 과거 유고슬라비아에서 온 이주자들이 가장 최악의 언어지식을 보여준다. 특히 여성들에서 더 심하다. 독일어 구사능력의 증가는 기술이 적은 노동자들의 일의 영역을 변화시켜 준다고 본다. 그러나 이외에 어떤 이동성(가령 단순노동에서 전문노동으로의 변화)은 거의 보이지 않는다. 이로써 언어를 통한 어떤 특정한 변수의 전적인 변화는 말할 수 없다(Hill 1984, 180). 언어지식은 이주 1세대에게 있어서 사회적 동화를 설명하는 데 주요 변수이다(Al-pheis 1990, 163).

이민 2, 3세대와 관련하여 문화기술, 언어 등과 같은 인지적 영역에서 동화는 1세대와 비교하여 상당한 동화를 보여주고 있다. 대량실업과 직업교육 기회 부족 및 낮은 사회이동성으로 인하여 외국 청소년들이 이러한 이점을 살리지 못하고 있는 것으로 나타나고 있다(Lichtenberger 10/984, 506).

3) 구조적 동화

구조적 동화는 이주자들이 수용 사회의 지위체계(가령 직업, 법적 지위, 거주상황 등의 요소와 관련하여)에 통합되는 것을 말한다. 이런 구조적 동화는 사회구성원 역할을 하는 성공적 과정에 연결된다. 따라서 이런 구조적 동화는 실제로 이주자들의 사회체계에의 형식적 · 제도적 · 법적인 참여수준을 말하게 된다. 보통 이주자들의 불평등에 대한 문제는 이 구조적 수준에서의 동화를 두고 말한다.

이주노동자가 수용 사회의 지위체계에서 일치화가 일어나는가는 중요한 문제이다. 제1세대 구성원들 가운데 상당수는 고용체계에서 보면 하위직을 넘겨받으며 그 하위지위를 유지해 온다. 2세대에서 구조적 조정, 즉 직업의 지위체계는 마찬가지로 별반 좋아지지 않는다. 자이페르트(Wolfgang Seifert)는 다음과 같이 말한다.

> 직업의 지위이동에 대한 연구는 독일인과 비교하여 2세대의 낮은 직업 이동과 나쁜 상승 조건은 주로 구조적 의미가 더 크며, 동화 이론에서 큰 의미를 갖고 있는 개인적 요소들은 거의 관련이 없음을 보여준다. 직업훈련소를 찾는 데에서부터 중간 또는 상위의 학교를 졸업한 2세대의 외국인들에게 있어서 독일인의 같은 세대보다 작은 기회를 갖고 있다(1995, 256).

같은 방식으로 표본조사 95(Repräsentativuntersuchung 95)[3]도 외국 청소년 1/3이 직업교육 장소를 못 찾았음을, 그리고 특히 여자들이 더 어려움에 봉착해 있음을 보여준다(37).

또한 거주지위에 관한 법적 문제에 있어서도 이태리인, 그리스인, 그리고 터키인 절반이 1990년 외국인법에서 허용하는 최고의 지위(Aufenthalsberechtigung)를 갖고 있으나 청소년들에게 있어서는 이런 법적 지위가 약화되고 있다. 청소년의 3명 중 1명은 독일에서 머무를 수 있는 법적 보장이 되지 않았다(389). 이런 지속적인 법적 제한은 가령 아동비자와 같은 규칙 등에 의해서 강화된다.

거주와 거주세계에 대한 문제는 전통적으로 동화에서 중요한 연구영역을 차지한다. 버지스(Burgess 1925)는 도시발달 모델에서 이주자들은 시카고에 과도기 지역(zone in transition)으로서 정주한다고 보았다. 유대인의 거주지, 이른바 제1세대 이민거주지(first immigration settlement)에서 보면 버지스는 게토를 말한다. 게토의 거주인들에게 있어 이 도시지역은 과도기 지역일 뿐만 아니라 지속적인 거주지역이 된다. 버지스와 시카고 학파의 다른 조사들도 1910년대에 일부 지역은 이주자들의 5내지 6개 그룹이 살고 있음을 보여주었고, 후에 들어오는 그룹이 이전의 그룹을 밀어내거나 그들의 자리를 차지하는 것으로 나타났다.

해당 도시지역, 특히 중심지 부근의 과도기 지역을 볼 때에 침입-상속-과정(Invasion-Sukzessions-Prozess)이 나타난다. 도심지역의 이용과 인구의 교체는 경제의 변화, 주거지역의 쇠락, 현대화 또는 보수를 통해

3. Repräsentativuntersuchung 95 : Situation der ausländischen Arbeitnehmer und ihrer Familienangehörigen in der Bundesrepublik Deutschland. Berlin. Bonn und Mannheim : Bundesministerium für Arbeit und Sozialforschung, 1996.

서 이루어진다고 보고 있다. 상속은 매우 다르게 평가되는 그룹(이 경우에는 지위가 낮은)이 거주지역에 들어오고 침입할 때 기존의 구거주자가 흐트러지고, 궁극적으로 이들을 밀어낸다(Hoffmeyer-Zlotnik 1986b, 40).

다양한 이주 그룹의 사회적 상응은 필연적이며, 이런 그룹들의 도시지역에서의 균등한 분배와 연결되어 있다. 공간적인 근접성은 접촉을 이끌고 접촉은 다시금 행태의 모델을 수용한다는 가정에서 보면 소수민족 주거지역에서의 거주는 소수민족 구성원 동화의 모든 면에 영향을 준다(Alpheis 1990, 156). '이주 콜로니' (식민지)는 해체되지 않고 세대에 걸쳐 유지된다. 이는 미국에서 아일랜드, 독일 그리고 스칸디나비아의 '구' 이주자들에게보다는 오히려 이태리, 폴란드의 '신' 이주자들에게 적용된다.

여기서 시카고 학파 아래서 분수령을 이루는 연구가 1930년대에 보스턴 북쪽 끝지역에서 이루어졌다. 이는 화이트(William Foote Whyte)의 연구인 『길모퉁이 사회』(*Street Corner Society* 1996)로 이태리 지역을 대상으로 하며, 같은 지역만을 대상으로 하고 있는 '젊은 그룹' (Jugend Banden)에 대한 것이다. 이 책은 오늘날에도 내부뿐만 아니라 외부에서 작용하는 안정성 민족적 공동체성(ethnische Gemeinschaften)에 대한 기록으로 남아 있다. 그리고 한 사람이 이태리인인 것을 잊어버리려고 해도 자신을 둘러싼 사회는 이를 잊도록 하지 않는다(278).

호프마이어-츨토니크(Jurgen Hoffmeyer-Zlotnik)는 베를린 지역 크로이츠 베르크(Kuzberg)의 연구(1997)에서 시카고 학파의 사회환경적 전제를 서독의 '초청노동자-지역' 에서 도시발달에 적용하고자 하였다. 1970년대 중반 터키인이 침입한 지역에 독일인들이 주도하고 있었지만(161) 크로이츠 베르크는 1980년대 이후, 적어도 장벽이 열리기까지 터키인이 주도하는 구조를 갖고 있었다. 이주노동자들은 자신들의 콜로니를 건설하였고 살았다.

소수민족 그룹의 집중 거주, 가령 베를린(Kreuzberg), 쾰른의 뮬하임(Mülheim) 또는 뮨헨의 하젠베르겔(Hasenbergl)과 같은, 또는 파리의 외곽(Banlieues) 마르세유(Marseille), 리용(Lyon)에서 알제리인의 집중거주가 있다. 다른 도시들과 비교해 볼 때 (독일에서) 가령 베를린에서의 외국인 비율은 그다지 높지 않다. 그러나 102,200명이라는 숫자의 터키인은 베를린에서 터키인이 가장 많은 도시 중 하나라는 것을 알게 해준다. 이런 상황은 1990년대 말(베를린의 터키인은 138,000명)에도 변한 것이 없다. 이를 통해 거주자들의 주거상황에 있어서 이른바 공간적 불균등한 분리(이른바 residentiellen Segregation)를 볼 수 있다.

5. 소수민족의 집중과 통합문제

도시는 발달과정에서 도시구조와 주거형태를 갖게 된다. 이주노동자의 문제에서 볼 때 이주노동자들은 한 도시 또는 한 도시에서 일정한 지역에 집중하는 모습을 보여준다. 가령 독일의 초청노동자들은 독일에 머무르며 살려는 의도를 갖고 있지 않았다. 따라서 이들은 가능한 주거비용을 줄이기 위해서 주거비용이 싼 지역과 싼 집에 살았다. 독일의 베를린의 경우 터키인들은 일정한 지역에 집중해 사는 것을 볼 수 있다.

독일 통일 후에도 터키 이주자들은 다른 소수민족과는 달리 동베를린 지역으로 거의 이주하지 않은 성향을 보여주었다. 따라서 이주노동자들은 소수민족을 중심으로 하여 분리(segregation)되는 것을 보여준다. 이러한 분리는 이주 초기에는 낮다가 이주 후기에는 높아지며, 분리는 모든 소수민족에게 있어서 시간이 지남에 따라 감소한다고 가정하고 있다. 이런 가정은 실제로 독일의 함부르크나 슈트트가르트 같은 도시에서 경험적으로 보여주고 있다.

높은 외국인의 집중은 특별한 필요의 산물이 아니라 문제의 표현이며 결과이고, 더 나은 주거를 찾는 것으로 나타난 결과이다. 공간적 분리의 범위는 모두가 동일한 것은 아니다. 이는 취리히보다 프랑크푸르트가 더 높으며, 주거의 질은 프랑스나 독일보다 스위스나 스웨덴이 더 높다. 전체적으로 외국인에 대해 주거제공의 제한이 나타난다. 이주노동자의 거주지와 관련하여 탈분리(De-Segregation)는 동화과정의 전진을 위해서 필수불가결하다고 보고 있다. 통합문제에서 '혼합된 주거상황의 필요성' (Kremer/Spangenberg 1980, 190)은 분명하다. 이른바 통합적인 주거에 대해 다른 대안은 없다.

터키인의 주거지역은 예전이나 지금이나 상당히 분리되어 있는데, 주거지역의 구조는 사회적 통합에서 동화과정에 별반 영향을 미치지 못한다(Alpheis 1990, 180). 즉 소수민족 콜로니에서의 거주는 통합과정에 대해 알려주는 것이 전혀 없다. 소수민족 내의 접촉은 소수민족적으로 집중 또는 분리해서 어디서 어떻게 사는 것과는 무관하다.

여기서 알파이스(Alpheis)는 그 이유를 두 가지로 설명한다.

① 소수민족적으로 분리된 지역의 거주자들은 동일 그룹이 아니며, 단일의 통일된 소수민족 규범은 없다. 한 개인이 어떤 특성을 가져오는지, 이 사람이 누구와 접촉하는지는 외국인의 특징에 근거해 예견하여 말할 수 없다(181).

② 소수민족의 관계는 거주지역과 일치하는 것은 아니다. 친구와의 접촉은 거주지역에서 발생해야만 하는 것은 아니다. 소수민족 그룹에

서도 '관계적 강제로부터의 자유' (Freiheit von kontextuellen Zwängen)가 있다(182).

알파이스는 많은 조사를 통해 다음과 같은 결론을 맺고 있다. 즉 외국인은 스스로 특정한 지역에 거주하고자 하지 않는다는 것이다. 이런 점에서 보면 이주자들은 사해동포적이며 근대화되었다고 볼 수 있다.

6. 사회적 · 정체적 동화경향

소수민족 간의 관계(사회적 동화)와 정체성 변화(정체적 동화)의 문제에서 베른하르트(Bernhard) 는 1980년대 터기 가족에 대한 가족사회학 연구에서 2세대들은 수용 사회에서 자신들에 기대되는 완전한 동화와 관련된 '기대' 를 소수민족 간 결혼을 통해서 이루지 못했다고 결론을 내리고 있다. 소수민족의 축을 따른 사회적 네트워크는 수용 사회에서 소수민족 특수적인 결혼시장의 안정을 이루고 있다(Nauck 1988, 294). 10년 뒤에 이 분석은 터키 청소년에 대한 빌레펠드(Bielefeld) 대학의 연구, 가령 3세대에 대한 연구에서 다시금 증명되었다. 청소년의 친구범위는 비록 주로 혼합된 성별 그리고 타소수민족 간이지만 인생 반려자의 선택에서는 동질성이 추구되는데, 특히 여성의 측에서 그러하다. 이른바 동화 이론에서 강조되는 카테고리 결혼동화(martial assimilation)는 단지 제한된 범위에서만 일어난다.

나우크(Nauck)는 그 외에도 이주에 근거한—하위의— '가족적 변화' 는 가치나 행태의 변화라는 의미에서는 일어나지 않음을 분명히 보여준다(Nauck 1988, 294). 가족적인 상호 구조(Interaktionsstrucktur)는 이민 이전에(vor)에 일어난 것으로 보인다(Wilpert 1987 ; Morokvasic 1987). 이주 후에 새 정향과 구성(Konstellationen)이 일어나지만, "현지인과는 다르게 살도록 하는 것"에 큰 가치를 둘 때에는 수용 사회와의 격리는 심화된다(Heitmeyer u.a. 1997, 74). 여기서 정체적 동화의 문제에서 출신 사회로부터의 궁극적인 감정적인 결별 그리고 소수민족적 정체성에 대한 문제를 볼 수 있다.

동화의 최종단계는 독일이나 다른 서유럽 사회에서도 대부분이 이루어지지 않았다. 1990년대에 새로운 경향이 생겨났는데, 이는 동화 유형보다는 오히려 더 시대에 뒤졌다고 보아온 초청노동자의 실상과 연계된 것이다. 많은 이주자들은 고향과의 연결 고리를 의도적으로 부수려 하지 않으며, 오히려 더 발달된 커뮤니케이션 기술과 교통을 통해 이전의 이주자들보다 더 복잡한 관계에 얽혀 있음을 알 수 있다(예로 이태리에 대해서는 Hillmann 1996, 미국에 대해서는 Pries 1996).

7. 요약

이주노동자의 지위는 모집에 대한 협의형식과 내용, 또한 일터와 일의 유형에 의해서 결정된다. 일의 유형은 노동자 편에서 보면 주관적으로 평가되는 명성(prestige)에 의해 의존하게 된다. 초청노동자들은 주로 생산직 또는 하위 서비스직에서 한시적으로 일하게 된다. 이들은 비숙련직 또는 교육이 필요 없는 직으로서 언제든지 대체가 가능하며, 즉 경기가 좋을 때에는 보조인력으로 일하는 것이다.

19세기 이주자들과는 다르게 이주노동자들의 장기적인 목적은 이민국에 있는 것이 아니라 고국에 있다. 따라서 이들에게 문제는 모집국에 자신들의 존립을 구축하는 것이 아니라 고향에서 자신들과 가족구성원들에게 삶의 기초를 가능케 하는 것이 본질적인 문제이다. 이주노동자들의 목적은 주로 경제적인 것에 있다. 따라서 노동이주의 경우에 이런 단계에서 부분동화를 말하기는 어렵다. 이주자들은 고향과 일반적으로 지역화된 가족의 의무나 정향을 넘어서 자신들을 규정한다. 독일에서 이주노동자들은 저축을 통해서 문제를 해결할 수 있는 수단이 되지 못함을 알기 시작하자 가족들을 데려오기 시작했다. 일에서 이러한 경향은 노동자 모집이 중단된 것과(1973) 아동보조금(Kindergeld)이 함께 사는 아동에게만 지급됨으로써 더욱 강화되었다(1975). 터키연구센터(Zentrums fuer Tuerkeisstudien)의 연구에 따르면 터키의 연금자들은 자신들의 생애를 터키가 아닌 독일에서 보내고자 하는 경향을 있음을 보여준다.

> 귀화의 시간은 자신들이 정말로 연금자가 되어 귀향해야 하는가에 이르기까지 지속적으로 미루어져 왔다. 이들에게는 물론 자신에 속한 가족구성원이 반대하고 있다. 이 외에도 터키는 독일에서 사는 동안 독일이 변한 만큼 터키도 변화되어서 독일이 자신들이 이방세계인 것처럼 터키도 이방세계가 된 것과 돌아가면 이방인으로 살아가야 할 것을 분명히 인식해야만 한다. 많은 이주자들이 이중적 이방경험의 문제에 직면해 있으며, 이는 그들로 하여금 독일에 좌절하여 머물게 하는 요인이 된다(Sen 1996.17).

수용 사회에 있어서 고용의 수직적 관계에서 보면 이주자들은 항상 하위직업을 차지한다. 그들의 지위승진의 기회는 적으며, 늘 실업자가 될 위험성이 있다. 또한 이주 1세대 구성원의 다수가 하층에 속해 있으며, 하층의 통합의 전 사회적 문제는 소수민족에의 귀속성을 통해 다시 복잡해진다(Kremer/Spangenberg 1980).

여기서 분명하게 드러나는 것은 다음과 같은 것들이다. 임시적인 이주자로서 사람들은 이방(Fremden)의 중간지역에 위치한다. 먼저 수용 사회에서 '의심적인 충성'에의 과제와 고향과의 연계의 느슨함이 점차적인 적응을 가능케 해준다. 이 과정은 고향으로부터의 벗어남과 해방으로부터 이방에의 적응으로 이끄는데, 이는 힘든 균형점이 된다.

리차드슨(Richardson 1957)의 3단계 동화 모델(Isolation–Akkommodation–Identifikation)에 따르면 제1세대는 정착의 제1단계로서 수용 사회로부터의 고립에 처한다. 적응[원주민과의 조화(arragement), 외적인 적응]은 정착으로 이루어진다. 수용 사회와의 정체성(리차드슨에게 있어 이는 동화와 같다)은 지금까지 일어나지 않는다.

에서(Esser 1980)는 이주자와 그 후대들의 인지적·구조적·사회적·심리적 동화에 있어서 통합과정의 다양한 차원에 대한 연구결과를 보여주고 있다. 인지적 동화를 중심으로 보면 2, 3세대는 1세대에 비교해 이점을 갖고 있다. 구조적 동화에의 어려움으로는 평균 이상 높은 실업이 제시되는데, 이는 모든 세대에 해당된다. 수용 사회에서 성장한 2, 3세대와 비교해 보면 1세대는 언어와 행태에서 드러나 보인다. 전체적으로 완전한 정체적 동화는 1세대와 마찬가지로 그 후대에서도 일어나지 않았다.

새로운 연구들은 어떤 분명한 모습들을 보여주지 못한다. 이주자들의 사회적·직업적 구별이 심화되고 있는데, 그 변수는 실업, 공공 및 개인 영역에서의 범죄, 이주자 스스로의 원주민과의 접촉 차단 등이다. 반면에 원주민과의 접촉은 3세대에서는 문제가 되지 않는다. 터키 청소년에 대한 빌레펠드(Bielefeld)의 연구에 따르면 연구결과에 따르면 독일에 거주하는 터키 청소년들은 자유시간을 남녀가 혼합된, 그리고 소수민족이 섞인 그룹에서 보내고 있다. 이를 친구 그룹 중심으로 보면 소녀들과 젊은 여성들은 혼합성의 그룹이 더 높고 소년과 젊은 남자들은 동질의 성 그룹이 높다. 청소년들이 자신들의 자유시간을 같은 소수민족이나 혼합된 그룹에서 보내는가에 대한 질문에 대해 성별의 차이는 없으며, 다만 나이에 따라 차이가 나는 것을 볼 수 있다. 남자 청소년들은 종종 같은 민족의 그리고 독일의 같은 나이 또래와 더 시간을 많이 보낸다.

앞으로 이주자들의 통합이 통합 쪽으로 갈지 또는 고립 쪽으로 진행될지는 그 향방을 예측하기 어렵다. 다만 이런 연구를 이끌고 있는 하트메이어는 독일 사회의 위기와 폭발적인 변화를 강조하고 있다. 그에게 있어서 사회는 '해체적' (desintegrierend)이며, 특히 이주자들은 전적인 자본주의 '경쟁사회' (Ellbogengesellschaft)에서 어려움과 고난에 직면한다. 따라서 이들은 자신들의 설자리를 찾지 못하며, 그러므로 더 이슬람 그룹에 의존하게 된다. 이는 사회에 통합되지 못한 청소년들, 이들 중 일부는 극우그룹에 속하게 된다(Heitmeyer 1995, 24ff). 여기서 보여준 탈통합과 몰락과정(Zerfallsprozess)의 측면에서 복잡한 개인적·사회적 연계(Ver-flechtung)를 고려해야 한다. 이주에 있어서 이 연계성은 바로 사회적 출신배경, 성, 소수민족적 소속성, 이주자의 정신, 다른 한편에서 수용사회의 특별한 조건에 의해 결정된다.

미국에서 알바(Richard Alba 1997)는 오랫동안 비판받아 온, 그리고 시대에 맞지 않는다고 보는 동화 이론이 가까운 시일에 다시금 주목을 받을 것이라고 보았다. 왜냐하면 새 이주자들의 상황을 설명하는 데 필요하기 때문이다. 독일에서 이는 다시 주목을 받았고, 1980년대 이후 이주자, 망명자, 초청노동자의 광범한 이주가 이루어졌다. 다른 나라와 더불어 독일에서도 이미 시행된 이주정책에서 정치적 관심과 개념에 대한 신뢰의 부족으로 인하여 동화 개념은 비판을 받는다.

제2부

난민

제6장

난민과 이주

1. 난민 : 과거와 현재

난민(refugee)이라는 단어는 17세기 말 프랑스에서 보여진다. 당시 난민은 박해를 피해 벗어나는 외국인에게 망명과 지원을 해주는 의미에서 사용되었다. 역사적인 문맥에서 본다면 가령 이들은 당시 스페인이 통치하는 지역(가령 베네룩스 3국)에서 종교적인 이유로 망명한 캘빈주의자들이었다. 위그노들은 탄압으로 인하여 프랑스에서 노동과 결혼을 포함하여 생존이 불가능하게 되었다. 1685년 10월 18일 루이 14세가 낭트 칙령의 철회를 선언하기까지 박해가 계속되었으며, 1681-1720년의 기간 동안에 20만 명 이상이 피난길에 올랐다. 이들은 새 정착지로 대부분 영국, 프로이센, 네덜란드로 향했고, 일부는 러시아와 신대륙 아메리카로까지 피난하여 갔다(Zolberg et a1. 1989, 6).

이들에게 주어지는 박해는 이들 자신에서 제기된 것이 아니라, 자신들의 정부에 의해서 초래된 것이며, 결국 신체적인 생명과 정신적인 삶의 위협에 직면해 난민이 되었다. 유럽 대륙에서는 이와 같은 종교적인 문제로 인한 난민이 나타난다. 종교적인 문제에서 발생하는 난민은 정치적 차원의 난민으로 바뀌었다. 프랑스혁명으로 인하여 1만 2천 명의 난민이 발생했다. 이들은 혁명정부에 헌신을 거부하는 신부들을 포함하고 있었다. 따라서 혁명이 일어나거나 정권교체가 일어날 때에 이에 반하는 정치적 난민이 생겨났다. 인종 간의 갈등, 가령 인종청소를 피해 탈출하는 난민도 발생했다.

히틀러 집권시기에는 중부유럽에서 45-60만의 독일어 사용 유대인들이 망명을 하였고, 1973년에 2만에서 4만에 이르는 정치난민이 칠레를 떠났다. 또한 1970, 1980년대에 인도차이나 전쟁으로 인해 120만 명이 난민길에 올랐다. 모잠비크 난민은 1992년에 160만 명에 이르렀는데, UNHCR(국제연합난민고등판무관사무소) 보고에 따르면 1994년에 2천3백만 명이 자신들의 국경을 넘어 난민상태에 있었다.

1995년에 4년간의 전쟁 후에 전 유고슬라비아 인구의 1/5이 망명에 내몰렸다. 유고에서 전쟁은 제2차 세계대전 이후 유럽대륙에서 가장 큰 난민을 만들어냈다. 약 60만 명이 보스니아에서 서유럽으로 도망했고, 10만 명의 세르비아인들이 유럽 또는 미국에서 떠돌고 있다. 이 전쟁으로 인해 죽었거나 또는 폭동으로 죽은 사람들의 수는 통계에 잡히지 않았다. 이 숫자는 20만 명에서 1백만 명으로 될 것으로 본다(Frankfuter Rundschaw 95. 8. 16).

국제난민기구(International Organization for Migration : IOM)는 2002년 기준 국제이주(international immigration)를 총 1억 7천5백만 명으로 보고 있는데, 이 중 UNHCR은 제네바 기준에 따른 난민은 1천3백만 명에 이른다고 보고 있다. 또한 UNHCR은 국제난민으로 계산하지 않는 약 2

천만 명의 국내난민이 전 세계에 있는 것으로 파악했다. 2007년 기준으로 국제이주는 2억 명이 넘는 것으로 보며, 국제난민을 1천1백만 명, 국내 실향민(IDPs)은 2천6백만 명으로 보고 있다. 미국난민위원회(US Comittee for Refuges)의 「세계난민 보고서 2000」(World Refugee Survey 2000)에 따르면 국경을 넘는 난민이 1천4백만 명이 되는 것으로 추산하고 있으며 국내 실향민(IDPs)은 2천1백만 명에 이른다.

UNHCR 1997, 1998 보고서에서 다음과 같이 난민에 대해 기술하고 있다.

> 이전 어떤 시기보다 더 많은 사람이 난민이 되고 있다. UNHCR 당국은 전 세계에 있는 2천2백만 명의 난민을 그 중 절반은 전통적인 의미에서 난민에 속하는데, 이들을 돌볼 과제를 갖고 있다. 전통적인 의미에서 난민이란 박해, 무장 갈등 또는 폭력으로 인하여 모국을 탈주할 수밖에 없는 자들을 말한다. 여기에 국제적인 보호나 또는 어떤 형태의 도움을 받지 못하는, 모국의 국경 안에 머물고 있는 수많은 국내 난민이 있다. 이는 약 5천만 명에 이르는 것으로 추산된다. 이들은 전 세계인 탈주의 희생자이며 축출된 자들이다. 이들 중 상당수는 냉전기간 동안에 난민의 문제가 전면으로 부각되지 않던 지역에 거주하고 있다. 즉 발칸, 카우카서스, 중앙아시아 그리고 구소련의 지역들이다.

IOM이나 UNHCR의 통계가 서로 간에 차이가 있기는 하지만 그 객관성에서 일치하지 못한다 해도 전 세계적인 난민의 실제 문제를 보여주고 있다. 전쟁과 이른바 인종청소(ethnic cleasing)는 40년간 이상 조용한 유럽을 난민의 소용돌이 지역으로 만들었다. 난민이주는 다시 유럽의 테마가 되었고, 이는 난민들을 추방하거나 돌려보내거나 하는 것과 같은 문제들이 논의가 뜨겁게 만들었다.

지역별 난민 수(제네바 협약에 따른 분류)

단위 : 백만 명

연도 국가	1970	1980	1985	1990	1995	1999	2008
아프리카	1,0	4,2	3,7	5,9	5,7	3,5	2,18
아시아	0,2	2,7	6,0	7,9	4,8	4,8	3,54
유럽	0,6	0,6	1,0	1,5	3,1	2,6	1,61
북아메리카	0,5	0,9	0,6	0,6	0,8	0,6	0,45
라틴아메리카	0,1	0,2	0,3	1,2	0,1	0,01	0,04
총	2,5	8,9	11,8	17,2	14,6	11,7	9,05

자료 : UNHCR.

2. 난민의 개념 : 왜 문제인가

난민이 발생하는 원인은 생활환경의 부정적인 변화에 있다. 그 역경에서 벗어나는 불가항력적인 이주로서 난민은 자신이 원하는 의사결정에 반하는 이주이다(domicilium necessarium) (Brockhaus, Leipzig 1877, 600). 1951년 난민의 지위에 관한 협약(Convention Relating to the Status of Refugees)에 따르면 난민이란 “인종, 종교, 국적, 정치적 견해, 특정 사회단체 참여 등의 이유로 인한 박해의 공포를 피해 조국을 떠난 후 귀환하지 못하거나 귀환하려 하지 않는 사람”을 말한다.

이주와 관련하여 난민에 대해서 말하는 것은 어떤 점에서는 자연스럽지 못하다. 왜냐하면 이주라는 개념은 많든 적든 다양한 자발적인 이주형태로 이해되고 있기 때문이다. 따라서 강제이주로서 난민은 이주라는 목록 하위에 넣어 다루기보다는 따로 항목을 갖게 된다. 그 예로

'이주와 난민' (Migration and Flucht)과 같은 제목(Angenendt 1997 ; Rheims 1997)이 붙게 된다. 이주와 난민의 두 개념은 동일한 사항을 다루지 않는다고 말하는 것은 이런 분류에서는 한계를 갖게 된다.

반면 최근에는 이주를 노동이주와 난민이주로 나뉘는 방식으로의 분류이다. 이는 명백히 또는 묵시적이든 난민을 특별한 목록이 아니라 이주의 한 형태로 보는 것이다. 이 분류는 노동과 난민이주 간에 서로 한계를 짓기에 어려운 점이 있다. 왜 난민이주를 따로 떼어서 이야기해야 하는가의 논의에서 난민이주는 이주노동에서 보이는 공통적인 것 외에 몇몇 특별한 특성을 보여주기 때문이다. 이는 전체적인 조망에서 본다면 난민이 갖는 특수성을 잃어버릴 수 있다. 이런 특수성을 주요하게 다루지 않는 어떤 가능한 결정을 하면 난민은 설 자리를 잃게 된다. 그러므로 난민이주에 해당하는 개념과 이론을 볼 필요가 있다.

난민이라는 주제는 이주 연구에 적용되지 않는 일부 특수성을 갖는다. 난민이주는 국제정치, 인권 그룹, 지원조직들(Hilfsorganisation), 그리고 정책적 분석으로 나누어지는 영역을 갖는다. 순수한 사회학적 영역은 지금까지 없다. 이는 난민이동의 역동성, 문제발생의 즉시성(spontaneousness), 예측불가능성이라는 학문적인 분석보다는 위기 처리에 의존하기 때문이다. 사회적인 그리고 장기적인 프로젝트는 난민 개개인의 당사자들이 갖고 있는 일차적인 불확실성으로 인해 체계적으로 다루는 데에는 어려움이 따른다. 그 예로 거대한 난민수용소의 유지와 관리, 추방에 대한 두려움으로 인한 잠행, 국가 또는 비국가 요원에 의한 작전 등은 학문적 연구의 대상으로는 좋은 자료가 되지 못한다.

난민의 개념를 어떻게 정의할 것인가는 바로 정치적 선택과 이에 따른 윤리적 판단의 문제를 가져오기 때문에 쉬운 문제가 아니다. 가령 난민을 UN이 인정하는 범주에서만 인정한다면 현실에서 난민지위를 필요로 하는 수많은 사람들의 현실과 곤경을 무시하며 배제하는 결과가 된다. 반대로 민족접근적(ethnnornethodolgical) 입장을 취하게 되면 망명 지위를 요구하는 모든 요구를 수용하게 되는 것이다. 또한 공적 기관의 입장을 따르게 된다면 이들이 내거는 기준에서 문제가 발생할 수 있다. 가령 인정되지 않는 실제 망명자와 거짓 망명자의 구별기준이 무엇인가 이다.

학문적인 연구로는 가령 최근의 「유엔난민기구 보고서」(UNHCR Bericht 1997-98)가 있다. UNHCR은 UN총회의 결정으로 결성되었고 1951년에 업무를 시작하였다. 당시에 사람들은 이 업무는 3년 내에 마칠 수 있을 것으로 보았다(UNHCR 1994, 193ff.). 제2차 세계대전이 끝난 후에 난민들, 추방자, 유민(displaced persons)들의 회복이 UN의 주요 의제였다. 그러나 이는 다시 냉전으로 인해 압도되었다. 1960년대에는 아프리카의 비식민화(decoloziation) 과정에서 난민이 발생했고, 1970년대에는 난민발생이 아시아 쪽으로 기울어졌다. 이는 1971년 방글라데시의 독립과 베트남전쟁이다. 1980년에는 중남미가 주목을 받았다. 1990년대에 난민발생에서 주목해야 할 점은 개발국과 미개발국에서 동시에 일어났다는 점이다. 가령 보스니아, 코소보, 구소련, 아프리카(Horn of Africa), 르완다, 이라크, 아프가니스탄, 동티모르 등에서의 난민발생이 그것이다.

국제법에서도 무엇이 난민을 만드는가에 대해 개념을 일치시키는 데 어려움이 있다. 개념 정의와 책임에 대한 일반적인 논의는 매우 정치화된 분위기와 난민들에게는 기쁨이나 행운이 없는 대상으로서 여겨지는 범위이다. 난민들의 삶이나 안녕은 차후의 문제로 여겨진다(29). 그러나 난민의 범주를 비롯한 개념에 대한 학술적 논의가 어떠하든지 이는 당사자에게는 생사가 달린 문제라는 것이다(Zolberg 1989, 3).

국제기록의 실제에서 법적 용어사용은 1951년 제네바 난민협정의 1조 2항에서 보이며, 다음에 해당되는 사람 모두 난민으로 분류된다.

> (2) 1951년 1월 1일 이전에 발생한 사건의 결과로서 또한 인종, 종교, 국적, 특정 사회집단의 구성원 신분 또는 정치적 의견을 이유로 박해를 받을 우려가 있다는 충분한 근거가 있는 공포로 인하여 자신의 국적국 밖에 있는 자로서, 국적국의 보호를 받을 수 없거나 또는 그러한 공포로 인하여 국적국의 보호를 받는 것을 원하지 아니하는 자. 또는 그러한 사건의 결과로 인하여 종전의 상주국 밖에 있는 무국적자로서, 상주국에 돌아갈 수 없거나 또는 그러한 공포로 인하여 상주국으로 돌아가는 것을 원하지 아니하는 자.

난민조약 제33조 추방 및 송환의 금지

① 체약국은 난민을 어떠한 방법으로도 인종, 종교, 국적, 특정 사회집단의 구성원 신분 또는 정치적 의견을 이유로 그 생명 또는 자유가 위협받을 우려가 있는 영역의 국경으로 추방하거나 송환하여서는 아니된다.

② 그러나 이 규정에 의한 이익은 그가 있는 국가의 안보에 위험하다고 인정되는 상당한 이유가 있고, 또는 특히 중대한 범죄를 저지른 것에 대한 최종적인 유죄판결이 내려지고 그 국가공동체에 대하여 위험한 존재가 되는 난민에 의해서는 요구될 수 없다.

1951년 제네바 난민협정은 난민의 성격을 분명히 한 것 외에도 이른바 송환금지원칙[농르풀망 원칙 Non-refoulement)]은 제네바 난민협약의 주요 부분이다. 농르풀망 원칙은 난민은 자신의 안전이 위협당하는 나라에 돌려보내지거나 또는 추방되어서는 안 된다는 원칙이다. 이 원칙은 1972년 스위스 제네바에서 '망명자의 영토적 비호(庇護)에 관한 조약'의 초안을 검토·채택할 목적으로 전권회의(全權會議)가 열렸으나 채택되지는 못했다. 미국에서도 1984년 6월 연방대법원은 "미국에 정치망명을 구하는 외국인은 혹시 본국에 송환되면 박해를 받는다는 명확한 전망을 증명하지 않으면 안 된다"는 엄격한 판결을 내리고 있다.

이는 망명과 같은 법적 구속력을 갖는 법이 아니라 UN 185개국 중 134개 국가에서 서명한 협약이다(1997년 기준). 제네바 난민협약은 스탈린주의와 독일 국가사회주의 대응으로 나온 것이다. 난민협약은 난민 보장, 난민에 대한 국제법적 기초로 작용한다.

난민의 발생은 세계적으로 보면 극적으로 변화된 것을 볼 수 있다. 개인적 박해를 증명할 수 있는 협약난민은 전체 5천만 명의 난민 중 일부에 지나지 않는다. 이 개념으로 국내 난민, 실향민(displacement : 추방, 강제이송), 전쟁과 자연재해로 인한 피난자들을 모두 배제하고 있기 때문이다.

제네바 협약의 난민 개념은 국가수준에서 많은 개입으로 수정·확대되었다. 1969년에 아프리카 단일기구(Organisation of African Unity : OAU)는 에디오피아의 아디스 아바바(Addis Abeba)에서 "아프리카 난민 문제에 관한 특별 협약"(Convention Governing Specific Aspects of Refugee Problems in Africa)을 결의했다. 선언의 배경은 증가하는 난민과 이들에게 필요한 최소한의 인간적인 도움을 제공하여 곤란을 경감시키고자 하는 것이었다. 여기서 난민은 기존의 인종적 박해 등을 넘어 "출신국 또는 국적국의 일부 또는 전부에서의 외부침략, 점령, 외국의 지배나 공공질서를 심각하게 해치는 사건을 이유로 강제로 자신의 나라를 떠나야만 했던 사람"(협약 2조)을 1951년 난민협약의 정의에 덧붙였다.

1984년에 중남미 국가들은 '카타헤나 난민선언'(Cartagena Declaration on Refugees)에 합의했다. 이 선언에는 "보편화된 폭력, 외부침략, 국내소요, 대량 인권침해 또는 공공질서를 심각하게 해치는 기타 상황으로 인하여 자신의 생명, 안전이나 자유가 위협받음으로 인하여" 자국을 탈출한 사람을 난민에 추가했다.

이 두 선언은 제네바 협약과는 달리 전쟁이나 내부 소요로 인해 탈주하는 사람들도 포함하고 있다. 이로써 대량 난민의 현상 문제를 포함하고 있다. 난민의 원인에 대한 일반적 표현으로서 양 선언에는 공공질서의 심각한 파괴를 말하고 있다. 이 질서파괴는 인간의 생명, 안전 및 자유를 위협하는 것을 말한다(UNHCR 1994, 187–189).

1951년 난민협약의 확대와 보완에 대한 합의는 현재까지 공식적으로 이루어지지 않고 있다. 제네바 협약에서의 난민의 의미 외에 오늘날 협약에 포함되지 않는 난민들, 즉 내란(전쟁), 환경문제 또는 기근으로 인하여 탈주하는 사람들 다수를 이루고 있다. 1997–1998년 보고서에서 UNHCR은 줄지 않고 늘기만 하는 난민 수에 대한 여론에 반대해서 난민의 수는 제네바 협약의 좁은 개념 정의에서 보면 1990년대에 1천8백만(1993)에서 1천3백만(1997)으로 줄었다고 보고했다. 반면에 국내 실향민(IDPs)의 문제는 늘어나고 있다(UNHCR 1997, 59).

해당자들에게 있어서 국경을 넘는 것이 난민의 성격규정에 중요한 역할을 하는데, 이는 그리 결정적인 것이 못 된다. 난민들에게 있어서 다른 가령 구조적 문제와 더불어 개인적인 문제들이 중요한 것이다. 그러나 이는 해당 당사자들에게는 별로 도움이 되지 못한다. 왜냐하면 국내 난민은 국제법적 규정으로 난민으로 취급되지 않기 때문이다. 따라서 '난민'과 '국내 실향민'은 정치, 경제, 사회 등 모든 면에서 그 지위가 똑같이 곤경에 처해 있다는 점에서는 같지만 국제법상 양자에 대한 보호 개념에 있어서는 매우 차이가 난다. 난민보호는 난민지위에 관한 협약 제1조 2항에서 규정하고 있지만 국내 실향민은 그렇지 못하다.

난민의 개념은 아디스 아바바(Addis Adeba)와 카타헤나(Cartagena)의 선에 맞추어 전쟁이나 내부 소요로 인해 탈주하는 사람들 모두를 포함하는 것으로 이해되어야 한다.[1] 1980년대 초부터의 갈등들은 바로 국가 내에서 일어나는 것이지 국가 간에 일어난 것이 아니다(UNHCR 1994, 16). 소말리아, 아프가니스탄, 모잠비크, 라운다 등이 대표적인 예이다. 알제리의 경우에는 1992년 이후에 8만에서 12만 명이 살해되었는데, 이는 직접적인 외부 국가의 박해가 아닌 예를 보여준다.

UN의 난민 고등판무관인 일본의 사다코 오가타(Sadako Ogata 1990-2000)는 제네바에서 알제리에서 지속되는 폭력에, 특히 알제리 난민의 상태에 대한 우려를 표명했다. 오가타는 모든 망명수용국가들이 망명자들에 대해 관대하게 대해줄 것을 촉구했다. 특히 오가타는 유럽국가들이 '국가기관'을 통해서만 박해를 받아 내몰리는 사람만을 난민으로 보고 있다는 점에 대해 우려를 표명했다. 이런 견해는 대부분 알제리 난민들에 대해 부정적인 영향을 미친다. 왜냐하면 이들은 보통 국가로부터 박해를 받는 것이 아니라 호전적(militant) 이슬람 집단으로부터 도망쳐 나온 것이기 때문이다(UNHCR Aktuell, Pressmitteilung 98. 1. 27, Wien).

이와 같은 입장에서 난민의 개념은 실제 발생하고 있는 난민을 설명하는 데 가장 적합하다. 난민의 성격을 분명히 하는 것은 정치적인 문제가 되므로 난민의 개념은 적절하게 다루어져야 할 필요가 있다. 독일 연방내무부는 독일이 떠안게 되는 부담의 한계를 넘어서고 있다는 주장을 증명하기 위해서 이미 오래 전에 사회에 통합되었거나 또는 망명신청 동안에 독일을 떠난 그룹들까지도 '난민'으로 계산했다. 반면에 UNHCR은 인정을 받은 망명신청자와 제한된 거주허가를 받은 실제적인 난민을 통계에 계산했다. 왜냐하면 제네바 협약은 난민의 추방을 금

1. 따라서 전쟁, 내란, 재난 또는 또 다른 곤란을 통해서 고향을 떠나야만 되는 난민들도 따로 구별하지 않는다. 이 개념은 어떤 사람이 난민지위를 얻기 위해서 자기 나라의 국경을 넘어서야 하는 것이 필요하게 만들지 않는다.

하며 또는 난민들, 가령 전쟁지역 출신 난민들은 묵인(geduldet)되기 때문이다(이들은 비공식 체류허가를 갖는다). 독일에 살고 있는 난민의 절반 가량은 이 그룹에 속한다(Nuscheler 1995, 28).

이와 같이 난민의 사회학적 연구는 먼저 난민의 개념규정에서부터 시작된다. 개념 정의에서 논의의 주요 논점은 첫째, 국내 난민인가 아니면 국제 난민인가이다. 여기서 난민의 원인이 국가기관에 의해서인가, 아니면 비국가기관 또는 그룹에 의해서인가이다. 또한 국경을 넘었는가의 문제도 주요 논의 대상이 된다. 이런 기준에서 본다면 서아프리카 리베리아에서 이웃국가인 기니나 코트디부아르로 도망한 사람들은 난민이다. 리베리아는 1990년대 초부터 내전에 휩싸였다. 내전기간 동안 20만 명이 학살된 것으로 보고 있다. 42만 명 정도의 리베리아인이 1997년 초에 기니에 살았으며, 30만 명이 코트디부아르에 살았다(UNHCR 1997, 60). 마찬가지로 중남미 국가인 과테말라의 경우에 강제로 이주한 사람들도 난민으로 간주된다. 왜냐하면 정부가 반대운동자들을 제거하려고 전투를 하고 있기 때문이다.

3. 난민의 흐름과 동향

1) 남-북 이주

국제이주는 세계의 모든 곳에서 시작하여 다시 세계의 모든 곳으로 향한다. 여기서 가난한 자들의 이주는 한 방향을 보여주는데, 이는 남에서 북으로의 이주이다. 이는 철의 장막이 제거된 후에 다시 동에서 서로, 즉 가난한 지역에서 OECD의 부자지역으로의 이동을 보여준다. 이런 이주의 흐름이 보여주는 패턴은 다름 아닌 부유한 지역으로의 끝이 없는 흐름이다. 즉 가난한 자들은 자신들의 삶과 조건이 좀 더 나아보이는 곳으로 이동하는 것이다. 이런 이주에 대해서 '가난한 자의 침공'이라는 가설이 제기되고 있는데, 이것이 사실인지 또는 사실에 대한 왜곡인지를 보여주기 위해서는 실제적인 조사가 뒤따라야 한다.

현재 난민의 상당부분은 각각의 모국에 머문다. 즉 부유한 국가들이 난민을 수용하는 것이 아니라 바로 아프리카와 아시아의 이웃국가들이 난민의 대다수를 수용한다. 이런 거대한 국제이동은 결국 위기지역의 국경지역에 설치한 난민수용소에 이런 보호해야 할 난민이 넘쳐나는 것이 현실이다. 즉 OECD 국가들은 난민의 수용과 관리에 필요한 자원을 UNHCR과 그 외 구호단체에 지원함으로써 난민이 자신들의 경계지역으로 오지 않고 멀리 있도록 하고 있는 것이다.

2) 이주지역으로서 EU-유럽

지난 과거를 돌아보면 매년 평균 70만 명이 합법적인 방법으로 유럽으로 이주했다. 터키를 포함하는 개발도상국가들에서의 이주가 물론 1960-1998년 기간에 30%에서 46%로 증가했지만 1990년대에 들어서는 1-2%로 급속히 줄었다. 반면에 동-서 이주는 21%로 증가했다. 2000년에 EU의 1천3백만의 주민은 비EU 국가 출신이다. 이 중 45%는 유럽에서(터키 유고 등), 18%는 북아메리카, 17%는 아시아, 그리고 9%는 사하라 이남 아프리카 출신이다. 비EU 국가들에서 노동이주자 모집의 중지와 엄격한 망명 적용은 남쪽지역의 국가들에서 이주의 흐름을 어렵게 했다.

이주 연구가 뮌즈(Rainer Münz 1997, 43)는 수천 명의 등록 이주자와 비등록 이주자는 그리 심각하지 않은데, 유럽국가들은 '가난한 자의 침공'이라는 적대적 그림을 여전히 갖고 있다고 보았다. 다음의 표는 유럽국가 내의 외국인 비율을 보여준다. 이를 보면 가난한 이민자의 침입과 같은 공포 시나리오는 조장된 것임을 알 수 있다.

이런 외국인 문제에 대한 각 국가들의 인식조사는 차이를 보여준다. 독일과 네덜란드는 터키인, 영국에는 인도인, 파키스탄인, 덴마크에는 근동의 동양인, 프랑스와 스페인 그리고 이태리에는 북아프리카 이주자들이 주요 문제 그룹을 이루고 있다. 국제 테러는 이슬람국가 출신들을 모집하는데, 이들 국가는 지중해 지역과 동서양의 만남지역이며, 이는 과거와 현재의 적대적 모습을 지니고 있다. 북아프리카 중개지로서 스페인과 프랑스는 북아프리카 이슬람의 이주와 머그레브(북아프리카의 모로코, 알제리, 튀니지에 걸친 지방)의 이슬람 극단주의자들이 흘러들어올 가능성을 위협으로 보고 있다. 예를 들어 알제리 '이슬람구국전선'(Front Islamique du Salut : FIS)에 의해 이루어진 프랑스에서의 테러 발생은 이런 우려를 강화시켰다. 프랑스 이민청은 머그레브 국가들이 실업자 문제와 더 나은 삶의 개선을 이루지 못한다면 수십 년 내에 3천만 명의 이민자가 발생할 것으로 추정하고 있다.

커르너(Heiko Koerner 1997)는 머그레브 국가와 유럽 간 이주자의 발생은 국민의 발달과 부의 격차로는 설명될 수 없다고 보고 있다. 그의 이주경제학의 주장에 따르면 '실업과 사회적 소외가 커지면 커질수록 노동이주 능력은 그만큼 줄어들며, 따라서 실제로 이주할 가능성은 그만큼 줄어든다"(81).

EU 국가별 외국인 비율

단위 : %

	EU 국가			외국인		
	1985	2000	2008	1985	2000	2008
벨기에	6.0	5.5	6.2	3.2	2.8	2.9
덴마크	0.7	0.9	1.7	1.4	2.9	3.7
독일	2.0	2.3	3.1	3.6	6.7	5.8
핀란드	0.2	0.3	0.9	0.1	1.4	1.6
프랑스	2.3	–	2.0	4.0	–	3.8
영국	1.3	1.5	2.6	2.5	2.7	5.8
아일랜드	1.8	2.4	8.9	0.4	0.6	3.7
이태리	–	0.3	1.6	1.0	1.9	4.2
룩셈부르크	–	25.4	36.6	29.5	–	6.0
네덜란드	1.3	1.2	1.6	2.6	2.9	2.6
오스트리아	–	–	3.5	–	–	6.6
포르투갈	–	0.5	1.1	0.7	0.7	3.1
스웨덴	2.6	2.0	2.6	2.1	3.5	3.1
노르웨이	1.2	1.8	2.9	1.1	2.2	2.7
스위스	11.4	11.3	12.7	3.4	8.4	8.3
EU–15	1.5	1.5	2.3	2.3	3.6	3.9*

출처 : eurostat. * : EU–27.

3) 동–서 이주

동서의 경계를 구별하는 데는 여러 의견이 있을 수 있다. 그러나 나토의 확대 또는 유럽연합의 확대로 인하여 그 경계에 대한 논의는 더 격화될 수 있지만 본 장에서는 과거 냉전을 경계로 한다. 동유럽에서 서

유럽으로, 그리고 미국으로의 이주는 빈부의 격차와 정치적 발전으로 인해 심화되었고, 이는 오랜 전통을 갖고 있다. 가령 폴란드, 우크라이나 노동자와 농부들이 19세기 중반 중공업의 발달이 일어나고 있는 라인 강 루르 지방으로 몰려들었다.

4. 난민 이론 : 난민의 유형과 이주체계

난민에 대한 주요 연구는 미국, 영국, 프랑스에서 주로 이루어졌다. 독일의 경우는(Berliner Instituts fuer Vergleichende Sozialforscung : BIVS 1992) 추방자와 재이주자(Ausdiedler)에 대한 연구를 주로 하였으며, 난민에 대한 연구는 없었다.[2] 지금까지의 난민 연구는 주로 인권을 중심으로 이루어졌을 뿐 사회학적인 연구는 거의 없었다. 따라서 인권을 중심으로 한 연구는 낭비적이라는 것이다. 난민에 대한 참여, 즉 교회, 시민단체, NGO 단체 등의 연구 없이는 난민 연구는 거의 없었을 것이다. 예로 페리스(Elizabeth Ferris)에 의한 세계교회협의회(World Council of Churches)의 연구(1993)는 이 분야에 새로운 전기를 만들어 주었으며, 브라쉬케(Jochen Blaschke 1992, 1994)는 사회학적인 측면에서 난민을 연구했다.

2. 1990년대 초에 유럽연합에서, 특히 독일에로의 망명신청자의 급증에 따른 언론의 반응은 '가난한 자의 침략' (Die Invasion der Armen)이었다. 'Anstrum der Armen' (Spiegel 1991. 9. 9). 그 외 Die Invasion der Armen(Jann Werner 1992), Sturm auf Europa–Asylanten und Armutsfluechtlinge(Manfred Ritter 1990).

1) 난민의 유형 : 난민의 발견

피터슨(Peterson 1972)은 먼저 푸쉬-풀 모델(push-pull model)을 비판적으로 검토한다. 그의 의견의 바탕은 인간이 과연 '본성에서부터' 정착적 · 정주적이라는 것인가에 있다. 그는 이주의 확산과 보편성을 근거로 하여 이를 의문시한다. 즉 기본적인 질문의 실체는 왜 사람들이 이주하는가에 있는 것이 아니라 왜 이주하지 않는가에 있다. 또한 피터슨은 유형을 더 적당하다고 보며 여러 가지 유형을 더 만들어내고 있다. 이는 라벤슈타인(Ravenstein)의 이주의 법칙과는 다르다. 강제적 또는 자발적 이주와 상관없이 피터슨은 이주의 실제적 잠재성을 다루며, 여기서 보수적(konservative) 이주와 창조적(innovative) 이주를 구별한다. 일부 사람들은 새로운 목적을 갖고 이주하는데, 이런 유형의 이주는 창조적인 것이다. 다른 이주는 상황조건의 변화에 대한 대응으로 이주한다. 이는 그들이 가진 것을 지키기 위한 것이다. 이는 비슷한 환경 또는 풍경에서 이주하는데, 이는 적응된 환경에 머물고자 하기 때문이다. 이러한 유형의 이주를 보수적이라 부른다(Peterson 1972, 97).

피터슨은 이주를 5가지 유형으로 분류한다.

① **원시이주**(primitive migration)
② **강제이주**(forced migration)
③ **추방이주**(impelled migration)
④ **자발적 이주**(free migration)
⑤ **대량이주**(mass migration)

피터슨에 따른 이주유형

관계	이주원인	이주종류	이주유형 : 보수적	이주유형 : 창조적
자연과 인간	환경적 압박	원시적	이주 ranging(관철함)	대지 떠남
인간과 국가	이주정책	강제	이송 탈주	노예무역 강제동원 kuli-handel
인간과 규범	발전 추구	자율적	그룹 이주	개척적
집단행태	사회관계	대량	정착	도시화

Petersen 1972, 109.

그의 유형분류의 특징은 강제이주를 2가지로 분류한 점이다. 즉 강제이동에서 이주하는 자에게 결정의 자유를 주는 것은 강제이주에 속하지 않는다. 강제이주는 어려움에서 기인하며, 추방이주는 권력이나 폭력에서 기인한다. 피터슨은 잠정적 이주자의 활동 잠재성만 아니라 이주하거나 또는 도망하고자 하는 이해를 갖고 있는 사람까지도 포괄하여 다룬다. 그의 분류에서 보면 강제이주에는 보수적 이주와 창조적 이주 형태가 있다.

피터슨은 난민과 이주자의 차이는 '난민거주'는 임시적이라는 데 있다고 본다. 그 외에 난민과 이주자를 동일하게 취급할 수 없는 것들, 즉 발생조건과 발생과정 등에서 차이가 난다. 이주자들은 새 것을 찾아가는 행위로 볼 때 모험적이고 창조적일 수 있으며 또한 자신들에게 익숙한 것을 따르는 것을 볼 때는 보수적일 수도 있다. 이런 이해에 따르면 이주라는 것은 항상 동인과 움직임 및 변화와 연계되어 있다.

페어차일드와 피터슨의 고려는 오랫동안 주목을 받지는 못했다. 1980년대에 비로소 난민이주에 대한 새로운 숙고가 있었다. 여기서 중요한 학자는 캐나다 사회학자 리치몬드(Anthony H. Richmond)이다. 그는 1980년대 말 이후 난민이주의 이론을 지속적으로 발전시켜 왔으며, 이주사회학의 발전에서 사회학적 논의수준을 높여왔다.

리치몬드는 「국제이주의 사회이동 : 난민의 경우」(Sociological Theories of International Migration : The Case of Refugees, 1988)에서 자발적(voluntary) 이주와 비자발적(involuntary) 이주 간의 관행적인 차이에 대한 비판이다. 리치몬드는 이런 구별이 소용이 없다고 보고 있다. 왜냐하면 개별적인 다양한 개인의 자유와 자발수준이 서로 다른 사회구성 관계에서 다를 수 있지만 실제로 모든 사람들은 제한과 강제 하에 놓여 있기 때문이다. "모든 개인의 행위는 강제되어진 것이다"(17).

자발적 · 비자발적 차이는 리치몬드에게 있어서 단지 정치적이며, 그러나 사회학적으로는 관계가 있기 때문이다. 왜냐하면 이주는 거의 자발적으로, 자유의사에 따라서 이루어지지 않기 때문이다. 이는 난민이나 노동이주의 경우에도 마찬가지이다.

> 산업국가에서 소유한 땅이 없는 농부가 방출되면 선택할 수 있는 가능성은 실업자가 되거나, 거지 동양을 하거나, 도둑질하거나 또는 병에 걸리거나 굶주림에 시달리거나, 자신이나 가족을 위해 죽음을 택하는 것이다. 소수민족 또는 정치적 소수는 무장저항에 가담하거나 정치적 포로 또는 고문과 죽음에 대항할 수 있다. 이 두 경우에서 선택할 수 있는 안들은 모두 무서운 것이다. 탈출(난민이 되는 것)이 선택 중의 한 대안이다(Richmond 1988, 14).

리치몬드는 자신의 입장에서 관행적인 논의를 종결하고 싶어했으며, 새로운 유형을 제시했다. 그에게 있어서 실제적인 탈출(난민)발생은 경계가 모호한 유형으로 파악된다. 난민은 두 개—순응적(proaktive) 난민과 적극행동적(reaktive) 난민—의 극단적인 축의 연속선상에 있다. 순응적인 이주자의 합리적 선택 행동과(그의 이용가능성을 최대화하고자 함) 적극행동적 행태 간에 [자유에 대한 자신의 범주가 제한된다고 봄]의 선상에서 국제 간의 이민자들의 절대 다수는 이런 극단적인 양 사이 어딘가에 위치한다. 이 국제 간 이민자들은 협약에 따르면 '난민'으로 불린다(Richmond 1992, 4).

순응적(prokative) 이민자에 대한 예로서 그는 퇴직자, 통행자, 귀향자, 재결합한 가정 그리고 일상적인 탈이주자를 들고 있다. 협약적 난민, 무국적자, 노예, 강제노역자는 적극적(reaktive) 이민자로 보았다(13). 또한 리치몬드는 정치적·경제적·장소 조건적·사회적·심리적 요소들 간의 복잡한 상호작용이 이민의 선호를 결정한다고 보았다(11).

리치몬드에게 있어 세계 사회는 주요한 양면성으로 특징된다. 한편에는 국경이 자유롭게 되고, '국경 소멸'의 경향이 있으며, 다른 한편에는 국경이 폐쇄되는 것이다. 이른바 군사적·산업적 복합성의 행동반경은 '세계적인 무기시장' 방향으로 확대되었다(Richmond 1992, 16). 세계 정책에 대한 이와 같은 조건에 대해 비판을 함으로써 그는 다시 한번—순응적인 이주자의 모델에 대한 포기 없이—인간의 제한된 가능성과 결정의 자유를 강조했다.

이런 난민의 유형은 각각의 유형과 서로 간에 구별하는 차이에 있어 논란의 여지가 있지만 사회학적 분석에서는 중요성을 갖고 있다. 왜냐하면 난민의 유형에 대한 커다란 스펙트럼을 제공하며 난민이주에 대한 설명을 분류화하는 기능을 하기 때문이다. 언론에서 묘사하는 난민의 발생은 비합리성, 비조직성, 익명성, 그리고 혼란으로 특징지어진다. 다른 경우에 언론 시청자에게 난민은 냉담, 무감동, 절망의 얼굴표정과 몸짓으로 표현되며, 이들 난민에게서 어떤 차이도 아무 의미가 없다. 난민 그룹 내에서든 또는 난민 그룹 간에도 동일하게 묘사되어 전달된다. 연출하여 보여주는 그림들은 난민이 이라크, 르완다, 보스니아, 코소보이든 모두 똑같다.

2) 이주체계에서의 난민발생

난민발생과 이동은 식민화, 전쟁, 사회 소요사태 및 혁명의 결과이며, 스스로 발생하는 것은 아니다. 따라서 난민은 역사적 · 정치적인 상관성에서 고찰되어야 하며, 이 상관성은 서로 다르다. 반면에 여기서 어떤 규칙성을 찾아야 한다. 1989년에 출판된 졸버그(Aristide Zolberg), 수르케(Astri Suhrke), 아구아요(Sergio Aguayo)의 책 『폭력으로부터 도피 : 개발도상국에서 갈등과 난민위기』(*Escape from Violence : Conflict and the Refugee Crisis in the Developing World*, 1989)는 난민 흐름(refugee flows)은 다른 국제적인 인구이동과 같이 어떤 사회적인 힘(social force)에 의해서 유형화된다. 따라서 이는 넓은 역사적 사건에서 연유되는 구조적 사건으로 보며(vi), 난민 연구의 기본 문제들이 무엇인지 보여준다.

이 책은 난민현상을 비판적이며 실제적으로 다루므로 세계에서 넉넉한 자들이 부족한 자들에 대한 의무가 무엇인지, 이 의무가 어떤 방식으로 이루는 것이 가장 좋은지를 설명하고자 한다. 우리는 오늘날 발달한 세계가 왜 그렇게 많은 난민을 만들어내는지, 왜 난민은 어떤 때는 홍수같이 또는 물방울 떨어지듯 생기는지, 난민은 어디로 흘러가는지, 왜 난민자들이 귀향하며 또 때로는 귀향하지 못하는지를 설명하고자 한다. 이는 서로 상관성을 갖는, 이론적으로 근거한 난민 흐름에 대해 설명하고자 하는 최초의 시도이다. 국제적인 이주의 원인과 결과들을 조사하는 사회학자들은 난민발생과 원인을 제외한다(V).

졸버그는 다양한 수준에서 조사연구와 유형을 통해서 난민 연구의 틈새를 메우고자 하였다. 개별 난민발생에 대한 지역 연구의 도움으로 저자들은 난민, 난민 흐름 그리고 난민이 발생하는 상황에 대한 유형들을 발전시키고 있다. 역사적인 조망 가운데 졸버그와 그 외 저자들은 난민의 위기를 구별하고 있다.

- 첫 난민의 위기는 제2차 세계대전 후에 발생했다. 이는 당시의 추산으로 1천2백만 내지 1천3백만 명이 된다. 독일제국과 경계하고 있는 지역들에서 서독으로 온 자들이다.
- 두 번째 난민위기는 비식민화 과정에서 발생했는데, 이는 특히 아프리카 대륙에서 일어났다. 여기에 아시에서 발생한 난민이 포함된다.
- 세 번째 난민위기는 1970년대 중반 이후 라틴아메리카, 아프리카, 아시아 국가들에서의 국내 또는 국가 간 소요를 다루고 있다.

세 번째 난민위기는 유럽에서 일어났던 관례적인 난민 그리고 아프리카에서 국가 해방전쟁에서 발생한 이전의 난민위기와 비교해 보면 이 세 국가 간 공통적인 것이 특별한 문제가 되고 있음을 보여준다. 새로 증가하는 일정 부분의 난민이 기약 없이 난민으로 남게 되며, 모국으로 돌아가지도 못하고 또한 장기망명을 얻을 것 같지 못할 운명으로 보인다(Suhrke/Zolberg 1992, 16).

1990년대 이후 동서 대결이 끝나고 과거 유고슬라비아에서 전쟁 후 그리고 점점 새로운 지역에서 발생하여 확대되는 난민의 위기를 제4

의 난민위기라 부를 수 있다. 졸버그, 수르케, 아구아요에게 있어서 모든 난민위기에 외부 요소들이 놀랄 만큼 큰 역할을 수행한다고 보았다. 가령 분리적 갈등이 국제화되는 경우이다. 이런 사태에 대한 반응으로서 지역 그리고 국제적 조직이 생겨났고, 또 생겨나고 있다. 이들이 난민을 개념규정하며 또한 관리한다. 이런 조직의 구조를 보면 이주 연구에서 사용되는 개념, 즉 이주체계와 같은 개념이 주도적으로 쓰이고 있다.

이주체계(Migrationssystem)는 '제한될 수 있는 구조'로서 정의될 수 있는데, 이는 이주발생과 이주발생에 영향을 주는 체계(regime), 또한 고향과 이주 대상 지역의 사회적 제한 및 배제기제로 구성되어 있다(Blaschke 1992, 111). 체계(Regime)에는 제도, 난민위기에 참여하는 정부 및 기타 기관들, 가령 유엔의 UNHCR 등이 속한다. 코소보의 갈등에서 보면 밀로세비치(Milosevic) 하의 정부, 무장한 독립운동 단체, EU, UNO, UNHCR 등이다. 새로운 난민을 염려하는 각 정부들, 코소보-알바니아인 난민조직들도 이 이주체계에 속한다.

졸버그와 그의 동료들은 그 외에 난민의 유형을 제시하고 있다. 이들은 난민의 3유형을 구별하고 있다.

- 적극적인 행동자 그룹 : 이들은 정치적으로 또는 무력으로 국가에 반대하는 이른바 투쟁하는 전투난민들이다.
- 목표 그룹 : 보통 소수민족의 소수에 속한 자들로 이들은 국가나 또는 지역에서 차별을 받거나 박해를 받는다.
- 희생자 그룹 : 이들은 적극행동자들 또는 목표도 아니며, 목표 없는 폭력에 방치되어 있다.

졸버그와 동료들은 목표와 희생자 두 그룹을 중시했다. 왜냐하면 이들은 점점 더 폭력에 놓여져 있는 반면에 제네바 협정이나 망명조건으로 보호되고 있지 않고 있기 때문이다.

갈등이 '난민발생'의 원인이 되므로 이에 따른 특별한 조건이 어떤 것인가 확인되어야 한다. 이런 요인들을 보면 다음과 같다 : 내부 및 외부의 이해관계의 상호 등장, 현지 엘리트의 확고한 권력유지 관심, 국민 일부의 저수준 또는 뒤떨어진 행태, 사회의 지속적인 경제 · 정치적 · 사회적 발전의 결여 등이다.

나이지리아의 유명한 대중적 지도자이자 야당 지도자인 모스후드 아비올라(Moshood Abiola)의 1998년 갑작스런 죽음은 바로 정부에의 대항과 소요를 일으켰다. 그러나 난민은 발생하지 않았다. 왜냐하면 군사정부와 반대당 양측이 서로 협력했기 때문이다. 정부는 반대자들에 대한 박해를 더 이상 하지 않았고, 야당 추종자들은 민주화에 대한 실현을 끈질기게 요구했지만 평화적으로 하였다.

3) 도피, 추방 및 귀향의 유형

동일한 조건에 직면한 사람 모두가 도피를 택하는 것은 아니다. 많은 사람은 머무르기를 작정하며 남는다. 도피는 단순히 자극-반응의 메커니즘을 따르지 않는다. 많은 경우에 있어서 고전적인, 국제법적으로 인정된 국경이나 또는 여러 국경으로의 도피는 여러 대안 중 하나이다. UNHCR에 따르면 많은 당사자들이 공간이 넓은 도피를 하지 못하여 짧은 거리 내에서 도피를 하게 된다. 좁은 의미에서 난민과의 비교에서 국내 실향민(Internally Displaced People : IDPs)의 증가는 많은 사람들에게 있어서 올바른 도피를 하기가 점점 더 어렵다는 상황을 보여주는 것이다.

실제로 매우 가난한 사람은 도피를 시도할 여력이 없다. 예를 들어 소유나 가축 또는 토지를 갖고 있지 못한 자는 어떤 것이든 간에 도피에 필요한 자금, 도피꾼에게 지불할 돈을 준비할 수 없다. 부자들은 외국으로 도피하나 가난한 자들은 국내 인접한 지역으로 도망친다. 구유고슬라비아에서 전쟁이 이에 대한 단적인 예이다. 부자들은 독일이나 이웃 서유럽으로 도피할 수 있었으나 가난한 농촌의 가난한 가족들은 다수가 국내 추방자로 내몰렸다(UNHCR 1997, 119).

도피는 종종 여러 단계로 나타난다. 먼저 한 가족이 '단지' 밤에 거주지를 떠났다가 낮에 다시 돌아온다. 와서는 가축을 돌보며 들일을 한다. 이런 '밤의 부재' (114) 다음에는 국내 추방이 따르며, 그리고 비로소 해외 도피가 발생한다. 외국으로의 도피에서 비로소 강제이주도 드물게 그리고 계획 없이 이루어지기도 한다. 난민은 자신들의 고향을 목적 없이 떠나는 것이 아니라 이미 이주해 나간 친척이나 친구들과 접촉을 한다. 도피를 하기 전에 정보를 얻으며, 도착을 한 후에는 방문센터(drop-in center)를 찾는다. 네트워크는 이민자와 난민자 모두에게 중요한 의미를 갖는다. 이는 초기에는 도주에, 후에는 귀향에 결정적인 역할을 한다.

네트워크는 어떤 형태이든 이주를 촉진시키며 또한 쉽게 만들어 준다. 공적으로 경제적 · 사회적 · 정치적 위기는 많은 사람들이 친척, 이웃 그리고 친구 간의 관계를 돌보게 하며, 단지 이런 네트워크의 안전에서 이주를 생각한다. 또는 이전의 이주자들은 이 네트워크에서 벗어나기 위해 도주한다.

다른 한편으로 난민을 발생시키는 구조적인 조건들을 고려해야 한다. 난민은 '만들어진다'는 것이다. 국가는 난민을 발생시키는데, 이는 시민들에게 충분한 안전책을 제공하지 못하기 때문이다. 불안정, 잘 못된 정치적 결정, 사회의 군사화, 폭력의 개인화, 부정, 그리고 이런 모든 과정들은 난민을 만들어낼 가능성이 그만큼 높다. 많은 나라들에서 현재의 대치상태를 고려해 보면 인도네시아, 터키, 알바니아, 그리고 구소련에 속한 나라들, 알제리, 코소보 등이 난민을 만들어낼 가능성이 높다. 자신의 국민들에게 충분한 안전을 제공치 못하고, 정치적인 정당성이 결여되었으며, 여기다 부정부패와 극단적인 사회적 불균등이 있는 국가에서는 난민이 생겨난다.

많은 사람들은 곤란을 감당하지만 한편에서는 사회적 갈등을 통해 득을 보는 그룹들도 있다. 이때는 증오와 적대감이 도구화된다. 최근의 경험들을 통해서 증오와 적대감은 정치적 도구의 자원이 됨을 보여주는데, 이는 특정한 조건에서 정치적인 야망이 있는 그룹에 의해서 동원되며, 심지어 인위적으로 만들어질 수도 있다. 정부와 다른 행위자들은 많은 국가에서 강대국들 간의 경쟁을 이용할 수 없을 때 이들은 외부에서 지원을 얻기 위해 국민 그룹 간의 적대감을 만들어낸다. 이는 많은 경우에 사회적 폭력과 무장한 갈등으로 이어지는 전략이 된다(UNHCR 1997, 25).

도피는 많은 경우에서 보면 강제되는 것이며, 이는 사람들에 의해 직접적 · 간접적으로 일어나는 강제이다. 화산폭발, 홍수 또는 비슷한 자연재해, 환경재앙은 도피의 원인에서 보면 약간의 의미가 있는 수준의 원인 제공자가 된다. 많은 난민들은 중기적으로 보면 고향으로 돌아온다. 1991–1997년 기간을 보면 상당한 범주에서 일어나는 귀향이 보고되었다. 1천만의 에티오피아인이 에티오피아, 엘살바드로, 모잠비크 그리고 다른 국가로 귀국했다(UNUCR 1997, 151ff). 예를 들어 모잠비크에서 이런 귀향이 종종 다시금 강제에 의해서 일어나는 것이 나타났다. 1992–1996년에 170만 명이, 그리고 적어도 340만 명의 국내 난민이 고향으로 돌아왔다. 이런 귀향자들은 대부분이 쫓겨난 자기 나라들의 난민들이다. 이들은 또한 다시금 새로 이주하는데, 가령 모잠비크에서 남아프리카로 가는 이주자들이 이에 해당된다. 이 경우에도 1993년에 이들이 다시 추방되는 것을 볼 수 있다.

4) 국내 실향민(IDPs)

과거에 난민은 국가의 압제에 의해서 발생했지만 지금은 폭력에서 비롯되고 있다. 이런 폭력으로부터의 탈출을 하는 사람들은 대부분 국내 실향민이 된다. 국내 실향민은 자신들의 고향을 강제에 의해 떠나지만 난민들과 같이 자신의 나라 국경 안에 머물고 있는 사람들을 말한다. 이들은 출신국의 국경을 넘어 탈출한 난민들과 유사한 상황에 있지만 출신국의 영역 내에 체류하고 있다는 점에서 큰 차이가 난다. 이런 국내 실향민은 2006년 말 52개국에 2천4백5십만 명에 이르는 것으로 추산되고 있다. 국내 실향민이 가장 많은 지역은 아프리카로 21개국에 1천1백8십만 명에 이른다(Internal Displacement Monitoring Centre 2007).

국내 실향민의 발생원인과 대책을 논하는 데서 먼저 제기되는 문제는 난민에 대한 개념규정이다. 난민을 누구로 보는가에 따라서 난민의 규모는 달라지게 된다. 가령 UNHCR은 1951년 난민협약에 근거하여 이 협약의 범주에 들어오는 사람만을 난민으로 여기고 있다. UNHCR이 보는 난민이란 '박해를 피해 탈주하여 국경을 넘어 외국에 거주하고 있는 자' 로 보고 있다. 따라서 이 규정에 따르면 동일한 조건으로 인해 고향을 탈주했지만 국가 국경을 넘지 못한 국내 실향민은 난민으로 인정되지 않는다.

1993년 3월 UN 인권위원회는 점차 증가하는 국내 실향민과 그들의 고통을 통감하여 UN 사무총장에게 국내 실향민의 인권문제를 정면으로 제기하여 그에 대한 대표임명을 요구했다. 이에 UN 인권위원회는 국내 실향민(IDPs) 담당 사무총장 대표로 수단의 뎅(Francis M. Deng) 대사를 국내 실향민(IDPs) 담당 사무총장 대표(Representative of the secretary-General on Internally Displaced Persons)로 임명하고 국내 실향민 보호제도의 정착을 위해 노력하고 있다. 이러한 노력의 결과로 만들어진 것이 1988년에 채택된 「국내 실향민에 관한 지침」(The guiding principles on internal displacement)이다(최득진 2006).[3]

국내 실향민에 관한 지침은 다음과 같이 규정하고 있다.

> 국내 실향민은 특히 이는 무장갈등이나 일반화된 폭력상태 또는 인권의 침해나 자연적이거나 인위적인 재해의 결과로, 또는 그 영향에서 피하기 위해 자신의 고향이나 일상적 거주지에서 도피하거나 또는 떠나도록 강제되었거나, 또는 추종할 수밖에 없는 국제적으로 승인된 국경을 넘지 않은 개인 및 집단을 말한 개인들이나 그룹들이다(United Nations : The guiding principles on internal displacement).

이 지침에서의 정의는 무력충돌, 일반폭력(성폭력 등 포함), 인권침해, 재해, 강제이주 등 객관적 사항에 의해 난민의 발생원인을 포괄적

3. 이 지침은 유엔인권위원회에 의해 정식으로 채택된 것은 아니다. 유엔인권위원회는 이것을 결의(제1998/50호)로 '유의한다' (takes note) 것으로 하였다. 모든 영역국과 대화와 지역적 워크숍 개최를 통해서 지침의 보급에 노력하고 있고, UN 기관들로 구성된 기관간상설위원회(Inter-Agency Standing Committee)도 현장수준에서의 보급에 합의하였다. UN 총회는 "UN 기관, 지역적 및 NGO가 그 직무에 있어 지침을 사용하는 것을 평가하고 유의하면서 지침을 보급과 이를 적용할 것을 장려한다"는 취지의 결의(제54/167호)를 채택하였다.

으로 규정하고 있다. 다시 말해 국내 실향민은 무력충돌, 내란, 자연 또는 인위적 재해, 인종, 종교, 국적, 특정 사회집단의 구성원 신분 또는 정치적 의견을 이유로, 혹은 강제이주로 박해받을 공포 때문에 안전한 피난 장소를 찾아 자국 내에서 난민상태에 있는 사람들을 포괄하고 있다.

이런 국내 실향민의 정확한 숫자를 파악하는 것은 어렵다. 이들은 기본적 인권은 물론 생존권마저 보장되어 있지 않은 상황에 처해 있다. 국내 실향민들은 난민과 달리 자국 내에 존재하기 때문에 국제사회의 적극적 보호를 받기가 힘든 상태이며, 난민과 같은 신분이면서도 타국의 영역적 비호를 받을 수 없다. 난민들은 망명신청자들과 더불어 똑같이 기본권리 지원·건강보험 보장, 거주·숙소, 사회지원 도움, 일반 재정지원, 시민권, 언어·학교 및 대학 공부, 건강, 가족문제, 행정문제, 자문, 행정기관 접촉 등에서 문제를 갖고 있다.

5. 난민의 세계화와 한국

전 세계로 확산된 난민발생에 대해 정치학에서 추진된 연구는 도피와 추방이 무작위로 일어나는 것이 아니라 여기에도 일정한 흐름과 방식이 있음에 주목한다. 중요한 비국가적 기구는 UNHCR이며, 이는 난민 연구에 주요한 개념을 제공해 왔고, '국제적 난민체계' 에 대해, 즉 '난민문제의 해결을 위해 만들어진 법, 협약 그리고 제도' 를 정의하고 있다(UNHCR 1997, 57). UNHCR은 난민 보호수준이 세계적으로 낮아졌고, 부유한 국가의 난민 제한과 가난한 국가들의 점증하는 방어로 인하여 난민보호가 위협받고 있음에 주목하였다(69). 따라서 이는 새로운 난민위기라 언급되고 있다(Zolberg et. al. 1989).

칼도어(Mary Kaldor 2006)는 과거 난민발생의 원인과 구별되는 새로운 전쟁(new wars)을 설명하고 있는데, 이런 새로운 형태의 전쟁(the form of warfare)은 난민발생의 성격과 특성을 적절하게 설명해 준다.

첫째, 대부분의 사람들이 전쟁에 대해서 생각하는 것과는 달리 오늘날 갈등은 대부분 국가 간의 전쟁이 아니라 국가 내에서 인종적 · 종교적 · 정치적 갈등에서 일어나고 있다는 점이다.[4] 2000년에 발생한 무장갈등의 28개 중 25개는 내전의 성격을 갖는다. 미국의 이라크와 아프가니스탄은 국가 간의 갈등이다.

둘째, 교전(warfare)이 비공식화(informalized) 또는 개인화(privatized)되었다는 점이다. 이는 전투가 전문 군인에 의해서가 아니라 민병대(militias)나 용병에 의해서 이루어지는 것을 말한다.

셋째, 과거에 교전은 주로 군인을 살상하였으나 현재는 민간인이 주로 살상된다는 점이다. 제1차 세계대전에서 민간인의 살상이 25%였으나 지금은 95%에 이르는 것으로 추정된다.

넷째, 갈등이 지속적이며 반복된다는 점이다. 이는 특히 아프리카에서 그러하다. 이는 인종갈등이 갈등의 원인으로 제공되고 있기 때문에 평화합의가 언제든지 파괴되며 갈등으로 이어진다.

이런 교전에는 오늘날 쉽게 대량살상무기를 구입할 수 있으며 수많은 젊은 실직자, 공경적인 청소년들, 삶의 낙오자들을 고용할 인력이 넘치는 것도 원인이 되고 있다. 따라서 이러한 새로운 유형의 전쟁과 교전들이 발생하는 지역은 당연히 경기침체, 부패, 범죄, 외부 국가에의 지

4. 1998–2000년에 있었던 에르트레아(Eritrea)와 에디오피아와의 갈등은 예외이다.

원에의 의존·심화되며, 결국 통치에서 정당성의 위기에 몰리게 된다(Mary Kaldor, 2001). 이런 내외적인 요인들로 인하여 난민발생 비율이 높아질 수밖에 없다.

이주 연구에 있어서 난민발생과 유형, 난민체계에 관한 접근이 일차적으로 유용한 분석도구이다. 여기서 주의해서 봐야 할 점은 다양한 난민이 된 민족들과 다양한 난민들 간에도 서로 큰 차이가 있다는 점이다. 난민발생의 흐름은 한편에서는 국가 내 정치체계와 국제 난민체계에 의존하지만 다른 한편에서는 난민자가 이용 가능한 자원, 기회 가능성, 네트워크에도 의존한다.

한국 정부는 1992년 난민협약에 가입하였다. 난민협약 가입 후 2000년까지 단 한 명의 난민도 인정하지 않다가 2001년에야 처음으로 1명을 난민으로 인정했다. 이후 난민 인정 자체에 있어서는 개선을 보여왔다고 하지만 한국의 난민 신청자가 1천 명을 넘어선 현실에 비해 난민 정책은 여전히 빈곤한 실정이다. 2003년 5월 기준으로 22개국 176명이 난민 신청을 했지만 한국 정부는 9명만을 난민으로 인정했다. 2008년 말 기준 법무부 통계에 따르면 난민 인정 신청자는 2,168명이고 이 중 난민 인정을 받은 사람은 101명, 인도적 지위를 부여받은 사람은 71명이다. 난민 인정 비율은 4.66%에 불과하다. 국가별로 보면 네팔이 376명, 중국 322명, 버마 208명, 나이지리아 172명, 우간다 147명 순이다. 네팔이 가장 많은 난민 신청자를 냈는데, 이는 버마의 경우와 마찬가지로 독재체제에 기인한다. 난민 인정자의 경우 버마가 42명, 방글라데시가 19명 순이고, 난민 신청자가 가장 많은 네팔과 중국 국적 신청자는 단 1명도 없다. 중국 국적 신청자의 경우 인도적 지위를 부여받은 사람이 10명이지만 이 중 9명은 중국 민주화 관련 인사이다.

한국 난민문제 처리에서 드러나는 다음과 같은 문제들이 있다. 이는 난민 인정 심사가 인권의 시각이 아니라 국가안보적·치안유지적 시각으로 접근하는 것이다. 또한 기각판정이 났을 때 이의 절차가 최초 인정절차와 동일해 불복수단으로서의 의미가 없다. 난민 인정 절차는 지방출입국관리사무소와 법무부 출입국관리국에서 다뤄진다. 난민 신청자는 일시적 추방 제외조치 외에는 주거·취업 등 지원을 전혀 받고 있지 못하다.[5]

5. 한국에서 최초로 난민인정을 받았던 데구(Degu) 씨는 "피난처 얻기도 힘들지만 얻어도 지원은 전무하다"고 말했다. 난민인정을 얻기까지 불법체류자로서 살아온 것이 단적인 예이다(인권하루소식, 2003년 06월 26일. 제2364호).
방글라데시 정부의 탄압에 맞서 치타공 산악지대에 거주하는 13개 소수민족의 자치권 보장을 위해 한국에서 활동 중인 줌마네트워크(JPNK)의 로넬 차크마(Ronel Chakma) 사무국장은 "회원 10명이 지난해(2002) 10월 난민신청을 했지만 언제 나올지 모르는 인정결정까지는 불법체류자 신분으로 합법적으로 일할 수 있는 방법이 없어 농촌 폐가를 빌려 마련한 단체사무실 임대료도 겨우 마련하고 있다"며 난민보호제도 개선에 대한 한국인들의 관심을 요청했다(천주교인권위원회(http://www.cathrights.or.kr).

제3부

각국의 이주정책

제7장

미국의 이주정책

지난 2세기 동안 미국은 이민국가로서 세계 모든 국가들이 받아들인 그 이상의 이민자를 받아들였다. '이민자의 나라' 로서 미국은 역사적으로 새로운 기회의 땅이요, 자유의 나라로서 선망의 대상이었으며, 종교나 국적, 피부색에 관계없이 희망과 꿈을 펼칠 자유의 나라로 받아들여졌다. 이는 지난 한국인에게도 마찬가지였다.

이민자로서 미국 영주권을 받은 한국인 수는 1965년에 2,165명이었고, 이는 1971년 13,297명, 1976년 30,830명으로 증가했다. 이는 1990년대에 1만 명대로 유지되다 다시 2000년대에 2만 명대를 넘어서고 있다. 미국 전체 이민자 중에 한국인이 차지하는 비율은 1971–1980년대에는 6.0%, 1991–2000년 기간은 1.9%였다. 미국에 거주하는 한국인 수는 2000년을 기준으로 1,228,427명으로 전체 인구에서 0.4%를 차지한다 (민경희 2008, 236ff.).

미국의 이주정책은 몇 가지 요인에 의해서 크게 영향을 받고 있음을 보여준다. (1) 이주노동자는 경제적 요인과 전쟁시의 노동수요와 밀접한 관계를 갖고 있다. (2) 반면 망명정책은 전적으로 외교정책의 고려에 의해서 이루어졌다. (3) 불법이민자에 대한 통제와 정책은 주로 경제상황과 불법체류자 수에 의해서 영향을 받았다. 미국의 이주정책은 경제적 · 외교적 요인, 소수민족의 분포와 수 및 좌우 이념적 경향에 의해서 영향을 받았음을 보여준다.

르메이(LeMay 1987)는 미국의 이주역사를 다음과 같이 4단계로 나누어 설명한다.

① 무제한적 이민자 수용 시기(Open-Door Era)는 1820-1880년대 시기이며, 이 시기 동안에는 이주에 어떤 제한도 없었다.

② 제한적 귀화 및 제한적 이민 시기(Door-Ajar Era)는 1880-1920년대 시기이며, 이주제한의 초기에 해당된다. 그러나 여전히 이주를 원하는 이민자에게는 문호가 개방되었다.

③ 이민할당제 시기(Pet-Door Era)는 1920-1950년대이며, 국가별 이민자 할당제도가 미국 이주정책의 근간이 되었다. 다만 선호적인 소수 인종에게만 미국 입국이 허용되었다.

④ 우선순위 체제와 난민수용 시기(Dutch-Door Era)는 1950년대 이후(또는 다른 학자의 견해로는 1965년 이후)에 해당된다. 이 시기에 미국은 전체 이민자 수를 늘려나갔지만 부문별 영역에서 선호하는 이민자 선발에 우선순위를 두었다. 이런 분류는 미국의 이주역사를 이해하는 데 좋은 출발점이 된다.

1. 이주정책 : 자유주의 시기(1840년대 이전)

1840년대 이전에 미국은 모든 이민자를 제한 없이 받아들였다. 1783년에 워싱턴 대통령은 미국의 개방정책(open-door policy)을 선언했다. 1841년에 타일러 대통령은 미국의 방대한 지역에 사람이 살고 있지 않는 것과 인구가 얼마 없는 지역을 언급하면서 외국 사람들이 미국에 건너와 빠르게 증가하고 있는 우리 가족의 구성원이 되어줄 것을 요청했다(Money 1999, 26). 미국은 이와 같은 개방적인 자유주의 정책을 펴는 가운데 프랑스혁명으로 인하여 이민에 대한 제한을 하게 되었다. 이는 프랑스혁명으로 인하여 특히 급진적인 사상들이 전파되지 않을까 하는 두려움 때문이었다.

1790년에 의회는 첫 "귀화법"(Naturalization Acts)을 제정하였다. 법 내용은 귀화의 조건으로 2년간의 거주와 이전 국가에 대한 '충성 포기' (the renuniciation of former allegiances)를 요구했다. 1795년에 두 번째 귀화법은 거주기간을 5년으로 늘렸으며, 1798년 의회는 "외국인 및 소요법"(The Alien and Sediton Acts)을 통과시켰다. 이 법은 대통령에게 국가의 안전에 위협이 되는 사람이나 전복활동의 의심이 되는 사람을 추방할 수 있는 권한을 부여했으며, 거주기간을 14년으로 늘렸다. 그러나 외국인 및 소요법은 2년간만 시행되었고 개정되지 않았다.

1790년대 이주제한은 내부 위협과 연계된 특별한 부류의 사람을 겨냥한 것이다. 그러나 전체적으로 미국은 1765-1850년 기간에 이민에 대해 그다지 제한을 가하지 않았다. 이주자들이 대부분 영국인이나 서유럽 출신들이어서 이런 이주자 구성에서의 인종적 유사성은 이 기간 동안에 이주자를 제한하지 않는 데 기여했다.

2. 이주정책 : 첫 이주제한 시기(1840-1874)

이민제한의 첫 번째 반대운동은 1840과 1850년대에 등장했다. 반 아일랜드, 반독일 분위기가 1840년대에 미국에서 급격히 증가했고, 이는 1855년과 1860년 사이에 최고에 달했다. 반대를 주도하는 그룹은 부지당(Know Nothing)으로(1855년 아메리카당으로 개명) 이 단체에 가입할 수 있는 사람은 미국에서 태어난 프로테스탄트 미국인으로 제한하였다. 1855년에 아메리카당은 상원선거에서 8%를 획득했고 하원에서는 18.4%를 획득했다. 이후 1856년에 상원에서는 의석 수를 유지한 반면에 하원에서는 잃었다. 그리고 다시 1861년 북부지역에서 시행된 상원선거에서 14%를, 북부지역에서 시행된 하원선거에서는 15. 9%를 얻었다.

두 번째 반이민운동은 1850년대에 발생하였고, 이는 중국인을 대상으로 하였다. 캘리포니아가 중심이 된 이 운동의 배경에는 1848-1849년 캘리포니아에서 발견된 금의 개발이 있었다. 사람들은 금을 찾아 캘리포니아로 몰려왔고, 이에 따라 철도건설을 위한 노동력이 필요했다. 당시 미국의 소수민족 구성에서 중국인이 차지하는 비율은 미미했지만 이들의 존재는 특이하게 두드러졌으며, 인구밀도가 매우 낮은 지역에서는 실제 많은 것으로 보였다. 당시 캘리포니아 인구에서 중국인 비율은 10.4-17.3%에 이르렀다.

1850-1860년대에 캘리포니아에 거주하는 중국인들은 폭력을 당했고, 캘리포니아 입법을 통해서도 차별을 받았다. 1849년에 캘리포니

아 최고재판소에서는 이미 중국인이 백인에 대해서 증언할 수 없도록 하였다. 1867년에 민주당은 반중국인정책을 내걸고 선거에서 승리했다.

1850년대 반이민 분위기는 특히 독일인과 아일랜드인을 겨냥한 것이었으며, 이에는 다음과 같은 몇 가지 요인들이 결합되어 있었다.

① 이질적(dissimilar)인 소수인종과 종교의 다양성 증가
② 이주자들의 외부 위협과 외국 급진주의와의 결합
③ 경기침체

1846–1857년 사이에 미국으로의 이민 유입은 전체 미국 인구의 0.7–1.6% 사이이다. 이민자들은 주로 아일랜드인과 독일인이었으며, 종종 가톨릭계도 있었다. 비록 소수민족 거부와 인종적 편견에 기초한 비난이기는 하지만 이런 이민자들의 일부는 외부 위협과도 연결되었다고 의심되었다. 아일랜드는 가톨릭교회에 속하였기 때문에 이는 미국에 있는 프로테스탄트들에게는 과거의 상처를 생각나게 하기에 충분했다. 초기에 아일랜드 이주자들은 가톨릭교회의 가톨릭 세력들, 가령 스페인 또는 프랑스와 동일시되었다. 후에 가톨릭 전통은 개인의 자유 개념과 충돌한다는 주장도 제기되었다(Zolberg 1981 ; Joppke 1999).

독일 이주자의 일부는 1848년의 독일혁명과도 연계되었다. 이주자에 대한 의심은 외국의 민족조직체의 증가로 인해 강화되었으며, 이런 조직에의 소속은 국가에 대한 충성심을 양분하며 약화하는 것으로 여겨졌다(Jones 1960, 156). 이민자들은 또한 선거권을 갖게 됨에 따라 미국의 정치구조와 균형이 위협받는 것으로 보였다. 아일랜드인은 북동부에서 민주당의 지도층을 장악했다. 이들은 이민자들이 반대투표를 하도록 또한 부정투표를 하도록 부추겼다고 비난받았다. 독일인들은 공화당을 설

립하는 주요 자원이었으며, 자유주의적 운동에 중요한 역할을 했다. 아일랜드인과 독일인들 모두 노동운동에서 적극적이었다.

이민제한에 미친 3번째 요인은 경기침체이다. 미국은 1854-1855년과 1857-1858년에 경기침체를 경험했다. 이 기간에 부지당은 최고의 성공을 거두었으나 경제가 다시 좋아짐에 따라 1856년에 의회 선거에서 이들의 영향력은 쇠퇴했다. 남북전쟁은 이민을 고무시키며 촉진시켰다. 전쟁은 국내갈등의 문제였으며, 국내세력과 외부세력 간의 결탁은 없었다. 따라서 전쟁은 이민의 제한으로 이어지지 않았다. 동시에 '전쟁-이민' (war-migrant labor link)으로 명명된 전쟁은 전시산업과 농업에 있어서 노동력의 수요를 가져왔다. 이들은 전쟁에 동원되어 빠져나간 인력을 빠르게 대체했다.

1860년대에 북부지역의 개인 GNP는 10배 이상 증가했으며, 공장 노동력은 80% 증가했다. 링컨 대통령은 1863년에 산업의 모든 분야, 즉 농업 및 광산뿐만 아니라 철강 및 석탄산업 부문에서 인력이 부족하다고 말하였다(Hutchinson 1981, 50). 경제성장은 전쟁 후에도 계속되었다. 석유 및 석탄과 같은 천연자원의 개발은 1862년 "홈스테드법"(Homestead Law)과 더불어 서부 이동을 촉진시켰다. 이 법은 처음 한 정치 그룹(the Free Soil party)이 요구하였고, 1854년 의회를 통과한 법이 부캐넌 대통령의 부결에 부딪쳐 무산되었다. 이는 다시 1862년 의회를 통과해 링컨 대통령에 의해 서명되었다.

본법에 따라 5년간 일정한 토지에 거주하여 개척을 한 자(이민 포함)는 160에이커의 토지를 무상으로 받을 수 있었고, 5년간의 거주 대신 6개월을 경과하면 그 토지를 1에이커당 1달러 25센트의 저렴한 가격으로 구입할 수 있었다. 이는 서부 미개척지역을 신속히 개척하고 동부 산업자본의 국내시장 확대를 촉진시키는 동시에 자영농민의 수를 늘리려는 목적을 갖고 있었다. 1883년까지 약 2,300만 에이커의 토지가 이주자에게 주어졌고, 광산 및 철도와 같은 부문에서 인력수요를 가져왔다.

1864년 남북전쟁으로 인하여 노동력 부족이 생기자 연방정부는 계약노동법(The Contract Labor Act)을 통해 고용주(가령 American Emigrant Company)가 노동계약을 체결하고 임금을 지불하는 것이 가능하도록 하였다. 그러나 실제로 노동자가 계약을 해지하는 것이 어렵기 때문에 외국노동자의 유입에서 성공적인 유인책은 되지 못했다. 이 법은 1868년에 폐지되었다.

3. 이주정책 : 제한적 이민 시기(1875-1916)

1879년에 미국은 '제한적 귀화 및 제한적 이민 시기' (Door-Ajar) 정책으로 이동했다. 서부 해안지역에의 급격한 중국인의 증가는 반이민 정서를 낳았고, 이는 캘리포니아를 중심으로 이민제한을 가져왔다. 이는 1860-1870년대까지 지속되었다. 1873년과 1877/1878년의 전국적인 경기침체와 다시 1882-1885년 사이의 경기침제가 원인으로 작용했다.

1875년에 의회는 처음 이민제한법을 통과시켰고, 중국 여자의 이민(창녀와 유사 일)을 금지했으며, 1879년에 하원과 상원은 중국 이민을 제한하는 법안을 통과시켰다. 그러나 헤이스 대통령은 이에 비토권을 행사했다. 1882년에 '중국인 배제법' (The Chinese Exclusion Act)이 통과되었다. 이 법은 10년간 중국인의 입국을 정지시켰다. 중국인 이주제한은 미국 이주역사에서 중요한 첫 제한조치였다.[1] 본법은 이미 미국에 거주하는 중국인에도 영향을 미쳤다. 미국 태생 모든 중국인에게 시민권 취득

금채취하는 중국인

출처 : Library of Congress.

을 금했으며, 중국인들은 차별적인 인두세(head tax)를 부담해야 했다.

중국인은 1848년 캘리포니아 광채굴과 태평양 철도 건설로 대규모로 이주하게 되었다. 1871-1880년에 중국인 수는 123,201명이 미국에 이주하였고 1881-1890년에 61,711명이 다시 이주하였다. 초기 금광러시에 있어서 중국인에 대해 관용이 유지되었으나 차후 경쟁이 심해지면서 중국인을 포함한 외국인에 대한 적대감이 증가했다. 취약한 경기와 중국인을 포함하여 증가하는 이민은 이주에 제한을 불러온 반면 외교정책적 고려는 이러한 이주제한의 정책 실시를 연기하게 하였다. 행정부는 중국인에 대한 이주제한을 막거나 또는 개선하려고 하였으나 대부분의 경우 제한을 철폐하기보다는 연기하는 쪽으로서 결말이 났다.

1876년 2월에 상원은 중국과의 조약 개정을 요구하는 캘리포니아 입법부의 결의안을 받았다. 1876년 2-5월 사이에 캘리포니아 출신 사전트 상원의원과 페이지 하원의원은 대통령이 중국과의 조약을 협의하여 중국이민을 제한하라는 결의안을 제출했다(Hutchinson 1981, 68-69). 물론 이런 결의안은 상원과 하원 모두 통과되지 못하였다. 1878년 캘리포니아 출신 사전트 상원의원은 헤이스 대통령에게 미국에 오는 중국

1. 이민을 원하는 자가 특정 국가 출신이라는 이유만으로 미국 이민을 원천금지한 본법은 미국 이민 역사에서 최대 오점으로 평가된다. 본법은 1902년 개정되어 무기한 적용되어 오다 제2차 세계대전에서 중국이 미국 연합동맹에 우방으로 참여한 후인 1943년에야 폐지되었다. 이는 인류애적인 것이 아니라 정치적인 이유에서이다.

이민을 제한하기 위하여 국제협약을 개정할 것을 요구했다. 1879년 1–2월에 양원은 미국으로 향하는 미국 배에 중국인 탑승객 수를 제한하는 법안을 통과시켰다. 그러나 이는 다시 헤이스 대통령이 거부권을 행사함에 따라 부결되었다.

1881년 아서 대통령은 의회가 이민에 관련된 어떤 개정에 대해서도 중국 정부의 이해와 민감성을 고려해야 된다고 하였다. 1882년 아서 대통령은 중국인을 배제하는 법안에 거부권을 행사했는데, 이는 외국정책에도 반하며 버링햄 조약(Burlingham Treaty)의 의무에 반한다고 하였다. 1888년에 외교위원회(The Committe on Foreign Affairs)는 중국과의 계류 중인 조약을 이유로 중국인 배제법을 폐지하는 법안에 반대했다(Hutchinson 1981, 77–93).

캘리포니아 중국이민자 평가보고서

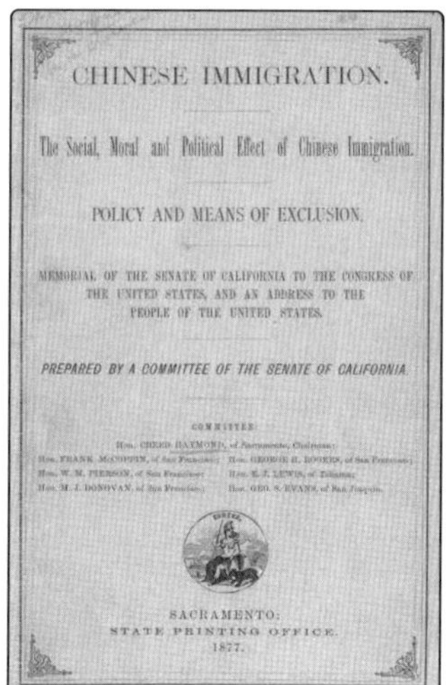
CHINESE IMMIGRATION.

The Social, Moral and Political Effect of Chinese Immigration.

POLICY AND MEANS OF EXCLUSION.

MEMORIAL OF THE SENATE OF CALIFORNIA TO THE CONGRESS OF THE UNITED STATES, AND AN ADDRESS TO THE PEOPLE OF THE UNITED STATES.

PREPARED BY A COMMITTEE OF THE SENATE OF CALIFORNIA.

COMMITTEE:

SACRAMENTO:
STATE PRINTING OFFICE.
1877.

출처 : Library of Congress.

1885년에 하원은 포란법[the Foran Act, 이는 외국인계약노동법(the Alien Contract Labor Act)으로도 알려짐]을 승인했다. 이는 미국 내 계약노동자의 사용을 금하는 것이었다. 국내 현지 노동자들과 노동조합들은 외국노동자들이 낮은 임금계약으로 입국하면 자신들의 일자리를 빼앗아갈 것이라는 우려를 하였다. 실제 노동계약를 통해 온 외국노동자는 많지 않았다. 2년 후에 페이슨법(the Payson Act)이 통과되어 외국인의 토지소유를 금했고, 같은 해에 반가톨릭 현지 그룹인 미국보호협회(the American Protective Association)가 구성되었다.

제한적 귀화 및 제한적 이민 시기 정책은 1890년 이후에 들어서 힘을 얻기 시작했다. 이민자를 제한하려는 시도는 실제로 경제상황의 산물이며, 한편으로는 높은 이민자에 대한 두려움이기도 했다. 이민자들의 급증은 백인종 내에 다양한 민족의 분포 증가를 가져왔고, 어떤 경우에 이민은 외부세력과도 연계되어 있다는 두려움도 있었다. 미국은 1891-1899년에는 5% 이상의 실업이 있었다. 이런 높은 실업률은 1904년에, 그리고 1908-1911년 사이, 1914-1916년에도 지속되었다.

1905-1907년, 1910년, 그리고 1913-1914년 사이에 이민자는 매년 백만 명이 넘었다. 이런 가운데 이민제한과 반대의 실제적인 배경은 민족구성이었다. 구이민자(old immigrants)들의 대부분은 서유럽에서 건너온 반면에 신이민자(new immigrants)들의 대부분은 동유럽 및 남유럽에서 왔다. 영국, 스칸디나비아, 독일 이민자들은 대부분 프로테스탄트들이며, 이들은 러시아, 폴란드, 오스트리아-헝가리, 그리고 이태리 이민자들에 의해 대치되었다. 이들 대부분은 그리스 정교도, 가톨릭도 또는 유대교도들이다. 새 이민자들의 문화적 영향은 이들 수가 많기 때문에 우려되었고, 또한 이들은 대도시에서 자신들의 타운을 만들어 문화와 전통 그리고 사회가치를 그대로 유지했다(LeMay 1987). 미국으로 오는 이민자들의 구성은 1897년에 바뀌기 시작했으며, 처음으로 새 이주자들이 구이주자 수를 넘어섰다. 미국에서 태어난 외국인 가운데 신이민자의 비율은 1860년에 1%에서 1910년에 38%로 넘어섰다.

경기침체와 인구구성의 큰 변화는 특별히 민족구성 이민자에 영향을 주었다. 1891년 이민법(Immigration Act)은 공공의 부담이 되며 질병으로 고통받는, 그리고 일부다처제 이민자를 제외하였다. 이는 또한 불법이민을 장려하거나 지원하는 광고를 금지시켰다. 1892년과 1893년 이민법은 중국인 배제법과 계약노동법을 연장시켰으며, 대통령에게 콜레라와 전염병을 가진 나라에서 이민을 금지하는 권한을 부여했다. 1894

년 재무부(Treasury Department) 권한을 높여주었고, 이로써 중국인들이 법에 소송하는 것을 예방하였다. 1903년 이민법은 무정부주의자, 사보타주를 선동하는 자, 간질환자, 직업적인 거지를 제외하였고, 계약노동법을 재확인했다.

1907년에 경기침체와 일본인들의 서해안(West Coast)으로의 이주가 증가하자 이는 다시 미국과 일본 간에 신사협정(Gentlemen's Agreement)을 맺게 되었다. 이는 일본이 이민자를 자율적으로 줄이는 것이었다. 일본인은 하와이 거주자를 포함하여 1870년 처음 56명에서 1890년 24,000명, 1910년 72,000명, 1920년에는 111,000명으로 점차 증가했다(LeMay 1981, 117). 미국과 일본 간의 신사협정은 일본 이민자 수를 제한하여 어느 정도 균형을 이루어 주었다. 멕시코, 쿠바, 그리고 캐나다 이민자들은 인두세 부과의 증액에서 면제되었다.

무정부주의자 레온 촐고츠(Leon Czolgosz)에 의한 맥킨리 대통령(1843. 1. 29-1901. 9. 14)의 살해로 유럽의 급진주의에 대한 두려움이 확산되었으며, 1903년 이민법 제정에 이르게 되었다. 반면에 외교정책에 대한 고려는 이러한 제한을 완화시켜 주었다.

4. 이주정책 : 이민할당제 시기(1917-1941)

1914-1917년 사이 미국이 직접 전쟁에 개입하기 전에 독일계 미국인들은 전쟁자원을 수출하는 캠페인을 벌였다. 많은 미국인들은 이런 독일계 미국인들의 선동에 대해 미국의 중립성을 저해시키는 시도로 해석했다. 뉴욕타임즈가 독일계 미국인들은 외국의 영향과 힘에 완전히 종

속되었다고 보도하자 반독일감정이 분출되었다(Higham 1955, 205–207). 독일 국민에 대한 비판은 한 독일 스파이가 미국의 산업과 항구수송의 사보타주에 책임이 있는 것으로 드러나자 더 심해졌다. 독일계 미국인의 충성심에 대한 의심은 확산되었으며, 이들이 미국에 반한 행동을 할 것으로 여겨졌다.

전쟁은 외국인에 대한 미국 시민의 위험과 의심을 증가시켰으며, 특히 적국 출신에서 온 시민들을 귀화시켰다. 전쟁기간 동안에 정부는 1,200명 이상 독일계 외국인을 체포했으며, 외국인 고용을 금지했고, 특정 직업에의 시민들을 귀화시켰다. 볼셰비키 혁명과 독일과 러시아 간의 평화협정은 외부 위협을 더욱 강하게 확산시켰으며, 동유럽 이민자에 대한 민족적 적대감을 갖게 하였다. 1917–1918년 스트라이크는(IWW에 의해 주도됨) 여러 번 군수산업을 목표로 하였고, 1919년 산업전선에서의 소요, 2개의 공산당 창설, 그리고 볼셰비키 혁명으로 고무된 급진적 신문의 범람 등은 급진적인 운동과 급진적인 이민자들에 대한 시민의 의심을 강화시켜 주었다. 이러한 국민들 정서의 분출이 적색공포(Big Red Scare), 1919–1920년 정부에 반대하여 활동한다고 여기는 천여 명을 체포한 파머 습격(Palmer raids)사건으로 이어졌고, 동유럽 이민자의 제한이었다.

제1차 세계대전과 그 이후 과정은 민족주의와 사회적 안정의 극대화를 가져왔고, 이는 반대 여론에 대한 억압을 허용하는 것으로 나타났다. 이는 '100% 미국주의화' (Americanism)라는 표현에서 잘 드러난다. 무엇보다 이런 미국주의는 이에서 이탈하는 것을 불법화하며 탄압하는 것이다. 이민이 점증하고 경기침체가 지속되며 외부 위협과의 협력에 대한 의심 등으로 인하여 이주제한, 사회적 통일, 반독일주의 태도에 대한 지지가 확산되었다.

영구 이주자에 대한 제한은 제1차 세계대전 전후에 정점에 다다랐다. 그러나 전쟁은 한편으로 임시 이민에 대한 지지를 확산시켰으며, 이는 전쟁이주 노동(war-migrant labor link)으로 명명되었다. 전쟁으로 산업인력이 군대로 착출되고 전시산업에의 고용증대로 추가적인 인원이 필요했기 때문이었다. 반면에 인력공급은 제한적인 이민정책과 미국으로의 여행제한으로 바닥이 났다. 1915-1918년 사이에 실업은 8.5%에서 1.4%로 떨어졌다. 결과적으로 고용주들은 정부에 압력을 가해 임시직 이민자 공급을 허용해 줄 것을 요구했다. 1917년 제한적인 이민법이 통과한 몇 달 후에 하원은 서반구에서 멕시코인의 임시노동을 허용했다. 이는 원래 남서부 농업고용주들의 요구에서 시작된 것인데, 이는 후에 비농업부문에도 확장되었다. 임시노동직은 1919, 1921년에 끝이 났다(Fitzgerald 1996).

허친슨(Hutchinson)은 전쟁으로 인한 노동력의 부족과 노동수요 요구는 중국 노동자에 대한 태도의 변화를 가져왔다고 보고 있다. 의회는 적당한 제한조건에서 중국인 노동자의 입국을 허용하는 패서디너 상무성(the Pasadena Board of Trade)의 결의안을 받아들였고, 상원과 하원은 전쟁기간 동안 농업위원회가 중국 농부의 허용을 하라는 결의안을 채택했다(Hutchinson 1981, 169).

이주정책에 더 제한적인 정책이 시행된 이민할당제 시기(Pet-Door Era)가 1917년에 시작된다. 의회는 언어 테스트 법안(the literacy test bill)을 통과시켰다. 문자해독을 요구하는 이 법안은 1912년과 1915년에 의회를 통과했으나 태프트와 윌슨 대통령이 각각 거부권을 행사했다. 언어 테스트 외에 1917년 법은 아시아 지역을 금지지역(Asiatic barred zone)으로 설정하여 이 지역에서의 이민을 금지하였다. 이주를 배제할 수 있는 계층을 포함하여 인두세를 높였으며, 범법위반 혐의가 있는 외국인 송환을 가능케 하였다. 유럽이민연합(An association of European immigrants)은 외부 위협 또는 전복활동에 연계되어 있었고, 특히 이는 제1차 세계대전과 볼셰비키 혁명과의 관계에서 보이는 위험성이 높았기 때문에 언어 테스트와 할당제의 시행에 기여했다.

다음해 1918년 이민법은 대통령에게 전쟁이나 국가 위기상황의 경우 위험한 인물을 통제할 수 있는 권한을 부여했다. 미국 시민이 미국을 떠나거나 입국하기 위해서는 유효한 여권을 지니도록 하였다. 1918년 법은 역시 무정부주의자에 대한 송환기한을 철폐했으며, 추방자가 재입국하는 것을 중범죄로 규정하였다. 1919–1920년에 5백 명 이상의 외국인이 급진주의자 혐의를 받아 파머 습격사건 기간과 그 이후에 러시아로 추방되었다. 1920년 하원은 14개월 동안 이민을 중지하는 법안을 통과시켰다. 그러나 이 법안은 상원위원회에서 통과되지 못하였다.

1921년 실업률은 11.7%에 이르고 1924년에는 5%에 이르는 경기침체와 대규모의 남유럽인 이민은(1921년에 전체 805,000명, 1924년에는 707,000명) 쿼터제법의 통과를 촉진시켰다. 존슨(Albert Johnson) 의원은 쿼터제법을 찬성했는데, 그는 이민이 양적으로 증대하고 있고 이주자의 상당수가 유대인이라고 주장했다(Hutchinson 1981, 174–75). 1921년과 1924년에 의회는 마침내 나라별 이민 쿼터를 할당하는 긴급할당법(Emergency Quota Act)을 통과시켰다. 이는 동유럽, 남유럽에서의 이민을 급격히 감소시키며 아시아 이민을 정지시켰다. 1921년 법은 각 나라별 이민할당을 1910년 미국에 살고 있는 각 나라 미국 태생 외국인의 3%로 제한했고, 유럽에서의 이민을 매년 35만 명으로 제한했다. 1924년 법은 각 나라별 인구할당을 더 감축하여 1890년에 미국에 살고 있는 외국인 태생 외국인의 2%로 감축하였고, 유럽에서의 이민을 15만 명으로 줄였다. 서유럽인 이민은 이 할당제를 채우지 못하였고, 동유럽과 남유럽의 잠정적인 이민자들은 거절되었기 때문에 쿼터제의 영향은 컸다.

대공황은 1921년과 1924년 쿼터법의 제안을 더 확대하는 데 기여했다. 유럽 이민자들은 이미 일자리 기회의 부족과 쿼터제로 인하여 제한되었다. 따라서 앞으로의 제한은 멕시코인과 필리핀인에 맞추어졌는데, 이들은 쿼터법의 적용을 받지 않았다. 1929년에 멕시코와 라틴계 이민제한을 겨냥한 법안이 의회를 통과하지 못하였다. 같은 해에 임시적인 민족 출신별 쿼터제는 항구적인 것이 되었다. 1930년에 멕시코인에 적용되는 쿼터제가 상원을 통과했지만 하원위원회에 전달되지 못하였다. 다른 두 법안은 미국 시민의 즉시적인 가족의 결합을 제외하고 모든 이민을 정지하며 필리핀 이민을 제한하는 법인데, 이는 상원을 통과하지 못하였다. 법을 통해서 멕시코인의 이민을 제한하려는 시도 대신에 정부는 멕시코 이민을 제한하고 미국에 사는 멕시코인을 송환하는 행정조치를 적극 강구했다.

1929년과 1937년에 미국은 거의 50만 명에 달하는 불법 멕시코인들을 송환시켰다. 이들은 어떤 범죄를 저지른 것이 아니라 미국 이민정책의 변경기에 미국에 입국했으며, 새 법조항의 적용에 따라 불법으로 판정받았기 때문이다. 1929-1930년에 멕시코인들의 송환은 자신들의 결정에 의한 자발적 형식으로 이루어졌으며, 1931년 그리고 1932/1933년에 지방 공공 및 민간 복지기관은 멕시코인의 대규모 송환을 조직하였다. 여기다 연방정부는 멕시코인의 송환을 촉진시키기 위하여 위협적인 캠페인을 전개했다. 송환은 1937년까지 계속되었는데, 이 시기에 그 규모는 매우 줄었다.

경제상황의 악화는 미국 정부로 하여금 멕시코 이민을 제한하고 더 나아가 유럽 이민을 제한하였다. 1930년 후버(Hoover) 대통령은 의회에서 다음과 같은 연설을 하였다.

> 나라의 수요에 맞추어 좀 더 제한적이면서도 선택적인 기초에 그리고 유연성을 갖고 우리의 이민법을 개정할 필요가 있다. 현재 실업상태에서 일자리를 찾기 위해 미국에 오는 사람들은 직접적·간접적인 공공 부담(public charge)이 될 것이 분명하다(Hutchinson 1981, 219).

국무성은 마침내 '비자발급과 관련해서' 공공부담(public charge) 조항을 엄격히 해석할 것을 결정하였다. 이로써 5개월 내에 유럽 이민자를 90% 이상 줄일 수 있었다. 영사관 관리를 통한 이민신청자의 나이, 재정상태, 교육정도 등을 고려하여 생계를 위하여 국가의 보조를 받아야 하는가를 심사하는 공공부담(public charge) 조항의 지속되는 엄격한 해석은 10여 년간 지속되었고, 이로써 송환을 초과하는 약간의 수 정도에서만 이주를 허용했다(LeMay 1987, 92).

1930년대에 의회는 특별한 민족 그룹(가령 필리핀), 전문직업군(가령 무역업자, 음악가)의 이민을 제한했다. 필리핀 이주에 대한 타협안은 필리핀 독립법안 타이딩스 맥더피법(Tydings-McDuffie Act)으로 1934년에 통과되었다. 이 법에 따라 미국에 거주하면서 미국 시민이 아닌 필리핀인은 외국인으로 재범주화되었다.

1933년과 1939년에 나치 하에 있는 독일로부터 유대인의 입국을 허용하는 법안은 의회를 통과하지 못했으며, 다만 소수만이 민족별 쿼터제에 따라 입국되었다. 의회는 나치 독일로부터 2만 명의 아이들을 구출하는 망명법안까지도 반대했다. 반면 미국 가정들은 기꺼이 어린이들을 지원하고자 하였다.

1917-1941년 기간에 외교정책적 고려는 서반구 출신 이주에 대한 제한을 완화하거나 또는 지연시켰다. 그러나 이주제한에 대한 국내

압력은 더욱 확산되어 갔다. 윌슨 행정부는 1917년 이민법에 의해서 만들어진 아시아 금지지역(barred zone)으로부터 일본인을 제외시키는 데 가까스로 성공했다. 그러나 일본인의 미국 이주는 1924년에 금지되었다. 이런 금지에 반대해 국무장관은 "상원에 있는 나의 친구들이 수년간의 노력을 단지 몇 분 만에 망쳐놓았고, 이는 미국에 복구할 수 없을 정도의 타격을 주었다"고 하였다(Morrison et. al. 1983, 407).

1920년대 동안에 범미국주의(Pan-Americanism)와 지역적 경제 관심은 미국 의회가 서반구 출신 이주를 막지 못하게 했다. 멕시코, 쿠바, 캐나다, 뉴펀들랜드로부터 이주한 사람들은 증액된 인두세와 1921년과 1924년 이민법 쿼터제, 또한 건강과 '공공부담' 조항들로부터 면제시켜 주었다. 후에 대공황 동안에 행정부는 공공부담과 다른 비공식 행정조치들을 멕시코로부터의 이주를 제한하기 위해 적용하려고 시도했다. 이런 반멕시코법이 제정되었다면 양국 간의 관계를 악화시켰을 것이다. 후버 대통령은 만약에 의회가 멕시코 이주를 제한하는 1930년 해리스법(Harris Bill)을 통과시킨다면 이에 거부권을 행사할 것이라는 암시를 주었다(Divine 1957, 66).

5. 이주정책 : 제2차 세계대전 기간

제1차 세계대전과 마찬가지로 제2차 세계대전은 이주정책에 이중적 영향을 미쳤다. 전쟁은 국가단합과 반이민정서를 부추겼으며, 이는 언론의 제한과 잠정적인 이주자의 제한으로 이어졌다. 반면에 인력수요가 발생하였고, 이는 이주노동자의 고용으로 이어졌다. 제2차 세계대전

미국의 주요 이주법 약사

연도	주요 이민법 내용
1800–1875	열린 이민정책(open–door immigration policy) (Gordon 1964, 116)
1875	매춘부와 범죄자에 대한 이주 금지 (원치 않는 그룹 계열 사람의 확대 조치, 1882, 1891, 1903, 1907)
1906	귀화법(Naturalization Law) ; 귀화의 조건–영어 언어능력
1907	일본과 협정[신사협정(Gentlemen's Agreement)]–일본인의 제한된 이주
1917	문맹인에 대한 이주 금지
1921	유럽 이주에 대한 국가별 할당(할당기준–1910년 인구기준)
1924	할당제, 새 규칙(Johnson–Reed Act) ; 할당기준–1890년 인구기준으로 그 중 2%
1952	이민 및 국적법(McCarran–Walter Immigration and Naturalization Act)
1964	차별철폐조처(Affirmative Action) (특정한 불이익을 받은 그룹에 대한 조치가 시민법 7조에 규정됨)
1965	Immigration and Nationality Act Amendments(Hart–Cellar–Act) ; 1924년의 할당제를 폐지하고 대신에 자격요건을 기준으로 세움– 직업에 근거한 선발 ; 가족우선제도(family preferences system)
1980	난민법
1986	이민개혁관리법(Immigration Reform and Control Act)
1987	불법이민자의 합법화, 특히 멕시코인 2백만 명
1987	새 이민법
1990	난민법(Refugee Act)–17,400명에서 50,000명으로 증대하되 라틴계에 대해서는 제한을 가함
1994	캘리포니아에서 '제안 187' (Proposition 187)에 대한 주민투표가 옹호됨(불법이민자에 대한 사회복지 지원 거부. 그러나 법원의 판결로 인해 이는 위헌판결로 인하여 최소됨)
1994	남서부 국경의 강화 Operation Gatekeeper ; 연장, 확대 및 강화 ; 멕시코 국경감시 강화
1996	의회(하원)는 불법이민을 제한하는 법을 통과시킴
1996	상원은 이민 할당 제한에 반대하고 친이주정책을 고수함
1996	이미자 가운데 귀화자의 증가(120만 명)
1997	캘리포니아에서 '제안 209' (Proposition 209)에 대한 주민투표에 대한 논의–차별철폐조처(Affirmative Action)에서 선회

1997	4월에 새 이민법이 발효됨. 불법이민자의 강제출국이 용이해짐. 국경순찰의 강화
1998	캘리포니아 차별철폐조처(Affirmative Action) 선회에 대한 논의와 다양한 의견제시가 지속됨 [제안 277 (Proposition 227) 주민투표]

출처 : M. C. LeMay/E.R. Robert 1999 참조.

동안에 미국에 대한 외부적 위협은 제한적이나 민족주의 등장, 단합, 그리고 반이주정서를 만들어냈다. 뉴딜 초기의 자유주의적인 짧은 기간이 지나고 전쟁은 표현의 자유에 제한을 가져왔다. 연방관리에 의한 도청허용, 정부 전복자에 대한 소환과 조사, 외국인등록법(the Smith Act) 하의 처형 등이 있다.

미국의 외국 태생 시민의 주요 제한은 일본계 미국인의 서부해안으로부터 이주와 재배치 후 이들에 대한 억류(detention)이다. 중국은 반면 미국의 우방이었기 때문에 1943년 12월에 매그누슨법(Magnuson Act)을 제정하여 중국인 배제법(Chinese Exclusion Act)을 폐지하였다. 이로써 중국에 약간의 이민자 할당이 가능해졌으며, 중국 이민자들에게 시민권 취득도 용이하게 되었다.

제2차 세계대전이 끝남에 따라 미행정부는 이주정책에서 몇 가지 조치를 취하였다. 먼저 1945년에 전쟁신부법(War Brides Act)을 통해 미군의 아내와 약혼자들(15만 명), 자녀(2만 5천 명)들은 할당제와 별도로 이민을 허용했다. 트루만 대통령은 행정명령을 통해 오스트리아, 이탈리아, 독일 등에서 발생한 약 4만 명의 유민(displaced persons)에 대해 미국 입국을 허용했다. 유민의 12%는 이민할당제에 준하여 미국 입국을 가능케 하였다. 1948년 유민법(Displaced Persons Act)를 통해 추가로 이민할당을 주어 40만 명의 난민이 받아들여졌다.

제1차 세계대전과 제2차 세계대전 간의 영구이주에 대한 제한을 보면 제2차 세계대전 기간이 덜 심했다. 이는 외형 모습이 다른 민족에 대해 전쟁 시작 전에 이주를 제한하였고, 미국파에 대한 추진이 그리 강하지 않았기 때문이다. 1932-1945년 사이에 미국 이주는 제1차 세계대전 전의 백 명이 넘는 것에 비교가 안 되는 매년 23,000명에서 83,000명 사이이다. 게다가 아시아와 동유럽인의 이주는 제2차 세계대전 전에 현격히 줄어들었다.

전쟁의 두 번째 결과는 임시직 노동자의 고용이다. 전시산업의 빠른 확장과 인력의 군대로의 동원은 심각한 인력감소를 초래했다. 남서부 농업자와 다른 압력단체들은 임시노동력의 고용에 압박을 가했다. 행정부는 이런 요구에 대응하여 1942년 멕시코 정부와 브라세로(Bracero)협정을 맺었고, 1943년에 유사한 협정을 서부의 영국속령과 맺었다(Calavita 1992).

그러나 제2차 세계대전 기간 동안에 가장 중요한 전개는 외교정책에 대한 고려이다. 이는 미국 이민정책의 자유화로 이끌어졌다. 1943년에 의회는 중국인 배제법을 폐기하고 이를 쿼터제로 대체하였다. 이는 행정부의 요구에 부응하여 이루어진 것이며, 미국의 인종차별정책에 대한 일본의 선동에 대응하기 위한 조치였다. 그 외의 조치들은 영향력에서 크지는 않았지만 행정부의 교정책에 의해 영향을 받으며 행정부의 영향력이 점차 이민정책에 반영되고 있음을 보여준다.

6. 이주정책 : 인종차별과 난민수용기(1945-1965)

제2차 세계대전 기간에 나타난 세 가지 흐름이 전쟁 후에도 계속되었다. 첫 번째는 사회적 일치에 대한 강조와 언론자유의 제한이다. 이는 외국인의 외부세계와의 위협과 연계되어 나타났으며, 한편 이는 급진주의와도 관련지어졌다. 두 번째는 외국인 노동력에의 요구이며, 세 번째는 이민정책의 자유화에 기여하는 외교정책의 고려이다. 제2차 세계대전과 1965년까지 미국의 이민정책은 미국에의 대폭적인 이주를 허용하였다. 소련의 공산주의자와 그 위협과의 연계는 이주제한을 가져왔지만 그 효과는 미미했다. 반대로 경제와 외교정책적 고려가 이주자의 수용을 촉진시켰으며, 이들 중 상당수는 쿼터제 범위 밖에서 이루어진 것이었다.

냉전기간 동안 가속화된 첫 번째 경향들은 사회적 동일성, 언론자유 제한, 외국인의 외부 위협과의 연계 및 급진주의 문제들이다. 동유럽에서 소련의 팽창, 한국전쟁의 발발, 1957년 스푸트니크(Sputnik) 호의 성공적인 발사 등은 소련의 위협에 대한 대중의 위협을 확산시켰다. 외부 위협과 '수입된 전복' (imported subversion)에 대한 두려움은 1950년과 1954년에 최고조에 달했다. 1950년 국내보안법(Internal Security Act), 1953년 로젠버그(Rosenberg)와 소벨(Morton Sobell) 처형, 1954년 공산주의자 규제법(Communist Control Act), 1951-1954년 매카시즘 등이 그 예이다.

제1차 세계대전에서와 마찬가지로 냉전은 사회안정과 반대 여론에 대한 침묵을 낳았다. 케어리스(Kairys)는 이에 대해 다음과 같이 언급하고 있다.

> 1950년대 재판부는 본질에서 붕괴되었다. 지지받지 못하는 견해와 단체는 불법화되었고, 반체제인사는 투옥되었으며 직업을 잃었다. 법원은 반동적인 미디어 공습에 무너져내렸다(Kairys 1982, 260).

사회적 안녕(conformity)과 외국 영향력과 결부된 전복단체의 결합은 이민제한의 근거가 되었다. 1950년 국내보안법은 외국인 전복자의 배제와 송환을 촉진했으며, 외국인은 자신의 거주지 주소를 매년 보고하도록 하였다.

1952년 맥캐란-월터법(McCarran-Walter Act)은 경제 및 외교정책적 요인으로 인해 쿼터제의 완화에 대한 고려가 필요했지만 원래의 강한 쿼터제를 유지했다. 맥캐란-월터법은 또한 안보위협의 가능성을 가진 이민자를 색출하는 데 목적을 둔 안보조항을 포함하고 있었다. 제2차 세계대전 후에 소련의 동유럽에 대한 영향력 강화와 팽창, 한국전쟁 등은 미국 내에 공산주의에 대한 공포를 낳았다. 맥캐란-월터법에 따라 공산당 조직은 법무부에 등록해야 했으며, 그 조직원은 국방에 관련된 일에 고용될 수 없었다. 해외여행도 제한되었으며, 미국 시민이라도 반국가적인 행위에 가담하면 미국 국적이 취소되었다. 이 법을 통해 과거의 '아시아 금지지역'의 출신자에게 2천 명의 이민할당을 허가해 일본, 중국, 한국계에 허가되었다.

1954-1955년에 1백만 명 이상이(대부분 멕시코 이민자들) '준군사작전'(Operation Wetback) 하에 송환되었다. 멕시코인의 송환은 공산주의자들의 전복활동의 직접적인 결과는 아니다. 그러나 이는 당시 인종혐오주의와 결부되어 일어났으며, 이런 정책은 냉전기간에 확산된 언론자유에의 제한과 사회적 안녕에 대한 지지 가운데 시민의 자유가 유린될 수 있었다.

외국인혐오증에도 불구하고 미국 정부는 동반구 이민에 대해 안보적인 조항을 제외하고 실제적인 제한은 가하지 않았는데, 이에는 두 가지 이유가 있었다. 첫째로 미국에로의 이민이 미국 전체 인구비율의 1/7 수준으로 여전히 제한되었다. 두 번째로 점증하는 외교정책의 고려와 인력에 대한 요구 및 제2차 세계대전에의 공포 영향이 이민정책을 자유화로 이끌었다.

전후의 경향은 외국노동자 수요의 점증이다. 번영하는 경제는 실업률을 낮추었고, 인력부족을 가져왔는데, 인력부족은 특히 농업부문에서 심했다. 한국전쟁은 이런 상황을 더 가속화시켰으며, 남서지역의 농업 고용주들은 행정부에 대해 멕시코 노동자의 고용을 더 많이 해줄 것을 요구했다. 1951년에 미국에 고용된 이주노동자의 수는 76,525명에서 203,640명으로 거의 3배나 증가했다. 이는 1956년에 459,850명으로 최고에 달했다.

외교정책적 고려 역시 이주정책의 자유화를 촉진했다. 제2차 세계대전 후에 미국은 글로벌한 헤게모니 세력으로 등장했고, 이에 미국 외교정책의 초점이 공산주의 봉쇄로 바뀌었다. 미국은 공산국가들에서 이민자들을 받아들이기 시작했으며, 처음에는 동유럽국가에서, 후에는 쿠바와 남동아시아에서 받아들였다. 이는 바로 이념적 신념의 상징이다. 망명자 문제에 대해 처음으로 트루만 대통령이 개입하였고, 대통령 명령으로 유럽 출신 유대인에 대한 망명을 허용했다. 이런 적극적인 지시는 독일의 홀로코스트의 영향으로 이루어진 것이었다. 그러나 그 뒤에 이은 입법과 조치들은 공산주의를 피해온 이민자들에 집중되었다.

1948년과 1951년 유민법(Displaced Persons Acts) 쿼터의 40%가 외국세력에 의해 점유된 국가들의 구성원들에 할당되었다. 이들은 독일계 민족, 폴란드인, 러시아인, 그리스인, 유고슬라비아인, 체코슬로바키아인 그리고 발탁해 국가 출신들이다. 1952년에 트루만 대통령은 다음과 같이 선언했다.

> 동유럽국가들은 공산주의자들 멍에 아래 빠졌다. … 우리는 이런 나라들 출신을

막아서는 정책을 해서는 안 된다. 우리는 오히려 도움의 손(helping hand)을 내뻗쳐야 한다(Kraly 1990, 79).

아이젠하워 대통령은 의회가 철의 장막 속으로부터 탈출을 인정하는 특별조항을 만들어 이민법을 개정하도록 촉구했다. 의회는 1953년 난민구호법(The Refugee Relief Act)을 입법화했다. 이는 미국이 다른 국가와 더불어 인도주의로 전후 희생자 문제를 돕는 일에 참여하는 것을 가능하게 했다. 이는 쿼터제를 적용받지 않은 해외 망명자 20만 명 이상을 허용하게 하였다. 헝가리 혁명실패 후에 아이젠하워 대통령은 이런 임시입국제도(parole status)를 이용해 헝가리 망명자 5천 명을 허용하였다. 이를 통해 미국은 헝가리난민조정법(Hungarian Refugee Adjustment Act)을 통해 망명자에게 이민자 지위를 부여했으며, 1959년의 쿠바혁명으로 인해 80만 명의 난민에게 임시입국이 허락되었다. 아이젠하워는 홍콩을 통해 도착하는 중국인들에게도 임시입국제도(parole status)를 사용했다. 임시입국제도는 제2차 세계대전 이후부터 1980년까지 약 1백만 명의 난민이 임시입국제도에 의해 미국으로 이민할 수 있었다. 임시입국제도는 다만 비상상황, 인도주의적 및 공공이익에 부합될 경우에 한하여 예외적으로 입국이 허용되는 제도로서, 이 조치에 따라 입국하게 되는 자는 임시입국자(parolee)라 불린다.

1957년 난민도망자법(The Refugee-Escape Act)은 독일인 추방자, 네덜란드 망명자, 중동의 공산주의에 지배된 나라의 망명자(탈출자)들에게 이민비자를 재분배했다. 1958년에 의회는 아조레스 및 네덜란드 난민법(the Azores and Netherlands Refugee Act)을 통과시켰다. 이는 아조레스 제도(Azores)에서 지진의 발생으로 이주해야 하는 자들에 대해 입국을 허용하였고, 수카르노(Sukarno) 혁명에 따라 인도네시아에서 추방되는 네덜란드인에게도 적용되었다. 1961년부터 쿠바 망명자들이 임시입국 지위(parolee status)를 받았고, 이들은 다시 1966년 쿠바조정법(the Cuban Adjustment Act)을 통해 이민자 지위를 받았다.

냉전기간 동안 미국 난민정책의 몇 가지 요점은 다음과 같다.

첫째, 이주정책에 대한 행정부의 영향력 증가이다. 미국으로의 주요 이민은 규정 쿼터에서 지속되었고, 대통령 명령과 이에 의해서 촉진된 난민입법은 승인된 이주자 수의 증감에 기여했다.

둘째, 반공산주의 이데올로기의 이주정책에 대한 영향은 정당소속과 상관없이 모든 미국 대통령에게서 볼 수 있다.

셋째, 공산국가들로부터의 망명자에 대한 선호는 1920년대 제정된 각 민족별 할당제의 수와 상관없이 이루어졌으며, 따라서 이 할당제도 기능을 감소시켰다. 특히 맥캐란-월터법(The McCarran-Walter Act)은 이민규제적 성격과 국적별 할당제의 유지로 인해 인종주의적 외국인혐오증(xenophobia)을 불러일으키는 차별적 법이라고 비판받았다. 그러나 이 법은 각종 난민법, 임시입국 허가조항(parole provision), 특례법 등이 엄격한 할당제를 넘어 미국 입국을 허용하고 있었기 때문에 실제로 할당제의 규제적 정책은 실효를 얻지 못한 것으로 평가받고 있다.

넷째, 행정부가 미국 정책을 형성하는 데 있어 주도적인 역할을 하였는데, 이는 공산주의 집권과 이에 대처하는 세계적인 사건들에 대한 대응이었다.

다섯째, 공산국가들로부터의 망명 인정은 다른 국가 출신 망명자들을 차별시켰다. 가령 아이티(Haiti)와 같은 우파 독재로부터 탈출하는 난민들이다.

마지막으로 미국 외교정책과 이민정책은 글로벌한 퍼스펙트로 전환되었으며, 서반구 국가들에 대한 우호적인 특혜가 천천히 사라졌다. 서반구(Western Hemisphere) 이민은 1965년까지 쿼터제한제에서 면제되었다. 1976년에 의회가 마지막으로 멕시코인에 대해 2만 명의 할당을 했을 때 포드 대통령은 이에 반대했다(Reimers 1982, 43).

허가된 이민 수의 증가 외에 미국은 이민민족의 다양성을 넓혔다. 이에는 두 가지 이유가 있다. 첫째는 홀로코스트, 민주주의자와 파시스트 간의 갈등, 그리고 시민권리운동이 이주정책에서 민족에 기초한 용어들과 인종차별적 요인들을 비합법화시켰다. 두 번째로 세계에서 반공산주의적으로의 미국의 외교정책 변화가 동유럽과 남아시아인에 대한 망명 제공을 높였다. 그러므로 이는 민족에 기초한 쿼터제를 허물어 갔다.

1943년 중국인 배제법의 폐기는 여러 외교정책적 차원에서 이루어진 것이며, 이는 민족과 인종에 기초한 쿼터제 최초의 파기이기도 하다. 필리핀인과 인도인은 1946년 미국 입국 허가 신청이 쉽게 되었다. 홀로코스트의 영향과 반공산주의는 유럽 유대인과 동부유럽 피난민의 허용을 가속화하였다. 1952년 맥캐란-월터법(The McCarran-Walter Act)으로 불리는 이민 및 국적법(Immigration and Nationality)은 명백한 인종차별 조항을 삭제했으며, 아시아 태평양 지역에서의 이주배제를 백지화했다. 이 법은 이민자 수용은 인종에 기초할 수 없다는 원칙을 채택했으나 실제로는 이민쿼터제로 이어갔다.

1953, 1956-1957, 1958년 난민법(refugee acts)은 동독, 헝가리, 인도네시아로부터 난민을 허용하고 있는데, 이는 인종차별적 선택제도의 파기에 기여했다. 마지막으로 민족별 쿼터제는 미국 시민의 가족 및 주거자, 전문인, 과학자, 예술가 및 노동력이 부족한 부분에 우선권을 주는

새로운 선택제로 바뀌었다. 이는 또한 공산국가 등에서의 난민을 인정했다. 또한 1963년부터 미국 내 흑인들의 인종차별에 반대하는 사회적 분위기와 당시 시민권리운동의 배경 하에서 1965년에 하트-셀러법(Hart-Celler Act)이라 불리는 이민 및 국적법(Immigration and Nationality)이 개정되었다. 본법은 다음과 같이 이민을 규정하는 변화를 유도했다.

① 동반구로부터 매년 170,000명으로 이민자를 제한하며, 각 나라는 최대 20,000명이다.

② 서반구로부터 매년 120,000명으로 이민자를 제한하며, 나라별 한계는 없다.

③ 아시아-태평양 지역에의 제한을 철폐하는 것 등이다.

본법의 특징 가운데 하나는 출신국에 따른 혜택이 아니라 개인의 인적 기술에 따라 이민이 허용된다는 점이다. 즉 민족별 선별적인 법이 보편주의적인 법으로 바뀐 것이다. 따라서 본 이민법은 이민의 초점을 유럽에서 제3세계로 돌린 점 또한 특징이다. 미국으로의 이주가 시작된 이후부터 1960년까지 전체 이주자들의 85%를 차지하던 유럽인과 캐나다인들의 비율이 17%로 떨어진 반면에 아시아와 남미 출신의 신이주자들이 81%로 급증했다.

7. 이주정책 : 이민자 수 규제 시기(1965년 이후)

1965년 이민정책의 극적인 변화는 1960년대 전후 자본주의의 전성기에 가까운 사실상의 완전고용과 시장에서의 노동력 수요로 설명이 가능하다. 또한 이민정책을 완화하는 데 정치적인 저항이 상대적으로 크지 않은 것도 이민정책을 적극적으로 완화하는 데 기여했다. 1965년 이민귀화법의 도입으로 인권에 대한 국제적·국내적 규범의 압력이 또한 작용하였다. 제2차 세계대전 이후 UN을 중심으로 등장한 국제적 인권체제(international human rights regime)는 이주자들이 출신국과 관계없이 차별을 받지 못하도록 압력을 가했다.

1965년 이후 미국 이주정책의 몇 가지 특징을 볼 수 있다.

① 소련의 붕괴까지 공산주의로부터 탈출하는 망명자에 대한 우선권이 지속되었고, 이는 좀 더 넓게 망명이 규정되는 것으로 바뀌었다.

② 영구이민의 선택에서 단일제도가 점진적으로 도입되었다.

③ 영구이민의 성장에 대해, 특히 미국 시민의 가족에 대한 제한적인 통제만 이루어졌다.

④ 고급기술을 가진 자와 투자자에 대한 이민을 장려한 것이다. 이는 가장 주요한 주제가 된다.

⑤ 불법이주를 막는 조치들의 강화이다.

미국의 반공산주의의 이념적 집중은 소련이 붕괴될 때까지 지속되었다. 1965년 법은 공식적으로 공산주의로부터 도망치는 또는 중동에서 오는 사람들을 난민으로 규정하였다. 사이공 함락 후, 그리고 1970년대와 1980년대 초에 미국은 약 40만 명의 베트남, 캄보디아, 라오스 난민을 받아들였다. 미국에 건너온 베트남인의 경우 1975–1979년 사이에 20만 명이 넘어선다. 그리고 1979년 보트피플(boat people)이 시작된 후 1980년에 16,800명을 더 받아들였다(Reimers 1982, 41). 인도차이나 난민 정착

프로그램(The Indochinese Refugee Resettlement Program)이 1975년에 시작되었다. 그리고 이 난민들의 지위는 1977년 인도차이나 난민법(Indochinese Refugee Act)을 통해 조정되었다. 1970년대 동안 법무장관은 소련 이민자에 임시난민 지위(parolee status)를 허용했다. 1980년에 미국은 6개월간 지속된 마리엘 보트리프트(Mariel boatlift) 동안 125,000 쿠바인 난민을 받아들였다. 1980년 난민법(Refugee Act)은 '일반 난민'(normal-flow refugees)에 대해 5만 개의 비자를 내주었으며, 의회의 협의를 거친 후 대통령이 매년 할당률을 높일 수 있는 권한을 부여했다(U.S. Congress, The Select Commission on Immigration and Refugee Policy, 1981, 44).

미국의 공산국가 출신 난민에 대한 이민정책은 비공산주의 국가의 독재국가 출신 난민에 대한 정책과 매우 대조된다. 대부분 아이티인, 과테말라인, 그리고 엘살바드로인들의 정치적 망명은 거부되었고 쿠바인과 니카라과인은 승인되었다. 아이티인이 흑인이어서 인종에 대한 편견과 낮은 사회적 지위가 난민허용에 걸림돌이 되었을 것이다. 1985년에 미국침례교회(the American Baptist Churches : ABC)는 연방이민국(INS)에 반대하는 미국 내 엘살바드로인, 과테말라인을 대신해 집단소송(a class action suit)을 제기했다. 이들은 미국 정부가 내란에 있는 이 국가들을 지원하고 있기 때문에 연방이민국(INS)이 국무성을 따라 엘살바드로인과 과테말라인에 망명을 허용하지 않고 있다고 비난했다[Migration News 4(4-6), April-June 1997].

소련의 붕괴와 냉전종식은 미국 이주정책의 변화를 가져왔다. 즉 공산국가로부터의 난민에서 넓은 의미의 난민으로의 정책 전환이다.

- 1994년 미국과 쿠바 간의 협약은 미국이 매년 2만 명을 받아들이도록 하고 있다. 그리고 쿠바는 미국으로 떠나고자 노력하는

다른 쿠바인들의 출국을 막는다.

- 1994년에 미국은 동성애에 대한 박해를 망명의 근거로 인정했다. 그러나 실제 동성애 박해로 인한 망명은 매우 적었다.
- 1996년 불법이민 개혁과 이민책임법(The Illegal Immigration Reform and Immigrant Responsibility Act : IIRIRA)은 출산정책의 제한으로부터 박해받는 1,000명을 포함하여 망명의 근거를 확대했다.
- 1996년에 미국은 엘살바도르인과 과테말라인 약 236,000명에 임시보호 지위(Temporary protected status : TPS)를 부여했으며, 연방이민국(INS)으로 하여금 정치망명(asylum) 탄원을 고려하도록 지시했다.
- 1996년 IIRIRA는 비합법적으로 미국에 살고 있는 외국인들 또는 미국에서 임시보호 지위(TPS)에 있는 외국인을 다루는 절차를 강화했다. 이는 40만 명 이상의 중앙아메리카인의 송환을 가능케 할 수 있었다. IIRIRA 이전에 불법외국인 거주자나 TPS의 외국인은 7년 이상을 거주해야 이들의 송환이 자신과 가족들에게 어려움이 준다는 이유를 근거로 하여 미국 거주 신청을 할 수 있었다. IIRIRA의 제도 하에서는 10년 이상을 살아야 송환의 예외 적용을 받을 수 있었다. 그리고 이런 법의 적용은 매년 4천 명으로 제외되었다[Migration News 4(8), August 1997].

그러나 클린턴 행정부와 국내 단체들로부터의 압력으로 인해 의회는 '니카라과 조정 및 중앙아메리카 완화법'(the Nicaraguan Adjustment and Central American Relief Act : NACARA)을 통과시켰다. 이 법은 1997년 11월 9일에 서명되었고 니카라과인과 쿠바인에 대해 혜택을 주었다. 그러나 1990년 4월 1일 이전에 정치망명을 신청한 엘살바드로인과 과테말라인에게도 IIRIA 규정을 고려하여 미국에 거주신청을 하는 것을 허용했다.

- 1997년에 '양 정당의 이민개혁위원회' (the bipartisan Commission on Immigration Reform : CIR)는 의회가 1951년 유엔 난민규정을 만족시키는 사람에게 허가의 우선권을 주는 것을 권고하도록 촉구했다.
- 1998년 의회는 '아이티 난민 이민 공정성법' (the Haitian Refugee Immigration Fairness Act)을 통과시켰다. 이는 1995년 이후 미국에 거주해 온 것으로 추산되는 5만 명에게 이민자 지위를 주도록 하였다.
- 난민이나 TPS 지위를 얻기에 쉬운 대부분의 국가들의 시민(아프리카의 라이베리아, 시에라리온, 소말리아, 부룬디, 수단, 그리고 동유럽의 보스니아, 코소보)은 내란의 고통을 받고 있다.
- 지난 수년간 가장 많은 할당을 받은 지역이 아프리카이다. 예로 2002년 할당에서 7만 명 중 22,000명이 아프리카, 17,000명이 이전 소련지역, 15,000명이 동남아, 9,000명이 유럽, 그리고 4,000명이 극동, 3,000명이 라틴아메리카에 각각 할당되었다. 이런 이민의 대부분이 인종청소, 정치적 · 종교적 박해, 그리고 반유대주의 등으로 인하여 대부분 난민지위를 받았다.

그러나 미국 난민정책은 냉전 이후에 바뀌었고, 그 전환은 점진적이다.

- 쿠바인에 대한 새 쿼터는 여전히 다른 나라 이민자들에 비하여 호혜를 주고 있다. 쿠바 이주자는 여전히 아이티인보다 더 호혜를 받는다. 이른바 '젖은 발 마른 발' (wet-foot, dry-foot) 정책은 1994년 엑소더스 후에 클린턴 대통령이 시행한 것인데, 만약에 쿠바인이 바다에서 발견되면(젖은 발) 이들은 쿠바로 되돌려보내진다. 그러나 만약에 이들이 미국 해안가에서 발견되면(마른 발) 이들은 미국 입국이 허가되며, 도착 1년 후에 이주자가 되는 것을 허락했다.
- 1997년 '니카라과 조정 및 중앙아메리카 완화법'은 송환문제에 직면한 다수의 중앙아메리카인들의 문제를 해소해 주었다. 그러나 이도 여전히 니카라과인과 쿠바인에 호혜를 주었다. 쿠바인은 이주자 지위를 획득하는 것이 허용된 반면에 엘살바드로인과 과테말라인은 1990년 4월 1일 이전에 정치망명을 신청한 자에 한해 불법이민 개혁과 이민정책 사전조항(pre-IIRIA)을 고려하여 미국 거주지 신청을 할 수 있었다. 그리고 이들은 여전히 자신들이 송환될 때에 당하게 되는 곤란을 개별적으로 증명해야 했다. 이런 상황은 바뀌었는데, 이는 1999년 클린턴 행정부가 일부 엘살바드로인과 과테말라인이 송환된다면 '심각한 어려움' (extreme hardship)에 직면할 것이라는 것을 INS가 가정해야 한다는 규정을 개정했기 때문이다. 이 새로운 규정 하에서 1999년까지 미국에 거주한 엘살바드로인과 과테말라인도 역시 합법적 이주자 지위를 가진 것으로 간주되었다.
- 어느 정도 승인된 난민의 할당은 냉전기간의 유형을 따랐다. 1993년에 미국에 이주가 승인된 난민의 41%가 유대인이거나

> 구소련의 기독교인들이다. 그리고 32%는 베트남과 라오스 출신이다. 1999년을 위한 78,000명의 계획된 할당에 유럽과 구소련 출신 48,000명이 포함되었다. 두 번째로 큰 난민집단은 발칸반도 국가이며, 세 번째 큰 집단은 구소련지역의 난민이다. 유럽 난민을 위한 할당은 보스아니아의 전쟁과 국내문제로 인한 산물이다.

구소련지역에 있는 유대인의 망명을 가능케 하는 로텐버그 수정안(Lautenberg Amendment)은 원래 1989년에 제정된 후에 보완되었다. 이는 구소련 출신의 유대인을 포함하여 기독교인을 '역사적으로 학대 받은 그룹'(historically persecuted groups)으로 여겨 학대 가능성에 대해 '신뢰할 만한 근거'(a credible basis for concern)를 보여주면 미국 입국이 허용된다. '신뢰할 만한 근거'는 통상적인 난민신청에서 요구하는 기준보다 낮은 것이다[Migration News 5(11), November 1998].

미국 이주정책의 두 번째 주제는 난민선정에서 단일규정을 점진적으로 도입한 것이다. 이의 배경에는 늘어나는 라틴아메리카 이주자 및 미국 내 외교정책의 변화가 있다. 1968년에 정부는 서반구에 연간 120,000명의 이민자를 할당했다. 1976년에 의회는 이에 대해 나라별로 20,000명의 상한선을 두었다. 2년 뒤에 '이민 및 국적법'(the Immigration and Nationality Act)의 수정을 통해 반구(Hemisphere) 양쪽의 이민 수를 합하여 전체 290,000명으로 하였다. 1965-1978년 입법은 영구거주에 대해 비교적 공정한 제도를 택했는데, 이는 제비뽑기(로터리) 제도를 도입하였기 때문이다. 이 제도는 물론 난민과 미국 시민권자의 가족에게는 적용되지 않았다.

미국 이민정책의 세 번째 경향은 점증하는 영구거주 이민을 통제하기 위한 시도이다. 전 세계 이주 쿼터는 1920년대 이후 많이 변화되지 않았고 매년 300,000명에 머물렀지만 미국 시민의 가족에 해당되는 쿼터제 이외 이민 수(the number of out-of-quota)는 1965년 이후 상당히 증가했다. 그러므로 실제 기대되는 정상 유입은 1990년대에 이미 750,000-1,000,000명이었다. 미국으로 영구이전하는 사람들의 구성을 보면 유럽인 주도에서 대부분 아시아인과 라틴계로 바뀌었다. 1970년대 말에 유럽 이주는 전체 13%로 줄어들었다(LeMay 1987, 115). 이런 발전은 1965년 법이 지향한 의도는 아니었다.

지난 수십 년간 미국으로의 영구이주를 줄이기 위한 여러 조치들이 있어왔다. 1976년 이주법(the Immigration Act)은 서반구로부터의 이주자를 20,000명으로 상한선을 정했는데, 이는 멕시코에서 오는 이주자의 급등에 대응한 조치였다. 1990년 이민법의 원래 목적은 가능한 적은 수의 가족을 동반하게 함으로써 영구이주를 줄이는 것이었는데, 이 시도는 여러 민족 그룹들이 압력을 가해옴에 따라 성사되지 못했다. 1995년에 '양 정당의 이민개혁위원회' (the bipartisan Commission on Immigration Reform)는 합법이주에서 30%의 감축을 건의했는데, 이는 675,000명에서 550,000명으로 줄이는 것이다. 이 권고안은 클린턴 행정부에 의해 승인되었다. 그러나 이 권고안은 후에 지지를 상실했다. 그 배경은 (1) 의회에서 합법이민과 불법이민을 구별하는 행정부의 노력, (2) 아시아 이익단체들의 반대, (3) 히스패닉 유권자들을 배제하려는 공화당 일부 의원들의 주저, (4) 상원의원 스펜서 아브라함(Spencer Abraham)의 상원 이민소위원회 의장으로의 선출(그는 이런 감축에 반대하며 이주완화를 지지함)이다 [Migration News 3(12), December 1996 ; Migration News 4(2), February 1997].

미국은 가난한 자들의 영구이주를 제한하는 오랜 전통과 역사를 갖고 있다. 1996년 복지법은 이런 경향을 강화했는데, (1) 합법적인 이주자들이 미국에서 처음 5년간은 자산조사에 따른 혜택(means-tested benefits)에 자격이 없게 하였다. (2) 이주자의 미국 배우자는 그들의 수입이 미국 빈곤수준의 적어도 25% 위에 있음을 제시하는 것을 요구했다. (3) 미국 배우자에게 미국 내에 이민을 지원할 자산을 갖고 있음에 대한 법적인 서명을 요구했다. (4) 미국에서 10년간의 노동이나 또는 귀화 때까지 법은 이주자는 그의 배우자의 재산과 부동산에 접근할 수 있는 것을 가정하여 복지혜택의 자격이 없게 하고 있다.

8. 이주정책의 지속과 변화

1) 고급인력 유치와 이주정책

미국 이주정책의 네 번째 주제는 숙련된 기술자의 이주이다. 숙련된 기술이주자들의 감축을 극복하여 호주나 캐나다 같이 기술이주자를 받아들이는 나라들과 기술자를 놓고 경쟁하였다(Lowell 1999). 1960년대 이후 미국은 외국의 전문직업인, 가령 간호사, 과학자, 프로그래머 등에게 비자를 발급해 왔다. 1990년 이주법은 숙련된 기술자에 발급 가능한 비자 수를 매년 54,000명에서 140,000명으로 증가시켰으며, 우선적으로 필요로 하는 5개의 선호군을 만들었다.

첫 번째 그룹은 이민자와 그 가족이 해당된다. 이들은 매우 우수한 노동자(priority workers)로 탁월한 교수, 연구자, 국제기업 경영자로 총 4만 명에 이른다. 다음 4만 명은 탁월한 능력(ecetotional ability)을 가진 자가 해당된다. 다른 4만 명 그룹은 숙련된 기술자와 전문직업인 그리고 기타 노동자(other workers)가 해당된다. 마지막 4번째와 5번째 그룹은 '특별 이민자' (special immigrants)와 (종교가, 외국의학 학위자 포함) 투자자들이다(Calavita 1995, 74-75). 1990년 법은 캐나다, 호주와 같이 투자이민을 도입했다. 미국에 적어도 50만 달러를 투자하거나 가족이 아닌 미국인에 적어도 10개의 일자리를 창출하는 이민지와 가족에 영구비자를 내준다.

H-1B 프로그램은 1990년에 만들어진 것으로 미국의 인력부족을 보완하기 위한 고용조치이다. 이는 적어도 학사학위를 가진 외국인에게 6년까지 고용을 허가해 준다. 이 프로그램은 이전의 초청노동자 프로그램과는 다르다. 이는 먼저 매년 65,000명으로 제한한다. 그리고 임시노동자는 비자가 만료되면 미국을 떠날 것을 요구하고 있다. 1998년에 '미국경쟁력법' (the American Competitiveness Act)은 외국의 하이테크 기술자에 대한 H-1B 이주비자를 1998년 95,000명에서 2000-2002년에는 115,000명으로까지 증가시킬 수 있게 하였다(Legislative Notice, No. 64, S. 1723-The American Competitiveness Act). 이런 증가는 반대에도 불구하고 시행되었으며, 반대자들은 외국인 하이테크 노동자의 필요에 이의를 제기했다. 2000년에 H-1B의 매년 비자발급은 다시 25만 명으로 증가되었다. 2001년 비자발급 수는 약 33만 명에 이른다. 비자발급은 한편에서 경기의 영향을 받는다.

미국은 또한 비교적 작은 규모의 농부 이민자를 허용해 왔다(Martin 1984, 1999, 2002). H-2A 프로그램은 농장 고용주들로 하여금 개별적으로 외국인 농부 노동자를 고용하도록 함으로써 당면한 부족한 노동력을 확보하도록 하였다. 실제로 미국 농업 고용주들은 거의 불법노동자에 의존해 왔으며, H-2A 승인 수는 1989년 30,000명에서 1995년 15,000명으로 격감했다. 1995년에 캘리포니아 농장협회들은 의회를 통과하는 이주개혁 프로그램에 초청노동자 프로그램을 포함시키는 데 실패했다

미국 H-1B 비자발급 건수

단위 : 명

국가 \ 연도	2000	2001	2002	2003
인도	124,697	161,561	64,980	79,166
중국	22,570	27,331	18,841	20,063
캐나다	7,396	10,389	11,760	11,160
필리핀	7,396	10,389	9,295	10,454
영국	7,937	9,682	7,171	7,599
한국	4,815	6,468	5,941	6,614
일본	4,920	5,902	4,937	5,716
대만	5,420	5,808	4,025	4,076
파키스탄	4,651	6,313	3,810	3,549
콜롬비아	2,082	3,703	3,320	3,215
독일	354	–	3,291	3,408
기타 국가				
총	**257,640**	**331,206**	**197,537**	**217,340**
신규	136,787	201,079	103,584	105,314
연장	120,853	130,127	93,953	112,026

자료 : 미 이민국, Yearbook of statistics.

H-1B 비자신청자 주요 직업(2001년)

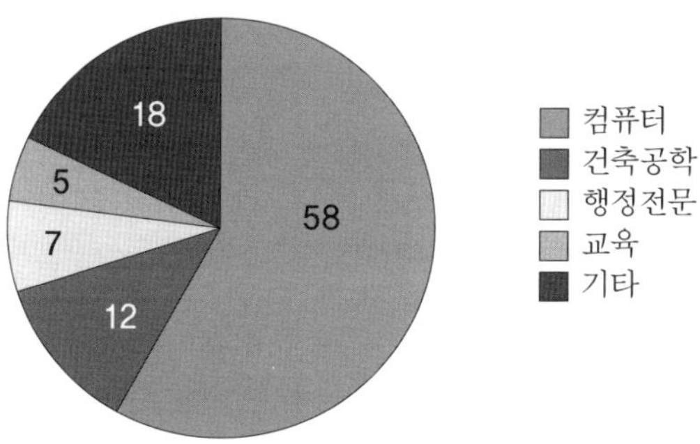

자료 : Report on Characteristics of Specialty Occupation Workers(H-1B) : Fiscal Year 2001, Immigration and Naturalization Service, July 2002.

(Martin 1999, 179, 199). 미국의 고용주들과 멕시코 정부는 초청노동자 프로그램을 적극 옹호했지만 9·11 테러 사건은 이 문제에 대한 논의를 종식시켜 버렸다.

2002년 11월 APEC 회의 동안에 멕시코 대통령 폭스(Vicente Fox)와 초청 프로그램을 지지하는 미국 옹호자들은 다시 이 문제에 대해 논의하기를 원했다. 텍사스에서 출생하여 멕시코에서 성장한 멕시코 미국대사 안토니오 가르자(Antonio Garza Jr.)는 역시 두 나라 간에 의제로 이 문제를 논의하기를 원했다. 그는 멕시코의 비등록 노동자들이 미국에 대한 기여를 인식해야 하며, 이들 또한 합법적 지위를 얻는 문이 개방되어야 한다고 말했다. 콜린 파월(Colin Powell) 국무장관은 미국과 멕시코 간의 이민 논의는 확대된 초청노동자 프로그램으로 시작할 것이라고 말하였다[Migration News 9(12), December 2002].

2) 불법이주와 규제

1965년 이후 미국 이주정책에서 가장 격렬한 주제는 불법이주 문제를 해결하고자 했던 시도일 것이다. 1965년 이후 불법이주가 급속히 증가했다. 불법이민자에 대한 통계치를 정확히 얻는 것은 불가능하지만, INS의 1997년 2월 발표에 따르면 1996년에 5백만 외국인 불법거주자가 있을 것으로 보고 있다. 이는 1992년 390만 명으로 파악하고 있는데, 따라서 불법이주는 매년 275,000명이 증가하는 수치이다. 이는 미국 인구의 약 2%가 무등록 외국인 내지 불법이주자임을 보여준다. 불법이주자의 거주지는 캘리포니아 40%, 텍사스 14%, 뉴욕 11%, 플로리다 7%, 일리노이 6%, 뉴저지 3% 등으로 파악하고 있다. 불법이민자의 54%는 멕시코인, 7%는 엘살바드로인, 3%는 과테말라인으로 본다[Migration News 4(3), March 1997]. 불법이주에 대한 다른 통계는 미국 내 불법거주하는 외국인이 9백만 명이 될 것으로 보고 있다[Migration News 9(9), September 2002 ; 10(1), January 2003].

불법이주를 통제하고자 하는 압력이 의회와 각 연방주 수준에서 제기되었다. 이런 통제제도의 수단들을 보면 국경을 따라 설치되는 하이테크 기술, 멕시코 국경을 따라 설치되는 수로 및 3중의 담장, 국경수비대의 3배수 강화, 국경통과료, 위조에 안전한 비자, 사회보장 카드, 신분증 등 불법이주자의 자녀에 대한 시민권 불인정, 불법이주자의 건강, 교육 및 다른 국가 혜택에의 자격금지 등이 있다[Migration News 9(9), September 2002 ; 10(1) January 2003].

미국 양 정당 공동위원회(The bipartisan U.S. Commission on Immigration Reform : CIR)는 1990년 이민법에 의해서 설립되었으며, 이 또한 불법이주를 예방하기 위한 조치들을 권고하였다. 이런 조치는 가령 마그네틱 사회보장 카드의 발급은 다른 개인 정보까지도 포함하도록 하는 것, 외국인이 미국 내 직업을 얻는 것을 예방하기 위해서 미국에서 일할 자격이 있는 모든 사람의 사회보장 번호와 이름을 국가적으로 등록하는 것, 국경 통제를 강화하는 것, 비상시 의료제공과 자녀교육을 제외하고는 다양한 혜택에서부터 불법외국인의 접근을 차단하는 것 등이다.

애리조나, 캘리포니아, 플로리다, 일리노이, 뉴욕, 뉴저지, 그리고 텍사스는 자신들이 불법이민자의 교육, 의료제공 및 감금 등에 지불한 돈을 변상할 것을 소송을 요구하는 연방정부에 제기했다. 가장 큰 압력은 캘리포니아로부터 왔다. 캘리포니아 유권자들은 "주를 지킴"(Save Our State) 이니셔티브로 알려진 주민발의 187(Proposition 187)을 1994년 11월 8일 선거에서 찬성 58.8%로 통과시켰다. 본법의 옹호자 가운데 한 명인 주지사 피트 윌슨(Pete Wilson)에 의해 서명되었다.

본법은 불법외국인을 공공교육, 비상시 외의 의료 서비스, 그리고 기타 혜택에서 배제하는 것이다. 이는 또한 캘리포니아 서비스 제공자들은 의심이 되는 외국인에 대해서는 캘리포니아 법무장관과 연방이민국(INS)에 신고할 것의 요구과 연방이 그 외 가짜 서류의 사용에 대해 중죄로 다룰 것을 내용으로 하는 것이었다. 주로 라틴계로 구성된 10,000-250,000명에 이르는 반대 시위자가 로스앤젤레스 시내에서 데모를 하였다. 반대자 가운데 토리스 상원의원은 주민발의 187(Proposition 187)은 캘리포니아에서 백인 미국인의 마지막 숨(the last gasp)이라 불렀다.

주민발의 187은 연방지역재판소에 의해서 위헌으로 판결되었다. 연방재판소는 "캘리포니아는 이민에 관한 입법을 제정할 권한이 없다"고 하였으며, 이민규제는 연방소관이라고 밝혔다. 결국 1999년에 중간타 협안이 도출되었다. 캘리포니아는 이 문제를 포기하는 대신에 위조서류를 만들거나 이를 배포하는 것은 주정부 관할의 범죄로 규정한다는 것이다. 이와 유사한 이니셔티브가 애리조나, 플로리다에서 있었으며, 이는 유권자의 지지를 얻지는 못했다[Migration News 2(1), January 1995 ; 6(8), August 1999 ; Stanley Mailman 1995].

1986년에 8년간의 논의 끝에 의회는 '이민개혁 및 조정법안' (the Immigration Reform and Control Act : IRCA)을 통과시켰다(이는 Simpson-Mazzoli법으로도 불림). 본법은 불법이주자를 고용하는 행위에 대해 불법으로 규정하며, 고용주는 취업자 신분을 공증(attest)하도록 하였다. 다른 한편으로는 불법이주자를 사면하는 내용을 갖고 있다. 즉 1982년 1월 1일 이후에 미국에 거주해 온 불법이주자와 1984년 이후 60일간(the Special Agricultural Worker Program) 일을 한 사람을 사면시킨다는 내용이다. 이 법안은 비효율적인 것으로 평가되었는데, 왜냐하면 만약에 취업하는 이주자가 위조문서를 제시했을 때 고용주는 이 법을 피해갈 수 있는 허점이 있기 때문이다. 그리고 사면 프로그램은 주로 2-3백만 멕시코인의 거주를 합법화 시키며, 이는 대량으로 불법자 신분을 합법화한다는 부실을 낳을 수 있기 때문이다.

1996년에 통과된 '불법 이민개혁 및 이민자책임법' (the Illegal Immigration Reform and Immigrant Responsibility Act : IIRIRA)은 불법이주자의 다양한 통제수단을 담고 있다. 가령 국경통제, 국내에서의 통제 강화, 외국인 밀입국, 문서위조, 체포, 구금, 송환, 고용 및 공공혜택에서의 제한 등이다. 이는 또한 INS로 하여금 미국을 입국 또는 출국하는 외국인을 기록하도록 하였다. 또한 불법입국에 대한 처벌을 상당히 강화하였으며, 국경 경비구역을 넓혔다. IIRIRA는 INS로 하여금 합당한 문서 없이 미국에 도착하는 외국인을 바로 되돌려보내거나 강제추방 권한을 주었다. 비자기간을 넘어 6-12개월 불법으로 미국에 체류하는 외국인은 3년간 미국을 재입국할 수 없도록 하였다. 그리고 1년이나 그 이상을 넘어 불법체류하는 외국인은 10년간 입국이 금지된다[Migration News 3(11), November 1996 ; 6(8), August 1999]. 불법이주자에 대한 공적 부조를 제한했으며, 공적 혜택(public benefit)을 받기 위해서는 합법적인 주권자 내지 체류자임을 증명해야 했다. 본법을 통해 불법이민자들이 미국 사회에서 살아가기 위해서 져야 하는 책임을 강화하였다.

1996년 IIRIS 법제도 안에서 INS는 효과적이면서도 비차별적인 증명제도 시스템을 개발하는 '자발적 시험(pilot) 시스템'을 도입했다. 이 제도는 고용에 대해 전자식 체크 제도에 초점을 맞추고 있다. 이런 제도 중의 하나는 전자고용 확인 시범 프로그램(The Basic Pilot Employment Verification Program) 제도로서, 이는 고용주는 외국인에 대한 1-9 정보를 INS에 모뎀을 통해 전송한다. 이 기록은 외국인인 '외국인 신분 확인 인덱스'(the Alien Status Verification Index)에 저촉되는지를 검증한다. 이에는 5천만 명의 외국인 기록이 저장되어 있다. 1998년에 INS는 역시 '영주권 카드'(Permanent Resident Cards, 일명 그린카드)를 새로 발급하기 시작했다. 이는 현재 확산된 위조 카드를 막기 위한 비밀안전 그림과 모양과 홀리그램을 갖고 있다. INS는 또한 '식별제도'를 시행하고 있는데, 이는 멕시코-미국 국경을 통과하는 모든 사람의 지문을 채취하며 사진을 담아 데이터베이스화시킨다. INS에 따르면 1997년 말까지 이 제도에 따라 1천4백만 명이 기록되어 있으며, 150,000명은 밀입국된 사람으로 보인다. INS는 전자벽과 같은 물리적인 수단을 통해 멕시코-미국 국경 통과를 더욱 감시하고 있다. 이에는 지상 60피트 높이에 감시 카메라를 달았고 지하 터널을 탐지하는 장치도 도입하였다[Migration News 4(3), March 1997 ; 4(12), December 1997 ; 5(4-5), April-May 1998].

INS는 1996년 IIRIRA 법이 통과된 후 2001년까지 새로 1,000명을 고용했다. 1982년에 국제 수비요원은 2,100명, 1993년 4,000명, 1998년 말에 8,000명이 되었다[Migration News 4(2-3), February and March 1997 ; 5(4) Aoril 1998 ; 6(6) June 1999]. INS 예산은 1981년 3억 7천2백만 달러에서 1993년에 15억-16억 달러로, 1997년에는 31억 달러, 그리고 다시 1998년에는 38억 달러로 증가했다. 이러한 조치들을 통해서 취약한 지구에서 밀입국을 막을 수 있었으나 이는 임시적이다. 왜냐하면 밀입국 장소는 다시 다른 장소로 옮겨가기 때문이다.

최근에 불법이주자의 지위를 해결하고자 하는 시도가 있어왔다[Migration News 9(8)-9(12), August-December 2002]. 245(i) 프로그램은 미국에 불법으로 거주하는 외국인에게 국무성과의 처음 인터뷰한 자신의 국가로 돌아가게 하는 것보다 INS에 1천 불의 벌금을 내므로 이민비자를 받으며 미국에 적응하도록 하는 것이다. 245(i) 프로그램은 클린턴 정

❶ 미국-멕시코 국경 감시 카메라 ❷ 국경장벽
❸ 국경 지하에 만든 터널 ❹ 미국 국경통과를 기다리는 차량들

미국-멕시코 간 국경은 세계에서 가장 많은 사람들이 건너는 경계이다. 매년 3억 5천만 명이 통과한다. 미하일 고르바쵸프는 2006년 10월 17일 텍사스 미들랜드 칼리지(Midland College) 대학 방문에서 미국이 700마일(1,130km)의 멕시코-미국 간 국경에 세우려는 장벽을 베를린 장벽에 비유하여 비판했다. "레이건 대통령은 베를린에서 이 베를린 장벽은 무너져야 한다고 말했는데 지금 미국은 미국과 다른 국가 간에 중국 만리장성 같은 것을 세우려 하고 있다."

부 말기에 제정된 법안 내에서 몇 달간 부활되었다. 의회는 2001년 말에서 2002년 초까지 이 법의 실시를 연장했다. 미국은 또한 미국에서 직업을 가지면서 세금을 내온 인정받지 못한 외국인(unauthorized foreigners)을 위한 합법신분 취득화(earned legalization)에 관해 멕시코와 협의를 하였다.

멕시코와 미국 간의 협의와 245(i) 프로그램은 그러나 9월 11일 테러 사태로 인해 교착상태에 빠졌다. 그러나 불법이주자를 합법화하려는 노력은 계속되었다. 미국 내 멕시코인의 불법이주자는 북미자유무역협정(NAFTA) 이후 지속적으로 증가해 왔다(최성수 · 한주희 2006, 217-218). 2002년 가을에 멕시코 정부는 이 문제에 대해 캠페인을 시작했으며, 빈센트 폭스(Vicente Fox) 대통령은 합법화를 이루어야 할 시점에 다다랐다고 주장했다. 미국 행정부는 이에 대해 모호한 반응을 보였다. 멕시코 신임대사 안토니오 가자(Antonio Garza Jr.)는 미국은 미등록 멕시코인의 기여를 인정해야 하고, 이들에게 합법적 신분을 얻을 수 있는 길을 열어주어야 한다고 하였다. 이와 반대로 콜린 파월 국무장관은 미국은 임시노동자의 비자문제와 초청노동자 프로그램의 확대와 같은 좀 덜 논쟁적인 문제부터 다루어야 한다고 하였다.

2002년 10월에 민주당 의원 게파트(Richard A. Gephardt)는 합법신분 취득과 가족결합(the Earned Legalization and Family Reunification) 법안을 제안했다(Bill # H.R.1830). 이는 적어도 5년 동안 미국에 거주하였으며 적어도 2년간 노동하면서 세금을 낸 인정되지 않은 외국인(unauthorized foreigners)에게 만약 어느 정도의 영어구사 능력이 있으며 연방안보 체크에 이상이 없으면 합법적인 거주민이 되도록 하는 것이었다. 9 · 11 테러가 멕시코와 미국 간 협의를 교착상태에 빠트린 가운데 게파트는 다음과 같이 주장했다. "우리의 제안은 미등록 이주자를 그림자에서 꺼내어 책임과 테러에 대한 싸움에서 더 많은 협력의 빛으로 이끌어 오기 위한 것이다."

미국의 이주자 통제 문제에서 최근의 발전경향은 2001년 9 · 11일 테러 사태 이후 중동 출신 이주자에 대한 심사가 엄격해진 것이다[Migration News 9(10), 9(11), 9(12), October-December 2002].

- 2002년 9 · 11 이후 리비아, 시리아, 이라크, 이란 출신의 방문자

는 사진촬영을 해야 하고 지문을 채취해야 한다. 미국 법무장관 애쉬크로포트(John D. Ashcroft)는 이 제도는 2005년까지 연장되며, 매년 미국으로 입국하는 350만 명의 외국인에 대한 추적을 향상시킬 것이라고 말했다.

- 엄격한 통제는 2002년 받아들인 난민의 수를 격감시켰다. 이는 2002년 허락된 쿼터 70,000명에 훨씬 못 미치는 27,113명이 받아들여졌다.
- 9 · 11 이후 외국인 약 1,200명이 체포되었으며, 비밀장소에 억류되었다. 물론 이들은 테러와 연관이 있다는 의심을 갖고 있으나 400명 이상은 이민법 위반으로 수감되었다[Migration News 9(12), December 2002]. 범죄의 증명보다 이민법 위반은 쉽게 증명되며, 이런 위법 등은 종종 2001년 9 · 11 사태 이전에는 당국에 의해서 눈감아 주기도 했다.
- 2002년 7월에 INS는 합법이민자들에게 10일 이내에 거주지 주소를 등록할 것을 요구하기 시작했다.
- 2002년 말과 2003년 4월 동안에 약 130,000명의 이민자와 방문자들은 주로 무슬림들인데, 이민당국, 공항, 그리고 국경통제에서 심문을 받았다. 이는 최근 최대의 수치이다.
- INS는 모든 미국 학교에게 미국 내 유학을 위해서 허락되는 I-20 서류형식에 전자정보체계로 정보를 기록할 것을 요구함으로써 외국인 추적을 용이하게 하였다.
- 2002년 10월에 백악관은 핵기술, 박테리아 생물 연구 등에 관심을 갖는 외국인 학생들(테러를 지원하는 국가 출신)을 사전에 검증할 계획을 의회에 보고했다.

9·11 테러 사태가 미친 또 다른 중요한 사건은 행정조직의 변화이다. 2002년 6월 부시 대통령은 연방이민국(INS)을 국무성에서 분리해 새로운 국토안보부(Department of Homeland Security : DHS)를 설립했다. 이는 연방정부의 부처수준으로서 INS를 포함하여 22개 연방기관의 일부 또는 전부를 포괄한다. 국방성(Department Defense)이 해외에서 군사문제를 책임진다면 국토안보부(DHS)는 미국의 안보를 담당한다. 이는 미국의 국경 내 또는 외부에서 이민, 방문, 배, 화물차 그리고 항공기에서 테러와 관련된 안보와 안전을 담당한다. 국토안보부는 불법체류자 및 이민단속, 출입국 관리 등 광범위하게 다루게 되므로 범죄기록도 구금 및 추방에 이용되는 인권침해의 우려를 갖고 있다. 국토안보부(DHS)는 2003년 3월 1일부로 미연방 이민국(INS)을 흡수했다. 20만 명이 넘는 직원을 가진 DHS는 미 연방정부에서 세 번째로 큰 부처이다.

미국에 있어서 이주와 더불어 불업이주자의 문제는 여전히 논쟁의 대상이다. Michele Wucker는 *Lockout : Why America Keeps Getting Immigration Wrong When Our Prosperity Depends on Getting It Right*(2006)에서 이주자들의 번영과 글로벌한 경쟁력을 유지하는 데 기여했다고 보며, 1920년에서 1960년의 이주제한 조치는 재앙(disater)이었다고 평가하고 있다. 반면 크리코리언(Mark Krikorian)은 『이민에 대한 새로운 사례』(*The New Case Against Immigration*, 2008)에서 지금의 미국은 1세기 전의 미국이 아니라 지구상에서 가장 발달된 현대 국가기 때문에 이주정책은 현대의 미국에 부합되어야 한다고 본다. 현재의 이주자들은 용광로가 아닌 경쟁적인 언어와 의식(rituals), 상충되는 정치적 아젠다의 양립할 수 없는 샐러드 보울(salad bowl)을 만들어내며, 이는 결국 미국의 이해관계에 대치된다고 본다. 또한 미국이 안정적이며 지속 가능한 인구를 유지하기 위해서는 합법적 이주자이든 불법적 이주자이든 그 수는 감소해야만 한다고 크리코리언은 주장하고 있다.[2]

---

2. 크리코리언(Krikorian)의 주장은 미국의 반이민정책을 대변하기보다는 미국의 이민정책을 새롭게 조명하는 계기를 만들어 준다는 평가를 받고 있다.

제8장

영국의 이주정책

영국은 프랑스와 더불어 오랫동안 식민지 경영을 해온 나라이다. 식민지 지배를 위한 방대한 행정기관의 설치와 운용뿐만 아니라 인종·문화적으로 다양한 이민족을 지배한 경험을 갖고 있다. 식민지 경영과 이주에 관련한 영국의 법적 조치는 식민지 민족의 교육, 노동 및 삶에까지 직접적인 영향을 미쳤다.

영국은 제2차 세계대전 이후 탈식민지화 과정에서 국내에서 발생하는 이주문제를 어떻게 해결해야 하는가에 집중했다. 영국 본토로 귀환하는 이주는 임시이주가 아니라 대부분 영구적으로 정착하는 이주였다. 1940년과 1990년 기간에 서인도제도, 인도, 아프리카 출신 이주자가 전체 국민의 1%에서 6%로 증가했다. 이런 유색인종의 증가는 영국의 식민지 역사와 정치적 상황 가운데서 이해되어야 한다.

영국의 이주허가와 이주통제정책은 주로 피부색이 다른 이주자의 적정 규모와 외교정책을 고려하였고, 영국이 직면하는 외부 위협 및 전쟁 등이 영향을 미쳤다. 이주정책에서 경제상황의 고려는 다른 요소들과 비교해 보면 높지는 않았지만 어느 정도 영향을 미쳐왔다. 가령 임시적으로 노동이주를 받아들인 것은 주로 경제상황에 기인했다. 영국의 이주정책은 초기 자유방임주의에서 시작하여 1960년대에는 효과적인 이주제한 정책(effective Restrictionism)으로 전환되었다.

1. 이주정책 초기 : 18-19세기

20세기 초까지 영국은 이주정책에서 자유적 입장을 견지했다. 근대 시기에 유럽대륙에서 종교와 정치적 박해를 피해 영국으로 이주해 왔는데, 1685년 8만 명의 위그노들이 가톨릭 박해를 피해 영국으로 이주했다. 칼 맑스(1818-1883)는 프랑스 정부에 의해 추방되었고, 1849년 5월에 런던에 도착한 이후 죽을 때까지 영국에서 지내게 되었다.

1793년과 1848년 두 경우에 영국은 이민을 규제했다. 1792-1793년 "외국인법"(Aliens Act)은 여러 규제들을 통합했다. 이와 같은 법 제정의 배경은 당시 1792년에 시작된 프랑스혁명에 따른 영국 내의 불안이었다. 당시 영국과 프랑스는 갈등관계에 있었고, 프랑스혁명의 과격 공화주의자 당원이 난민들 틈에 끼어들었을지도 모른다는 두려움을 가졌다. 영국 언론은 프랑스혁명에 따른 영국 내의 혁명에 대한 불안과 의혹을 보도했고, 정치권도 영국 내의 혼란, 사보타주 등의 위협은 외부의 위협과 연계되었다고 주장했다.

가령 선장은 영국에 도착하는 배에 외국인이 탑승했는지를 세관직원에 상세히 보고해야 했으며, 입국하는 외국인은 세관직원에 자신의 이력과 지위를 설명해야 했다. 본법은 또한 왕에게 외국인이 특정 거주지역에 거주할 수 있게 하는 명령권을 주었으며, 투옥되는 외국인은 강제추방할 수 있게 하였다.

"외국인법"은 임시조치였다. 이 법은 1802년과 1814년에 완화되었지만 1926년까지 연장되었다. 영국에서 이민에 대한 첫 번째 제한은 외부로부터 오는 위협에 대처하고자 한 것이었다. 그러나 실제 프랑스로부터 온 난민은 매우 적은 수에 지나지 않았다.

1848년 유럽에 정치적 불안이 확산되며 정치적 망명이 발생하자 영국은 다시 이주제한을 통하여 정치적 혼란이 일어나는 것을 막고자 했다. 1792년과 마찬가지로 외부 위협으로 인하여 영국 정부는 다시 "외국인제한법"(the Aliens Removal Act)을 승인했다. 이에 따라 내무장관과 아일랜드 총독에게 국내법에 저촉되는 어떤 외국인이든 강제송환할 수 있는 권한을 부여했다. 이 법은 1849년에 연장되지 않았다.

2. 이주정책 : 1905-1938

영국은 이주정책에서 20세기 초까지 자유주의적 정책을 견지해 왔다. 이 정책은 영국 본토로의 제한된 이주, 이주자와 지역, 인구 간의 유사성, 그리고 외교적 정책 등을 고려해 이루어졌다(Thomas E. Smith 1981b, 92). 그러나 19세기의 20여 년 동안에 동유럽 지역에서의 유대인의 입국으로 말미암아 지방들은 이주제한을 요구했다.

1880년과 1914년에 유대인 학살로 인하여 상당한 유대인이 러시아에서 영국으로 망명하게 되었고, 결과적으로 유대인의 수가 5배 이상 증가했다. 이런 유대인의 유입은 전례가 없던 일이었고, 이들은 영어를 하지 못했으며 경제적으로도 가난했다. 유대인 망명자들은 대부분 뉴욕으로 떠났으나 적어도 6개월 동안 영국에서 머물렀다. 반면에 1890-1914년 사이에 영국에 정착한 유대인은 15만 명에 이르렀다. 영국에 남은 유대인들은 자연스럽게 농촌지역으로 흘러가 조그만 가게와 무역 등을 직업으로 하였다(Rees 1979, 71).

런던에 도착한 유대인들

출처 : http://www.jewishmuseum.org.uk/collections/theme3_j_47_10a.asp

영국에서 초기에 이주에 대한 제한적인 지지가 있었지만 1889년 의회특별위원회(Parliamentary Select Committee)는 이주통제에 반대하는 권고를 하였다. 그러나 1890년대 노동조합회의(the Trade Union Congress)는 유대인 이주통제를 요구하는 결의안을 여러 번 통과시켰다(Layton-Henry 1985, 98). 1894년과 1898년에 상원은 이민을 제한하는 법안이 하원에서 통과되지 않았음에도 이 법안을 통과시켰다. 1902년 보수당은 이민통제를 자신들의 정당의 주요 정책으로 삼는다고 밝혔다. 같은 해에 정부는 외국인 이주에 대한 심의회(Royal Commission)를 설립했으며, 1903년에 이주와 이주거주에 대한 제한된 통제를 건의했다(Rees 1979, 71). 마침내 1905년 의회는 "외국인 이민법"(The Aliens Immigration Act)을 통과시켰다.

"외국인이민법"은 범죄자가 입국하는 것을 금지했고, 자신과 자신의 가족구성원을 부양할 수 없는 외국인 입국을 금했다. 이주자는 또한 이주관리관의 허가 없이는 '이주민 배'(immigrant ship)를 통해 영국에 입국하는 것이 금지되었다. 그러나 이런 규제조항은 비효과적이었는데, 왜냐하면 많은 외국인이 '이주민 배'(immigrants ships)가 아닌 작은 보트를 타고 밀입국함으로써 정부당국의 감시망을 벗어날 수 있었기 때문이다(Plender 1988, 75).

이런 이주법은 백인계를 겨냥하지 않고 있음은 분명하다. 반대로 1898년과 1902년 비교적 낮은 실업상태의 경제상황은 규제에 대한 요구를 약화시켰다. 법이 통과된 1905년에는 다시 매우 높은 실업률을 보여준다. 1905년의 실업은 그러나 1880년대, 1920년대, 1930년대에 비하면 여전히 낮은 수준이었다. 또한 일련의 스트라이크는 1893년과 1912년에 최고조에 달했지만 이것이 이주의 제한과 연관되지는 않았다.

1905년 외국인이민법은 자유주의 정부에 의해 매우 자유주의적 경향에서 만들어진 것이었다고는 하나 이 법은 영국이 해외이주에 대해 문호를 열어야 하는 이전의 정책들과 일치되지 않았다(Rees 1979, 71). 1914년 제1차 세계대전으로 영국은 다시금 이민을 통제할 필요성을 갖게 되었다. 전쟁발발과 더불어 영국 정부는 전쟁에 필요한 즉각적인 조처를 취했는데, 그 중 하나가 외국인규제법(the Aliens Restriction Act)이었다. 하원은 전쟁발발 다음날인 1914년 8월 5일에 외국인규제법을 통과시켰다. 따라서 1914년 법은 전쟁기간 동안 외부 위협에 대한 두려움의 산물이었으며, 1905년의 법과는 다르게 긴 논쟁 없이 몇 시간 만에 통과되었다. 1914년의 입법제정은 1905년 법보다 더 구속적이며, 내무장관에게 이민자의 입국과 강제송환의 권한을 부여했다. 그리고 처음으로 모든 외국인은 경찰에 등록해야 했다(Layton-Henry 1985).

1914년 이주자를 제한하는 법의 주 목적은 간첩의 색출과 구금을 위한 것이었으며, 예상한 바대로 영국 내 독일인의 대량 억류도 일어났다. 제1차 세계대전 기간 동안 250,000명이 영국으로 망명했는데, 이들은 전쟁이 끝난 후 모두 돌아갔다. 1914년 법이 임시 국가안보를 위해 도입되었지만 전쟁 후에도 지속되어 1919년에 외국인규제법(the Aliens

Restriction Act)으로 개정되었다. 1914, 1919년 외국인규제법의 주요 특징은 이민관리관은 외국인의 입국을 거부할 수 있으며, 입국자는 뚜렷한 생계수단이 없거나 노동부에서 발급되는 노동허가를 얻지 못하면 단지 짧은 기간에만 영국에 머무를 수 있다는 것이다.[1]

1919년 법은 1914년의 법을 확인한 것이다. 그러므로 이는 전쟁의 두려움에 대한 간접적인 부산물이다. 이 법은 실업의 증가와 더불어 촉진되었으며, 실업문제와도 결부되어 있다. 1919년 법은 또한 정점에 달한 스트라이크와도 충돌된다. 그러나 여기에는 이 두 현상 간에 직접적인 연관성은 존재하지 않는다고 본다. 노동운동의 비상사태가 1919년 법의 통과에 정치적으로 이용되었다고 주장되었다. 그러나 이 법은 노동당 정부 5년 전에 자유-보수 정부 때 통과된 것이었다. 1916년 12월-1922년 10월까지 로이드 조지(David Lloyd George)가 자유당(Liberal Party)의 수상으로 집권하였고, 내각의 장관들은 대부분 보수당으로 구성되었다.

1914년과 1919년 법은 외교정책에서 보면 영연방(Commonwealth)은 제외시켰다. 외국인정책의 외교적인 고려는 이런 제한에서 정치적 난민을 제외시키도록 하였다. 물론 1920년대에도 유색인종에 대한 제한이 지속적으로 이루어졌다. 1920년에 영국 국적이 아닌 아랍계 항해인의 입국을 거절했다. 1925년에는 유색인의 항해인에 영장 없이 체포를 가능하게 하였고, 또한 이들의 등록을 강제했다.

1920년과 1930년대 기간 동안에 경제공황과 침체는 대부분 나라

1. 1972년 이민법의 개정까지 외국인의 입국에 대한 통제제도는 1914년과 1919년의 외국인제한법(the Alien Restrictions Act)에 근거를 두고 있다(Rees 1979, 72 ; Layton-Henry 1985, 75-76).

들로 하여금 이주억제를 하게 하는 기제로 작용했다. 그러나 영국은 이주에서 제한을 피하였고, 특히 영연방 내에서 이주자유를 지속할 것을 강조하였다. 이러한 특이한 외국인정책은 외교정책의 고려에서 온 것이다. 1922년과 1937년에 영국은 "제국정착법"(the Empire Settlement Act)에 서명했다. 이는 정부로 하여금 영연방의 어디에서든지 정착하고자 하는 대영제국의 이민자는 정부가 지원하도록 하고는 있다(Smith 1981b, 91-92). 이 법에 따라 40만 명 이상이 6백만 파운드의 국가보조금을 받아 다양한 영국령 식민지로 이주해 갔다.

법의 제정 목적은 영국에서 다른 식민지 국가로의 이주를 지원하는 것이었고, 이런 이주자유는 식민지 간 관계를 강화하는 것이었다. 또 다른 목적들은 제한된 범위에서의 유색인종의 이주이다. 1930년대의 영국에로 오는 이주자의 대부분은 이전 이민자 중 귀환자와 아일랜드 이주자로 구성되었다.

3. 이주정책 : 1939-1962

영국이 제2차 세계대전을 겪으면서부터 다시 국내 인력은 부족하게 되었다. 전쟁을 계기로 식민지 인력이 군수공장, 농업, 서비스 등에 대규모로 고용되었다. 거기다 10,000명의 서인도제도인(카리브 해 연안 국가)들이 영국 공군의 지상승무원으로 고용되었으며, 또한 상당한 서인도제도인, 아시아인 그리고 아프리카인들이 연합군에 복무했다. 기아나(British Guiana) 1,350명, 자메이카 10,270명, 트리니다드 섬 800명, 그 외 국가에서 1,000명 등이다(Spencer 1979, 17). 이런 노동자들과 군인들은 서

인도제도인 이주자의 상당부분을 이루었고, 1955년 이후에는 인도와 파키스탄 이주자들이 뒤따랐다. 이런 이주는 바로 전쟁–이주노동 연계(war–migrant labor link)와 연쇄이주 현상을 보여준다.

제2차 세계대전 동안 영국에 온 다른 이주 그룹은 연합국에 속한 120,000명의 폴란드인이다. 이에는 폴란드 2사단(the Polish Second Corps, General Ander's Army)으로 알려진 70,000명의 군인과 프랑스에서 싸운 50,000명이 포함된다. 이들은 폴란드인 정착법(the Polish Resettlement Act, 1947)을 통해 영국에 영구거주하게 되었다. 영국은 처음 폴란드인의 정착에 반대했었다. 그러나 전쟁의 동맹인 이들에 대한 동정과 지지, 무엇보다 영국 내에 부족한 노동력, 폴란드의 반러시아 입장, 그리고 폴란드에 돌아가지 않으려는 이들의 의사와 이들 중 많은 사람이 영국 여자와 결혼한 사실들이 복합적으로 폴란드인의 수용과 정착을 지지하게 되었다(Foot 1965, 116–18 ; Rees 1979, 73–75 ; Layton–Henry 1989, 61). 따라서 영국은 외교정책의 고려가 아니었다면 배척할 수밖에 없었던 그룹들을 수용한 것이다.

전쟁이 끝난 후 영국은 인력부족을 경험하게 되었다. 1947년 5월 정부는 유럽에서 추방된 노동자의 고용을 발표했다. 2년의 기간 동안 90,000명의 유럽 자발노동자(European Volunteer Workers : EVW's)가 영국으로 왔으며, 이들은 대부분 우크라이나인, 폴란드인, 라트비아인, 리투아니아인, 유고슬라비아인들이며, 노동허가를 받았다(Foot 1965, 118–19). 이들은 노동부가 적합하다고 여기는 직업은 무엇이든 수용해야 했으며, 1948년 이후 자신들의 가족을 데려오는 것이 허용되지 않아 많은 사람들이 다시 영국을 떠나 다른 나라로 갔다. 다음으로 독일, 이탈리아, 오스트리아, 그리고 스페인 출신 노동자들이 고용되었다. 그러나 이들도 후에 자신들의 가족을 데려오는 권리를 얻지 못하였다.

제2차 세계대전 후 영국으로의 이주노동자들의 주요 원천은 신영연방(New Commonwealth) 이주자들이며, 이들은 주로 서인도제도인, 인도인 및 파키스타인이다. 영국 정부는 이주자들에 관해 딜레마에 봉착했다. 심의위원회(Royal Commission 1949)는 유사한 백인 인종 이주자의 동화에 관심을 갖고 있었지만 다른 한편으로는 단순노동자들의 노동력 부족 문제를 해결해야 했다(Foot 1965, 124–26).

영국 정부는 1960년대 초까지 외교적인 고려를 통해 자유주의적 이주정책을 견지했다. 영국은 제국 내에서 전통적으로 자본과 노동의 자유를 선호했다. 1922년 '제국정착법'(Empire Settlement Acts)을 통해 자유이동에 대한 지지는 실제로 영국과 식민지 간의 관계를 유지하는 데 있었다(1937년 개정됨). 국가의 지원을 받아 40만 명 이상이 대부분 전통적으로 영국에서 식민지로 나갔다. 그리고 전쟁 후에 취한 조치는 이주가 이런 방향으로 지속적으로 유지되도록 하는 것이었다. 그러나 이 정책은 이주자들이 영연방에서 영국으로 건너오기 시작할 때에도 바뀌지 않았다.

이주는 여전히 영국이 자신들의 식민지 제국에서 리더십을 장악하는 수단으로 보였다. 동시에 서인도제도 나라들의 경제는 허약했고, 높은 실업에 시달렸다. 이는 서인도제도 정치인들이 이민통제에 반대하는 로비를 펼치는 이유가 된다. 이민통제는 궁극적으로 섬들에 대해 치명적인 재앙이 될 뿐만 아니라, 영국의 지도력을 해치며 결국 결속력에 손상이 올 것이라고 주장했다(Layton–Henry 1989, 65 ; Smith 1981b, 101).

영국이 갖고 있는 이주자유에 대한 원칙은 1948년 '국적법'(Nationality Act)에 의해서 다시 확인되었고, 보수당도 1949년 자유이주정책을 확인했다. 이주자들은 먼저 서인도제도에서 왔고, 뒤이어 인도, 파키스탄, 그리고 후에 몇몇 아프리카 국가들에서 왔다. 1955–1962년 기간 동안 500,000명의 신연방(New Commonwealth) 시민이 영국에 정착했다. 그러나 이런 이주 뒤에는 여전히 유색인의 이주에 대한 통제가 있었다. 정부와 고위관료들은 유색인의 이주를 통해 사회문제가 발생하면 이들의 제한이 필요하다는 데에는 이견이 없었다. 따라서 문제는 이주자의 수가 아니라 유색인의 이주 수(numbers of coloured immigrants)였다.

유색인 이민자들의 대량 이주는 이주에 대한 제한과 인종폭등의 원인으로 지적되었다. 노팅엄(Nottingham)과 노팅힐(Notting Hill)에서 1958년에 인종폭동이 발발했으며, 유색인을 공격했다. 당시 여론조사는 유색인에 대한 높은 적대감을 보여주었다. 유색인의 이주제한에 대한 요구는 차별적인 정치선전과 선동을 통해 기름을 붓는 꼴이 되었으며, 1962년 '영연방이주법' (Commonwealth Immigrants Act) 제정으로 이어졌다. 이 법은 영연방 이주를 제한했다. 영국 정부는 유색인종 식민지인의 영국 내 정착을 제한하는 합법적인 권한을 부여받았다. 영국 식민지인이 바라는 환상은 바로 자신들의 피부색이나 출생지, 종교와 관계없이 완전한 이주와 거주의 자유를 얻는 것이었으나 실상은 그렇지 않았다.

영국 정부는 인도와 파키스탄 정부에 압력을 가해 비자발급을 제한하라고 했지만 이는 효과적이지 못했다. 1958-1959년에 신연방 이주는 일시적으로 줄어들었으며, 따라서 이주제한에 대한 압력도 사그라졌다. 그러나 1959년과 1961년에 다시 전례가 없을 정도로 이주는 증가했다. 서인도제도인 이주는 1959년도 수준과 비교해 볼 때 이주증가의 4번째 요소가 되었다. 당시 인도인 이주는 8번째, 그리고 파키스탄 이주는 30번째 요인인 것과 비교하면 매우 높음을 보여준다. 결과적으로 영국 정부는 1962년에 영연방이주법(Commonwealth Immigrants Acts)을 통과시켰으며, 이에 따라 영연방 이주자들은 이주에 앞서 고용증명서를 획득해야 했다. 이러한 조치는 당시 영국이 경제와 사회적 능력에 맞추어 이민을 받아들이고자 했다는 것을 보여준다(Great Britain, Office of Information 1987, 1).

4. 이주정책 : 1963-1978

1962년 영연방이주법은 현대적인 입법제정의 시작으로서 의미를 가지며 더 많은 규제로 제정되었다. 본법은 제2차 세계대전 후에 시작된 영국의 다인종 사회로의 전환을 제한했다는 점에서 의미가 있다고 평가되고 있다(Spence 1997, 129).

본법에 따라 다음 3개의 카테고리 중 하나에서 직업 바우처를 가진 자를 영국 내 정주를 허용했다.

A그룹 : 직업이 있는 자
B그룹 : 숙련노동자 및 영국에 이득이 될 수 있는 자
C그룹 : 미숙련노동자

이와 같은 이민자를 분류하였고, 필요에 따라 직업 바우처 수를 제한함으로써 이민을 통제해 나갈 수 있게 하였다. 특히 C그룹에 해당되는 유색인종에 대한 규제를 열어놓은 것이다.

1968년 연방이주법은 다시 한 번 영국 입국을 인종에 따라 차별을 하는 영주권(patriality) 개념을 도입했다. 이 개념의 정의에 따라 '출생, 혈통, 입양, 결혼' 등으로 영국과 실제적인 관계가 없는 대영제국의 모든 시민과 식민지 시민은 도착하기 전에 입국승인을 받아야 한다. 이러한

통제제도는 명백히 유색인종의 이주를 통제하기 위한 수단이었다. 반면 백인종 후손은 어떤 제한 없이 입국이 가능했다(Layton-Henry 1989, 65 ; Smith 1981b, 101). 국적 소유자들은 대부분 백인들인데, 이들은 압도적인 특권을 가졌다. 이들은 노동이나 영주거주를 목적으로 하는 노동허가를 받을 필요가 없었으며, 또한 경찰에 등록할 필요도 없었다. 1963년에 케냐가 독립함에 따라 극소수의 아시아인만 영국 입국이 가능하였으며, 대부분 흑인의 입국은 거절되었다.

영국의 이주정책은 1971년 이주법(Immigration Act)으로 한층 더 제한적이며 인종차별적인 경향을 표방했다. 본국인(patrials) 개념을 공식적으로 정의하였으며, 기존의 영국인(British)과 외국인(alien)의 인종적 범주를 본질적으로 인종적 구별에 기초한 범주인 본국인(patrials)과 비본국인(non-patrials)으로 대체했다. '본국인'은 영국과 영연방 시민 중 본인 또는 부모나 조부모가 영국 내에서 출생, 입양, 귀화 또는 등록한 자이며, 영국과 영연방 시민 중 영국 내에서 5년 이상 거주한 자로 규정되었다.

비본국인으로서 이주자들은 노동허가가 있어야 입국이 가능하고, 영주거주나 가족을 데려올 권리가 없으며, 노동허가는 자동적으로 갱신되지 않는다. 재정적 지원을 통해 자발적인 송환이 장려되었다. 불법이민을 예방하는 정부의 권한이 강화되었다(Layton-Henry 1992, 84-85l ; Steiner 2000, 102 ; Hansen 2000, 194).

이주통제가 강화됨에 따라 반차별적 법이 확대되었다. 1965년 '인종관계법' (the Race Relations Act)은 공공시설에 대한 평등성을 확보하는데 노력했다. 인종관계법은 공공장소에서의 인종차별 문제만을 다루었으며, 인종차별에 대해 형사처벌이 아닌 민사적 차별만을 다루었다. 영국의 인종관계법은 미국법에 비해 엘리트의 온정주의에 기초하며, 적극적인 해결의지가 부족했다(정희라 2007, 9). 3년 뒤에 다시 개정된 1968년 인종관계법은 피부색, 인종 또는 국적별 출신에 의해 고용, 주거, 공공 서비스의 제공에서 차별을 하는 것을 위법으로 정하고 있다. 이 법은 1965년, 1968년 법을 기초로 하여 다시 '인종관계수정법 2000' (the Race Relations Amendment Act 2000)으로 개정되었다.

두 가지 요인이 1961–1972년 기간 동안 신연방(New Commonwealth) 이주에 대한 제한을 가져왔다. 첫째로 비백인의 대량 이주는 국내에서 정치적 압력을 불러왔다. 두 번째로 영국은 세계강국으로부터 쇠퇴했으며, 이는 자유이주에 대한 공언을 약화시켰다. 여기서 생각해 봐야 할 것은 이주제한이 경제침체, 파업 또는 사회갈등의 직접적인 산물인가 하는 점이다. 그러나 당시의 상황은 그렇지 않음을 보여준다. 먼저 영국의 인구증가율은 서유럽 국가보다 낮으며, 실업률도 1946–1974년 기간에 3% 이하로 낮았다(다만 1947년에는 3.1–3.8% 기록). 파업도 1962년에 최고에 달했지만 이것이 이주정책에 영향을 미쳤다는 상관성을 찾기는 힘들다. 1950년대와 1960년대에 사회갈등이나 이주가 원인이 된 민족정체성에 대한 갈등문제는 없었다. 다만 1968년 이후 북아일랜드에서 갈등은 심화되었다.

이주를 제한하고 있는 일련의 입법들은 그 소기의 목적을 달성하고 있는 것으로 보여준다. 신연방 출신 이주는 1961–1962년 11만 1천–13만 6천 명에서 1975–1976년 5만 3천–5만 5천 명으로 감소했다. 영국은 비유럽국가 노동자에 대한 허가 또한 감소시켰다. 1976–1977년에 노동허가 발행은 가장 낮은 수준이었으며, 그 이후에도 비슷한 수준을 유지했다(Great Britain, Office of Information 1987, 16).

그러나 1980년대에 제3세계에서의 새로운 이주형태가 나타났는데, 이는 불법/미등록이주(illegal/undocumented migration)이다. 1989년에 시작된 망명자의 수도 증가했다. 이 경우에서 서로 겹치기도 하는데, 왜냐하면 불법이주자는 송환을 당하지 않기 위해서 망명을 신청하기 때문이다. 따라서 당국은 망명자들이 실제로 정치적인 핍박에 따른 망명이라기보다 경제적인 이유에서의 망명자라는 의심을 갖게 되었다. 이러한 점들은 다른 유럽국가에서도 마찬가지이다.

망명신청자와 불법이주는 유럽의 국가들이 초청노동자 프로그램을 중지시킴에 따라 증가했다. 결과적으로 1985년과 1997년에 영국의 정책은 망명신청자와 불법이주를 막는 데 초점이 맞추어졌다. 노동당이 1997년 5월에 권력을 다시 잡자 보수당에 의해서 만들어진 여러 제한적인 정책들을 철폐하였다. 그러나 이주정책은 전체적으로 망명처리 과정을 신속히 하며 불법이주와 가짜 난민을 막는 데 모아졌다.

1972년에 우간다 대통령 아민(Amin)은 자기 나라에서 모든 아시아인을 추방한다고 발표했다. 추방자 50,000명에서 대부분은 아시아인들로 이들은 영국 시민이었다. 따라서 영국은 이들에 대해 책임을 져야 하는 것이 명확했다(Layton-Henry 1992, 86). 반면 언론들은 추방자들이 영국에 도착하는 것에 대해 우려를 표명했다. 일부 정치인들, 특히 보수당의 우파들, 가령 월요 클럽(Monday Club)이 그들이다. 이는 1960년대 초에 결성되어 보수 토리당의 원리를 실천하고자 하였으며, 비백인 이주자들의 자발적 또는 지원을 통한 귀향에 적극적이었다. 그리고 지방정부들이 이들의 수용을 거부했다. 그러나 보수당은 결국 27,000명이 넘는 추방자들을 수용했으며, 나머지는 다른 나라가 수용하도록 유도했다.

1974년 4월과 1975년 2월 사이에 새 노동당 정부는 이주정책을 진보적 정책으로 변화시켜 갔다. 1971년 이주법에 의해 영향을 받고 있는 불법이주자들을 사면했으며, 영국에 정착한 여자들의 남편(husbands and fiances)의 입국을 제한하는 1969년 조치도 철폐했다. 또한 영국 여권

보유자(passport-holders)의 쿼터를 3,600명에서 5,000명으로 증가시켰다. 1976년 초에 정부는 '인종관계법'(the Race Relations Act)을 통과시켰다(Layton-Henry 1992, 58-59, 156).

그러나 1976년에 들어서면서 이주정책이 다시 구속적인 방향으로 틀어졌다. 1976년 3월에 내무장관 로이 젠키스(Roy Jenkins)는 엄격한 이주제한의 필요성을 인정했다. 1976년 5월 아프리카의 말라위(Malawi)로부터의 소수 아시아인의 도착은 언론에서 엄청난 소동을 일으켜 결국 '국민전선'(the National Front)의 지지상승에 도움을 주었다. 이들의 회원 수는 증가했고, 몇몇 도시와 자치단체 선거에서 15-19%의 지지를 얻었다. 예로 에스트 브롬위치(West Bromwich)에서 16.3%를 회득했으며, 1977년 베스널 그린(Bethnal Green)과 '보우 컨트리'(Bow Country) 선거구에서 19.2%를 회득하여 최고의 지지율을 달성했다(Kitschelt 1995 ; Hansen 2000, 223). 1976년 7월 말라위의 아시아인에 대한 점증하는 보수세력의 압력에 대응하여 젠키스는 의회 소위원회를 구성하여 잠정적인 이주자들의 개별 신상기록을 작성할 것을 검토하였다. 같은 해 10월에 보수당 전당대회는 이민통제에 대한 결의로 홍수를 이루었고, 정당의 선거 프로그램도 이주의 즉각적인 감축 필요성을 강조했다(Layton-Henry 1992, 94, 158, 183).

1977년 노동당 정부는 개별 신상기록은 바람직하지 않다고 발표했다. 1977년 3월 노동당 정부는 새 이주규칙(immigration rule)을 적용하였으며, 영국에 이미 정주하고 있는 여인과 근래 결혼한 남자는 즉각적인 영구정주의 권리가 주어지지 않도록 하였다. 이 조치는 영국에 정착하려는 신영연방 시민의 수를 감소시키는 효과를 가져왔다. 1977년 4월 정부는 국적과 시민권법의 개혁안을 제시했다. 이는 두 형태의 영국 시민권을 구상하였는데, 하나는 영국과 관련된 사람들을 위한 것이며, 다른 하나는 영국 식민지의 시민을 위한 것이다(Layton-Henry 1992, 157).

5. 대처 보수당 정부 하의 이주정책 : 1979-1997

영국은 1978년 12월부터 1979년 1월까지 대규모 파업과 높은 세금, 복지예산 확충 등 급히 해결해야 할 국내 정치문제에 직면했다. 당시 집권노동당은 특히 노조가 지원하는 파업으로 인하여 집권당의 한계에 직면해 국민들의 불만이 고조되었다. 이른바 "영국병"에 대한 치유를 원하는 국민들의 기대 속에 마가레트 대처(Margaret Thatcher)가 이끄는 보수당은 44%의 득표율을 얻어 37%를 얻은 노동당을 압도적으로 누르고 승리했다. 이로써 18년의 보수당 집권이 시작되었다.

1978년 1월 대처의 "늪에 빠짐"(swamping) 선언은 보수당의 이민 반대를 최고로 보여주는 사건이었다. 대처는 텔레비전에서 이 선언으로 이주에 논쟁을 불러일으켰으며, 영국 시민들은 자신들의 나라가 이방문화를 가진 사람들에 압도될지 모른다는 두려움을 갖게 되었다. 따라서 영국은 이주에 어떤 종말을 고해야 한다고 여겼다(Hansen 2000, 211).

1979년 선거에 대한 보수당 선언은 이민을 제한하는 강경한 정책을 약속했다. 권력을 잡게 되자 그들은 약속의 일부를 시행했다.

1) 1979년 1월과 1980년 3월 사이에 보수당 정부는 (1) 영국에 이미 정주한 여인의 남편에 대해, (2) 영국에 정주한 노년의 아들과 딸들에 대해, (3) 방문자나 또는 학생신분으로 입국한 외국인에 대해 정주 허용을 제한하는 새로운 규제들을 도입했다. 이런 규제들은 가족의 재결합

을 전반적으로 어렵게 하였으며, 논쟁이 되는 '주목적 규칙' (primary purpose rule)을 도입했다(Hansen 2000, 232). 영국에 입국할 주목적으로 결혼하여 비자를 신청하는 것을 막고자 한 것이다.

2) 1981년 1월과 1983년 1월 사이에 정부는 영국국적법(the British Nationality Act)을 통과시켰다. 이 법이 갖고 있는 의도는 영국에 거주하고 영국 시민으로서의 권리를 누릴 대상을 분명히 하며 국적과 이주를 통합하는 것이었다. 또한 영국은 이 법을 통해 다른 EU국가들과 이주에서 조화를 이루고자 하였다(Spence 1997, 148). 본국적법은 시민권을 세 부류로 나누었다. 즉 영국 시민권(British citizenship), 영국 속령 시민권(citizenship of the British Dependent Territories), 영국 해외 시민권(British overseas citizenship)이 그것이다..

새로운 국적법은 역시 이주정책의 영향을 받은 것이다. 왜냐하면 첫 번째 카테고리의 사람들만이 영국에의 자유로운 정주권과 입국권을 갖기 때문이다. 이들은 자신들의 부모나 조부모가 영국의 시민으로서 태어났거나, 입양되었거나, 귀화하였거나, 등록되었으며, 또는 영국에의 영구거주를 통해 시민권을 얻은 사람들이다. 과거 영국국적법은 이전에 외국인은 속지주의에 따라서 영국에서 태어나면 자연히 영국 시민이 되었으나 이제는 이 법에 따라서 최소 부모 중 1명은 영국인이거나 영국에 거주권을 가져야 하는 것으로 내용이 개정되었다.

3) 1982년 10월과 1983년 2월 사이에 내무장관은 영국 시민의 배우자에 대한 이민규칙을 변경했다.

1980년대에 들어 영국의 이주정책은 망명자와 불법이주에 초점을 맞추었다. 내무장관 레온 브리튼(Leon Brittan)은 1985년에 스리랑카에서 타밀족(Tamils)의 유입과 매우 높은 실업과 도시폭동으로 인하여 스리랑카 타밀족들은 고국으로 돌아갈 때 심각한 학대를 받을 우려가 있을 경우에 한해 머무르는 것이 허용된다고 발표할 수밖에 없었다. 10일 뒤에 새 이민규칙은 스리랑카 시민들이 영국에 입국하기 위해서는 비자를 받도록 하였다. 플렌더(Plender)에 따르면 이는 연방시민이 비자를 강제로 획득하도록 하는 첫 번째 조치이다(Plender 1986, 559).

같은 해인 1985년에 보수당 정부는 1973년 이전 신연방 출신 남성 이주자들에게 주어진 특권을 제거하는 규칙을 개정함으로써 유럽재판소 인권에 대한 판결에 대응했다. 1986년 9월과 1987년 초에 정부는 불법이주자를 지적함으로써 인도, 파키스탄, 나이지리아, 가나 그리고 방글라데시 국가에 대해 비자를 요구했다(Mullins 1987, 435-36 ; Layton-Henry 1992, 205 ; Kaye 1994, 151). 정부는 또한 인도대륙에서 오는 이주자를 제한하는 다른 조치들을 취했다. 가령 항구에서 이주규칙에 대한 적용의 강화, 입국조건을 위반하는 사람에 대한 강제송환, 영국 고등판무관실 또는 자국 내 영사관에서 잠정이주자에 대해 입국허가서를 요구한 것 등이다(Layton-Henry 1989, 71-73).

1987년 3월에 통과한 이주법(Carrier's Liability)은 필요한 적법한 서류 없이 영국으로 사람을 수송하는 여객선을 압류할(fine) 권한을 정부에게 주었다. 보수당원들은 망명규칙이 위법의 난민이 점증하는 것을 막기 위해 강화되어야 한다고 주장했다. 또한 1987년 11월에 정부는 1987년 1월 이전 영국에 정주한 남녀들의 절대적인 권리를 폐지하는 법안을 제안했다. 1998년 중반에 발효된 이 법은 입국거부와 강제송환에 대해 이의를 신청할 수 있는 권리를 제한했다(Layton-Henry 1992, 207).

1989년 정부는 터키 쿠르드인에게 비자제한을 발효했다. 1989-1990년에 정부는 영국국적법[(홍콩) the British Nationality (Hong Kong) Act)]을 통과시켰다. 이는 홍콩 출신 5만 명에게 완전한 영국 시민권을 부여하며, 그들의 가족에 최고 225,000명까지도 포함된다. 영국국적법은 홍콩에서 출생한 사람은 이미 영국 국적을 부여했지만 중국은 1949년 수립 후 중국인 출신에 대한 영국의 시민권을 전혀 인정하지 않았다. 또한 1980년 중국국적법은 이중국적을 인정하지 않았다. 따라서 1997년 홍콩의 주권을 중국에 넘기는 과정에서 이런 국적문제에 대해 오랫동안 협상을 거쳤다.

1988년과 1991년 사이에 영국에로의 망명자 신청 수가 11배 증가했다(Rogers 1992). 영국에서 일하는 불법이주자는 1988년 4,000명에서 1995년과 1996년에 10,000명으로 증가했다. 의회는 1991년에 망명자법에 대해 논하였으나 이 법의 통과는 1992년 총선거로 인해 중단되었다. 좀 더 온건한 법이 1993년에 통과되었다. 1993년 망명과 이주이의법(the Asylum and Immigration Appeals Act)은 신청이 거부된 사람에 대한 질문과 조사, 그리고 송환에서 관리자에게 권한을 더 많이 부여했다(Freeman 1992). 이는 관리들에게 문서의 진위가 의심스러운 자에게는 지문을 채취할 수 있는 권한도 주었다. 또한 망명신청에서 '안전 제3국' (safe third country) 조항을 도입하여 이의신청의 권리(the right of appeal)를 제한했다(Steiner 2000, 118–19).

1993년 망명 및 이주이의법으로 인해 거부된 망명 신청 수가 증가했다. 이 법이 시행되기 전에 14%에서 1994년 첫 시행된 9개월 동안에 76%로 증가한 것이다. 그럼에도 불구하고 망명신청 건수는 다시 1994–1995년에 증가했다. 이는 또한 결정을 기다리는 적체를 낳았고 신청자의 다수가 가짜라는 의심을 낳았다. 이는 다시 망명신청의 제한을 더 강화하는 것이 되었고, 망명신청자에 대한 처리를 놓고 논란을 가져왔다.

1996년 망명 및 이주법(the Asylum and Immigration Act)은 영국에

도착하면서 망명을 신청하지 않은 망명신청자에 대한 복지혜택을 제외하고 있다. 이는 또한 망명신청자에 대한 거주지 제공도 제한하며, 6개월 동안 노동을 금지하는 것과 고용주에 대한 벌과금을 부여하는 것도 포함하고 있다.

정부는 불법이주자를 예방하며 망명신청자를 줄이기 위해 그 외에 다른 조치들도 강구했다. (1) DNA 테스트는 만약에 어린이가 가족결합을 위해 입국해야 할 때 그 신원증명이 필요할 때 할 수 있다(이는 주로 아프리카와 남아시아에서 오는 어린이에게 적용되었다). (2) 내무장관은 결혼을 통한 입국을 막기 위해 잠재적 이주자에 대한 결혼조항을 강화했다. (3) 정부는 내무부 이민국적국(the Home Office's Immigration and Nationality Department)에게 집행부의 지위를 부여해 망명신청자에 대한 송환을 촉진하는 안을 고려했다. (4) 내무장관은 파키스탄을 방문하여 파키스탄인 망명신청자 수를 줄이는 것을 정부와 협의했다.

6. 이주정책 : 1997년 이후

노동당이 1997년 5월 다시 권력을 잡게 되자 보수당에 의해서 시행되고 있던 일부 이주제한정책을 철폐할 것을 발표했다. 이에 따른 정책변화로는 다음과 같은 것들이 있다.

1) '주목적 규칙'의 철폐이다. 이 규칙 하에서 비EU 시민과 결혼하는 영국인은 결혼의 목적이 이주통제를 회피하기 위한 목적이 아님을 증명해야만 했다. 이런 증명이 불충분하다고 판단되면 이주담당관은 입

국거부를 할 수 있었다.

내무장관 잭 스트로(Jack Straw)는 "이 규칙이 자의적이고 비효율적이었으며, 가족을 분리시켰고, 불필요하게 이주체계에 정부의 짐을 가중시켰다"[2]고 밝혔다. 이런 조치는 지지를 받았다. 이 조치를 통해 1996년에 입국이 거부된 1천 명의 부부가 즉각 영국에 들어올 수 있었다.

2) 이른바 '백색 리스트' (white list)의 철폐이다. 이 리스트에 속한 나라의 시민들은 모국에서 더 이상 심각한 억압을 당하지 않는 것으로 여겨진다. 따라서 망명신청이 심사되기 전에 자신의 나라로 송환될 수 있다. 영국에 주로 망명 신청한 7개 나라, 즉 인도, 파키스탄, 가나, 불가리아, 사이프러스, 폴란드, 루마니아 출신국 망명신청자는 그만큼 망명이 어렵게 되었다.

3) 1997년 고용주 제제법안을 시행하지 않는 것이다.

4) 정부는 또한 지방자치단체에 생활수단이 없는 망명신청자에 대한 주택과 음식 제공을 하는 지원금을 증액했다.

1999년 7월 26일에 발간된 정부의 2차 연간 보고서는 이주에 적용되던 '주목적 규칙'을 이미 제거했다고 밝혔다(Guardian 1999, 6, 26). 1999년 2월에 정부는 역시 해외에 있는 14개 '영국 의존 주' (British Dependent Territories)의 거주자들은 완전한 시민권이 보장되며 영국에 이주할 권리를 갖는다고 밝혔다. 그러므로 이는 1962년 영연방이민법(Commonwealth Immigrants Act)과 1983년 영국국적법(the British Nationality Act)에서 제거한 규정들을 환원하는 것이다[Migration News 5(3)-6(4), March 1998-April 1999]. 홍콩은 1997년에 중국으로 귀속됨에 따라 단지 15만-

2. http://www.bbc.co.uk/politics97/news/06/0605/straw.shtml

20만 명이 이 권리를 신청했다. 경찰서장이나 상위직 이민 공무원들의 감독 하에 있는 관료가 인종차별로 인해 죄가 있는 것이 판명되면 기소되도록 하였다[Migration News 7(1), January 2000].

1997년과 2001년에 주요 이주정책은 망명신청 과정의 촉진과 불법이주 및 사기 난민을 예방하는 데 있었다. 이런 예방정책의 일부는 이미 1997년 노동당 정책에서 고안되었다. 1999년 연간 보고서에서 노동당의 약속은 비자신청 체계의 합리화, 공정한 망명결정, 사악한 이주상담자 통제, 출생문서 위조 예방 등이다. 그러나 망명신청자와 불법이주의 급증은 정부가 이런 이주정책을 재고하도록 만들었다.

1997년 말에 영국 내무부는 불법이주를 막는 조치들을 발표했다. 가령 유로 터널을 통해 프랑스에서 영국으로 건너오는 기차에서의 여권과 신분 확인, 외국인 밀수를 전담하는 팀 설립 같은 것이다. 1998년 4월에 내무부는 또한 운송책임법(Carriers Liability Act)을 기차에까지 확대적용하여 적법한 서류 없이 영국에 도착하는 승객에 대해 기차 유로스타(Eurostar)에 벌금을 물릴 수 있게 되었다. 같은 해에 정부는 구유고슬라비아 및 슬로바키아 시민이 영국을 통과한다 해도 비자를 받을 것을 요구했다. 내무부는 슬로바키아 공화국의 일부 여행객에 의한 비자 면제의 남용을 비자 요구의 이유로 들었다(Fiddick 1999).

1999년 1월 1일 허가되지 않은 외국인을 영국으로 수송하는 회사에 대해서는 1명당 2천 파운드의 벌금을 부여하도록 하였다. 2000년 2월부터 영국당국은 인도, 파키스탄, 방글라데시를 포함하여 매우 위험한 지역 나라의 방문자에게 10,000파운드 예치금을 요구할 수 있도록 하였다. 왜냐하면 이전의 1,000파운드 예치금으로는 불법이주를 예방할 수 없을 뿐더러, 영국에 들어와서 공공 의료 서비를 받을 경우 그 비용은 세금으로 충당해야 하기 때문이다.

망명신청(2000)

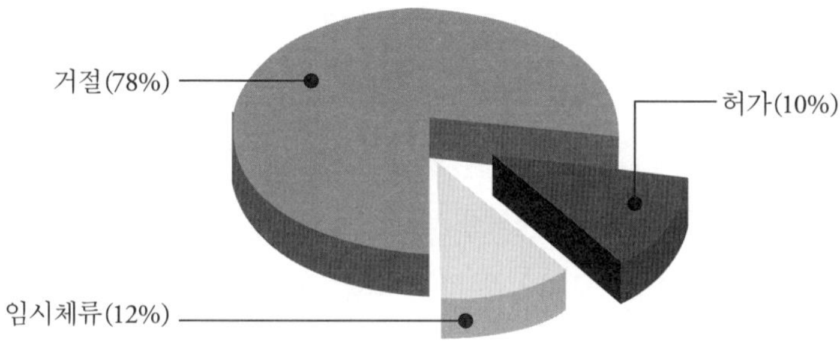

출처 : Home Office.

망명신청(1996-2000)

단위 : 1천 명

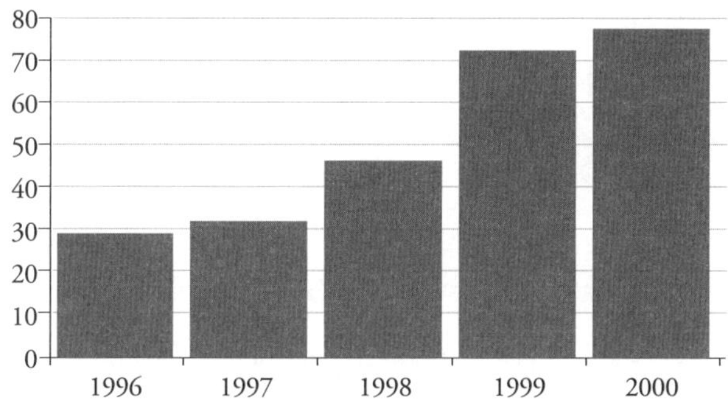

출처 : Home Office.

2000년 8월에 영국은 망명신청자에 지문채취를 시작하였다. 이주 및 망명법(the Immigration and Asylum Act)에 따라 부부는 결혼식 이전, 적어도 15일 이전에 등록소에 가서 공식 결혼식을 가져야 한다(solemnization). 이는 영국 여권을 얻을 목적으로 하는 위장결혼 이용(sham marriage)을 막기 위한 것이다[Migration News 8(1), January 2001].

1997-2001년 기간에 통과된 주요한 이주통제안은 1999년의 이주 및 망명법이다. 이 법은 2000년 4월에 효력을 발생했다. 본법의 주요

목적은 망명체계의 합리화이며 비용과 남용을 막는 것이다. 본법은 망명신청자가 거부된 후에 1회 이의신청으로 제한하며, 운송책임을 트럭 운전자까지 확대하였다. 과거에 망명신청과 결정이 심지어 몇 년씩 걸리던 것을 결정과정에서 첫 결정을 2달 내로 하며, 이의신청을 다루는 데는 4달로 하여 전체 망명결정을 6개월 내에 끝내도록 하였다. 또한 망명자가 받는 주당 35파운드 현금지원을 바우처(vouchers)로 대체한다. 이는 신청자를 전국에 산개하도록 하는 것이었다[Migration News 5(8)-7(5), August 1998-May 2000].

영국은 근래에 들어 이주정책에서 매우 제한적으로 변했다. 이는 1996년 '난민과 이민법'을 통해 심한 박해와 위험이 없는 나라로부터 난민을 받아들이지 않는 것이다. 또한 난민들에게 주는 복지혜택의 폐지 내지 축소이다. 아와 같은 난민정책은 다른 유럽국가에서도 시행되고 있다. 반면 2001년 '반테러, 범죄 및 보안법'(Anti-Terrorism, Crime and Security Act)과 2005년 '테러방지법'(Prevention of Terrorism Act)은 이민자의 입국을 까다롭게 하고 있다. 독일이나 미국이 이주의 확대(expansiveness)였다면 영국은 '제로 이민국'(zero-immigration country)으로 특성지어 진다고 보고 있다(정희라 2007, 255). 프리맨(Gary Freeman)은 영국의 전후 이주정책의 특징은 제국 시대에 관대하게 주어졌던 시민권리를 제거하는 것이었다고 보았다(1979, 38).

7. 외국인노동자 고용정책 : 1996년 이후

영국은 제2차 세계대전 후 '유럽자발노동자'(European Volunteer

Workers : EVW's) 프로그램 이후 40여 년 동안 외국인노동자 프로그램을 갖지 않았다. 대신에 외국인 노동력에 대한 대체 노동력을 이용했다. 즉 신연방(New Commonwealth), EU 및 아일랜드 노동자이다. 또한 오스트리아, 캐나다, 뉴질랜드, 남아프리카의 세계여행을 하는 젊은이들이 있다. 외국인 전문 노동자는 개별적인 수준에서 고용되었다. 불법이주자도 마찬가지이다. 1995년에 가령 20만 명의 아일랜드 노동자와 15만 명의 독일 노동자가 영국에 고용되었다[Migration News 8(10), October 2001].

그러나 1990년대 중반과 특히 2000년 이후 영국은 비EU 외국인 노동자의 국가통제적인 고용법을 개정하였다. 1996년에 '계절농업근로자제도'(Seasonal Agricultural Workers Scheme : SAWS)가 1996년에 '망명이주법'(the Asylum and Immigration Act)에 삽입되었는데, 이는 영국 농부가 5월부터 11월까지 농업에 필요한 인력(특히 동유럽인)을 농업 노동력으로써 최대 1만 명까지 고용하도록 해주기 위해서였다. 2001년에 정부는 외국인 농업노동력의 허가를 1만 명에서 1만 5,200명으로 증가시켰다[Migration News 8(1), January 2001].

2000년 5월 정부는 외국인 전문 노동력 허가과정을 단순화하여 IT와 건강의료 분야에의 인력부족에 대처하겠다고 발표했다. 비EU 국가의 숙련노동자를 목표로 하는 파일러트 프로젝트는 대상인이 인도, 아시아 및 동유럽이다. 영국은 먼저 외국인 간호사의 허가를 완화해 주었고, 2000년 5월까지 100명이 영국에 도착했다[Migration News 7(6), June 2000].

2000년 9월 20일에 외국 숙련노동자에 대한 새로운 규칙이 교육기술부(the Department for Education and Employment)에 의해 발표되었다[Migration News, 7(10), October 2000]. 2001년 10월 데이비드 블런켓(David Blunkett) 내무부장관은 전문 외국인노동자는 '고급 이민자 프로그램'(Highly Skilled Migrant Program)에 따라 1년간 영국 입국이 허용됨을 발표

영국 거주 외국인

	1971	1981	1991	2001
전 인구	52,559,260	53,550,270	54,888,744	57,103,331
해외 출생	2,390,759	2,751,130	3,153,375	4,301,280
전인구대비 해외출생 비율	4.55	5.14	5.75	7.53

자료 : http://news.bbc.co.uk/2/shared/spl/hi/uk/05/born_abroad

했다. 이 프로그램은 30년 만에 처음으로 외국인이 영국 내에서 직업을 갖지 않고 입국할 수 있게 한 조치였다.

이 제도는 포인트제로 전환하는 것을 요점으로 하여 2006년 11월에 다시 크게 개정되었다. 이런 개정은 해외의 우수 기술 인재들을 적극 유치하고자 하는 목적을 갖고 있다. 2006년부터 최소 요구하는 점수는 75포인트이다. 대학졸업(50), 취업에 따른 소득경험(45), 나이(20), 국내경험(5) 등이다. 특히 영국 내무부는 의사 · 치과의사, 간호사 등 의료직종과 엔니지어링(철로, 건축 및 교량, 도로교통, 지질측량), 보험통계업종, 항공기 관련 기술직, 교사, 수의사를 기술자가 부족한 전문직종으로 꼽등이다. 예로 IT에 대한 인력 부족현상이 지속될 경우 영국은 10년 후 국제 경쟁력 상실이 확실하다고 보고 있다. 따라서 매년 18만 명의 IT 인력이 필요한데, IT 관련 학과 졸업생은 2007년의 경우 2만 3천 명뿐이었으며, 향후 3년간 130만 명이 자신의 IT 기술을 업그레이드해야 할 것이라고 주장하고 있다.

그러나 일반 영국민들은 해외 노동력 유입에 부정적인 반응을 보이고 있다. 외국인노동자들이 영국인들의 일자리를 빼앗아간다고 판단하는 것이다. 영국 여론조사 기관 '유고브'(YouGov)의 2,000명의 성인을 대상으로 한 설문조사에 따르면 그 중 4%만이 현재 정부의 이주정책을

해외 출생 영국 거주인(아일랜드 제외)

	전체			전인구대비 비율		
국가	1991	2001	+/−%	1991	2001	+/−%
아프가니스탄	n/a	14,890	n/a	n/a	0.03	n/a
알바니아	154	2,270	1,374.03	0.00	0.00	0.00
호주	73,336	106,404	45.09	0.13	0.19	0.06
오스트리아	20,688	19,511	−5.69	0.04	0.03	-0.01
방글라데시	104,925	154,201	46.96	0.19	0.27	0.08
벨기에	16,528	21,498	30.07	0.03	0.04	0.01
캐나다	63,176	70,145	11.03	0.12	0.12	0.00
카리브인	266,902	254,740	−4.56	0.49	0.45	−0.04
중국	23,846	51,717	116.88	0.04	0.09	0.05
키프로스	78,191	77,156	−1.32	0.14	0.14	0.00
체코	8,696	12,077	38.88	0.02	0.02	0.00
콩고민주공화국	n/a	8,590	n/a	n/a	0.02	n/a
덴마크	14,251	18,493	29.77	0.03	0.03	0.00
구소련	27,108	43,182	59.30	0.05	0.08	0.03
구유고슬라비아	13,846	47,410	242.41	0.03	0.08	0.05
핀란드	5,397	11,228	108.04	0.01	0.02	0.01
프랑스	53,371	94,178	76.46	0.10	0.16	0.06
독일	215,113	262,276	21.92	0.39	0.46	0.07
그리스	14,459	35,007	142.11	0.03	0.06	0.03
홍콩	72,884	94,611	29.81	0.13	0.17	0.04
인도	409,130	466,416	14.00	0.75	0.82	0.07
이란	32,158	42,377	31.78	0.06	0.07	0.01
이라크	n/a	32,251	n/a	n/a	0.06	n/a
이태리	91,011	107,002	17.57	0.17	0.19	0.02
일본	28,247	37,293	32.02	0.05	0.07	0.02
케냐	112,441	129,356	15.04	0.20	0.23	0.03

룩셈부르크	697	1,236	77.33	0.00	0.00	0.00
말레이시아	43,608	49,207	12.84	0.08	0.09	0.01
네덜란드	29,653	39,972	34.80	0.05	0.07	0.02
뉴질랜드	41,203	57,916	40.56	0.08	0.10	0.02
나이지리아	47,201	88,105	86.66	0.09	0.15	0.06
파키스탄	234,164	320,767	36.98	0.43	0.56	0.13
폴란드	73,951	60,680	−17.95	0.13	0.11	−0.02
포르투갈	19,904	36,402	82.89	0.04	0.06	0.02
루마니아	4,019	7,617	89.52	0.01	0.01	0.00
시에라리온	6,280	16,972	170.25	0.01	0.03	0.02
싱가포르	33,751	40,180	19.05	0.06	0.07	0.01
소말리아	n/a	43,515	n/a	n/a	0.08	n/a
남아프리카	67,918	140,201	106.43	0.12	0.25	0.13
남아메리카	34,518	76,412	121.37	0.06	0.13	0.07
스페인	38,606	54,105	40.15	0.07	0.09	0.02
스리랑카	39,402	67,832	72.15	0.07	0.12	0.05
스웨덴	11,001	22,366	103.31	0.02	0.04	0.02
터키	26,757	53,964	101.68	0.05	0.09	0.04
미국	143,590	155,030	7.97	0.26	0.27	0.01
짐바브웨	21,427	49,303	130.10	0.04	0.09	0.05

출처 : Home office.

긍정적으로 보고 있으며, 80%는 해외 노동자들이 영국 노동자들의 일자리를 빼앗고 있다는 부정적인 의식을 보여주고 있다.

제9장

독일의 이주정책

유럽국가에서 뒤늦게 산업화가 시작된 독일은 초기에 노동력을 송출하는 국가였다. 그러나 독일은 농업사회에서 산업사회로 변화됨에 따라 노동력이 부족해졌다. 19세기에 독일인들은 생존을 위하여 동유럽, 남유럽으로 이주해 나갔다. 19세기 말에 미국으로 이주한 독일인은 총 500만 명에 이른다. 이 같은 해외이주는 독일의 급속한 산업화로 인하여 이민을 받아들이는 나라로 바뀌었다.

1. 이주정책의 초기 상황

독일에서 노동력의 부족은 먼저 프러시아 동부지역을 중심으로 한 농업부분에서, 후기에는 서부 산업지역에서 발생했다. 프로이센 자체 내에서도 농노해방으로 이농현상이 급격히 일어났다. 동부지역 농업부분에서의 노동력 부족은 러시아나 오스트리아 출신과 폴란드 노동력을 통해 임시적으로 해결되었다. 서부지역과 루르 지역을 중심으로 한 광산 등에서의 노동력 부족은 독일로 편입된 지역에서 이주한 폴란드인, 서유럽과 중부유럽의 다양한 국가의 노동자들에 의해서 채워졌다.

외국인노동자는 1871년에 20만 6천 명에서 1910년에는 126만 명으로 증가했다. 이는 독일 인구의 1.9%를 차지한다. 1910년 인구조사에 따르면 외국인의 절반은 오스트리아-헝가리(667,159명) 출신이며, 그 뒤를 이어 네덜란드(137,697명), 러시아(137,697명), 이태리(104,204명) 순이다(Herbert 1990, 21).

1885년에 독일은 외국인노동자 사용에 제한을 가하기 시작했다. 1872년 이후 프러시아 정부는 독일에 합병된 지역에 사는 폴란드인의 독일화(Germanization)를 강화하는 정책을 시작했다. 정부는 '외국' 폴란드인이 이런 독일화 정책을 무력화시킬 수 있다고 보고 3만 내지 4만 명의 폴란드인을 프러시아 동부지역으로 소개(疏開)시켰으며, 국경을 봉쇄했다. 또한 더 이상의 폴란드 노동자 유입을 금지했다(Esser/Korte 1985, 166).

그러나 이러한 소개와 정책들은 프러시아 농장주들로부터 격렬한 반대를 불러일으켰다. 왜냐하면 이들에게 농업 노동력이 절대 부족했기 때문이다. 결국 1890년에 정치적·경제적인 타협이 이루어졌다. 타협 내용은 폴란드 이주노동자들이 프러시아 동부지역에서 일하는 것은 허용하되 영구거주는 금한다는 것이다. 따라서 농사를 짓지 않는 계절인 겨울(Karenzeit) 4달 반 동안에 폴란드 노동자들은 매년 프러시아를 떠나야 했다. 이런 독일지역의 폴란드화를 방지하기 위한 타협책의 또 다른 지향점은 폴란드 노동력이 농업에서 서부지역의 산업지로 흘러가는 것을 예방하는 것이었다(S. Constantine 2006).[1] 이와 같이 독일은 이주정책

초기에서부터 외국의 노동자가 독일 사회에 장기체류하며 독일 사회에 통합되는 것을 막는 정책을 폈으며, 이는 독일의 외국인 정책의 전통이 되었다.

1908년에 프러시아 정부는 러시아계 독일인들이 프로시아로 이주해 오는 것을 담당하는 사무소를 세웠다. 1908-1914년 기간 동안 이 기관은 3만 명의 러시아계 독일인을 프러시아로 데려왔다. 실제로 이들은 많은 수가 문맹이었음에도 불구하고 폴란드 노동자들을 대체했는데, 인종 간 갈등이 없기 때문에 받아들여졌다.

제1차 세계대전 전의 외국인 관련 정책은 농업영역과 정부 간의 갈등과 타협으로 이루어졌다. 이런 가운데 외국인 고용은 경기의 사이클과 연계되어 입법조치가 이루어졌다. 1885년과 1914년 외국인의 추방은 실업자의 급격한 증가와 결부되어 일어났다. 즉 1890년 타협책은 산업화 초기에 일어나는 경기 후퇴기와 농산물의 가격이 최고치에 이르며 노동력 부족이 심각한 시기에 이루어진 것이다. 전체적인 외국인 정책의 흐름을 보면 폴란드 외국인노동자들이 농업지역에 고용하는 것은 허용하되 이들이 서부의 산업지로 이주해 가는 것은 방지하는 것으로 되어 있다.

1890년의 타협책은 폴란드인에게 일시적인 제한적 거주만을 목적으로 하였기 때문에 이들을 통한 프러시아의 폴란드화에 대한 두려움과 염려는 적었다. 국가정체성의 옹호자들은 폴란드 노동자들에 대한 제

1. 정부는 서부 산업지에 외국 노동력 고용을 금하는 정책을 계속 유지해 갔지만 농업지역에 외국인 노동력 사용은 허용했다. 이런 조치들은 궁극적으로 독일농업노동자협회(the German Farm Workers Agency)에 농업부문에 외국인 고용에 대한 독점권을 준 것이 되었다. 이와 같은 폴란드 이주자에 의한 독일의 의존은 심화되어 한편에서 노동력 수급이 외국 정부에 의존하게 되는 우려를 낳았다.

한 시기가 사회갈등과 국가정체성에 대한 신뢰결여에서 이루어진 것이라고 주장한다. 그러나 독일화(Germanization) 정책은 1872년에 시작되었으며, 폴란드 노동자 추방도 다만 1885년에 한번 일어났다. 비슷하게 1899년과 1908년 독일에서 폴란드어 사용에 대한 제한은 폴란드 이민자 수의 제한과는 관계가 없는 것이다.

1) 제1차 세계대전과 이주

제1차 세계대전이 발발함에 따라 독일은 러시아계 폴란드 노동자들, 특히 군대 서비스 활용에 용이한 계층이 고향으로 돌아가는 것을 제한했다. 1914년 가을 독일 군대의 패배는 전쟁의 장기화를 의미했고, 급속한 전시 군사산업에로의 확대는 기존의 정책을 바꾸었다. 폴란드 러시안 노동자들의 출국을 제한받았으며, 전쟁 중에 독일은 폴란드, 헝가리, 벨기에, 덴마크 노동자들을 고용했다. 이들은 주로 군사산업의 노동력으로 투입되었다. 모두 2백만 명 이상이 전쟁 말기까지 독일 산업에 종사했다.

전쟁기간 외국인 고용은 항구적 이주라기보다는 일시적 노동자 고용이었다. 왜냐하면 외국인노동자들은 어떤 사회적 · 정치적 권리도 없었으며, 또한 전쟁의 종결과 더불어 자유의 몸이 되었기 때문이다. 고용은 농업과 산업영역에서의 노동력 부족 때문이었고, 이는 전쟁과 더불어 전쟁이주노동자(war-migrant worker)로서의 특징을 갖게 되었다.

2. 이주정책 : 1918-1945

1918년부터 제2차 세계대전 말까지 기간은 3기로 나뉜다. 먼저 바이마르 공화국 기간에는 외국인 노동력의 고용이 제한되었다. 바이마르 공화국 기간에는 전후 경제상황과 경제공황으로 인하여 외국인노동자의 유입은 필요없었다. 외국인 노동력의 고용은 나치 통치기간인 1933-1939년에 다시 허용되었다. 마지막으로 나치 정권은 제2차 세계대전 동안 외국인 전쟁포로들을 대규모로 산업인력으로 사용하였다.

1) 바이마르 공화국 전후

1918-1933년 기간은 점증하는 높은 실업으로 특징지어지며, 특히 산업중심지에서 실업이 더 높았다(1921, 1922년은 예외). 결과적으로 이주노동력을 제한하는 정책이 시행되었다. 그러나 농업영역은 예외적으로 허용되었다. 제1차 세계대전 말기에 정부는 산업을 평화적 시기의 산업으로 전환하는 일에 직면했고, 귀향하는 군인들의 문제를 해결해야 했다. 따라서 가능한 외국 노동력을 고향으로 돌려보내고자 했으며, 이런 가운데 폴란드 노동자에 대한 보상문제도 생겨났다.

1924년까지 독일에서 외국인노동자 수는 200만 명 이상에서 174,000명으로 감소했다. 폴란드 노동자에 대한 보상을 통한 귀환은 실업을 감소시키고자 하는 목적을 갖고 있다. 특히 산업도시 지역의 실업은 심각했다. 농업지역에서 인력은 여전히 부족했으나 산업지역의 잉여 노동력이 농업지역으로 흘러들어 가지는 않았다. 따라서 1919년 정부는 농장소유주들의 요구를 받아들여 독일 동부지역에 5만 명의 폴란드 노동자의 고용을 허가했다.

1920년부터 외국인노동자는 엄격한 조건 하에 고용이 허가되었다. 첫째, 외국인노동자는 국내노동자를 찾지 못할 경우에 한하여 허용된다. 둘째, 외국인과 독일인은 동등한 고정되고 합의된 임금체계 하에서 보수를 받는다. 셋째, 경영자와 노동자의 동수로 구성된 특별위원회는 외국인노동자의 허용을 감시한다(Herbert 1990, 121-23).

1922년에 발표된 노동교환법(the Labor Exchange Act)은 외국인노동자들이 농업에서 산업영역으로 이동하는 것을 어렵게 하였다. 1929년에 폴란드 노동자에게만 적용되었던 12개월의 노동과 거주제한이 전 노동자로 확대되었다. 외국인노동자의 엄격한 제한은 1932년과 1933년에 시행되었는데, 바이마르 공화국 기간을 통해 외국인노동자가 독일 전체에서 차지하는 비율이 0.4% 이하에 머물렀다.

2) 나치 집권 기간

1933년 권력을 잡은 나치 정권은 독일의 산업정책을 대대적으로 확대하였고, 특히 군비부문에서 증가되었다. 실업률은 1933년에 26.3%에서 1936년에 8.3%로, 이는 다시 1937년에 4.6%로 급격히 떨어졌다. 이에 따라 노동력 부족이 발생했다. 결과적으로 독일 동부지역에 있던 폴란드 노동력이 불법으로 서부지역으로의 이주가 증가했다. 독일 정부는 폴란드, 이태리, 그리고 다른 나라들과 노동고용 협약을 맺었다. 1939년까지 9만 명의 폴란드인, 3만 7천 명의 이태리인, 1만 5천 명의 유고인,

1만 2천 명의 헝가리인, 5천 명의 불가리아인과 4천 명의 덴마크인이 이 협정결과로 독일 농업부분에 종사한 것으로 추정된다.

외국인 노동력의 고용은 제2차 세계대전 기간에 절정에 달했으며, 여기에 수많은 전쟁포로와 점령지역 사람들이 노동수용소(캠프)나 개인 업체에 고용되었다. 최근 연구에 따르면 비독일인 전쟁포로 1천2백만 명이 독일 민간기업, 노동캠프 및 기타 장소에 고용되었는데, 이는 독일 공장 노동력의 40%에 해당되는 것으로 밝혀졌다[Herbert 1990, 127-28 ; Martin 1995, 197 ; Migration News 2(5), May 1995].

1918년과 1945년 사이의 일시 노동이주에 대한 입법과 법령화 시기는 경제 사이클을 따르고 있다. 먼저 군인들의 귀환과 점증하는 실업은 정부로 하여금 노동자들의 귀환에 보상하도록 하였고, 새 이주에 대해 국경을 봉쇄했다. 노동교환법은 역시 외국인노동자들이 농업영역에서 산업영역으로 이동하는 것을 방지하는 것이었다. 산업시설을 갖고 있는 도시에서는 실업이 매우 높았다. 독일은 심각한 경제침체에 직면하자 1923, 1929, 1932년에 이주를 엄격히 제한했다. 반대로 산업팽창정책을 추진한 나치 정권기간에 부족한 노동력을 다시 외국인 노동력을 통해, 전쟁기간에는 전쟁포로들을 통해 충당해 나갔다.

1930년대 독일 사회는 주요한 사회갈등의 시기였으며, 이는 인종적 차별정권을 만들어냈다. 그럼에도 불구하고 경제가 활성화되자 나치 정권은 노동이주를 허용하는 정책을 촉진했다. 이주노동자들의 구성은 문화정책에 관련하여 심각한 우려와 경계 대상이 되었으며, 이는 독일 혈통의 순수성에 대한 위협으로 보는 데서 더욱 그러하다. 그러나 이는 독일이 외국인노동자 고용을 하는 다른 나라들과 협약을 제지하는 수준까지로는 발전하지 않았다.

3. 이주정책 : 1946-1960

제2차 세계대전 전에 독일인 인구분포를 보면 오데르와 나이세(Oder und Neisse) 동쪽지역(Schlesien, Ost-Brandenburg, Pimmern, Ostpreussen)에 약 9백만 명이 살았고, 동부 국경쪽(체코, 폴란드, 루마니아, 유고, 소련, 발틱)에 약 4백만이 살았다. 독일 영토에서 폴란드와 러시아로 새로 편입된 지역과 동유럽국가 지역에서 1945-1948년에 1천2백만 명의 독일인이 추방당해 자신들의 삶의 터전에서 떠나야만 했다. 이들은 결국 독일로 향했다. 1950년까지 약 790만 명의 추방자(Vertriebenen)가 서독에, 그리고 다른 36십만 명이 동독에 거주했다. 오스트리아에는 43만 명이 이주했다. 전쟁 동안에 독일에 입국하여 일하다 전쟁 후에 고향으로 돌아가지 못한 약 50만 명에 이르는 외국인들에게 추방당해 입국한 독일인과 동일한 법적인 지위를 부여했다(Rudolph 1994, 115 ; Esser/Korte 1985, 169).

1950년 이후 서독은 유럽 공산국가에 머물고 있는 독일 소수인의 이주를 촉진하기로 결정했다. 이들은 동방 이주자(재이주자)[2]란 공식이름을 가졌다. 약 3백만 명 이상이 1961년 베를린 장벽이 세워지기 전에 동독에서 서독으로 이주했다. 이런 동방 이주자들과 국내 독일 이주자들의 민족적인 통합정책을 위해 서독 정부는 여러 정책을 시행했다.

2. Aussiedler 의 번역은 해외이주자, 동방이주자로 번역된다. 주로 이들은 동유럽지역에서 왔기 때문에 동방이주자로 번역되고 있으며, 본글에서도 동방이주자로 하였다. 통일 이후 동독지역에서 오는 이주자들은 Übersiedler로 불리는데, 이들도 동독이주자, 탈주민으로 번역되어 사용되고 있다. 본글에서는 동독이주자로 번역한다.

- 1949년 서독 헌법(기본법)은 독일 국적을 가진 자, 1937년 기준으로 구독일 영토 내에서 독일인에 속하는 망명자나 피추방자 또는 그 배우자나 비속으로 받아들여진 자로 정하고 있다. 1933년 1월 30일부터 1945년 5월 8일까지 기간에 정치적 · 인종적 · 종교적 이유로 국적이 박탈당한 구독일 국민과 그 자손은 요구에 의해 국적을 회복할 수 있도록 하였다. 따라서 1950년 이후 여전히 중앙유럽과 동유럽에 살고 있는 독일인까지도 잠정인 독일 국민으로 여기는 확대해석이 가능하게 되었다.
- 1953년 망명과 추방에 관한 연방법은 독일계 이주자들을 동방이주자(Aussiedler)로 공식 명명하였고, 이들에게 전쟁 후의 추방자들과 동일한 법적인 지위와 혜택을 부여했다. 동법은 민족의 출신을 구체화하였으며, 독일 소수민족을 세습(유전), 언어 그리고 문화 및 민족적 정향(ethnic orientation)에 따라 정의했다.

서독은 독일계 소수민족들을 환영했으며, 이들에게 즉각 시민권을 부여했다. 이런 정책은 이주의 규모와 당시 1954년까지 지속된 높은 실업률, 부족한 주택 등을 감안해 보면 의미 있는 정책이었다. 그 외 서독은 이들에게 재정적인 지원뿐만 아니라 주택에서 우선권, 무료 독일어 학습과정, 방학기간 교육 등을 제공했다. 또한 심지어 독일의 연금에 전혀 기여하지 않은 자들에게까지 공공연금의 혜택을 부여했다(Rudolph 1994, 115).

이와 같은 독일의 해외동포에 대한 이주정책은 독일의 전형적인 민족주의적 특성을 보여준다. 가령 동방 이주자들은 실제로 몇 세대에 걸친 해외거주로 인하여 독일의 전통과 문화를 갖지 못하거나 또는 심지어 독일어를 구사할 수도 없지만 그 혈통에 따라 독일 국적을 부여받았다. 구소련의 해체로 인하여 후기 동방 이주자들은 현지 사회에의 동화와 결혼으로 인하여 독일어 능력이 훨씬 떨어진다. 이런 독일계 이주자에 대한 우대정책은 차후 독일에서 거주하는 터키인에 대한 정책과 확연히 대조된다. 터키 2, 3세대는 독일에서 태어나 독일 문화와 언어를 사용하여 독일인과 전혀 차이가 없음에도 독일 국적이 부여되지 않았고 외국인으로 등록되었다.

1955년까지 정부는 독일 농부들이 요구하는 이주노동자의 고용을 거부했다. 이 상황은 1955년에 바뀌게 되었는데, 이태리 노동자에 대한 독일 농부들의 요구에 대해 이태리 정부는 이태리 노동자에 대한 고용은 독일 정부를 통해서 이루어져야 한다고 요구했다. 이에 따라 독일과 이태리는 1955년 12월에 노동고용에 관한 협약을 맺었다(Martin 1995, 198).

이런 협약이 있기 전에 수백 명의 이태리 농업노동자들은 당시 바뎀-뷔르템베르크 농부들의 주도에 의해서 모집되었다. 바뎀-뷔르템베르크는 농업후계자들이 빠져나가 노동력이 부족한 상태였다. 독일에 초기 노동자 유입은 미는 힘(push)보다 당기는 힘(pull)의 요인이 더 많이 작용했다. 기업 임금과 노동시장정책적인 언급이 유럽의 변방지역에서 노동력을 얻는 결정적인 요인이 되었다. 이는 1950년대에 높은 실업률(7%, 110만 명)에도 불구하고 이루어졌다. 완전고용은 본질에서 경제정책의 목표가 아니었다. 오히려 노동조합에서 있을 수 있는 임금압력에 대한 두려움에서이다. 이는 노동력에 대한 공급의 확대를 통해서 이런 경향에 대처할 수 있었다(Herbert 1986, 191).

4. 이주정책 : 1960-1973

1) 이주노동자에 대한 주요 법적 규제

1961년에 동·서독 국경 폐쇄는 독일의 농업과 산업에서 인력부족을 심화시키는 계기로 작용했다. 따라서 독일은 1960-1973년 사이에 대규모로 외국인노동자를 고용했다(Firat 1990, 19ff). 그리스, 스페인과 1960년, 터키와는 1961년, 모로코와는 1963년(1966년에 개정), 포르투갈과는 1964년, 튀니지와는 1965년, 유고슬라비아와는 1968년에 각각 고용에 관한 국가 간 협약을 맺었다.

이런 고용에 관한 체계는 잘 조직화되었고, 독일 사업주는 지방의 고용청에 노동자를 신청하면 되었다. 기업은 먼저 현지 노동자 구인신청을 하고, 그 다음으로 구인요구서는 노동자를 모집하는 각 나라별 독일 사무소로 보내졌다(Ludäscher 1986).

외국인노동자 고용협약 국가

1955	이태리
1960	스페인, 그리스
1961	터키
1963	마르코
1964	포르투갈
1965	튀니즈
1968	유고슬라비아

과거에 외국인노동자는 초기에 계절노동자(Saisonarbeiter)로, 전시에는 강제부역노동자(Zwangsarbeiter) 또는 이동노동자(Wandererarbeiter)로 불리었고, 내국인노동자와 구분하기 위해서 이방인노동자(Fremdarbeiter)로 불리었다. 이런 외국인노동자들은 1960년대 본격적인 외국인노동자의 모집과 더불어 초청노동자(Gastarbeiter)로 불리었다. 그러나 초청노동자라는 말은 초청이라는 단어를 통해 외국인노동자에 대한 최소한의 손님으로서의 존경을 표방하고 있지만, 다른 이면에는 이들이 일시적으로 초청되어 왔으며, 언젠가는 다시 고국으로 귀국한다는 의미와 함께 독일의 민족주의적 의도도 포함되어 있다.

1961–1974년 사이에 독일에 입국한 외국인노동자들은 약 350만 명에 이른다. 이를 단계별 증가추세로 보면 1954년에 7만 3천 명에서 1973년에 260만 명으로 증가했다. 이는 독일 전체 인구에서 볼 때 0.1%에서 4.3%의 증가이다. 1967–1968년에 일시적으로 약 1백만 명 수준으로 감소했다.

초기에 이주노동자들의 주류는 이태리인이었다. 그러나 1960년대 후반부터 유고슬라비아인과 터키인이 급속히 증가했다. 1972년에 이르러서는 터키인이 독일에서 제1의 노동자 그룹이 되었다. 1973년까지 외국인노동자 고용에 제한은 없었고, 다만 1967–1968년에 일시적인 경기침체로 실업에 대한 혜택감소와 노동허가의 연장을 거부함으로써 외국인노동자 수를 줄였다.

1960–1973년 기간에 정부는 외국인노동자의 고용과 지위를 제한하는 여러 법안을 통과시켰다. 대표적인 것은 1965년 외국인법, 1969년 노동촉진법, 그리고 1971년 노동허가법이다. 그러나 이런 법들은 1973년까지 외국인노동자의 규모를 제한하지는 않았다. 1965년 외국인법은 1938년에 제정된 외국인경찰시행령(Foreigner's Police Decree)을 대체

독일의 주요 외국인 정책

연도	내용
1965	외국인법(Ausländergesetz) : EWG-국가 출신(이태리)의 노동자를 내국인과 동등하게 대우함. 그 외 국가에 대해서는 일시적 거주 허용
1973	외국인 유입 금지 : EG-국가 외의 노동자 유입 금지
1975-1977	도심 중심으로 이주 금지
1977	귀화의 기본노선
1978	외국인법 시행에 일반행정지침 개정 5년 체류 허가(Aufenthalserlaubnis) 후에 장기 체류 허가, 8년 후에 거주권리(Aufenthaltsberechtigung)
1979	독일 거주 외국인노동자와 가족의 현황과 통합정책(Kükn-Memorandum), 독일 통합정책의 분수령이 됨. 독일은 이민국가(Einwanderungsland)로 규정함
1980	연방정부의 외국인 정책 발전에 대한 결정(특히 2세대를 고려함). 외국인법 개정공고
1980	EWG 국가 국민의 출입과 거주에 관한 법(EWG 거주법)
1982	'외국인 귀국촉진 지원과 이주조정'에 대한 연방 상원의 발의(Iniative)
1982	연방정부의 외국인 정책의 기보노선
1983	외국인 귀국촉진법 ; 새 외국인법에 대한 연방내무부의 Schubladen-안
1990	외국인 권리의 조정에 대한 법(Bundesrat 1990)
1990	외국인 유입 금지에 대한 예외조항
1990	신외국인법(1965년 법을 대체함) (차별화된 거주조건과 체류허가 종류)
1992	연립정부 정당과 SPD 야당 간의 망명타협(Asylkompromiss). 기본법 16조 변경, 망명신청, 외국인법 규칙(Vorschriften)에 관한 법
1993	망명신청법
1994	외국인 중앙등록법
1995	베트남인 귀국에 관한 협정 ; 2000년까지 4만 명 계약노동자의 귀국
1996	외국인법 새 규정
1996	헌법재판소 망명에 대한 판결, 망명법을 통한 제한은 합헌으로 판결
1997	외국인법 개정 ; 강제출국조항 강화 ; 비자의무 확대
1998	연방하원은 시민자격 권리의 개정을 부결함
1998	망명지원에 대한 규정 강화

하고 있다. 나치 시대에 제정된 이 시행령은 독일인과 비독일인(Non German)을 구별하여 외국인노동자에 대한 통제를 전적으로 경찰을 통해 하도록 하였다. 1965년 외국인법은 또한 연방주들의 다양한 외국인에 대한 규제를 통합하여 단일관리로 하였다.

1965년 외국인법은 내용에 있어서 이주노동을 더 탄력적으로 하며 통제 가능하게 하는 것을 목적으로 하였고, 이는 차후 규제정책의 기초가 되었다. 외국인노동자는 3개월 이상 거주하기 위해서는 거주허가가 필요하도록 하였으며, 영구체류를 얻기 위해서는 5년간의 거주기간을 조건으로 하였다. 또한 광범한 자유재량권을 부여했다. 1969년 노동촉진법은 외국인이 독일에서 고용되기 전에 허가를 얻도록 하였다. 1971년 노동허가법은 노동허가를 상세히 규정하였다. 5년간 이상 고용된 외국인이 추가 5년의 노동을 위해서는 특별 노동허가를 받는 것을 허용했다(Plender 1986, 550 ; Herbert 1990, 231 ; Rudolph 1994, 121).

1973년에 정부는 처음 고용에 제한을 가했다. 1973년 6월에 외국인노동자 중개료(fee)가 증가되었고, 1973년 11월에 EEC 외에서 외국인노동자 고용금지가 실시되었다.

2) 이주노동자정책의 주요 원리 : 로테이션 시스템 도입과 배제

1973년까지 외국인노동자는 일시적 노동자로 여겨졌다. 이런 노동정책은 로테이션 시스템(rotation basis)에 기초한 것으로, 독일에 입국하여 일을 한 외국인은 일정 기간이 지나면 출국하게 하고, 다시 새 외국인노동자의 도입을 통해서 이들을 대체하는 시스템이다(Mehrlaedner 1979). 이런 시스템에서는 독일 내에 실업이 증가하면 외국인노동자들은 우선적으로 고향으로 보내진다. 1965년 외국인법에 따르면 독일에서 1년 이상 넘는 독일 내의 거주와 노동은 이를 통해 독일에 해가 되지 않을 경우에 허용된다. 따라서 독일 내의 영구거주는 법원에 의해서 이 법을 침해하는 것으로 해석되었다. 1965년 법은 가족의 재결합에 대한 규정이 결여되었다.

1966－1967년의 경기후퇴와 실업자 상승과 더불어 외국인노동자 수는 감소되었고, 일부 외국인노동자들은 재정적인 지원을 통하여 귀국이 이루어졌다. 1970년대 중반과 1982－1984년에 이런 경향은 계속되었다. 이런 즉각적인 대응은 외국인노동자들로서 필요한 노동력의 유지를 가능하게 할 수 있다는 독일 노동청의 생각을 강화시켜 주었다. 외국인 노동력은 이들의 자발성에 기초하여서 기간 내에 유지할 수 있고, 또한 일이 없을 때에는 다시 귀국시킬 수 있다고 보았다(H. Korte 1983, 16).

전체적으로 1965년 외국인법이나 그 이후의 조치들은 한결같이 외국인노동자에 대한 통제가 가능하며 용이하게 하였고, 경제문제를 해결하는 잉여 노동자원을 목적으로 하였다(Esser/Korte 1985, 170 ; Herbert 1990, 214－15 ; Joppke 1999, 67). 1966년과 1967년 경기침체가 일어나자 외국인노동자는 25%가 감소했다. 이는 경기침체에서 실업이 되는 외국인노동자는 임시직으로 고용되어 있기 때문에 독일을 떠났기 때문이다. 그러나 실제 시간이 흐름에 따라 외국인노동자를 당초 임시적으로 여기며 계획했던 것과는 달리 성격이 변화되어 가기 시작했다. 장기간 근무하는 근로자일수록 일에 대한 숙련도가 높아지며, 따라서 이런 숙련노동자를 내보내는 것은 경제적으로 보면 비효율적이었다. 기업에서 보면 결과적으로 기업의 생산성 향상과는 반대되는 조치가 된다. 따라서 이런 회전문(revolving door) 원리는 원래의 목적과는 달리 거의 강제적으로 시행되지 않았다(Hoskin/Fitzgerland 1989, 98). 유럽 남부국가 정부들, 독일

연합회, 이주지원 단체, 국제조직들은 지속적으로 독일 정부가 장기체류를 가능케 하며 가족결합을 완화해 주도록 압력을 가했다.

1972년에 정부는 외국인의 거주기간을 제한할 의사가 없다고 밝혔으며(Bundestagsdurcksache VI 3085 vom 31. Januar 1972, S. 4), 1973년 6월 3일에는 외국인에 대한 어떤 강제적 조치를 취할 정책을 갖고 있지 않다는 정부정책(Aktionsprogramm)을 발표했다. 이로써 인간의 기본 권리와 근거로서 연방정부는 외국인의 거주 허가기간이 종료됨에 따른 강제추방과 같은 조치를 취하지 않는다고 선언한 것이다. 반면 강제귀국조치는 취하지 않는 그 대신에 자발적인 귀국을 원했다.

그러나 이런 정부의 정책에는 모순이 있었다. 즉 외국인의 거주기간이 늘어남에 따라서 외국인의 거주신분은 바뀌면서 정부는 독일이 이민국가가 아니라고 선언하는 것이다. 정부는 외국인의 거주기간을 법적으로 강제하여 제한하지 않았으며, 가족결합과 같은 정책을 지원했다. 1975년에 정부는 독일에 중단 없이 지속적으로 거주한 외국인에 대해서는 법적으로 신분의 변화를 해주므로 독일 내에서의 체류에 따른 문제점들을 개선해 주었다. 로테이션 제도는 독일 내에서 오래 전부터 실시할 수 없다는 합의가 있어온 것이다.[3] 또한 노동시장에서 외국인노동자를 상품으로 취급하는 것으로서 이는 기본권과 국제법에도 저촉되는 것이다(Rittstieg 1974).

---

3. Pagenstecher, Cord : *Ausländerpolitik und Immigrantenidentität. Zur Geschichte der 'Gastarbeiter' in der Bundesrepublik Deutschland*, Berlin 1994, p. 56f ; Wissenschaftliche Beirat beim Bundeswirtschaftlichsministerium. In : ders. : Problem der Ausländerbeschäftigung, 16. März 1974 ; Der Bundesminister für Arbeit und Sozialordnung : Vorschläge der Bund–Länder–Kommission zur Fortentwicklung einer umfassenden Konzeptio der Ausländerbeschäftigungspolitik, Bonn 1977, p. 3.

1970년 2월 독일 정부는 처음으로 이주노동자들이 여전히 노동시장에 연계된 임시직이었지만 이주노동자 통합을 위한 정책을 수립하였다. 1971년 노동허가 조치는 노동시장에서의 어떤 이동에 관계없이 거주할 수 있는 5년간의 노동을 허용했다. 그 외에 1969-1972년 사이에 정부는 이주자 주거에 관한 규정을 강화했다. 또한 자녀들도 독일에서 오래 머물 계획이 아니더라도 독일 학교에 완전히 통합되도록 하는 데 합의했다. 1971년 노동허가 규정은 독일에서 5년간 고용된 외국인노동자는 특별 노동허가를 취득하도록 허용했다. 비록 5년이라는 단서가 붙어 있지만 이 허가는 노동시장에서의 이직이나 변경과는 상관없이 주어졌다(Herbert 1990, 231).

1972년에 이주노동자들은 독일 노동협회에서 동등한 권리를 받았다. 1972년 4월 22일 노동부 산하 '외국인노동자 조정위원회'는 이주노동자와 가족들의 사회통합을 환영하는 성명을 발표했다. 이와 같은 이주노동자의 통합에 대한 지지가 사회에 확산되었다. 그러나 1973년 외국인노동자 시행 프로그램은 독일은 이민국가가 아님을 다시 확인하고 있다. 이 선언은 1970년대를 통해 지속적으로 반복되었으며, 제2차 세계대전과 1973년 사이에 독일에 온 이주노동자들에게 여전히 시민권은 부여되지 않았다.

1960년대 중반까지 독일 외국인 정책을 보면 외국인노동자 고용에 대해서 정치적 논쟁이나 어떤 공공 논의 내지 개입 등의 논란은 야기되지 않았다. 언론의 외국인에 대한 보도 또한 독일 국민과 이주자 간의 문제들을 가끔 보도할 뿐이었다. 따라서 외국인에 대한 어떤 공공연한 적대감이나 유사한 행동은 언론에서 보도되지 않았다. 외국인에 대한 연구에서 1967-1968년간 경기침체 기간에 이주정책에 대한 논의가 잠시 집중적으로 있었지만 그 외에는 크게 논의되지도 않았다(Herbert 1990,

222.225). 정당과 관련된 외국인 정책에서 보면 1965년 선거기간 동안 보수 정치인들은 외국인노동자 고용과 노동자들에 대해 전반적 수준에서 비판을 하였다. 가령 외국인노동자를 사랑받지 못하는 초청노동자로 칭하는 것이다(Herbert 1990, 226–27). 그후 1967년 외국인노동자 고용이 주는 경제적 효과에 대한 주장으로 인해 연방하원에서 초청노동자가 처한 상황에 대한 질문이 제기되었다.

외국인에 대한 집중적인 비판과 선동은 극우파 정당이 정치적으로 이용하면서부터이다. 1963년에 결성된 극우파 정당인 독일민족민주당(Nationaldemokratische Partei Deutschlands : NPD)은 정당정책에서 독일 민족주의를 표방하며 소수민족을 통한 독일인과 문화의 이질성이 중지되어야 한다고 선전했다. NPD는 1966년과 1968년에 대대적인 인종적 선동을 펼쳤고, 그 결과 7개 주의회에 진출했다. 1968년 4월 바덴–뷔르템베르크 주의회 선거에서 NPD는 9.8%를 획득했다. 그러나 1969년 연방선거에서는 4.3%를 득표하여 연방의회에는 진출하지 못했다. 1972년 선거에서 이들은 다시 모든 주에서 패배했다(Westle/Niedermayer 1992, 84–85).[4]

독일국민연합(Deutsche Volksunion : DVU)은 1971년에 결성된 또 다른 극우파 소정당이다. DVU는 1987년 이후 8개 주의회에 진출했으며, 1998년 작센–안할트 주 선거에서는 12.9%를 획득했다. 외국인 정책과 관련하여 DVU는 외국인 비율을 줄일 것, 외국인 유입을 막을 것, 망명신청기간을 단축할 것, 범죄 외국인의 추방을 내걸고 있다. DVU는 2000

4. NPD는 통일 후 급격히 세력을 상실했으나 실업이 높은 지역을 중심으로 다시 어느 정도 세력을 회복했다. 연방선거에서는 1%대를 얻었으며, 2009년 주의회 선거에서 작센과 튜링겐에서 다시 후보를 당선시켰다.

독일 거주 외국인 수(서독지역에 사회보장 의무를 가진 외국인노동자)

연도	이태리	그리스	스페인	터키	포르투갈	유고슬라비아
1955	7,481	637	486			2,085
1960	121,685	13,005	9,454	2,495	261	8,800
1965	359,773	181,658	180,572	121,121	10,509	64,060
1970	374,981	229,379	165,854	327,985	40,222	388,953
1975	297,079	203,629	129,817	553,217	70,520	418,745
1980	309,226	132,980	86,547	590,623	58,780	357,427
1985	202,392	102,936	67,407	499,322	35,425	293,483
1990	175,148	105,448	61,300	594,586	41,897	312,974
1995	204,646	116,745	50,141	600,434	51,057	418,668

출처 : 독일통계청.

년대 들어 브레멘에서 5.3%(2004년)를 획득한 이후 전 연방주에서 후보자를 당선시키지 못하고 있다.

5. 이주정책 : 1974-1983

1973년 11월 23일 경제위기와 더불어 시작된 외국인 유입 금지와 더불어 서독의 외국인 정책은 새로운 전기를 맞게 되었다. 1973년의 EEC 국가 외의 국가로부터의 고용모집 금지(Anwerbstopp)와 자발적인 귀국을 촉진하는 정책은 독일의 이주정책에서 또 다른 새로운 단계를 형성한다. 이 시기는 '공고화 시기'(Konsoliderung)로 불리며, 1970년대 말까지 많은 제한과 현실에 적응하는 제도들이 포함된다. 1974년 기간

규정(Stichstagsregelung), 아동보조금제(Kindergeldregelung), 1975년 진입금지(Zuzugsperre) 등은 외국인 고용 수를 원하는 방향으로 감소시키는 '공고화' 로 작용했다. 외국인은 1973년 최고에 달한 260만에서 1984년에는 1백만이 감소한 160만으로 되었다. 1995년에 서독에 사회보장 의무를 지닌 외국인은 2백만이었다.

외국인 수를 감축시키고자 하는 '공고화 시기' 의 외국인 정책은 의도하지 않은 새로운 양상을 가져왔다. 즉 외국인노동자와 가족들의 독일에의 정주이다(H. Korte 1983, 21). 1979년에 독일 거주 외국인이 410만으로 증가한 반면 외국인노동자는 190만으로 감소했다. 이후에 실제로 '통합' (Integration)이 주로 언급되었다.

통합이라는 개념은 이후 자신의 입장을 옹호하며 주장하는데, 이념적인 차이에 따라 학자 간에 일상 정치와 정치가들에 의해서 수없이 정의 또는 주장되었고, 다른 한편에서는 오용되기도 했다(Bayz/Weber 1984, 158f.). 정주(Niderlassung)나 이주(Einwanderung)의 견해서 결과적인 측면에서 고찰되는 통합정책은 이론과 대안으로 발전되어 온 것이지 외국인에 관한 어떤 법적인 형태에서 발전되지는 않았다. 결과적으로 정부들은 임시통합정책에 대해 모호한 입장을 취했으며, 외국인노동자들에게 일정한 재정보상을 해줌으로써 귀향을 장려했다. 그럼에도 사실상 외국인노동자의 항구정주를 인정하는 쪽으로 흘러갔다.

1975년에 정부는 처음으로 사회적 목표를 가진 통합정책을 발표했다. 같은 해에 특정 지역의 외국인 주거율이 12%를 넘는 도시에 이주하는 것을 금지했다. 그러나 고용주들의 반대와 법원의 판결로 인하여 이런 조치들은 위헌으로 판결되었다. 결국 외국인의 국내정주에 대한 제한은 시행되지 못했다(Esser/Korte 1985, 182 ; Herbert 1990, 248). 1976년에 특별위원회가 구성되었고 미래정책안을 계획하는 임무를 받았다. 이들의 제안은 1977년에 발표되었는데, 핵심은 독일은 이민국가가 아니며, 외국인노동자들은 일정 기간이 지난 후에는 자신의 원래 국가로 돌아가야 한다는 것이다. 그리고 외국인노동자의 입국 금지는 지속되어야 한다는 것이다. 또한 외국인들이 고향으로 돌아가려는 준비와 그런 능력이 제고되어야 한다는 것이다.

그러나 이런 제안들은 반대에 부딪혔고, 정부로 하여금 통합정책을 하도록 촉구되었다(Herbert 1990, 40–42 ; O'Brien 1996, 55). 독일연방의회는 이주자에서 발생하는 사회적인 문제에 관심을 갖게 되었으며, 이주자들의 거주 · 교육 · 의료 문제가 대두되었다. 외국인의 사회적인 문제와 통합문제를 다루기 위해서 1978년에 외국인청(the Office of the Comissioner for Foreigners)이 설립되었다. 1979년 첫 청장인 퀸(Heinz Kuehn)은 외국인의 통합상태와 적극적인 통합정책 추구를 요구하는 메모랜덤을 발표했다. 비록 외국인청이 수립되었지만 정부의 외국인 정책은 보수적이며 제한적이었다.

독일 내에서 점차 이주자의 독일 내 거주를 인정하고 사회통합을 요구하는 목소리가 나오기 시작했다. 이와 더불어 자녀들의 사회통합을 촉진시키고, 모든 분리정책은 폐지되어야 하며, 또한 청소년들에게 직업교육 제공과 지방자치 수준에서 선거를 중심으로 한 정치적 권리 또한 부여해야 한다고 요구되었다.

외국인 특임관(Beauftragte) 야콥슨(Cornelia Schmalz–Jacobsen)의 1995년과 1997년의 두 보고서에서도 '통합'을 변함없이 '기본적 핵심 개념'(grundleger Schluesselbegriff)으로 보았다. 외국인노동자 제2세대를 위한 통합 가이드라인이 노동부와 사회복지부에 의해 마련되어 발표되었다. 이 가이드라인은 1980년대 내각 정책결정의 기본노선으로 작용했고, 노동자의 모국으로의 귀향 준비(willingness)를 강화시키지만 먼저 2, 3세대의

외국노동자의 체류기간별 독일거주 희망

입국년도	거주기간	독일 내에 계속하여 거주를 희망
1972	최고 4개월	
1971	5개월-최고 1년	9%
1970	1-2년	11%
1969	2-3년	16%
1968	3-4년	17%
1967	4-5년	28%
1966	5-6년	23%
1965	6-7년	24%
1964	7-8년	25%
1963	8-9년	35%
1962	9-10년	40%
1961	10-11년	39%
1960	11-12년	46%
1959-1957	12-15년	74%
1956- 이전	15년 이상	83%

출처 : Bundesanstalt für Arbeit (Hrsg.) : Repräsentativeunterschung'72, Nürbenberg 1973, p. 36.

사회통합에 우선순위를 두고 있다(Esser/Korte 1985, 186).

독일의 가족결합과 가족구성원의 고용권리에 대한 정책을 보면 보수적 경향과 자유적 경향 사이를 왔다갔다 했으며, 때로는 모호한 입장을 취했다. 1974년 11월 이후(이는 후에 1977년 1월 1일로 변경됨) 입국한 배우자와 자녀들은 더 이상 고용허가가 허락되지 않았다(Plender 1988, 315 ; Herbert 1990, 247-48). 1979년에 정책은 다시 자유화되었다. 입국 시기와 관계없이 배우자는 4년 후에, 그리고 자녀는 2년 후에 인력이 부족한 부문에 노동을 할 수 있게 허용되었다(가령 호텔, 레스토랑 등). 적어도 6개월 동안 방학 프로그램에 참여한 자녀는 거주 요구조건에서 면제되

바데(Kaus J. Bade)에 따른 독일 이주정책 단계

시기	주요 정책 개념	주요 정책내용
1955-1973	모집시기/ 초청노동자 시기	- 1,400만이 독일에 입국하였고, 이 중 다시 1,100만이 떠남. 순환제도 - 외교정책에 외국인 고용과 초청노동자가 핵심 의제로 됨 - 이태리인 비율이 10%로 감소한 반면 터키인이 30%로 증가함
1973-1979	외국고용의 정착화	- 외국인 입국제한과 귀국 장려 - 사회와 가종통합 논의 - 가족결합으로 외국인 자연적 증가 - 장기체류 허가로 바뀜
1979-1980	통합 개념의 단계	- 1978년 외국인청이 창설되며 노동부 산하에 둠 - 독일 내 외국인과 가족의 독일 사회통합 본격 논의 - 이주 제2세대 통합안 완성
1981-	외국인 정책 전환	- 이주제한정책의 경쟁적 강화 - 실업과 난민자 급증 - 주요 정책 : 통합정책, 외국인 고용 제한, 귀국촉진 - 외국인 정책을 노동부에서 내무부로 이관 - 1991년 신외국인법 발효

출처 : Klaus J. Bade(2001), Ausländer-und Asylpolitik in der Bundesrepublik Deutschland : Grundprobleme und Entwicklungslinien.

었다.

1981년 12월에 가족결합정책은 다시 제한적으로 변경되었다. 정부의 결정을 보면 자녀가 16세 이하인 경우에만 이주가 허용되며, 양부모가 독일에 살고 있어야 했다. 배우자의 문제에서 독일에서 태어난 또는 독일로 이민온 배우자와 결혼하는 경우에는 입국이 허용되지 않았다. 이런 정책의 극단에도 불구하고 독일은 이전 이주노동자 가족들의 이주를 거의 수용했다. 1990년의 외국인법 개정을 통해 2세들의 배우자가 1년간 대기기간을 갖도록 하는 조항은 폐지되었지만 새 이민자의 거주지와 결혼 재결합은 더 어렵게 되었다[Migrations News 5(7), July 1998].

1982년 2월에 슈미트(Schmidt) 정부는 외국인 정책에 대해 3가지

목표를 발표했다.

① 앞으로 독일연방공화국으로의 외국인의 이민을 효율적으로 제한한다.

② 이민자의 모국으로의 귀향을 촉진한다.

③ 경제적·사회적 통합을 증진시키며, 독일에 오랫동안 살아온 외국인들의 거주권리를 명확히 한다(O'Brien 1996, 87).

뒤이은 기민당(CDU)은 좀 더 과격한 용어를 사용했지만 실제 내용에 있어서는 사회당 정부와 큰 차이는 없었다. 주요 변화는 1983년 '외국인귀향촉진법'이다. 이는 이주노동자들이 모국으로 귀향하는 것을 지원함으로써 귀향지원을 독려하는 것이었다. 노동을 포기하고 독일 내 거주를 중단하고 모국으로 귀향하고자 하는 이주가족에게 보너스로 최고 10,500유로를 지불했다. 또한 독일을 떠나는 가족은 이들이 자신들의 나라에 도착하는 즉시 사회안전기금을 되돌려 받도록 했다. 실제로 외국인 수는 1984-1985년에 감소했지만 이는 1986년에 다시 증가했다. 이에 대한 연구들을 보면 독일을 떠난 이주자들은 실제로 보너스에 상관없이 개인적인 사유로 인해 떠났을 것이라고 보고 있다(Thraendhardt 1996, 212). 결국 정부의 조치는 이들에 대한 혜택을 주어 귀국을 촉진시키는 데에만 기여한 것이 되었다(Santel 2000, 112).

1970년대와 1980년대의 정책들을 종합해 보면 집권 정부들은 이주노동자와 가족에 관해 모호한 정책을 펼쳐왔다(Luft 2007, 74). 가령 통합정책도 일시적인 것이며, 이주노동자들에게 가능하면 재정적인 지원을 해줌으로써 고국으로의 귀향을 촉진시키고자 하였다. 반면에 독일은 이주노동자들의 강제송환은 하지 않았다. 독일은 지속적으로 독일이 이민국가가 아님을 선언했다. 이주노동자들을 위한 통합정책은 일시적인 것이었으며, 이는 이주노동자들의 모국과의 관계를 약화시키는 쪽으로 작용했다. 또한 이주자 관련 재판결정들은 독일 내에서 이주노동자들의 실제적인 영구거주자로서 판결을 보여주었다. 결과적으로 외국인은 일시적으로 1974년 전체 인구 중 6.7%에서 1976-1977년에 6.4%로 감소했다. 이는 다시 1979년 6.7%로 증가했고, 1980년에는 7.2% 수준에 이르렀다.

6. 이주정책 : 1979년 이후

1979년 이후 독일은 여러 유형의 점증하는 이주정책에 직면했다. 이는 증가하는 망명자에 따른 문제, 불법이주, 동유럽국가에서 국내로의 후기 동방 이주자, 이주노동자 문제 등이다. 이런 새로운 문제들과 기존의 문제들에 직면하여 독일의 이주정책은 도전을 받았다. 이 시기에 주요한 독일의 이주역사의 변화는 1989년 베를린 장벽의 붕괴이다. 1950년부터 1961년 8월 13일 베를린 장벽 축조가 시작될 때까지 동독을 떠난 동독인은 약 256만 명에 이르며, 이는 매년 평균 22만 명이 동독을 떠난 것이다. 이들은 주로 노동력을 갖고 있었기 때문에 동독 정부는 장벽을 쌓음으로써 자신들의 노동자 유출을 막고자 하였다. 베를린 장벽 이후 1988년까지 서독으로의 이주자는 탈주자, 연금생활자 등 합법적 이주자를 포함하여 60만 명에 이른다(최승완 2002).

1989년 베를린 장벽의 붕괴는 구동독지역에서 구서독으로의 새로운 차원의 급격한 이주를 가져왔다. 먼저 동유럽에서 오는 해외이주자들을 보면 그 수에서는 적지만 이는 지속적으로 이어져 왔다. 이는 1980년대 말에는 규모가 달라졌다. 즉 1951–1986년 사이에 동방 이주자는 약 130만 명이지만 이들은 주로 폴란드와 루마니아에서 왔다. 반면 후기 동방 이주자는 1987년에 7만 8천 명, 1988년에 20만 2,673명으로 불어났으며, 이들은 주로 구소련지역에서 왔다(Bade 1993a, 20ff). 더욱이 1980년에는 발칸전쟁으로 인하여 망명자들이 급증했다. 1980년에 이 수는 두 배로 증가하여 10만 8,000명에 이르렀다(Geissler 2006, 68). 외국인의 비율은 1979년 6.7%에서 1990년 8.4%로, 1997년에는 9.0%로 증가했다. 특히 급속히 증가하는 망명신청은 독일 내에서 1980/1981 일어난 망명정책 문제를 왜곡하는 배경이 되었고, 공공 여론에서도 외국인에 대한 합당한 정책 결여는 사회적 불안과 혼란, 심지어 외국인에 대한 적대감을 부추겼다.

1987년 이후 정부는 선거에서 망명자 문제는 기본법의 수정을 통해서만 해결할 수 있다고 단언했다. 야당의 반대로 정부는 헌법개정에 필요한 정족수 2/3를 얻지 못하여 문제를 해결하지 못했다. 그러나 야당은 정치적 압력과 외국인에 대한 폭력의 확산으로 인하여 기본법 16조(2)의 수정하는 타협안에 동의했다. 이러한 야당의 타협적인 자세는 지방정부와 지방정당원의 압력에 기인한다. 지방정부는 망명자 증가로 인하여 이들에 대한 사회적 비용이 눈덩이처럼 증가했다.

독일의 정치지도자들은 1990년까지 독일연방공화국은 이민국가가 아니며 또한 이민국가가 될 수 없다고 지속적으로 말해왔다. 그러나 실제로 1987–2001년간 독일 내 이주자 수는 전형적인 이민국가라 할 수 있는 캐나다와 호주보다 더 많았다. 이런 절대적인 이민자의 수에도 불구하고 정치가들은 독일을 이민국가로 부르기를 거부했다. 가령 기사당(CSU)은 기본강령(2001. 4. 23)에서 다시 "독일은 이민국가가 아니다"

(Deutschland ist kein Einwanderungsland)라고 선언했다. 이런 거부는 2001년 기민당(CDU)의 드레스덴 전당대회를 끝으로 일종의 종지부를 찍었다. 기민당은 정당 선언에서 "독일은 이민국가가 아니다"라는 구호를 더 이상 채택하지 않았다.[5]

외국인 정책의 전환은 사민당(SPD)/자민당(FDP) 정부 하에서 시작되었다. 기민당(CDU)/기사당(CSU)의 압력과 기민당이 통치하는 연방주들의 압력에도 불구하고 연립정부는 1981년 12월에 외국인을 제한하는 권고(Empfehlungen)를 하였다. 또한 이 시기에 발표된 정책은 이주를 감소시키고, 자발적인 귀향을 지원하며(1982년 6월 결의), 독일에 남고자 결정한 자는 통합시키는 것이었다(Martin 1995, 189-90). 그러나 독일에로의 이주는 지속적으로 증가했다. 특히 독일로의 망명신청자는 급증했으며, 이는 망명을 규정한 기본법의 개정으로 망명자 수를 제한하기에 이르렀다. 1982년에 외국인 정책에 대한 격돌은 특히 기사당(CSU)과 자민당(FDP) 간에 "가족지원금 제한"(Begrenzung des Familiennachzugs) 문제를 놓고 최고조에 달했다. 특히 독일에서 외국인 배척을 주장하는 독일 내 동조는 1989년 1월 베를린과 1989년 12월 헤센 주 선거에서 극우파의 성공으로 이어졌다. 외국인 정책 문제는 1988-1989년 독일 변혁기까지 지속되었다.

외국인 제한에 대한 독일 내의 논의에도 불구하고 독일은 여전히 유럽에서 이주의 첫 목표가 되는 나라였다. 여기서는 이주노동자를 중심으로 이주정책을 보고자 한다. 1973년 정책은 외국인노동자의 대량고용

5. 반면 내무장관 쇼우빌(Wolfgang Schäuble)은 2006년 12월 7일 베를린에서 개최된 독일 카리타스(Caritas) 회의 개막식 연설에서 "독일은 오늘날까지도 이주 국가가 아니다"라고 주장함으로써 CDU의 외국인 정책 슬로건을 다시 꺼냈다(www.tagesspiegel.de/politik/art771,1975380).

에 종지부를 찍었다. 그러나 독일 기업들은 소수이기는 하지만 EC/EU 국가들로부터 지속적으로 노동자를 고용했다. 1990년대 초기 이후에 불법이주자에 대한 대책 필요와 특별한 산업부문에서의 인력부족으로 인하여 다시금 이주정책의 변화가 필요했다. 이런 변화는 3가지 유형의 이주노동자 그룹으로 나뉘어진다. (1) 건설부분을 중심으로 하는 EU 노동자, (2) 동독지역 출신의 노동자, (3) 고급기술산업(high-tech industry) 부문의 노동자이다. 이외에 독일에서 망명신청자들은 결정이 나기까지 노동이 허용되었고, 노동력으로 활용되었다. 독일 내에 거주하는 2세들은 시민권은 받지 못했지만 이들 또한 독일의 실제적인 노동력이었다. 1990년대 말에 외국인노동자의 최대 그룹은 터키, 이태리, 구유고슬라비아 및 그리스이다.

1) EU 노동자들의 이동과 건설부문에서의 갈등

EEC 국가들에 속한 노동자들의 자유이동은 1957년의 로마조약에 기초하며, 이는 대부분 1968년에 이르러 시행되었다. 실제 유럽 내 노동자들의 이동은 비교적 제한적이었다. 1960-1973년 독일의 건설경기가 살아날 때에 노동자들은 실제로 유럽 외부 국가들에서 충당되었다. 1973년에 독일 내에 가장 많은 수를 차지하는 이태리 노동자만 보더라도 17%인 반면에 터키인은 23%, 유고인이 21%에 이르렀다. EU 회원국의 노동자 비율은 독일 내 전체 외국인 중 35.1%를 차지한다. 이는 1990년에 30.6%, 1995과 1999년에는 각 25.1%, 25.3% 수준으로 떨어졌다 (SOPEMI 1999, 292 ; 2001, 320).

일반적으로 EC/EU 노동자들의 노동이주는 독일 내에서 어떤 반대를 가져오지는 않았다. 그러나 1990년대 중반에 EU 노동자들의 독일 건설부문에서의 고용, 특히 영국, 아일랜드, 포르투갈, 스페인, 그리스 노동자는 노동조합과 고용주 간에, 노동자와 독일 시민 그룹의 일부에서, 그리고 각국 노동자들 간에 갈등을 불러왔다. 많은 독일 고용주들은 이들을 선호했는데, 왜냐하면 독일 노동력이 2–4배 가량 비쌌기 때문이었다. 가령 독일 노동자 임금은 시간당 57DM인데, 이는 포르투갈 노동자 임금의 4배에 해당한다. 1995년 말 임금수준을 보면 포르투갈인은 시간당 8–10DM, 폴란드인은 약 4DM을 받았다. 영국인은 독일인과 비슷한 시간당 30DM을 받았다[Migration News 2(12)]. 1996년에 영국인과 아일랜드인은 22–35DM을 받았는데, 이는 이들이 국내에서 받는 수준의 2배이다. 그러나 이는 독일인이 받는 65DM에는 훨씬 못 미치는 수치이다[Migration News 3(7)].

독일 고용주들이 외국인노동자를 통해 비용을 절감할 수 있었던 것은 이들을 위한 사회보장기여금을 지불하지 않아도 되기 때문이다. 이러한 임금차이로 인하여 독일 고용주들은 150,000–210,000명의 EU 노동자를 고용했다. 국가별로 보면 영국인이 8만 명, 아일랜드인이 10만 명이다. 이에 반해 미고용된 건설부문의 독일 노동자는 14만 명으로 추산된다. 독일 건설노조는 이외에 비EU 국가의 불법노동자를 포함하여 40만에서 50만 명의 외국인노동자가 있을 것으로 추정했다.

1995년부터 독일 건설노조는 독일 건설부문에 고용된 외국인근로자도 독일 노동자와 같이 고용 첫날부터 똑같은 혜택을 받아야 한다고 주장했다. 1995년 6월 15일 6천 명의 독일 건설노동자들은 베를린에서 독일 임금수준에 못 미치는 임금을 놓고 외국인노동자 고용에 대해 시위를 했다. 1996년 3월 22일, 약 1만 2천 명의 노동자들이 뮌헨에서 시위를 하였다. 다시 막데부르크에서 3월 23일, 6천여 명이 참가한 시위가 있었고, 1997년 3월 13일 시위에는 2만여 명이 참석했다. 게다가 영국 건설노동자가 베를린에서 네오 나치에 의해 공격받는 일이 발생했다.

독일 정부는 이와 같은 건설노동자들의 시위에 대해 독일에 노동자를 파견하는 외국회사에 대해 독일 건설노동조합과 고용주 사이에서 협의되는 최저임금을 지불할 것을 요구했다. 연방의회는 정부가 외국인 노동자들에게 독일에서 고용되는 첫날부터 독일의 최저 건설임금을 지불할 수 있도록 하는 안을 통과시켰다. 이런 결의안은 건설업에 직접 고용된 노동자에 한해 적용되며, 이는 2년간 한시적으로 적용되었다. 그러나 동등한 임금지불은 노동조합과 고용주 간에 최저임금에 대해 합의하기까지 시행되지 못했다. 고용주들은 이와 같은 최저임금에의 동의를 주저했는데, 이는 독일에서 최저임금 도입의 단초를 제공하지 않을까 두려워했기 때문이다.

정부의 제안에 기초하여 독일 건설노동조합(IG Bau)과 고용주 간에 협상이 시작되었다. 이에 따라 구서독지역에서는 최저임금을 18.60 DM으로, 구동독지역에서는 17.11DM으로 하기로 타협점을 찾았다. 그러나 이런 타협점은 전반적으로 기업가들의 반대에 부딪혔는데, 그 배경은 금속 및 섬유와 같은 분야에서도 이 최저임금제가 자신들에게도 적용될 선례가 될지 모른다는 우려 때문이었다. 결과적으로 1996년 6월에 독일 건설고용주협회는 독일 고용주협회에서 탈퇴했으며, 이는 독일 내 건설현장에 있는 최저임금 승인에 대한 실패에 저항하기 위해서였다.

1996년 8월 23일 독일 건설노동조합과 두 대형 건설고용주협회는 서독지역에 대해서 최저임금을 17DM으로, 동독지역에 대해서는 15.64DM으로 하는 데 합의했다. 1996년 11월에 독일 고용주와 건설노조는 1997년 1월–8월 기간에 최저임금을 전반적으로 도입하기를 합의했다. 최저임금은 후에 다시 수정되어 서독지역은 시간당 18.50DM, 동독지역은 16.26DM으로 수정하여 1999년 9월 1일부터 시행하기로 하였다.

여기서 지적할 것은 이런 타협점이 독일 고용주들로 하여금 외국인근로자 고용을 완전히 막지는 못했다는 점이다. 첫째로 독일 노동자의 최저임금은 외국인노동자에 지불하는 임금보다 높으며, 또한 추가적 혜택을 받았다. 두 번째로 정부의 건설부문에 대한 조치는 결국 건설고용주들이 불법으로 외국인을 고용하게 하였으며, 이들에게 합의한 최저임금보다 적게 지불했다.

2) 동유럽국가의 이주노동자

소련과 동유럽국가들의 붕괴는 국경을 개방시켰으며, 많은 이주자들이 독일로 몰려들었다. 1989-2000년 사이에 약 250만 명의 해외이주자(Aussiedler)가 이주했다. 1989년 377,055명, 1990년 397,073명이 들어온 후에 이들에 대한 승인과정이 강화되었다. 그 결과 1991년 동방 이주자 수는 221,995명 수준으로 유지되었고, 그후 점차 줄어들었다.

1989년 베를린 장벽이 무너진 후에 343,854명의 동독주민이 서독으로 넘어왔다. 이들은 통일 후에는 더 이상 동독이주자(Uebersiedler)라고 불리지 않고 국내이주자로 간주되었다. 통일 후에 국내에서 동서로 상호 이주가 일어났지만 서독지역으로의 이주가 훨씬 많다. 서독지역으로의 이주자는 1989-19998년 기간에 116만 명에 이른다(Fassmann/Muenz 2000, 58). 또한 1980년대 말과 1990년 기간에 일정부분에서 노동수요의 증가로 인하여 동유럽에서 상당한 불법이주노동자가 들어왔다. 이와 같은 상황은 독일로 하여금 다시 외국인 정책을 수립하게 만들었다. 1960년대 초청외국인근로자 정책과는 달리 1990-2000년대 초에 이루어진 정책은 다음과 같은 기조를 갖고 있다.

① 동유럽국가로부터의 이주노동자의 고용을 규제한다.

② 가능한 소수의 노동자를 고용한다.

③ 고용된 노동자는 고용기간이 1년이 못 되게 한다.

④ 노동자가 모국으로 돌아가도록 하며, 가능한 독일 내 영구 거주를 막는다.

⑤ 노동시장의 특수 분야는 선택적으로 고용한다.

5개 주요 부문에 고용되는 그룹은 다음과 같다.

① **프로젝트 종사 노동자** : 독일 회사의 하청을 받아 일하는 회사는 외국인노동자에 대해 최대 2년간 고용을 허가한다. 회사별 할당 규제 수는 없지만 전체 산업에 할당 수는 1992년에 1만 명이었고, 이는 5만 명으로 다시 조정되었다.

② **계절노동자** : 계절노동자는 현지인이 공급되지 않을 때에 1년에 3달간 노동할 수 있다. 이들은 주로 농업부분, 호텔, 레스토랑 및 건설부문에 할당되었다.

③ **폴란드인 및 체코인** : 독일 국경 30마일 이내에 거주하는 폴란드인 및 체코인은 독일에서 노동할 수 있다. 가능한 매일 출퇴근을 장려하며, 독일 내에 머무는 것은 주당 2일로 한정한다.

④ **신초청노동자와 수련생** : 이들은 매년 6천-1만 명으로 동유럽 출신으로 하며, 이들은 독일에서 18개월간 일하며 공부할 수 있다.

⑤ **간호사** : 전 유고슬라비아 출신 간호사들은 독일에서 노동이 허용된다. 부가적으로 독일 가정에 동유럽 출신 간병인을 허용한다.

이러한 외국인 정책에도 불구하고 실제로 동유럽 출신 노동자들이 독일 노동시장에서 차지하는 비율은 높지 않다. 전체 외국인노동자들 중 이들의 비율은 1989년 3.2%에서 1993년 7.8%로 증가했고 1994년에는 7.4%에 이르렀다. 특정부문에서 노동수요의 증가, 불법노동자의 증가 및 외국인 정책의 고려는 새로운 이주노동정책에 기여했다. 그러나 동유럽 노동자의 고용은 독일과 EU에서 반대를 불러일으켰으며, 외국인노동자들이 독일 노동자와 망명신청자에 의해서 대체될 수 있는가에 대한 논의도 있었다.

- 1997년 6월 EU는 독일 정부가 동유럽국가들과 개별 협약을 맺음에 따라 다른 국가 출신 노동자들을 차별화하며 유럽의 서비스 제공 관련 조항을 위반했다고 결론지었다. 1997년 10월 2일에 EU는 독일이 비EU 국가의 계절노동자 수를 감축하도록 권고했다. 독일 정부는 이런 EU의 결정을 환영하는 것으로 보였는데, 이유는 독일이 점점 논란이 되고 있는 이주정책에 따른 고용을 중지할 수 있는 빌미를 얻은 것이 되기 때문이다[Migration News 4(10), 4(11), October–November 1997].
- 독일의 각 주별 외국인 감독관들은 주정부가 망명신청자들이 더 쉽게 노동허가를 얻도록 하라고 촉구했으며, 따라서 이런 노동허가는 폴란드나 다른 동유럽국가로부터 계절적 노동자 고용의 필요성을 감소시킬 것이라고 주장했다[Migration News 7(6), June 2000].
- 독일 정부는 독일의 실업자들이 농업부문에 종사하도록 노력했다. 가령 5월과 6월에 스파겔과 같은 수확에서이다. 예로 부란덴부르크에서 농부들은 폴란드 계절노동자 사용에 대한 허가

를 얻기 전에 독일 현지 인력을 최소 15% 고용해야 한다.

- 2000년 11월에 노동부장관 리스터(Walter Riester)는 동유럽인들이 노인과 환자를 돌보기 위하여 3년간 노동과 거주허가를 받는 것을 완화하겠다고 발표했다. 리스터는 또한 그린카드의 새 제도를 통해 이들이 민간부문에 장애인과 노인들을 간병하도록 하도록 하겠다고 하였다. 그러나 독일 민간간호협회는 독일에 이미 4만 명의 직장이 없는 간병인이 있으며, 간병인들이 적절한 보수를 받게 된다면 이 분야에서 인력의 부족은 없을 것이라고 주장했다[Migration News 8(12), December 2001 ; 9(1), January 2002].
- 1993년에 망명에 대한 타협이 이루어졌고, 이는 2005년에 이민법(Zuwanderungsgezetz)으로 통과되었다.[6] 본법은 교회, 인권단체 등에서 강력한 비판을 받았지만 지금까지의 이주와 외국인에 대한 종합적인 평가이며 정책안으로 만들어진 것이다.

7. 이주정책의 변화 : 이주국가로의 인정과 전환

1) 그린카드와 하이테크 기술이주노동자

2000년 2월에 정보통신 미디어연방협회(BITKOM)는 정부가 독

6. 법명 : Gesetz zur Steuerung und Begrenzung der Zuwanderung und zur Regelung des Aufenthalts und der Integration von Unionsbürgern und Ausländern.

일 고용주로 하여금 EU 외부에서 3만 명의 외국 전문기술자들을 고용하여 부족한 인력을 보충하도록 할 것을 요구했다. 하이테크 정보기술(IT) 산업은 고부가가치로 특징지워진다. 많은 국가들이 이 부분에서 국제경쟁력을 갖고자 서로 경쟁하고 있는 것이 현실이다. 국내의 숙련된 인력이 부족한 것을 감안해 보면 많은 나라들이 이런 IT 기술보유자에 문호를 열어놓고 있다.

슈뢰더(Gerhard Schröder) 수상은 2000년 3월, CEBIT(독일 하노버에서 매년 개최되는 세계 최대 규모의 정보통신기술 전시회)에서 그린카드 제도 도입을 선언했다. 독일의 그린카드 제도는 미국의 H1-B 제도와 유사하며, 미국의 그린카드 제도와 비교할 수 없지만 이런 제한은 이주정책에서 큰 파장을 가져왔다. 즉 독일에게 있어 외국인 이주는 부담이 되는 것으로 인식되었는데, 이제는 세계의 글로벌 경쟁체제에서 긍정적으로 받아들여진 것이다. 보수세력들도 기업으로부터의 비판에 직면했고, 자신들의 입장을 수정하지 않으면 안 되었다.

슈뢰더 수상은 정보통신 미디어연방협회의 인력고용 요구에 대해 그린카드 프로그램을 통해 독일에서 5년 동안 일을 허용하도록 조치했다(가족은 제외함).[7] 이에 기초하여 상세한 프로그램이 마련되고 2000년 3월 중반에 비EU 국가의 컴퓨터 전문가들에게 3년간 일할 수 있는 허가가 2만 명에게 부여되도록 하였다. 첫 1만 명에게 노동허가가 이루어진 후에 정부는 다시 1만 명에 추가적으로 노동허가가 필요한지 노동시장을 지켜보기로 하였다. 비자는 5년간 유효하며 연장도 가능하다. 비

7. 그린카드제의 정식 명칭은 '정보통신기술 외국인 고급인력을 위한 노동허가 규정'(Verordnung über die Arbeitsgenemigung für hoch qualifizierte ausländische Fachkräfte der Informations-und Kommunikationstechnologie)이다.

EU 노동자는 IT 분야에서 대학졸업장이 있어야 하며, 독일 고용주에 의해서 연봉이 51,000유로 이상이 됨을 증명해야 한다.

원래의 계획안에 따르면 외국인노동자는 가족을 동반할 수 없도록 되어 있다. 그러나 이는 후에 변경되어 가족동반이 가능하도록 하였으며, 다만 이들이 노동을 원할 때에는 다시 자신들의 노동허가를 얻도록 하였다. 동반가족이 일을 하기 위해서는 독일에서 2년을 기다리는 것도 포함되었다. 2001년 중반에 독일 정부는 예상보다 적게 비자가 발급된 것을 고려하여 그린카드 배우자가 독일에 도착하는 대로 노동을 허가하는 것을 고려했다. 원래 계획에 따르면 노동자는 독일에서 고용주를 변경할 수 있었다. 그러나 바이런, 헤슨 주는 컴퓨터 전문가들이 그린카드를 받는 조건에 거주기간과 고용주를 서로 연계하도록 하였다. 외국인노동자가 자신의 일자리를 잃게 되면 노동허가는 자동적으로 소멸된다 [Migration News 7(4-11), April-November 2000 ; 8(6-9) June-September 2001 ; 10(2), April 2003].

그러나 그린카드의 도입에 대해 찬반의 논란이 일어났다. 제도 도입의 찬성자는 연방 교육연구장관, 경제장관, 독일 산업협회, 바덴-뷔르템베르크 고용주, 바이오 및 건강 관련 산업들이었다. 반대자들은 노동부와 노동조합이며, CDU/CSU와 FDP의 일부 정치인들은 이 문제를 정당 논제로 하여 전반적인 이주정책과 가족결합, 망명정책 등과 연계하고자 하였다.

그린카드 제도를 지지하는 교육연구장관은 매년 컴퓨터 전공 졸업생은 얼마 되지 않기 때문에 숙련기술자의 부족은 결국 IT 산업이 해외로 이주해 갈 수밖에 없다고 주장했다. 경제장관과 수상도 IT 산업의 연관으로 인한 고용창출을 제시했다. 수상은 또한 우수한 인력이 확보되어야 IT 분야에서 국제경쟁에서 앞설 수 있다고 강조했다. 노동부장관과 같은 반대자들은 독일에 실업자가 이미 4백만 명이나 되며, IT 관련 실업자가 3만 1천 명에 이르고 있다고 주장했다. 따라서 이런 상황을 고려한다면 독일 노동시장을 외국인에게 개방할 처지가 못 된다고 하였다.

노동조합은 고용주들이 최근의 기술을 알고 있는 갓 졸업한 학생들만 고용하려고 한다고 비판했다. 그 외 독일이 IT 기술자 수요에 맞추어 독일 교육을 통해 수요를 늘리므로 외국인노동자를 대체해 나가야 한다고 하였다. 또한 독일 회사들은 단순한 사업은 외국으로 이전시켜 노동수요를 감소시키고, 외국인노동자들의 추가노동을 감소시켜 더 많은 독일 노동자를 고용해야 한다고 하였다. 마찬가지로 CDU/CSU, FDP의 일부 정치인들은 그린카드 정책이 독립적으로 운용되어서는 안 되고, 다른 이민정책과 연계되어야 하며, 가족결합, 망명신청, 빠른 송환 등도 함께 다루어져야 한다고 주장했다.

그린카드를 통해 혜택을 받은 국가들은 인도, 루마니아, 그리고 구유고슬라비아이다. 이 제도에 따라 2004년 초에 고용된 16,442명 중 국적별로 보면 인도(4,841명), 루마니아(1,099명), 체코 및 슬로바키아(1,010명)이며, 러시아, 벨로루시, 우크라이나, 발트해 국가(1,961명) 등이다. 2000-2005년간 그린카드를 통한 노동허가서 발급자를 보면 인도 4,841명(남 4,476, 여 365), 루마니아 1,099명(남 928, 여 171), 체코 및 슬로바키아 1,010명(남 963, 여 57), 불가리아 447명(남 360, 여 87), 러시아 및 발틱 국가 1,961명(남 1,819, 여 242), 기타 국가 4,652명(남 3,887, 여 765)이다(migration-info.de). 연방주 별로 보면(2000-2004) 헤센 4,314명, 바이에른 3,891명, 바덴-뷔르템베르크 3,031명, 노르트라인-베스트팔렌 2,335명 순으로, 서독지역 1,522명, 동독지역 1,220명으로 총 16,442명이다(migration-info.de).

독일은 이런 그린카드는 2003년 7월 31일까지만 존속하므로 그 이후에는 정상적인 비자를 통해 독일에 들어올 수 있다고 하였다. 독일 대학을 졸업하는 외국 학생들은 졸업 후 90일간 더 머물 수 있었는데 1년간 머무를 수 있게 하였다. 이는 독일 대학들의 요구로 이루어진 것이다.

8. 독일의 통합정책 : 배제와 다문화 사회에서

1) 순환제도(Rotation)

외국인 고용은 공공의 기본정책에서 볼 때 적어도 일시적인 과도기로 보였다. '외국인노동자 고용' (Gastarabeit)은 미국과 다른 이주국가들에서 볼 때 병립적인 것이 없는 데 반해 독일에서는 외국인 고용 이데올로기는 '순환' (Rotation) 개념이다. 로테이션 개념은 단순하게 말하면 '젊은, 신선한 외국인노동자의 수출과 수입의 개념' 이다(Thränhardt 1984, 123). 노동자를 획득하는 국가와 기업 그리고 노동자들은 노동하는 국가에서 어느 기간, 단기 또는 장기에 걸친 노동을 통해 자립기반을 마련하여 돈을 벌며, 그 뒤 조만간 다시 귀국한다는 생각을 갖고 있다.

노동력에 대한 순환 개념은 계절노동의 구개념에 대한 근대화된 변형이다. 독일의 역사에서 보면 이미 1880년에 노동력이 부족한 농촌에 폴란드인이 계절노동자로 투입되었고, 많은 효과를 보았다(Herbert 1986). 1960년대에 순환 개념은 '노동자 고용관계' 로 인하여 더 이상 기능을 발휘하지 못하였다. 일종의 수입된 외국 노동력은 내국 노동자들에게 더 이상 매력적이지 못하며, 또한 일을 하지 않으려는 분야에 투입되었다. 가령 탄광, 건축, 철광, 금속, 의류 및 면직산업 분야이다. 이런 '틈새'를 메우는 노동은 더 이상 일시적이거나 과도적일 수 없게 되었다. 숙련이 필요치 않거나 임금이 낮은 업종에도 지속적인 수요가 있기 때문이다.

마찬가지로 식당이나 보건과 같은 분야에도 많은 노동력이 필요했다. 임금이 낮은 분야에서 외국인노동자들의 수요가 지속될 수밖에 없었던 다른 이유는 국내의 노동시장 변화에서 보여진다. 즉 내국인 노동자들이 더 좋은 일자리로 옮겨가는 것이다. 외국인노동자들은 독일에서의 거주가 일시적인 것으로 여겨졌지만 사실상 그들의 삶은 독일에 뿌리 내리게 되었고, 실제로 순환제도는 1973년에 종말을 고하게 되었다(Herbert 1986, 199).

순환제도에 대해서는 1970년대 이후 더 이상 언급되지 않았다. 실제로 이는 결코 실현될 수 없는 것이었다(Reimann 1980). "사용한" 외국인노동자는 새 것으로, 새 노동자로 교환되어서는 안 된다고 주장되었다. 따라서 외국인노동자는 원래 고국으로 돌아가도록 해야 한다고 주장되었으며, 다른 한편에서는 외국인노동자의 수뿐만 아니라 전체 남녀 외국인노동자가 줄어들도록 해야 한다는 것이다. 이런 정책은 우선 고려되는 최상의 정책으로 보인다. 왜냐하면 머무르는 수많은 외국인노동자들로 인한 통합과 재정적인 부담이 있기 때문이다.

2) 통합 논의

외국인 가족의 문제를 다루고 있는 교회, 단체, 시민단체들은 '통합'이라는 데서 내국인과 '동등한 대우'(Gleichberechtigung)로 이해한다.

독일에서 외국인의 생활은 '다양한 문화－동등의 권리!'로 되어야 한다고 본다(Luedeerwaldt, 1984, 179). 이런 의미에서 "외국인 시민"(Auslaendische Mitbuergers)이라는 개념이 태어났고, 트랜하르트(Träenhardt, 1984)가 말하는 바와 같이 이는 '통합적 인간'(Integrativ－humanitaer)을 의미한다. 이는 외국인으로서 차별성을 강조한다(116). 이와 관련하여 새 시민(Neubuergers)이라는 개념이 스피겔(Spiegel)에서 해외이주자(Aus－und übersiedler)에 사용되었다.

정치적인 논의와 미디어에서 통합은 결국 이주자의 적응역량(Anpassungsleistung)을 의미한다. 개별 외국인들은 자신들의 적응수용성에 따라, 그리고 다양한 민족국가성은 그들의 문화적 통합능력에 따라 평가한다. 이러한 적응역량과 통합능력에 대한 회의가 오랫동안, 그리고 1990년대 말에 터키인과 관련되어 증대되었다. 여기서 최근 흥미로운 점은 이주자와 후발이주자(Aussiedler und Spätaussiedler)의 통합에 대한 문제이다. 여기서 청소년의 통합이 문제시되었다.

> 오늘날 도착하고 있는 사람들은 1980년대 말에 특히 폴란드와 루마니아에서 이주해 온 전임자들과는 매우 다른 상황에 처해 있다. 자신들의 언어와 문화 그리고 독일에서 양호한 출발조건의 덕택으로 이들은 빠르게 그리고 눈에 띄는 것 없이 독일 사회에서 위치를 찾을 수 있었다. 오늘날 이주 청소년들은 이와는 다르게 매우 악화된 상황에 있다. 독일 신분증으로서 이들은 이주하는 사람들 가운데서 특혜를 받았지만 이 특혜가 성공적인 통합에의 보장은 결코 아니다(die tageszeitung, 1997. 7. 8).

다른 한편 정부 측에서 보면 많은 러시아계 독일인들은 좀 더 나은 독일어에 대한 촉구가 이루어졌음에도 지금까지의 통합은 성공의 예가 되지 못하고 있다. 그러나 여기서 통합의 조치들이 외국인의 사전노력(Vorleistung)에 종속되도록 하였다. 이들은 독일을 위해서 결정을 해야 한다. 그런 다음에 이들은 완전한 통합과 국민화(Einbuergerung)를 누리게 된다. 이 통합의 마지막 단계는 이주외국인의 동화 개념과 일치한다.

1980, 1990년대의 법들은 통합과정에서 단지 "임시적"(internmezzo)이었다. 외국인 정책은 그후에 더 제한적(restriktiver)으로 되었다. 다양한 사회단체들의 통합개념에서 단일의 개념을 찾을 수 없으며, 일종은 행태의 전체 묶음과 다른 한편에서는 정치적 실용성이 있다. 1979－1980에 짧게 붐이 일어난 통합 개념을 독일화에 대한 강제라고 비판되었다(Hamburger u.a. 1983 ; Bayaz u.a. 1984). 또한 순환제도, 귀국와 통합화, 독일화에 대한 '제3의 길'이 모색되었으며(Richter 1983), 1980년대 말에 '다문화 사회' (multilkulturelle Gesellschaft)가 언급되기 시작했다.

3) 다문화 논의

독일에서 다문화 사회의 개념은 정치 좌파와 교육학에서 먼저 주도되었다. 1980년에 잡지 쿠어스북(*Kursbuch*)은 "다국민국가 독일"(Vielvökerstaat Bundesrepublik)라는 제목으로 발간되었다. 여기서 독일에서의 다수 소수민족들에 대한 생활이 사례로 다루어졌다. 가령 듀셀도르프의 일본인, 베를린의 한국인, 루르 지역의 한국인, 뮨헨의 망명 크로아티아인 등이다. 이 잡지는 다양한, 때로는 대조되는 문화의 정체성도 허용되어야 한다는 것이다. 순환(rotation)과 통합(integration) 같은 개념은 포기되어야 한다. 외국인들은 이 두 경우에서 모두 독일의 정책에 종속되어야 하기 때문이다.

1980년대 말에 다문화 사회 개념이 서독지역에서 더 확산되고 동유럽적 통합도 증가했다.

> 현재 퍼져 있는 통합 개념은 지금까지 시험적으로는 이제 충분하며, 성공하지도 못하였고 또한 좌절되지도 않았다(…). 통합에 대한 어떤 대안 없는 춤추는 것은 이를 이주자들의 주도적인 의무로 보든지 또는 양측의 현지주민과 이주민 간의 일치화를 말하든 결과적으로는 비극적 코미디같이 되었다. 여기서는 '모국으로 유럽'이 선전된다. 이는 정치적인 계산이 깔려 있는 것이다. 국민의 다양한 그룹이 유지되면서 그리고 단일화가 되지도 않도록 한다는 것이다(Ruhloff 1989, 11).

루돌프(Jörg Ruhloff)가 통합 개념을 반대하는 반면에 다문화주의 옹호자들은 외국인들이 인간적 · 문화적으로 침체된 독일을 풍요하게 해줄 것으로 기대했다. 1992년과 1993년 데모에서 외국인 적대에 대한 반대를 볼 수 있다. 국민 다수에 있어서 다문화라는 것은 '다문화 소비'를 의미한다. 이러한 다문화 소비는 일상생활에서 매우 가깝게 다가와 있다. 예로 이태리, 프랑스, 중국 또는 인도 식당에서 음식을 먹는 것은 부분적으로 문명화되고 진보된 것으로 여기며, 터키의 상점에서 채소를 사거나 빵(케팝)을 사는 것은 실용적인 것으로 여겨진다.

> 독일 전역에서 약 7억 2천 개의 터키 빵(케팝)이 소비되고 있다. 독일은 케팝과 가까이 있다. 통계청에 따르면 독일인은 매년 평균 1킬로그램의 케팝을 소비한다. 1만 개의 케팝 상점이 밀접된 것은 독일을 일종의 서유럽 변방의 오리엔탈로 만들고 있다(Seidel-Pielen 1996, 13).

공공 토론에서 다문화주의는 종종 정치적 결정능력을 넘어섰고, 소수민족 간의 갈등을 조화시켰다(Bommes/Scherr 1991). 그러므로 다문화 사회 옹호자들의 일부는 이런 개념에서 다시금 거리를 두었다. 다문화는 과거의 통합 개념과 같은 내용을 가지지만 겉모습만 다른 유행어라는 것이다. 프랑크프루트 시의 "다문화과"(Dezernat für multikulturelle Angelegenheiten)는 통합정책과 별반 차이가 없는 정책을 만들어내고 있다(Leggewie 1989). 1997년 슈피겔(*Der Spiegel*, 97. 4. 14. Nr. 16)지는 "외국인과 독일인. 위험한 이질성, 다문화 사회의 실패 : 젊은 소녀, 두건을 쓴 아이들, 칼을 가진 소년들"[8]을 특집주제로 뽑았다.

1990년대에 다문화주의에 앞서 "문화간주의"(Interkulturalitaet)가 더 많이 사용되었다. 왜냐하면 이 개념은 상호 양측의 관계, 공동적 삶을 제외시키며, '다문화적인 병립적 삶'에 대한 개념이 충분치 못하다고 판단하기 때문이다(Robertson-Wensauer 1993). 이런 발전에 대한 예는 《타게스차이퉁》(*Tageszeitung*)의 문화간주의(Interkulturelles) 난이나 "문화협력 장소"(Stelle für interkulturelle Zusammenarbeit)에서 볼 수 있다(Süddeutsche Zeitung 98. 3. 19).

문화간주의(Interkulturalitaet) 논의에서 선구자는 교육학이며, 1980년대 초에 외국인 교육학(Ausländerpaedagogik)을 버리고 문화간주의 교육에 대한 개념을 논의하였다. 프렝겔(A. Prengel)의 「다양성의 교육학」(Paedagogik der Vielfalt, 2006)은 이러한 논의를 요약하면서 다른 자들, 가령 소녀, 소년, 장애인, 비장애인 원주민, 이주자 등과의 관계에 있어서 일반적 개념으로서 문화간주의 교육을 강조하고 있다.

기본적으로 동일가치에의 수용은 반드시 중성(중립)을 요구하지 않는다. 그러나

8. Ausländer und Deutsche : Gefährlich fremd–Das Scheitern der multi–kulturellen Gesellschaft ; junges Mädchen, Kinder mit Kopftüchern, Jugendliche mit Messer.

> 부분수용은 자신의 고유의 문화적 뿌리를 의식할 수 있다. 부분성에 대한 이러한 근거는 다음과 같다 : 나는 가부장적인 가족에서 한 젊은 소녀에 대해 부분성을 받아들인다. 이것이 나의 도움을 요구한다면 내가 이것을 하는 것이 분명한데, 왜냐하면 이것이 지속되는 20세기에 페미니스트로서 문화적 정체성과 부합하기 때문이다. 그리고 내가 다수문화의 일원으로 영향을 갖고 있기 때문이다. 도움을 주는 자의 이익편은 함께 생각해 볼 일이다. 요구하지 않은 도움, 대리적인 사고 그리고 어린이 같은 도움은 문화주의 간 교육학에서는 설 자리가 거의 없다(92).

프렝겔의 입장은 사회 이론을 고려하면 많은 도움을 준다. 이는 소수민족의 문화의 의미를 상대화하며 소수민족이 중첩이 될 수 있는 수용 가능한 확대된 귀속성을 보여준다(Nohl 1998).

오즈드미어(Cem Oezdmir) 전 연방 하원의원(Bündnis 90/Die Grünen)은 자신의 자서전에서 다문화주의자들로서의 언급을 자제하고 있다.

> 나는 터키 출생으로 독일 시민이다. 남부(슈바비쉬) 사투리가 표준 독일어보다 나에게 더 가깝게 다가왔으며, 이는 물론 터키 배경을 가진 자에게는 쉬운 것이 아니다. 사전에 따라 지속적인 다문화주의자를 말하고 있는 이주자도 의미를 정확히 전달하고 있지 못하다. 나는 걷고 있지만 걸어서 온 것이 아니라 여기서 태어났다(Oezdemir 1997, 6).

이중국적의 실행은 다문화주의의 정치적·법적 수준에서의 시행이라고 할 수 있는데, 1980년대에 단지 약간의 로비만이 있었을 뿐이다. 1990년대에 이는 크게 확대되었지만 정치와 여론에서 지금까지 독일 국민의 대다수는 이중국적에 반대한다. 따라서 이주자들이 통합될 것 또는 귀화할 것 간의 선택에 있어서 압력수단을 여전히 분명히 하고 있다.

이중국적에 대한 논란을 통해서 알 수 있는 것은 이런 문제가 전문가에서 뿐만 아니라 이제는 국민 간에서 논의되고 해결되어야 한다는 것과, 이런 문제가 지금까지 지속적으로 문제로만 되어 왔었다는 점이다. 1998년에 연립정부가 야당안인 국적법에 동의했다면 독일은 이민국이 아니라고 주장하는 CDU/CSU의 주장에 반한 결정을 해야만 하는 것이다. 이중국적의 허용이 독일 내에서 이주자들의 수용과 참여를 개선할 수 있는가의 문제는 더 두고 볼 문제이다. 그러나 분명한 것은 독일 내의 다국적성이 실행되고 있음을 직시해야 한다. 이는 가령 스포츠, 문화, 학문 등에서 볼 수 있다.

9. 새 이주정책을 향해

독일의 정치가들은 지속적으로 독일은 이민국가가 아니라고 말해왔다. 그러나 실제로 독일은 유럽에서 보면 이주노동자가 가장 많은 국가이며, 이는 세계에서의 비교에서도 그러하다. 독일 정치가들은 이주제한과 통제를 중심으로 정책을 펴왔다. 이는 특별한 영역에서 노동력의 결핍이 드러날 때에는 서로 상충되었다. 고용주들은 외국인노동자들의 고용을, 특히 하이테크 분야에서 요구했다. 또한 독일 인구의 노령화와 출생률을 고려하면 마냥 이주를 제한할 수 있는 형편도 안 되었다. 인구학자들은 독일의 인구는 현재 상태로 지속된다면 2050년에는 8천2백만 명에서 5천9백만 명으로 감소할 것으로 예측했다.

베를린의 경제연구소 DIW는 인구감소를 상쇄하기 위해서는 매년 34만 명에서 68만 명의 이주자가 필요하다고 보았다. 독일산업협회(BDI)는 현재 형태로서 독일의 사회안전망을 유지하기 위해서는 매년

35만 명에서 45만 명의 이주자를 받아들여야 한다고 추산했다[Migration News 4(3), March 1997 ; 7(11), November 2000 ; 8(5), May 2001]. 심지어 독일노조협회(DGB)까지도 1993년에 독일 정부는 분명히 이주자를 필요로 하고 있음을 인식해야 하고, 이주는 매년 필요의 양에 따라 공급될 수 있도록 제도화되어야 한다는 입장을 밝혔다[Migration News 1(4), May 1994]. 독일이 인구감소로 인하여 중소국가로 전락하지 않으려면 출산율을 높이거나 그렇지 않으면 그에 상응하는 이주자를 받아들여야 한다.

반면에 망명자, 가족결합, 소수 독일 민족 이주를 제한하라는 요구가 증가했다. 그 이유는 독일의 정체성과 유산이 파괴된다는 것이다. 이런 압력은 1992-1993년의 타협책을 만들어냈으며, 이는 망명자 수와 해외독일계 동방 이주자를 제한하는 것이었다. 그러나 우파 정치인과 일부 독일 시민들은 지속적으로 망명자 제한과 가족결합 제한을 요구했다.

독일은 이같이 이주를 중심으로 한 복합적인 이주정책을 해결해야 할 문제에 직면했으며, 이는 수십 년간 지속되어 온 문제들이었다. 1990년대 중반에 독일에서는 이주정책을 놓고 대대적인 논쟁이 일어났으며, 다양한 이해집단이 이에 가담했다. 문제의 초점은 독일이 과연 미국이나 캐나다와 같은 이주 시스템이 필요한 것인가, 어떤 제도가 독일에 유용한 것인가, 각 제도들의 요소들을 어떻게 조화하여 독일 제도로 만들 것인가 등이었다. 이런 논의는 이주법으로 되어 2002년 6월 20일 입법화되었다. 내용의 주요점은 다음과 같다.

① 매년 5만 명까지 숙련된 전문 노동자의 독일 입국을 허용한다. 전문 노동자는 독일에 도착하는 즉시 영구거주 권리를 얻을 수 있다. 학생과 덜 숙련된 노동자들은 처음에는 일시적 허가를 얻으며, 이는 이들에게 요구되는 충분한 조건이 획득되면 영구거주권으로 바꿀 수 있다.

영구거주 신청은 젊은층, 학교 졸업자 및 독일어 구사자에 가산점을 준다.

② 본법은 망명신청 과정을 강화한다. 망명신청자는 최대 3년간 임시거주 지위를 허용하며, 독일에서 노동이 허용된다. 독일에 머무를 수 있는 권리는 모국의 상황에 근거한 재판의 판결에 따른다. 거부된 망명신청자는 이주노동과 거주신청을 할 수 없다. 정부는 망명신청자를 구류할 수 있으며, 복지제도에의 접근을 제한할 수 있다.

③ 본법은 국적 없는 망명신청자와 성차별적 특별한 학대를 받는 자에 망명지위를 허용한다. 특히 여성 등의 성 특수성 때문에 박해를 받거나 비국가기관의 박해를 받을 수 있는 이주민들에게 난민을 인정한다.

④ 본법은 송환과정을 조속히 시행한다. 극단적인 이슬람주의를 설교하는 등의 종교적 극단주의자의 추방을 쉽게 한다.

⑤ 본법은 새 이주자의 통합을 촉진한다. 모든 외국인은 독일과 독일 문화를 학습할 권리를 갖는다. 독일어 테스트에 불합격한 6년 이하의 외국인은 독일어 과정에 등록하도록 요구할 수 있으며, 그렇지 않은 경우 거주허가 갱신에 불이익을 당할 수 있다.

⑥ 본법은 독일 대학 재학 외국학생들에 1년간 체류하며 노동허가를 받을 수 있다.

⑦ 본법은 현재 망명인정연방사무소(Federal Office for the Recognition of Refugees)를 이주 및 망명연방사무소(Federal Office for Migration and Refugees)로 개명한다.

이와 같은 새 이주법은 사민당과 녹색당(SPD/Grüne) 정부에 의해서 통과되었으나 CDU/CSU는 반대했다. CDU/CSU는 여전히 독일이 이민국가가 아니라고 주장했다. 또한 이들은 4백만의 실업을 가지고 있는 독일이 새로운 이주정책을 하므로 이주허가를 증가해서는 안 된다고 하였다. 또한 본법은 독일 사회를 수년 내에 완전히 바꾸어 놓을 것이라고 하였다. 마지막으로 이 정당들은 외국인의 통합에 따른 엄청난 비용에 대해서도 경고했다. 반면에 CDU/CSU는 새로 개정된 이주법에 대해 이주자 수를 엄격히 제한할 것, 이주자들과 정치적 망명신청자들의 사회복지제도에의 접근을 제한할 것, 이주자의 자격과 자질에 대한 보장을 확실히 할 것, 거주 외국인에 대한 통합조치를 분명히 할 것을 요구했다. 이 법이 통과된 후에 이 정당들은 절차상의 문제를 들어 연방헌법재판소에 소송을 냈고, 연방헌법재판소는 이를 위헌판결했다. 이 법은 다시 CDU이 요구하는 국가 안전문제를 고려하는 조항이 삽입되어 2004년 5월에 하원을, 7월에 상원을 통과했으며, 2005년 1월 1일부터 발효되었다.

이와 같은 독일 이민법은 주요 정당들의 정책의 합산물이다. 독일은 이민국가가 아니라는 주장과 달리 이미 오래 전에 실제로 이민국가가 되어버린 사실을 받아들인 것이다. 2005년의 이민법은 독일의 인구감소와 복지국가 축소 위기, 지구화 시대의 세계 경쟁에서 독일이 처한 상황에서 이루어진 불가피한 새로운 이주정책으로 평가된다. 반면에 체류허가 조건으로 언어시험 평가를 통해 독일이 원하는 이주자를 선택적으로 배제할 수 있도록 한 것, 민족차별적 요소 등은 여전히 독일의 통합정책이 다문화 사회로의 전환에 미흡함을 보여준다(박명선 2007, 281). 독일의 이주정책은 국내사회의 세력, 정치세력, 독일 민족주의를 둘러싼 이데올로기, 연방주 간의 이해관계, 그리고 EU의 구조에서 다루어진다.

제10장

유럽연합의 이주정책

본장에서 유럽을 말할 때 대륙의 일부 유럽, 유럽과 아시아의 유라시아(Eurasia)를 말하는 것이 아니라 서유럽의 중심국가들을 말한다. 서유럽은 유럽연합의 확대와 맞물려 남과 북으로 확대되었다. 마찬가지로 동유럽의 일부 국가들이 유럽연합에 가입해 유럽연합은 동으로 확대되었다. 에스트란트, 헝가리, 폴란드, 슬로베니아, 체코, 사이프러스 등이 가입국가이다. 유럽 내에서의 통과의 자유와 협력의 증가는 경제적인 것이 주원인이며, 이에 따라 수많은 협약이 이루어졌다. 반면에 유럽연합의 이주정책은 윤곽만 잡혀 있다. 국경을 점차적으로 폐쇄하기로 협약한 쉰겐 협약의 탄생과 발전은 바로 이주정책의 한 방향을 보여준다.

1. 유럽으로의 이주현황과 경향

유럽연합의 각 국가에서 외국인이 차지하는 비중은 매우 다르다. 2001년을 기점으로 외국인의 비율을 보면 핀란드는 1.9%인 반면 룩셈부르크는 37.5%에 이르고 유럽 전체 평균은 5.3%에 이른다. 유럽연합 국가들 가운데는 핀란드, 아일랜드와 같은 나라는 전통적인 이출이민국가였고 네덜란드와 프랑스의 경우는 이입이민국가였다. 이출이민국가에서 이입이민국가로의 변화를 경험한 국가도 있는데, 이는 그리스, 이태리 및 스페인이다. 이런 역사적 경험의 차이로 인하여 각 국가별로 국민의식에 있어서 이주의 이해에 있어서도 차이가 난다. 이러한 차이에도 불구하고 이주에 있어서 다음과 같은 공통적인 경향이 나타나고 있다 (Angenendt 2004, 360).

첫째, EU 국가로의 합법적인 이주가 1990년대 중반에 상당히 줄어들었다. 1992년에 170만에서 1997년에 115만 명으로 감소했으며, 이는 2001년에 다시 증가하여 147만이 되었다.

둘째, EU 국가로 이주한 이주자들의 출신국가의 다양성이다. 이런 이주현상에는 과거 이주자들의 출신지역이 여전히 영향력을 미치고 있다. 가령 영국으로의 이주자들은 인도 남부지역, 프랑스로의 이주자들은 아프리카 북부지역 출신이 많다. 독일과 오스트리아로의 이주자들은 구소련과 동유럽지역에서 오고 있다.

셋째로, EU 국가로의 노동이주자의 수가 감소한 반면 가족의 결합이 증가했다. 대부분의 국가에서 이런 가족결합이 이주에서 두드러진

유형을 보여주었다. 전체 이주에서 가족결합을 통한 이주가 차지하는 비율은 스웨덴 60%, 프랑스 70%, 포르투갈 50%이다.

넷째로, 이주는 유럽 각 국가의 인구구성에 영향을 미친다. 1992년부터 2002년까지 보면 EU 전체에서 차지하는 외국인 비율이 15% 증가했다. 이런 외국인 증가는 많은 국가들에서 저출산으로 인한 인구감소를 상쇄하였다.

2. 난민과 망명

유럽으로 이주를 원하는 자들은 여전히 가난한 주변 지역에서이다. 예로 서유럽과 구소련 국가들 간의 임금수준은 현격히 차이가 난다. 가난한 지역 사람들에게 합법적인 노동이주가 막힐 때에는 망명자 또는 난민으로 들어온다.

난민과 망명은 유럽연합의 이주정책에서 핵심 영역이며, 처음 공동으로 합의하여 관리하는 분문이다. 이런 공동관리를 통하지 않고는 합리적이면서 효과적인 정책을 펼 수 없다는 것을 서로 잘 알기 때문이다. 즉 공동관리를 통해 이른바 여러 나라에 망명을 신청하는 "난민 쇼핑"(asylum shopping)의 가능성을 제거하는 것이다.

1992년 마스트리히트 조약을 통해 처음으로 공동의 이주정책의 협약적 기초가 마련되었다. 즉 망명정책, 국경통제, 이주정책이 '공동의 이해를 갖는 업무'로 규정되었다. 이런 공동의 협력은 여전히 정부 간의 협력으로 다른 국가와의 협력에 의존하는 것이며, 이는 여전히 개별 국가의 주권영역에 속하는 문제였다.

1997년 암스테르담 조약을 통해서 이주와 망명정책이 공동주관업무(Gemeinschaftzuständigkeit)가 되었다. 그러나 여기서 공동협력은 전체 영역을 주관하는 것이 아니라 협약을 통해 결정되는 영역에서 만이다. 마스트리히트 조약에서처럼 암스테르담 조약을 통해서 각 국가들은 자신들의 이해관계를 대변할 수 있는 권한을 부여받았다. 가령 덴마크는 비자정책에는 참여하지만 공동의 망명과 난민정책에 참여하지 않았다.

이주의 공동관리를 위한 초기 단계는 1999-2005년이며, 이 기간에 어떤 국가가 망명신청, 처리 및 최종결정을 하는가(Behandlung eines Asylbegehrens)에 대해 합의했다(더블린 및 더블린 II 규칙). 또한 망명신청이 한 국가에 몰림으로써 발생하는 재정적인 부담을 덜어주기 위한 공동기금을 설치하기로 합의했다. 그 외에 망명신청자에 대한 기본적인 기준, 망명 처리과정 및 난민 인정을 위한 기본 조건에 대해 합의했다.

이에 대해 인권단체와 이주 옹호단체들은 유럽연합이 난민에 대한 보호수준이 너무 낮다고 비판했다. 그러나 유럽연합 국가들은 자국 내에서 망명자의 국내 노동시장에의 진입을 법으로 제한하기를 원했으며, 또한 사회복지에의 접근도 마찬가지로 차단하기를 바랐다. 유럽연합의 전원일치에 의한 의사결정 구조로 인해 각 국가는 거부권을 행사할 수 있으므로 실제로 망명제도는 매우 보수적이라고 볼 수 있으며, 보호수준은 매우 낮게 제한적으로 될 수밖에 없었다. 따라서 공동의 노선을 정한다 해도 합의내용 안에서도 각국의 망명자 정책은 상이하게 나나타났다. 실제로 UNHCR의 조사에 따르면 각 국가에서 망명자 처리과정도 서로 다름이 확인되었다.[1] 또한 망명 인정 비율도 서로 달랐다.

1. UN High Commissioner for Refugees, Asylum in the European Union. A Study of the Implementation of Qualification Directive, November 2007, Refworld.

많은 난민들은 EU 국가에서 보호신청이 거부되면 인접국가로 보내지고, 접수국가와 인접국가를 왕래하다 결국 추방된다. 이는 비판자들이 말하는 궤도 난민(Refugees in-orbit)이다. 이러한 정책은 인권선언에 대한 주장과 모순된다. 1994년 베를린에서 망명문제를 다룸에 있어서 유럽 정부들은 매서운 비판을 받았다. 새로운 협의안은 '망명신청자에 대한 배반'(Basso-Sekretariat Berlin 1995, 32)이라고 비판을 받았다. 이 협의안에서 비자를 요구하지만 비자를 내주지 않으며, 서유럽 국가들은 결국 망명신청자들을 불법이민자로 만들었다(34).

> 몇몇 국가들에서 보면 새 도착자들이 비행기나 또는 배를 떠나는 것이 허용되지 않았으며, 즉시 모국이나 다른 나라로 송환되었다. 특별한 국가들은 국제공항에 망명신청자를 위한 구역을 세웠으며, 이는 더 이상 여행을 하지 못하게 하는 것으로 국제법과 인권에도 모순된다. 마찬가지로 망명신청의 신속화가 도입되었지만 이에 이의신청이 허용된다 하더라도 극히 제한된 범위에서만 실시된다. 따라서 망명신청을 불법으로 이용하는 것은 극히 어렵게 되었다. 망명신청자의 추방도 쉽게 되었다. 국경을 개방하려는 국가는 점점 줄어들었고, 가난한 국가와 부자 국가 간의 차별화가 심화되었다(UNHCR-Bericht 1997-98, 201).

독일은 망명신청법을 '획기적인 성공'(durchschlangen Erfolg)으로 여겼으며, 1993년 이후 망명신청자가 급속히 감소했다. 1997년에 10만 4,353명이 망명을 신청했는데, 이는 1996년에 비해 10%가 증가한 수치이다. 1992년에 망명신청자는 최고 수준인 43만 8,000명이었다. 유럽에서 망명신청 인정률은 전체 1991-1995년에 평균 11%이다. 이는 망명신청자 상당수가 망명허가를 얻는 것이 불가능했음을 보여준다.

3. 합법적 이주

2004년 1월 19일 타임지 표지

유럽에서 최고급 두뇌 과학자 40만 명이 미국으로 이주했다는 내용을 담고 있다.

유럽연합 국가들은 인구변화에 따른 노동력 부족으로 인해 합법적 이주를 유럽 전체 수준에서 조정할 필요가 있었다. 유럽국가들은 공통적으로 이주노동자 문제를 다루어 본 적이 없기 때문에 집행위원회가 인구감소에 따른 노동능력을 가진 이주자 촉진의 필요성을 주장했다. 가령 이주자를 받아들이지 않는다면 유럽연합 인구는 2060년에 1억 1천만까지 감소한 반면에 동기간에 65세 노인 인구는 배로 증가할 것으로 예측했다. 또한 집행위원회는 앞으로 20년 내에 유럽 전체에 2천만 명의 숙련노동자가 부족할 것으로 보았다. 이에 따라 집행위워회는 2005년에 '합법적 이주를 위한 전략'을 발표했으며, 이주자의 그룹을 세분하여 각 회원국가들이 블루카드 제도(Blue-Card)를 도입할 것을 제안했다.[2]

유럽에서 브레인-드레인(brain drain : 두뇌유출)은 새로운 논의를 얻고 있다. 이는 특히 유럽연합이 세운 목표에서 보여진다. 유럽연합은 2010년까지 세계에서 지식산업의 강국으로서 성장한다는 것이다. 이런 목표를 달성하기 위해 유럽연합은 연구와 개발에서 120만 명의 전문인

2. KOM(2005) 669 vom 21.12.2005, Kom(2007) 637, Kom(2007) 638 vom 2.10.2007.

유럽국가의 고급인력 비율(1998년)

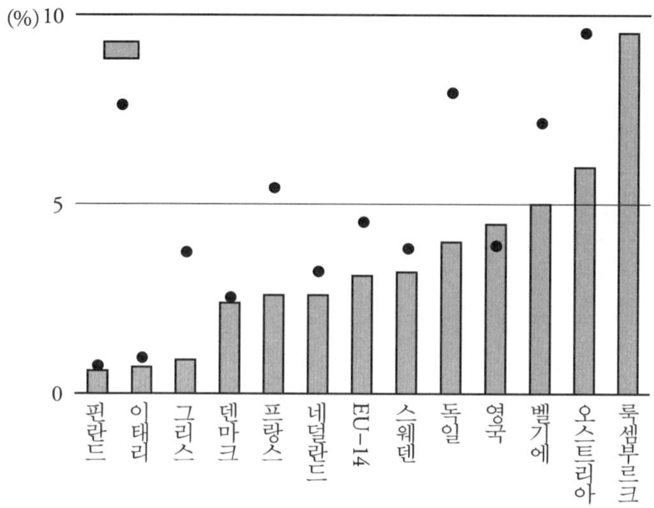

자료 : Science, Technology and Industry Scoreboard. OECD 2001.

력을 필요로 하며, 이 중 50만 명이 추가적으로 필요하다. 유럽집행위원회는 실제로 이런 목표를 달성하는 데 회의적인데, 이는 무엇보다 고급인력이 해외로 빠져나가는 상황에 따른 전문인력의 부족에 있다. 또 다른 원인은 최고의 고급인력은 장학금과 연구기금을 받아 미국으로 가며, 이 엘리트들은 계속해서 현지에 머무는 것이다. 미국에서 연구활동을 하는 이들이 유럽으로 돌아온다 해도 실제로 이들의 연구는 미래적이고 혁신적이어서 유럽에서는 연구발전의 기회를 거의 갖지 못한다. 이로써 이런 문제를 해결하기 위한 정치적 결단과 정책을 필요로 한다.

한편 블루카드제 도입은 제3국으로부터의 고급두뇌의 유입을 어렵게 만드는 관료적인 장애를 없애고자 하는 것이다. 유럽연합에 이주하는 고급두뇌가 전 세계에서 차지하는 비중은 5%에 불과하다. 이런 이주노동자 유입을 통해서 유럽연합의 경쟁력을 높이기 위해서는 먼저 노동허가서, 체류문제, 더 나아가 시민권의 문제도 함께 해결되어야만 한다.

또한 유럽 내의 국가에서 다른 국가로의 이동이 허용되는 것도 필요하다.

이러한 이주노동자에 대한 집행위원회의 계획은 특히 독일과 오스트리아의 반대로 벽에 부딛쳤다. 독일과 오스트리아의 경우 이주노동자에 대한 자격을 매우 까다롭게 요구했으며, 여전히 이주자노동자정책에서 융통성을 두지 않았다. 이에 따라 집행위원회는 노동시장에서 필요로 하는 이주노동자의 수는 전적으로 해당 국가가 결정할 사항이라고 명시적으로 밝혔다. 또한 개발도상국가에서 전문가의 유입이 두뇌유출로 이어지지 않도록 보건의료나 교육과 같은 민감한 영역에서의 모집에 제한을 두었다.

4. 통합정책

내무-법무장관 위원회는 2002년 10월 회의에서 통합정책의 결정권은 각 나라의 소관임을 밝혔다. 본 위원회는 통합을 위한 다양한 프로그램을 제안했는데, 그 내용은 정보 프로그램, 언어과정, 출신국가 구성원들의 네트워크 구성, 통합문제에 관련한 상호 협력 등이다. 유럽위원회는 2004년 11월 회의에서 집행위원회로 하여금 통합을 위해 서로간의 정보를 교환할 것을 요구했다. 이런 가운데 집행위원회는 법적 기초 하의 통합안을 선호했다. 오랫동안 유럽국가에 거주한 비유럽국가 출신의 이주자는 고용, 교육, 사회안전망, 집회 외 이동의 자유, 가족결합의 자유권을 가져야 하며, 이러한 권리는 거주기간과 연계되어야 한다는 것이다.

유럽연합 통합정책의 5개 주요 영역은 (1) 차별반대, (2) 가족결합, (3) 장기 거주자의 권리, (4) 노동시장에의 접근, (5) 노동의 목적으로 유럽연합 국가에의 입국 허용과 유학생의 허용이다. 1999년 이전부터 집행위원회는 차별철폐를 위한 정책을 제안했는데, 그 예가 2000년 유럽이사회가 수용한 "공평한 처우"의 지침이다. 유럽이사회는 계속하여 직업 또는 고용에서 차별철폐를 위한 지침을 결정했다.[3]

이러한 차별철폐를 통한 통합정책은 내용에 비교적 빨리 시행이 된 반면 가족결합은 그렇지 못했다. 특히 가족의 결합, 자녀의 이주에 따른 권리와 보장은 미흡했다. 유럽의회는 이 문제를 유럽 법원에까지 가지고 갔으나 성공하지 못했다. 따라서 가족에 대한 존엄과 보호, 인권침해 등은 비판을 받았다. 이런 가운데서 2004년 내무법무장관 위원회는 이주자와 통합정책을 위한 "공동원칙"(Common Basis Principles)에 합의했다. 이는 통합정책을 위해 공동보조를 맞춘 첫 걸음으로 평가된다.

합법적인 이주자의 통합을 위한 정책의 반대에는 불법이주자에 대한 문제가 있다. 불법이주의 문제는 유럽연합의 중요 이주자 정책의 영역을 차지한다. 또한 이전에는 가령 독일이 적극적인 조치를 요구했다면 지금은 남부국가들(이태리, 그리스, 말타, 사이프러스)이 불법이주자에 대한 강력한 대응을 요구하고 있다. 이런 불법이주의 통제와 밀접한 관련이 있는 것이 쉰겐 협약이다.

---

3. Vorschlag für eine Richtlinie des Rate zur Anwendung des Gleichbehandlungsgrundsatzes ohne Unterschied der Rasse oder der ethnischen Herkunft, ABI. der EG C 116 E/12 vom 26. April 2000.

5. 쉰겐 협약과 유럽 국경통제

유럽의 이민정책은 긍정적인 것과 부정적인 것에서 비판받고 있는데, 긍정적인 것은 협약이 지향하는 유럽연합 국경 내 국민통제의 폐지이며, 다른 부정적인 것은 비회원국의 국민 모두를 '좋은 외국인' 까지도 나쁜 외국인으로 치부하여 출입을 철저히 막고 있다는 점이다. 따라서 내부적으로 국경을 폐지하지만 외부적으로는 오히려 국경을 쌓으며 높이는 것이다.

쉰겐 협약(Schengen Agreement)의 이름은 1986년 6월, 회의가 처음 개최된 룩셈부르크의 작은 쉰겐 지역의 이름을 따서 붙인 것이다. EU 회원국 간의 국경을 철폐하고 출입국 수속을 없애기 위한 것으로 회원국 국민에 대해 자국민과 똑같이 취급할 것을 그 내용으로 담고 있다. 이에 참가한 국가는 베네룩스 3국(벨기에, 룩셈부르크, 네덜란드), 프랑스, 독일이다. 베네룩스 3국은 이미 1960년에 패스 연합(Passunion)이라는 국제협약을 체결한 바 있다. 쉰겐 협약의 목적은 점진적으로 서명국가 간의 국가통제를 없애는 것이다. 이에 따라 체결국 간에는 국경에서 여권심사 및 통관절차가 생략되었다. 즉 쉰겐 협약에는 EU연합 대부분의 국가와 일부 유럽국가가 가입되어 있으며, 모든 협약국을 하나의 국가로 간주한다는 것이다. 이에 따라 협약국 내의 지역(나라) 안에서 이동할 때에는 일체의 출입국 수속은 필요가 없다. 이러한 조약은 회원국 국민은 물론 비회원국에 대해서도 똑같이 적용하고 있다.

협약대상 국가들은 개인의 이동에서 공동 국경에서의 통제는 없애고 외곽 국경에

서 그 통제를 하도록 이전한다. 이 목적을 위해서 무엇보다 통제를 다루는 법과 규칙 등을 서로 조화롭게 하고, 필요한 부수적인 조치를 통하여 내국의 안전을 회복하며, 해당 국가의 구성원이 아닌 사람들(비유럽연합 국가)의 입국을 예방하는 데 노력하는 것이다(Schenger Übereinkommen von 1985, Art. 17).

국경이 개방된 동유럽 9개국

1990년 통과된 법(일명 쉰겐 II)은 1985년 협약에 경찰과 사법의 의미를 더 부여했다. 처음의 협약과 1990년 협약을 비교해 보면 비자를 내주는 데 있어 일치된 경찰과 사법적 협력을 강화하는 내용이 들어 있다. 쉰겐 II 이후로 상호 연계성은 더욱 증가했다. 모든 경찰서와 범죄관청 또는 국경감시소의 행동은 바로 전 유럽적인 차원의 의미를 갖는다. 상호성(Gegen-seitgkeit) 원리는 부담을 줄이기도 하지만 반대로 부담을 지운다. 다른 국가의 동료는 자신의 일을 지원하기도 하며, 또한 그들 편에서 지원을 요청한다.

1990년대에 더 많은 국가들이 쉰겐 협약에 가입했다. 이태리(1990), 스페인(1991), 포르투갈(1991), 그리스(1991), 오스트리아(1995), 덴마크(1996), 핀란드(1996), 스웨덴(1996) 등이다. 1998년 초에 15개국의 유럽연합 국가 중에서 다만 2개 국가 영국·북아일랜드, 아일랜드가 쉰겐 협약에 서명하지 않았는데, 이는 이들 국가들은 자신의 국경통과에 대해 두려워하는 것이 없기 때문이다. 폴란드, 체코, 에스토니아 등 동유럽 중심의 구공산권을 중심으로 하는 9개국이 2007년 12월 21일, 회원

유럽연합의 협의와 협약

연도	내용
1985	쉰겐 협정(쉰겐 I) : 베네룩스 3국(벨기에, 룩셈부르크, 네덜란드), 프랑스, 독일이다. 베네룩스 3국은 공동국경의 통제를 점진적으로 폐쇄해 나가는 데 합의함
1990	쉰겐 시행 협약(쉰겐 II) : 1985년 6월 14일 쉰겐 협약의 실시에 합의. 1990년 6월 19일부의 공동국경을 단계적으로 폐쇄하며, 협약의 41조 9항에 따른 불이점 설명을 포함
1990	유럽공동체 회원국에서 신청한 망명신청 심사를 위한 해당 국가의 결정에 대한 더블린 합의
1992	유럽연합 조약, 망명정책의 조화를 위한 난민문제에의 설명
1993	마스트리히트 조약, 내무·법무의 3기둥이 포함 ; 망명정책은 공동 이해관계의 사무로 여김
1993	ZIRA 설립(난민문제에 대한 정보, 심사 및 교환센터) (Informations, Reflexions-und Austauschzentrum fuer Asylfragen)
1995	유럽연합과 터키 간 관세협약(무관세 이동)
1997	인종차별, 외국인 학대, 반유대주의 반대 유럽 해
1997	이중국적을 위한 유럽이사회 합의(독일은 서명하지 않고 있음)
1997	더블린 협약 실시
1997	암스테르담 조약(마스트리히트 조약 수정임) : 쉰겐 협약이 본 조약에 흡수됨. 국경통제 지속함 - 영국, 아일랜드, 덴마크 ; 유럽 시민(Unionsbuergerschaft)이 처음 제도화됨
1997	룩셈부르크에서 유럽연합 정상회담 ; 터키를 협상대상 국가와 동일하게 다루지 않기로 함.
1998	독일 연방하원-암스테르담 조약 비준
1998	유럽이사회 '2000 아젠다' 결정
2001	덴마크, 핀란드, 스웨덴 쉰겐 협약에 가입
2007	쉰겐 대상국가 확대 : 폴란드, 체코, 슬로바키아, 슬로베니아, 헝가리, 에스토니아, 라트비아, 리타우니아, 말타

국들 간의 자유로운 통행을 보장하는 쉰겐 협약에 따라 국경을 완전 개방했다. 이들 9개국과 독일, 프랑스, 오스트리아 등 기존 회원국 15개국

의 국민들은 국경에서 여권 검사절차 없이 자유롭게 상대국을 오갈 수 있게 됐다. 4억 인구의 통행이 완전히 자유로워진 것이다.

앙겔라 메르켈 독일 총리는 폴란드, 체코 등과 국경을 맞댄 독일의 소도시 즈빅카우에서 도널드 투스크 폴란드 총리, 미렉 토폴라넥 체코 총리가 참석한 가운데 기념행사를 갖고 "우리는 검문철폐라는 형식적 절차를 없앤 것이 아니라 유럽인의 염원인 자유와 평화를 쟁취한 것"이라고 말했다. 이 같은 공식적인 의미와 더불어 기존의 서유럽 회원국들은 사법 · 행정 체계가 미흡해 불법체류자가 적지 않은 동유럽에서 취업 등을 목적으로 서유럽으로의 대이주가 염려되었다(한국일보 2007. 12. 24).

쉰겐 협약 I 이후 유럽에서 정치적 · 법적 발전을 보면 매우 결정적인 주요 시점이 있다. 쉰겐 I(1985)과 쉰겐 II(1990) 사이에 혁명적인 해, 철의 장막이 거두어진 1989년이 있다. 마찬가지로 독일이 통일됨으로써 독일의 국경은 바로 전후 두 블럭으로 나뉜 국경에 맞닿게 되었으며, 이 결과가 갖고 있는 영향을 오늘날에도 가늠한다는 것이 쉽지 않다. 유럽연합은 남부로 확장되고, 다시 북으로 확장되었으며, 이는 동으로, 또는 장차 발탁 해까지 확장될 것이다. 이런 거대한 유럽연합에서 유럽 정체성이 무엇이며 이에 대해서 말한다는 것은 쉬운 일이 아니다. 정치적 · 법적인 견고화는 뒤따라 조치되었다. 이주와 관련하여 유럽연합 내에서 시민들의 유럽연합 내의 이주와 제3국의 유럽연합 국가로의 이주이다.

6. 자유이동권

유럽연합국의 국민은 자유이동권(freedom of movement)을 갖는다. 즉 유럽연합의 국민은 유럽연합의 다른 국으로 이주하거나 거기서 살면서 노동하기 위해서는 어떤 비자나 체류허가가 필요치 않다. 이들은 신청만으로 무기한의 체류허가, 즉 유럽체류증(Residence permit-EU)을 받는다. 예를 들어 독일에서 살던 이태리인은 독일의 어떤 도시에서 살다가 다시 이태리 어떤 도시로 이동하며, 다시 네덜란드 어느 도시든 이주할 수 있다. 이런 다수의 거주지 변경과 이동에 비자가 필요치 않다. 원래 노동자들과 자영업자에게 해당되던 이런 이동권이 점점 확산된 것이다.

유럽연합 내에서 이동권의 보장은 시간이 흐름에 따라 변화되었는데, 이는 더 이상 경제적 관점에서가 아니라 해당 시민의 권리 확장이라는 점에서 이루어졌다. 이런 이동권 권리가 처음에 기대했던 것보다 덜 사용되는가는 관계없으며, 이런 자유이동권의 사용가능성에 대한 요구는 엄청 확대된 것이다. 이런 배경 하에서 유럽연합에서 자유이동권의 실제적인 실현은 유럽 시민이라는 역할 정립에서 주요한 영향을 주고 있다(Epiney 1998).

7. 유럽 시민과 제3국인

쉰겐 협약 이후에 유럽정책과 국가 내국정책 간에 분명한 차이가 있다. 이는 유럽 시민과 제3국인의 차이이다. 유럽 소속 시민은 유럽연합의 국민들로 1997년 암스테르담 조약 이후 유럽 시민(EU citizens/Unionsbuerger)으로 불린다. 비소속원은 비유럽연합회국의 출신 국민들이다. 조약의 언어로 본다면 이들은 제3국인(Third-country nationals)이다. 가령 독일에서 본다면 프랑스 패스를 가지고 있는 프랑스인은 외국인이지만 친척 같은 외국인이다, 왜냐하면 독일과 프랑스는 같은 EU에 속하기 때문이다. 프랑스는 이 쉰겐 협약에 따라 '두 번째 국가' (Zweitstaat)라 말할 수 있다. '진짜 외국인' (Richtige Auslaender)은 유럽연합에 속하지 않은 출신의 제3국가 출신이다.

서명한 국가들 내의 '내부국경은 통제가 완전히 제거되었거나 극히 일부 최소 기능만 남겨두었으며, 이는 다만 제3국인만을 위한 것이다. 따라서 독일, 네덜란드, 프랑스 또는 오스트리아의 국경을 넘는 것은 매우 쉽게 되었다. 반면에 쉰겐 협약 국가의 외부국경만이 유지되며, 경우에 따라서는 더 강화되었다. 가령 독일과 폴란드, 이태리와 알바니아, 그리스와 터키 간의 경우이다. 이 국경들에서 연합 시민은 다만 동일 인물만을 검사한다. 제3국 국민은 입국비자나 입국을 위한 필요조건들이 사전에 준비되었는가가 통제되며, 때로는 수배인물과도 대조된다. 쉰겐 II의 3장은 회원국 국민의 여행은 단일화되고 쉽게 된 반면에 비회원국 국민의 여행은 어렵게 되었다. 유럽연합의 현재의 법적 상황은 제3국민에게는 점점 합법적인 여행 가능성을 어렵게 하고 있다.

국경통제의 폐지에 따른 다른 면은 바로 외부국경의 강화를 가져왔다. 1980년대 말에 이미 비판가들(Althaler/Hohenwarter 1992)에 의해 제기된 바와 같이 외부에서는 감당하기 힘든 '유럽 요새화' (Festung Europa)인가 질문이 된다. 유럽연합 입장에서 보면 심각한 문제 중 하나는 수많은 아프리카 사람들이 유럽행을 꿈꾸며 계획하고 있는 점이다. 스페인에는 2003년에만 100만 명의 불법이민자들이 거주하고 있다. 스페인은 이미 2001년에 44,841명의 밀입국자를 고향으로 강제 추방한 적이 있다. 이탈리아에는 2006년에만 2만 2,016명이 밀입국했는데, 이는 3년 전에 비해 50% 증가한 수치이다. 아프리카는 유럽의 바로 이웃이다. 유럽연합의 스페인, 이태리, 그리스 등 어느 한곳에 도착하면 그 이후의 이동은 어렵지 않다.

밀입국 루트도 시대와 상황에 따라 변한다. 스페인의 카나리아 제도는 4계절 모두 온난한 지중해성 기후로 인하여 유럽인들이 많이 이용하는 휴양지로 각광받고 있다. 그러나 이 일대의 바다는 유럽행을 꿈꾸는 아프리카인들에게 무덤이 되곤 한다. 모로코나 모리타니에서 유럽으로 불법 이민을 가려는 사람들이 바로 카나리아 제도를 많이 이용하기 때문이다. '모로코 불법이민피해자가족협회' (AFVIC)는 1997년과 2001년 사이에 바다에서 3,286명이 익사했다고 밝혔다. 익사자 3명 중 1명만이 발견된다는 것을 감안하면 1997–2001년 사이에 적어도 1만 명 이상이 바다에서 목숨을 잃은 것이다(Le Monde diplomatique 2002, 6).

스페인은 1990년대 들어 아프리카에서 넘어오는 불법 이민을 막기 위해 모로코에 있는 스페인령으로 군사적 요충지인 세우타와 멜리야에 철조망을 만들었다. 그러나 멜리야는 사하라 이남의 아프리카인들보다 오히려 아시아인들이 많이 이용하는 루트가 되고 있다. 세우타에 8.2km, 멜리야에 12km에 걸쳐 철책선이 처져 있다. 리비아의 수도 트리폴리와 벵가지에서는 몰타나 이탈리아로 들어오는 바닷길을 많이 택하고 있다. 끝없이 대물림되는 가난과 절망적인 현실이 수많은 아프리카인들을 '순교자'로 만들고 있다. 이들은 가족의 꿈과 희망을 갖고 몇 푼 여비로 길게는 수백 km의 여행을 떠난다. 밀입국에 성공하려면 먼저 돈이 있어야 하며, 행운이 따라야 한다. 그러나 밀입국의 실패는 바로 자신의 목숨을 잃는 것이다.

밀입국 알선업도 조직적으로 발달해 번창하고 있다. 지중해를 건너는 데 일인당 배편으로 200-300유로를 지불하는 것에서부터 브로커에게 1인당 1,000유로부터 그 이상을 주는 경우도 있다. 모로코의 멜리야에서 유럽 해안으로의 완전한 밀입국 성공에 대한 대가로 1만 유로까지 지불한다. 밀입국 범죄조직이 벌어들이는 돈도 연간 100억 달러가 넘을 것으로 보고 있다(Le Monde diplomatique 2002, 6). 유럽연합으로의 불법 입국은 아프리카에만 국한되지 않는다. 폴란드와 체코, 헝가리 등 러시아와 구소련연방에 속했던 우크라이나 등과 국경을 접하고 있는 나라들도 마찬가지로 밀입국의 루트로 이용되고 있다.

2001년 '모로코 불법이민피해자가족협회'는 유럽연합의 지원으로 30세 이하의 모로코인에 대한 이주동기를 조사하였다. 이 조사보고의 결과는 이주에 대한 동기가 어려서부터 이미 시작되며, 성인이 되어서는 거의 집착으로 되어 있다는 점을 밝혀주고 있다. 조사자 600명 가운데 초등학생 85%는 자신의 생활에 대해서 대체적으로 만족을 표시하며, 고정수입이 없는 청소년은 6%가 만족을 표하였다. 청소년의 33%는 자신의 삶이 좋아질 것으로, 반면 31%는 더 나빠질 것으로 보았다. 응답자 고등학교 상급학생 82%가 유럽으로의 이주를 희망하고 있으며, 이 수치는 청소년의 경우는 94%에 달한다. 실업자 62%는 합당한 비자가 없더라도 자신의 행운을 위해 모험을 할 준비가 되어 있다고 하였다. 이 연구조사는 경제적인 상황과 이주 간의 관계를 확인시켜 주고 있다(Le Monde diplomatique 2002, 6).

앞으로도 유럽연합 국가들이 높은 수준의 임금과 복지수준을 유지하는 한 이주자들은 계속해 유럽으로 몰려들 것이다. 반면 유럽연합은 이런 이주의 흐름을 인구감소와 노동력 수요에 맞추고자 할 것이다.

제11장

이주와 경제

이주정책에서 경제적인 고려만이 주요 결정요인은 아니지만 이주에 따른 비용과 편익에 대한 고려는 여전히 중요한 역할을 한다. 이주자들은 고향에 송금을 하며, 고향으로 돌아갈 때에는 새로운 기술과 경험들을 갖고 갈 수 있다. 이런 긍정적인 기여에 대한 논의와는 반대로 부정적이며 대중인기적인 주장이 지배하며 건전한 논의를 방해하고 있는 것이 현실이다. 이주는 가령 송출 국가의 두뇌를 유출시킨다는 주장이 그것이다. 따라서 이주에 따른 비용과 편익은 부정확하고, 모호하며, 때로는 혼란스럽게 나타난다. 선거철이 되면 서유럽의 극우파 정당들이 보여주듯이 이런 논쟁을 정치화하는 데 이용하며 부정적 여론과 환경을 확대 재생산한다.

고급인력(highly skilled)의 이주영향에 대해서도 긍정적·부정적 영향이 함께 논의되고 있다. 고급인력 유입국에서 볼 때는 기술혁신, 인력의 안정적인 확보, 국민생산의 증가를 가져온다. 외국의 고급인력의 유입이 기술혁신을 가져오는 단적인 예는 실리콘 벨리에서 보여준다. 중국과 인도계 이민자가 주도하는 이곳에서 창출된 일자리가 5만 2천 개에 이르며, 미국의 노벨화학상 수상자(1985-1999년 기간)의 32%가 유럽과 아시아 출신의 이민자들이다.

1. 이주영향을 평가하는 이론 모델들

이주의 복잡성을 감안하면 이주에 따른 효과를 논하는 이론들이 얼마나 유용한가에 대한 질문이 먼저 제기된다. 고전 이론에 따르면 이주는 긍정적인 효과를 가지며, 이는 직간접으로 연관된 모든 사람에게 도움이 된다. 이주수용 국가가 노동력 결핍에 직면해 있다면 이주노동자를 통해서 노동력 부족을 채울 수 있다. 따라서 이주노동자를 수입하는 것은 고용을 증가시키고, 임금상승 압박에 따른 물가압력을 감소시켜 주며, 경제에서 수출증대를 통해 경제성장을 이루어 갈 수 있다.

인력송출 국가 편에서 본다면 이주는 자국 내의 실업을 감소시키며 송금이나 귀국하는 기술자들을 통해 전략적인 경제발전을 계획하고 경제성장을 이루어 갈 수 있다. 이주노동자들은 모국의 노동시장에서보다 높은 임금을 받게 되므로 그만큼 혜택을 누리게 된다. 이런 고전 이론에 따르면 노동력 송출 국가에서는 임금수준이 오르게 되는 반면 수입국가에서는 임금수준이 내리게 되어 결국 비용요소가 궁극에서는 균형을 맞추며 두 나라 간 발생하는 이주는 종식되게 된다.

이주에 따른 위와 같은 긍정적 평가와 효과는 19세기 미국의 이주에서 보여준다. 당시 19세기 말에 대서양을 건넌 대대적인 이주는 방대한 자원을 가진 미국 시장을 개방하게 하였고, 송출 국가인 유럽에서는 빈곤과 인구압력을 감소시키는 효과를 가져왔다. 아일랜드, 이태리, 노르웨이, 스웨덴 같은 가난한 나라들의 노동시장과 사회상황은 노동자들이 해외이주로, 즉 영국, 프랑스 그리고 미국으로 떠남에 따라 향상되었다. 1882년에 스웨덴 경제학자 벅셀(Knut Wicksell 1851-1926)은 자기 나라에서 극빈자를 제거하는 수단으로 이주를 옹호했는데, 이는 인구과잉과 자원부족의 결과를 빈곤으로 보기 때문이다. 그는 사회문제에 관심을 가지며 사회정의를 추구하는 데서, 사회악(social ills)의 원인과 치료에 대한 문제의 관점에서 알코올이 빈곤의 원인이며, 또한 빈곤의 원인을 인구과잉으로 연계시기키고 있다(Bo Sandelin 1999, 139).

이런 이론이 옳다고 가정하면 세계는 이주노동을 통해 얼마나 이득을 얻고 있는가 질문하게 된다. 1984년에 전문가들은 노동력 한계생산성의 차이(the marginal productivity of labour)를 간단한 방법을 통해 조사한 바 있다(Hamiliton/Whalley 1984). 이 연구에서 가정하는 주요한 틀은 "세계 노동력 공급은 고정되었고 완전고용이 전 세계적이라는 가정이다. 따라서 노동의 한계생산성의 차이가 발생하는 것은 노동시장의 인력공급이 제한되고 있기 때문이다. 즉 이주가 허용되는 지역과 그렇지 못한 지역 간의 구별이다. 만약에 노동자 이동의 장애가 제거되면 노동생산성이 높아진다. 여기서 노동이동의 제거에 따른 이득의 효과는 세계소득을 두 배로 증가시킬 것으로 보았다.

다른 연구에 따르면 개방에서 얻어지는 이득은 방대한 것으로 본다. 즉 상품과 자본의 자유화로부터 얻는 이득은 25배에 이를 것으로 추정했다(Rodrik, 2002). 로드릭은 부유한 국가들의 노동력을 3% 정도만 가난한 나라 노동자에 허락하여도 이들의 개발도상국가에 대한 기여는 2천억 달러에 이를 것으로 추정했다(Kennedy School of Government 2002, 19-20).

이와 같은 고전 이론과 분석은 이주에 따른 긍정적인 효과를 밝혀 주고 있지만 이주의 비용이나 부정적인 효과는 고려하지 않고 있다. 대대적인 외국인의 유입은 수용 국가에서 볼 때 물리적인 인프라, 공공서비스, 학교 및 의료 서비스에 부담을 야기할 수 있다. 통합에 따른 비용도 마찬가지이다. 만약에 민족적 · 문화적 · 종교적 배경이 현지인들과 많은 차이가 난다면 통합에 따른 비용은 막대하다. 또한 이런 요인들이 수용 사회가 갖고 있는 통합능력을 압도하게 되고, 외국인에 대한 포용이 한계에 부딪히게 되며, 수용 사회에서 긴장과 심지어 갈등이 발생한다. 그 예로 북아프리카 아랍인들은 프랑스 기독교 문화에 동화되지 않는데 대해 프랑스의 인종주의자들은 이런 아랍인을 경멸하며 인종 간 대립과 갈등을 일으키고 있다. 이와 같은 인종 간 갈등과 저소득 이주자는 경제와 사회안정을 위협하게 된다.

이런 고전 모델의 또 다른 한계는 이론의 가정이다. 즉 이주노동자는 동일하고, 노동시장에는 완전한 경쟁과 이동이 존재하며, 완전고용이 전체 나라들에 확산되며 이주에 관한 국가의 간섭이 없다는 것 등을 가정하고 있는 점이다. 그러나 실제 현실은 그렇지 못하다. 현지인과 이주노동자 간의 임금격차는 엄연히 존재한다. 이주노동자는 수용 사회에서 가장 하층의 직업군부터 채워가는 반면 상층의 직업군으로 이동하지 못한다. 경제이주에 대해 많은 이론들이 있으나 다양한 상황에서 이주의 복잡한 효과를 그려내는 데에는 역시 충분하지 못하다. 이주는 정치적 · 경제적으로 불균등한 지역에서는 필연적으로 일어난다는 가정에 있는 이론들은 매우 운명적(deterministic)이다. 왜냐하면 경제에 초점을 둔 분석은 이주의 복잡성을 보여주지 못하기 때문이다. 가령 가난하다고 모두가 자신의 고향과 모국을 등지고 떠나는 것은 아니다. 따라서 오늘날 이주의 원리로서 단지 경제적 차이만을 들어 이주를 설명하는 것은 한계가 있다.

2. 경험적 연구의 이론

이주에 대한 이론적인 접근에서 제한이 있다면 경험적인 실제 연구는 어떠한가를 살펴볼 필요가 있다. 이주에 대한 경험적 연구가 많이 수행되었는데, 이들은 마이크로한 연구가 대부분이며, 특별한 지역과 시간영역에 국한되어 있다. 방법론에서의 다양성 외에도 연구계획의 다양성으로 인하여 서로 다른 결론에 이르기도 한다. 이런 연구들은 일견 순간적인 실제적 포착을 보여주지만 이주의 손익을 일반화하기에는 부족하다.

이주노동자를 수입하는 국가와 이주노동자 송출 국가 간의 단순한 상호 배제적인 분류가 이주효과를 분석하는 데 이용되었다. 이주 흐름의 결과를 평가하기 위해서 분석가들은 국내에서 전입과 전출로 인구의 총 이동을 분류하는 것과 같이 '순이주표' (net immigration figures)를 사용한다. 그러나 한 나라를 떠나고 들어오는 사람이 반드시 동일인이 아니기 때문에 이런 방법도 해외이주(emigration)와 국내이주(immigration)의 동시적인 효과와 상호작용을 잘 보여주지 못한다.

이런 접근법은 해외이주와 국내이주로 인해 영향을 동시에 받는 나라들에게는 중요한 지식적 결여를 갖고 있다. 예를 들어서 1994년 국제노동기구(ILO)의 조사를 보면 이태리는 경제활동을 하지 않는 50만 명의 내국인이 있는 반면 해외에서 경제활동을 하는 60만 명의 자국민이 있다고 조사되었다. 따라서 이 두 흐름은 서로 완전히 독립적인가에 대한 의문이 제기된다. 또는 이 두 흐름이 서로 영향을 미친다면 이들은 과연 국내의 경제와 노동시장에 대한 영향은 어떤가 하는 것이다. 국제노동기구가 조사한 100개 국가 가운데 25%가 이태리와 같은 현상을 보였으며, 그 수는 지속적으로 증가했다(ILO 1994, 1999).

이주의 두 흐름 외에 무역과 같이 한 나라의 경제적 흐름에 대한 이주효과를 검토하는 것도 중요하다. 콜롬비아 대학의 연구는 미국에서 1998년에 노동이주에서 발생하는 산출에서 이득이 GDP의 0.9%에 이르는, 즉 800억 달러(이 중 720억 불은 GDP 전체의 9/10인데, 이는 미국 본토 태생 노동자에 의해서 이루어진다)에 이르는 무역의 악화를 차감(offset)하고 있음을 보여준다. 이런 결과들에 대해 반대 논증이 있으나 결론적으로 노동이주의 효과가 무역이나 외국인 투자와 같은 것과 연계해서 경제적 효과와 관련지어 평가될 수 있음을 보여준다.

1) 이익과 손실의 공유

이주의 평가에 대한 분석도구와 이론의 결핍으로 인하여 이주의 효과를 평가한다는 것이 무용한가의 질문이 제기된다. 그러나 이주의 효과를 측정하는 데 있어 완전한 이론과 분석도구는 없지만 경험적 분석에서 도움이 되는 이론적 · 분석적 틀은 만들어낼 수 있다. 이주가 노동력 송출 국가와 수입 국가에 대해 이익과 비용을 가져온다는 충분한 증거가 있다. 이런 이익과 비용은 각각 다른 그룹에 의해서, 즉 노동자와 자본소유 및 고용자, 숙련노동자와 미숙련노동자 및 각 나라의 소비자들에서 나타난다. 이주의 크기, 기술 보유, 이주 성격 등이 이런 영향에 지대한 영향을 미친다. 또한 노동시장과 경향, 인구구성, 경제성장의 전략과 수준, 각 나라의 발전 정도도 영향을 주는 요소들이다. 이에 덧붙여서 매우 중요한 요소들이 있다. 즉 수입 국가들에서는 새 이주자들을 받아들이며 통합하는 사회문화적 능력, 송출 국가에서는 송금, 신기술과 같은 새로운 경제적 자극에 대해 대응하는 반응성 정도, 경제 미래에 대한 자신감 같은 것들이다.

이주에 따른 이익과 손실을 분석하는 데 있어서 중요한 문제는 이주자들이 현지 지역의 노동자들과 협력 또는 경쟁하는지, 그렇다면 협력 또는 경쟁의 정도는 어느 정도인가 하는 것이다. 미숙련 외국인노동자들이 수입 국가에서 비슷한 수준의 노동자들과 직접 경쟁하게 되면, 그리고 모든 조건이 동일하다면 현지 노동자는 손해를 보게 된다. 즉 그들의 직업과 임금에 하향압박을 받기 때문이다. 반면에 고용주, 특히 노동집약적 생산인 경우 이들의 생산품 소비자들과 이주노동자 자신들은 이득을 보게 된다. 그러나 숙련노동자들에게서 만약에 미숙련노동자들이 이들을 보완하게 된다면 마찬가지로 이득을 얻게 된다.

1995년에 독일에 관한 연구를 보면 외국인노동자 고용에서 1% 증가는 블루 칼라 노동자들에게 있어서 임금에서 0.2%의 증가를 가져왔다. 그러나 화이트 칼라의 임금에서는 1.3%의 임금증가를 가져왔다(Haisken-De New/Zimmermann 1995). 그리고 만약에 경제가 개방적 · 탄력적이며 외부에 대한 노동집약적 상품에 대해 탄력적 수요가 있다면 미숙련노동자들의 임금하락은 고용주로 하여금 생산을 증가하게 하고, 이는 다시 새 노동자 고용을 유인하게 한다. 송출 국가에서 효과들은 원리에서 보면 반대가 된다. 먼저 떠나지 않고 남은 미숙련노동자들은 임금상승을 통해서 이득을 보게 되고 고용주들은 손해를 본다. 그러나 이는 언제나 자동적으로 일어나는 것은 아니다. 전형적인 노동력이 넘치는 나라에서는 미숙련노동자들의 반출이 반드시 임금의 전반적인 상승을 가져오지 않는다. 왜냐하면 여전히 많은 실업상태에 있는 미숙련노동자들이 있으므로 노동력 공급에는 문제가 되지 않기 때문이다.

노동력은 풍부하나 숙련노동력이 부족한 나라에서 숙련된 이주자들은 미숙련노동자들에 보완적일 수 있다. 여기서 미숙련노동자들은 노동력의 완전한 이용과 자원의 이용에 도움되는 새로운 기술의 유입을 통해서 이득을 보게 된다. 반면에 숙련노동자들은 이를 통해서 손해를 볼 수도 있다. 이 상황은 이주자들에 의해서 가져온 기술들이 혁신과 새로운 직업을 만들어낸다면 더 불명확하게 된다. 미국의 사이프레스 반도체사(Cypress Semiconductor Corporation)는 최근 연구와 개발 직업의 40%가 이주자에 의해서 점유되었으며, 각 직업들은 9개의 부가적 직업을 만들어냈다고 발표했다(Migration News, Vol. 4. No. 2, Feb. 1997).

2) 이주노동력 송출 국가의 영향

이주노동의 평가에서 고려해야 할 점은 수입국에서의 경제변화이다. 이런 경제와 사회의 변화는 이주의 효과에 영향을 미친다. 가령 서유럽국가들은 제2차 세계대전 후에 경제의 지속적인 발전에 따라 노동력 부족현상에 직면했다. 이런 노동력의 부족은 결국 이주노동자들에 의해서 채워졌다. 그러나 1970년대 초에 오일 위기로 인하여 경기가 침체되고 실업이 증가하게 되었다. 이는 결국 이주노동자들의 사회적 비용이 급속히 증가하는 결과를 가져왔다. 따라서 이런 경기침체 상황에서 이주노동자들은 더 이상 경제와 발전에 기여하는 요소로 평가되기 힘들다. 반면에 이주노동자들을 귀향시킴으로써 사회비용을 억제하고자 하는 조치들이 일어났다.

3) 송금의 개발 잠재를 이용하는 것

송금(remittances)은 이주자에 의해서 해외에서 모국으로 보내지는 돈을 말한다. 송금은 송출 국가가 노동력 파견으로부터 받는 이득에 대한 일종의 리트머스 테스트로 보인다. 송금은 은행을 통해서 이루어지기도 하고 비공식 채널을 통해서 보내지기도 한다. 2007년에 발전도상국가 출신의 이주자들이 고향에 보낸 액수는 2천400억 달러에 이른다. 이런 해외송금을 가장 많이 받고 있는 나라는 인도(270억), 중국(257억), 멕시코(250억), 필리핀(170억) 순이다(World Bank 2008). 이 나라들이 받고 있는 송금액은 세계 전체 1/3에 이른다. 그러나 이런 액수는 비공식 채널을 통한 송금이 있기 때문에 실제 크기를 파악하기는 어렵다.

송금이 GDP에서 차지하는 비중이 25% 이상 되는 나라는 타지키스탄(36.2%), 몰도바(36.2%), 통가(32.3%), 키르기스탄 공화국(27.4%), 온두라스(25.6%) 순이다(World Bank, 2008). 송금액이 1996–2004년에 급격히 증가한 국가들이 있는데 대표적으로 네팔이다. 네팔은 2억 3천만 달러(GDP의 3%)에서 7억 9천만 달러(GDP의 12%)로 증가했다. 이와 같은 급격한 해외송금 증가 원인 중의 하나는 인도에서 일하는 네팔인들이 더 많은 임금을 받을 수 있는 중동과 동아시아로 옮겨갔기 때문이다.

은행과 같은 공식적인 채널을 통한 송금은 그에 따른 비용이 크기 때문에 본인이 고향을 방문할 때 직접 가지고 갈 수도 있고 고향을 방문하는 친척이나 친구 등 제3자를 통해서 보낼 수도 있다.[1] 네팔인의

1. 독일에서 노동하는 터키인들은 제3자를 통해 송금을 부탁하는데, 이때 배달인은 제한된 송금액수 이상을 소지하게 되어 특히 공항에서 세관경찰의 감시대상이 된다.

69%는 비공식 채널을 이용한다. 쿠바와 같은 나라에서는 공식적으로 송금을 할 수 없기 때문에 중개업자(mulas)를 통해서 이루어진다. 쿠바인의 송금수단에 대한 조사를 보면 중개업자(mulas)에 의한 의존이 50% 수준이며, 친지 등에 의한 개인별 송금이 46.4%에 이른다. 따라서 미국에 사는 쿠바인들의 송금의 80% 이상이 비공식 채널을 통해 이루어진다. 물론 이와 같은 현상은 미국의 쿠바에 대한 송금 제한에 기인하기도 한다(Manuel Orozco 2003, 4).

인도와 파키스탄에서는 신뢰라는 뜻을 가진 하왈라(Hawala) 제도를 이용한다. 이는 신뢰하는 사람에게 송금을 부탁하는 방식으로 은행보다 저렴하게 장소와 시간에 맞추어 송금할 수 있다. 이는 일종의 지하금융 시스템으로 돈세탁으로 이용되며 투명성이 떨어지지만 아시아계 이주노동자들이 유럽, 북미, 아프리카 등으로 이주함에 따라 전 세계적으로 효율적인 송금수단으로 이용되고 있다.

쿠바 송금액

단위 : 1백만 달러

연도	1990	1991	1992	1993	1994	1995	1996	1997	1998	1999	2000
액수	50	100	200	315	529	537	630	670	700	800	750

출처 : Economic Commission for Latin American and the Caribean.

아프리카의 경우 국가 간의 공식적인 송금 한도도 낮을 뿐만 아니라 화폐교환이 상호 인정될 때에만 가능하기 때문에 은행제도를 통한 이용은 매우 낮다. 가나의 경우 공식 은행을 통한 이용은 1.3%인 반면 친척이나 친구를 통한 이용은 65.2%에 이른다. 다음으로는 방문시 직접 휴대가 12.5%에 이른다(Manuel Orozco 2006, 15). 따라서 송금에 따른 고비용은 송금규모를 줄이게 되며, 이는 송금의 흐름에 다시 영향을 준다. 그

평균 송금 수수료 : 미국에서 각 국가별로 송금시(2004)

국가	송금액의 %	국가	송금액의 %
모잠비크	1.0	인도	8.1
터키	4.9	필리핀	8.2
포르투갈	5.0	멕시코	9.2
파키스탄	5.7	이집트	13.8

출처 : UNDESA, *World Economic and Social Survey : Inernational Migration*(New York : UN, 2004).

러나 이에 대해서는 지속적으로 문제가 제기되어서 라틴아메리카의 경우 일부 지역에서는 송금액의 20%까지 차지하는 높은 송금 수수료가 하락하고 있다(IADB, 2003). 높은 송금비용을 줄이는 장치들이 전신송금 등을 통해서 이루어지고 있다. 스페인과 포르투갈의 경우는 공공 금융기관을 통해 송금해 주고 있다.

많은 분석가들은 개발도상국가에 대한 송금액의 양을 공적 개발원조와 기타 재정적 흐름과 관련지어 부각시킨다. 그러나 이런 전체 모습에는 이주가 부유한 국가에 기여하는 것과 개발도상국가에서 일어나는 것들을 고려하지 않는 오류를 갖고 있다. 따라서 부유한 국가가 획득하는 역전적 흐름(reverse flows)을 고려해 보면 개발도상국가들이 받는 순이득은 훨씬 적어지게 된다. 송금은 가정이나 국가에 꼭 필요한 순이득은 아니니다. 이주의 기회비용은 이주자가 모국에서 경제에 기여하며 노동을 통해 얻는 수입도 있다. 그리고 이주자에게 들어간 교육의 비용도 있다. 따라서 이주에 따른 손실을 함께 고려해야 한다. 그러나 이주자들은 자신들의 개별적·합리적 선택에 따른 결정을 한 것이다.

4) 송금과 활용

송금은 투자자본으로서 활용될 수 있다. 송금을 통해서 금융기관은 작은 기업들에게 합당한 자본을 지원할 수 있으며, 새로운 노동집약적 상품과 서비스를 만들어냄으로써 투자와 수입에 기여할 수 있다. 방글라데시의 경우 이런 효과는 GNP에 3.3, 소비에 2.3, 투자에 0.4의 승수효과를 가져온다(Van Doorn 2003).

송금은 지역의 발전 프로젝트와 사업을 지원하는 데 쓰일 수 있다. 모국에서 결성되는 이주연합회는 이주자 펀드를 모으는 데 열심이며, 이런 발전 프로젝트는 외부의 추가적인 펀드를 끌어오는 지렛대 역할을 하게 된다. 예를 들어 멕시코 정부는 매칭 기여를 통해서 사회자산의 발전(development of social assets)을 지원한다.

송금은 GNP에 유용한 추가금이 된다. 이는 특히 작은 나라의 경우 외환거래의 중요한 자원이며, 따라서 일시적인 외화거래의 어려움을 경감시켜 준다. 그러나 송금이 무역정책이나 경제개혁에 주도적인 힘이 될 수 있는가에 대해서는 회의적이다. 중간수준에서 보고 있는 송금의 전체적인 영향은 가정이나 또는 지역수준에서 보다 덜한 것으로 평가된다. 국가 간의 비교에서 보면 송금의 흐름과 경제성은 직접적 상관성이 없음을 보여준다.

최근에 송금은 개발도상국가들에게 있어서 어떤 다른 사적인 재정적 흐름보다 더 안정적인 것으로 증명되었다. 이는 외부의 펀드 도입의 길을 열어주며 장래에 대한 일종의 보장역할을 하기 때문이다. 브라질, 엘살바드로, 멕시코, 파나마, 터키의 경우에서 이런 현상이 보인다(Ghosh 2004).

송금은 또한 반사이클 경제효과를 갖는다. 송금을 과도하게 개발자원으로 의존하는 것은 위험할 수 있다. 이는 이주에 의존적인 나라들은 외부의 충격에 취약할 수도 있기 때문이다. 가령 이집트의 경우 1991년 중동위기시 150만 이집트 노동자들이 갑자기 철수했을 때 이집트는 상당한 재정압박을 받았다. 마찬가지로 터키도 1973-1977년 5년간 경제계획을 세웠지만 서유럽국가들이 1970년대 중반에 이주노동자를 받아들이지 않게 되자 기대했던 35만 명의 이주노동자를 통한 재원조달을 할 수 없게 되었다. 발전을 지원하는 지나친 송금 의존은 자신을 속이는 경우가 될 수 있다. 이는 필요한 정치적인 구조개혁을 미루거나 또는 회피하기 때문이다.

송금이 빈곤과 불평등을 감소시키는가에 대한 질문이 있다. 74개 국가의 낮은 그리고 중간수준의 나라들에 대한 연구를 보면 송금과 빈곤 경감에 긍정적인 상관관계가 있음을 보여준다. 이 조사에 따르면 한 국가의 GDP에서 송금 몫의 10% 증가는 하루에 1달러도 안 되는 돈으로 사는 사람들을 1.2% 감소시키며 빈곤의 심각성도 감소시킨다는 것이다(Adams/Page 2003 ; IOM World Migration Report 2003, Table 12.3).

송금이 평등에 미치는 이용 가능성에 대해서는 결론에 이르지 못하고 있다. 몇몇 연구에 따르면 멕시코의 경우에 송금은 평등에서 재분배 효과를 갖는다는 것을 보여준다(Taylor 1999). 반대로 국제 간 송금은 멕시코의 경우에 도시와 시골 간의 불평등과 경제적 불평등을 증가시킨다. 이는 이집트의 경우에도 마찬가지이다. 이런 발견은 이주 이전의 소득수준과 이주자들의 가정 지역 분포에 의해서 부분적으로 설명된다. 이민자들이 평균소득 이상이 되는 가정 출신인 경우에는 송금은 소득불평등을 심화시킬 수 있다.

3. 이주의 신화와 실제

이주가 주는 효과와 이주에 대한 인식을 평가하는 데는 여러 요인들이 함께 작용하고 있다. 이주노동자를 수입하는 국가들은 이주를 통제하기가 점점 어렵다고 보고 있으며, 공공여론도 마찬가지로 이주에 대해서 부정적인 견해들을 쏟아낸다. 선거 때가 되면 이주노동자 문제가 선거전에 동원되며, 이주노동자들의 부정적인 견해가 다시 달아오른다.

1) 이주는 직업을 빼앗아 가며 임금을 낮추는가?

서유럽국가에서의 연구들을 보면 고용에 대한 이주자들의 영향은 낮다고 보면서도 양면성을 갖고 있다(Brücker 2002). 주요 논점은 이주노동자들이 현지노동자들과 보완 또는 경쟁을 하는지, 보완이나 경쟁을 한다면 그 범위는 어느 정도인가 하는 문제이다. 서유럽에서 보면 외국인노동자와 현지노동자 간 직접적인 경쟁은 하지 않으며, 하는 일의 대체가 거의 일어나지 않는 3개의 직업군이 있다.

첫째로, 3D 직업으로 이는 산업국가들에서 보면 현지노동자들에 의해서 점점 회피되고 있다. 1999년 독일 조사를 보면 외국근로자의 2/3가 바로 현지노동자들에 의해서 회피되는 직업에 근무했다(Migration News 1996).

둘째로, 유럽인들의 생활 패턴이 다양하고 넓은 서비스 업종, 가령 유아 돌봄, 집안청소, 피자배달 등에 의해서 유지된다. 이런 서비스 직업은 현지인을 통해서 쉽게 대체될 수 없으며, 따라서 외국인들이 점유하게 된다. 1997년 세계은행(World Bank) 조사에 따르면 개발도상국 출신 이주자들의 70%가 현지인들이 회피하는 미숙련 일에 종사하는 것으로 조사되었다(World Bank, World Development Indicators, 1997).

셋째로, 비정상적인 노동 요구에 투입되는 이주자들로 가령 지하경제 종사자들이 있다. 이들은 유럽국가에서 보면 1천만 내지 2천만 명에 이르는 것으로 보며, 이 중 상당부분은 이주노동자들로 불법적 고용관계를 갖고 있다(Ghosh, 1998).

넷째로, 전통적으로 이주노동자들에 의해서 점유되는 직업군이다. 가령 농부, 도로보수, 건설, 호텔, 레스토랑 및 여행 관련 업종 등이다. 이들 직업은 현지인에 의해서 완전히 회피되지는 않는다 해도 농업 일과 같이 계절에 따라 노동력이 상당히 부족하다.

다섯째로, 기술과 지식집약적인 산업이다. 가령 정보기술 직업군으로서 고도의 기술이주노동자들을 필요로 한다. 새로운 기술개발에 따른 직업이 창출되고 있다.

2001년 3월 23일 스톡홀름에서 유럽이사회 의장인 로마노 프로디(Romano Prodi)는 유럽연합은 기술정보 분야에서만 170만 명의 훈련된 기술자가 필요하다고 인력부족을 경고했다(The Economist, 29 March 2001). 이와 같은 IT 관련 산업에서 경쟁력 확보는 바로 적절히 훈련된 노동자의 확보에 있음을 볼 수 있다. 이는 유럽국 간의 고급기술자의 유치 경쟁으로 이어졌다.

위와 같은 점을 고려한다면 서유럽국가에서 볼 때 현지인과 이주자들 간의 직접적인 경쟁은 거의 없다고 본다. 미국에서 보면 낮은 수준의 기술노동자들이 현지인과 경쟁할 때에도 이들은 대개가 이와 비슷한 기술수준을 가진 다른 이주자들과 경쟁하고 있다. 가령 새 이주자들은 기존의 이주자들과 경쟁을 하는 것이다. 멕시코인들이 유입될 때 이들이 대체하는 노동력은 백인이 아니라 대부분 이미 이주해 온 멕시코인들인 것이다. 또는 이들은 흑인과 경쟁하게 된다(Ghosh 1998 ; Defreitas 1986 ; OECD 1993).

일련의 지속적인 연구들은 이주와 실업 간에 직접적인 상관성이 있는가 하는 문제에 초점을 맞추었다. 예를 들어 경제협력개발기구(OECD)는 이주증가와 실업증가가 상호 연계되고 있는가 조사했다. 1984-1989년에 5개 국가에서 실제 이주의 증가가 일어난 국가(미국, 독일, 일본, 스위스, 프랑스)의 경우 실업은 1개 국가에서 떨어졌고, 3개 국가에서 약간 증가했으며, 5번째 국가에서는 동일했다(OECD 1998). 스페인과 스위스의 경우는 대조적이다. 스페인은 인구에서 이주자 비율이 3.2%를 차지하며, 연 순수 이주자 비율은 0.9%가 되지 못하는 데 반해 실업은 18%를 상회하고 있다. 반면 스위스는 이주자가 차지하는 비율은 22%를 넘으며, 연간 순수 이주자 비율은 0.6%인 데 반해 실업은 3.7%를 보여주고 있다. 이는 이주가 실업에 직접적인 영향을 주고 있지 않음을 보여준다.

다음은 이주와 임금에 대한 문제이다. 이주자들이 직업을 훔쳐가지는 않지만 이들은 임금을 하락시킨다는 믿음이 널리 퍼져 있다. 그러나 유럽과 미국에서의 연구보고는 다른 면을 보여준다. 유럽에서는 이주가 임금하락에 -0.3%에서 -0.8% 정도의 영향을 미친 반면에 고도의 직업들에는 약간의 임금상승 효과를 주는 것으로 보여진다(Hanson et. al. 2002). 영국의 경우에는 현존하는 임금에 영향을 미치지 않는 것으로 나타났다. 영향이 있다고 해도 이는 임금상승이다(Dutstmann, 2004 ; The

Economist, 29 February, 2004). 미국에서 보면 한 지역에서 이주자의 10% 증가는 비이주자인 현지인 임금상승에 거의 제로에 이르는 수준의 영향을(0.2%)을 주었을 뿐이다(Brücker 2002).

이주노동자가 숙련과 미숙련 현지노동자들의 임금에 미치는 서로 다른 영향의 일부는 현지 노동시장의 조건에 영향을 받는다. 서유럽과 미국에서 노동시장 상황은 크게 대조를 이루고 있음에 유의할 필요가 있다. 이주자의 유입에 따른 노동시장에 대한 영향이 내국인과 외국인으로 구분해 볼 때 손해를 보는 쪽이 이주노동자들인 것으로 조사되었다. 즉 이주에 따라 내국인의 임금은 0.3% 증가하고 실업은 0.13% 감소하는 반면 이주자노동자 그룹에게 있어 임금은 3.45% 감소하며 실업은 장기적으로 1.42% 증가하는 것으로 조사되었다. 이로써 이주자노동자의 유입에 따라 노동시장에 미치는 효과는 내국인과 외국인노동자 간에 동일하게 작용하지 않음을 보여준다.[2]

미국의 경우에는 히스패닉계와 흑인이라는 방대한 노동력을 갖고 있기 때문에 낮은 수준의 멕시코인들이 새 이주자로 들어오면 이들이 이런 노동시장에 어떤 영향을 미칠 것인지 예견할 수 있다. 즉 낮은 수준의 기술노동자들끼리 경쟁하게 되며, 결국 이는 임금하락의 압박으로 작용하게 된다.

1997년 미국연방연구위원회(the US National Research Council)는 미국 노동자들은 전체적으로 이주로부터 이득을 얻지만 고등학교 졸업이 없는 노동자들의 임금은 감소하는 것으로 결론을 내렸다. 이는 1994년 대통령 보고서와 일치하는 결론이다. 또한 이주를 통해 가장 많이 영향

2. Herbert Brucker/Elke Jahn, Migration and the Wage Setting Curve, Aarhus School of Business Working Paper 08-4, Aarhus 2008.

을 받는 자들은 다름 아니라 기존 이주자들이며, 이들은 새로운 이주자들과 낮은 임금의 직업에서 경쟁을 하게 된다. 최근의 연구는 2000년 초부터 이주한 새로운 이주자들에 의해서 가장 영향을 받은 자들은 정착 이주자들이며, 또한 이런 그룹에는 교육을 덜 받은 젊은 미국인도 포함되는 것으로 밝혀졌다(Sum 2003).

세계은행의 보고서 「국제이주, 송금, 도뇌고갈」(The International Migration, Remittances and the Brain Drain)에 따르면 미국으로 이주해 오는 숙련노동자들은 자신들의 교육수준에 맞는 직업을 찾지 못한다. 그리고 라틴아메리카나 동유럽 출신 대학졸업자들은 아시아, 중동 및 사하라 남부 아프리카 출신들과 비교하여 이런 낮은 기술의 직업에 안착되는 비율이 높다.

미국 회사에 고급인력의 고용과 관련하여 제기되는 문제도 마찬가지로 자국국민의 고용에 미치는 영향이다. 즉 미국 고용주들은 미국 노동자 대신에 H-1B 비자 소유 노동자를 고용하므로 결국에 자국민의 일자리를 빼앗는다는 것이다. 이런 비판은 미국 노동자들은 정기적으로 해고되며, 그만큼 외국이주노동자들이 일자리를 차지한다는 주장이다. H-1B 비자발급에 따른 고용효과를 보기 위해 연방미국정책재단(the National Foundation for American Policy : NFAP)은 2001-2005년까지 500개 상장 대기업(S&P 500)에서 기술 관련 회사들을 조사했다. 여기서 나온 결론은 해외 고급인력의 고용이 미국 회사에서 일자리를 만들어낸다는 것이다(NFAP, Policy Brief, H-1B Visas and Job Creation, March 2008).

- 외국 전문인력(H-1B 비자 소유자)과 기타 노동자의 고용은 기업의 경기상황에 의해 주로 영향을 받으며, H-1B 비자 소유 전문가의 새로운 고용은 미국 노동자를 해고시키는 것이 아니라

보완해 준다.

- 연구조사 기간의 미국 전체 고용을 보면 H-1B 비자 소유자 고용과 전체 고용 간에 상관관계는 없다. 이는 H-1B 비자 소유자 고용이 전체 고용에 영향을 주지 않음을 말한다.
- 회사들은 어려울 때 노동력이 싼 H-1B 비자 소유자를 고용한다고 주장하나 실제로 경기가 안 좋을 때 H-1B 비자 소유자의 고용은 감소했다.
- 응답한 회사의 25%는 자신들이 고용하는 각 H-1B 비자 소유 노동자는 미국 회사에서 일자리 1개 또는 더 많은 보완하는 일자리를 만든다고 밝혔다.
- 5천 명 이하의 종업원을 가진 기술회사들은 각 1명의 H-1B 비자 소유자 고용은 7.5명의 고용과 연계되어 있다고 밝혔다.
- 구글(Google) 회사는 H-1B 비자 소유자 고용에 접근하지 못하면 혁신을 할 수 없다고 밝혔다.

미국 회사들이 외국 고급인력을 고용하는 것은 그들의 임금이 싸며, 또한 이들의 고용으로 인해 미국인이 일자리를 잃게 된다는 것은 현지 미국 회사를 실제 조사해 본 결과 사실과 달랐다. 외국 이주 전문인력은 오히려 미국에서 일자리를 창출하는 데 기여하고 있다.

2) 이주가 사회복지 비용을 증가시키는가?

이주노동자의 흐름을 보면 일정한 패턴이 있는데, 이는 이주에 용이한 수단, 언어, 문화 등이 작용하기 때문이다. 서유럽국가는 이주자들을 주로 중앙 및 동유럽국가에서 가장 많이 받아들이며, 이 중 구소련 국가들의 이주노동자들이 증가했다. 대부분 멕시코 및 라틴아메리카인들은 미국으로 이주해 간다. 일부 남미인들은 유럽으로도 향한다. 카리브해 지역 이주자들은 영국을 선호하고 남미인들은 스페인을 선호하는 경향이 있다. 마그레브 노동자들(리비아, 튀니지, 알제리를 포함하는 아프리카 북서부 지역)은 북유럽에서, 특히 이태리와 스페인에서 이주 기회를 찾았다. 이집트와 아랍의 비산유국 중동국가들의 노동자들은 이웃의 부유한 국가로 간다.

이주자들은 자신들이 목적한 현지 사회로부터 이득을 취하는 것으로 여겨진다. 이런 생각은 이주자들이 공공 복지와 사회 서비스에 과도하게 의존하고 있지만 이들이 실제로 사회에 기여하는 것은 그에 상응하지 못하며, 충분한 세금을 부담하지 못하고 있다는 가정에 근거한다. 서유럽에서와 마찬가지로 미국에서 이런 가정은 이주를 제한하거나 또는 이주자들에 대해 어떤 특별항목에서 혜택을 제외하는 주장의 논거로 이용된다. 예로 아일랜드와 영국 같은 나라가 그들의 국경을 열었지만 새 유럽연합 회원 출신 이주자에 대해 '복지 마그네트' (Welfare magnet)에서 지불을 유예하도록 하였다.

현재 외국인이 복지의 부담이 되는가에 대해서는 어느 정도 상호 충돌하며, 실제로 매우 복잡하다. 영국에서 내무부 연구는 1999-2000년에 이주자들이 자신들이 받던 수혜보다 세금으로 더 많이 낸 것으로 보며, 그 차액은 40억 달러에 이른다고 보고 있다(Gott/Johnston 2002). 또 다른 연구에 따르면 외국태생 국민이 자신들이 받은 것보다 10% 많이 정부의 수입에 기여하고 있다고 보고 있다. 마찬가지로 이주노동자들의 기여가 없었다면 공공 서비스는 감소되거나 또는 세금이 그만큼 더 올라가야 한다고 본다(ILO 2004). 비슷한 입장에서 영국에서 1988-1991

년에 입국한 이주자들의 기여가 없었다면 사회복지제도가 붕괴되었을지도 모른다고 보았다(UNHCR 1992).

이런 비용분석에서 중요한 점은 이주자들이 공공 복지에 의존하는 수준 내지 정도이다. 서유럽국가에서 가령 오스트리아, 벨기에, 덴마크, 프랑스, 네덜란드, 스위스 등의 나라에서 보면 이주자들의 복지 의존은 현지인보다 높다. 반면 다른 국가들, 가령 독일, 그리스, 포르투갈, 스페인, 영국 같은 나라에서는 이주자들의 복지 의존은 유럽연합국 시민의 수준과 비슷하거나 또는 낮다(Brücker 2002). 캐나다의 경우도 마찬가지로 이주자 가정은 비이주자 현지 가정보다 덜 복지에 의존하고 있다. 이주자는 현지인보다 무주택일 가능성이 더 낮다. 반면 동화가 되어갈수록 사회보장에의 의존은 높아지는 것으로 나타났다(Baker/Benjamin 1995).

다음으로 불법이주자들은 세금을 내지 않는다는 관행적인 믿음이 있다. 그러나 이주자들은 자신의 신분을 드러내지 못하기 때문에 복지에 대한 요구 또한 할 수 없다. 미국에서 보면 불법이주자라 하더라도 그들의 노동을 통해서 세금을 내고 있지만 반대로 사회안전카드(security card)를 사용하지는 못한다.

실제상황을 분석하는 연구들을 보면 서로 다르다. 도시연구소(Urban Institute)는 사회보장을 독립채산제(a pay-as-you-go basis)로 취급하는 반면에 라이스 대학(Rice University)은 그렇지 않다. 이는 후에 연금으로 돌아올 수혜를 예상하여 사회보장에 지불한 노동자 수입의 15%를 제외시킨다. 마찬가지로 미국과 같이 연방체계를 가진 나라에서 만약에 이런 평가가 특정 도시나 지역에 국한시킨다면 결과가 왜곡될 수 있다. 분명히 순 복지비용에 대한 평가로서 모든 기여하는 비용과 수혜를 계산하는 것이 중요하다. 1997년에 미연방연구위원회는 순수 현 가치 기준에 근거하여 주는 각 이주자에 대해서 2만 달러의 손실을 보았다고 보며 연방정부에 상응하는 이익은 8만 달러로 추정했다(NRC 1997).

여기서 주의해서 언급해야 할 점은 제공되는 서비스의 가치를 어떻게 평가하는가이다. 이는 만약에 이주가 없다고 해도 수용 국가에서 서비스를 유지하기 위해서 필요로 하는 비용만을 계산해야 한다고 주장할 수 있다. 그래서 이런 차이의 비용은 이주자들이 현존 서비스의 여유분만 이용한다면 평균비용보다 낮게 된다. 반면에 이주자들이 들어옴에 따라서 새로운 설비 등이 추가로 세워져야 한다면 비용은 높게 된다.

방법론 외에도 주요 문제가 되는 것은 이주자와 그 가족들에 의해서 소비되는 복지 서비스의 수준이다. 이는 이주의 시기와 이주 흐름의 성격과 연관되어 있다. 기술, 교육, 나이, 가정상태, 문화적 배경 및 이주동기 등이다. 이런 모든 것들은 복지 사용에 영향을 준다. 가령 1965-1969년에 미국에 이주한 이주자들은 1985-1989년에 이주한 자들보다 복지에 적게 의존했다. 그 이유에 대해 일부 설명 가능한 것은 이들이 보유한 기술과 교육 등에서의 차이이다(Borjas 1994). 미연방연구위원회(NRC)도 새로 이주한 자들, 가령 교육수준이 낮을 때에는 그들이 세금을 지불하는 것보다 더 많이 주와 지방정부의 비용을 쓰고 있음을 보여준다. 오스트레일리아, 캐나다와 같은 나라들의 경험을 보면 숙련이주자들은 공공 복지 서비스에 덜 의존적이다(Ghosh 1998 ; Baker/Benjamin 1995).

나이와 가족관계도 물론 중요한 요소이다. 젊고 활동적이며 높은 동기를 가진 독신 이주자들은 초기 단계에서 복지에 덜 의존적이다. 그러나 상황은 시간이 흐름에 따라 변하게 된다. 연령의 요소에서 중요한 것은 독일의 연구에서 볼 수 있다. 독일은 만약에 이주자가 30세에 이주했다면 그의 일생에 기여하는 액수는 11만 유로가 된다. 반대로 첫 번째 생일 이전에 이주한 자는 공공 재정에의 부담이 6만 유로가 된다. 독일에서는 이주자들의 78%가 노동 연령대이기 때문에 평균 1인당 이주자는 그의 일생기간에 걸쳐 5만 유로를 기여하게 된다(ILO 2004). 미국의 연구에서 보아도 낮은 연령대의 이주자들은 부담이 되는데, 이는 교육비가 있기 때문이다. 그러나 그의 선조들이 실제로 세금을 지불했기 때문에 미국의 재정에 8만 달러의 순기여를 하는 것으로 분석되었다(Smith/Edmonston 1997).

이주자들의 공공 복지에의 이용에 대한 태도에 영향을 미치는 것은 현지 사회의 통합정책이다. 여기서 특히 문제가 되는 것은 직업의 이동성과 성취 등을 포함하여 교육훈련과 경제적 기회에 쉽게 접근하는 것이다. 따라서 차별이나 배제하는 정책은 당연히 도움이 안 된다. 마찬가지로 복지에 의존하지 않으려는 현지 사회의 문화는 이주자들로 하여금 복지에의 의존을 저하시키며 반대의 경우에는 고무시키게 된다.

3) 이주가 발전에 도움을 주는가 아니면 방해하는가?

개발도상국가에서 주요한 정책적 관심은 이주가 개발에 도움이 되는가 그렇지 않으면 방해하는가이다. 개발도상국가가 직면한 고질적인 문제 중의 하나는 광범한 실업이다. 따라서 이주는 1960년대에 동부지중해 국가들에서 보여준 것처럼 실업을 감소시키며 증가된 외환수입을 통해 발전을 도모하는 것으로 보였다(Ghosh 1996). 아시아도 이와 비슷한 고려를 하였는데, 가령 방글라데시, 파키스탄, 인도, 필리핀, 스리랑카에서이다. 따라서 이들 나라들은 노동이주를 장려했다. 물론 과도하게 노동력이 넘쳐나는 지역에서는 이주가 도움이 된다는 데에는 이견이 없다. 이는 특히 과거 파키스탄, 한국 그리고 스리랑카에서처럼 유용했다(ILO/UNDP 1988 ; Korale/Gunapala 1985).

이주는 또한 경제개혁이나 구조조정의 결과로 인한 대량 실업사태에서 임시적인 안전핀 역할을 할 수 있다. 이는 특히 독일의 경우에서 1990년대 초에 동유럽국가들에 대해 일시적인 노동이주정책을 편 것에서 보인다. 실업을 감소시킴으로써 이주는 복지혜택의 부담을 경감시킬 수 있다. 이집트는 1970년대에 걸프 국가로 대량의 이주노동자를 보내는 것 없이는 고용수준을 지켜나갈 수 없었다.

그러나 이주가 국내 노동력에서 차지할 수 있는 비율은 2-3% 정도에 불과하다. 이는 높은 실업과 저고용을 감당하기에는 턱없이 부족하다. 심지어 이주가 높은 것이 여전히 상대적으로 비효과적일 수 있음이 보여주었는데, 이는 특히 실업문제가 구조적이며 인구증가 압력이 여전히 높은 경우이다. 1973년에 터키는 해외로 100만 명의 이주노동자를 내보냈는데, 이는 당시 노동력의 6%에 해당한다. 그러나 어떤 경우에도 국내의 구조적인 실업문제를 해결하지는 못했다. 스리랑카의 경우에도 마찬가지이다. 높은 이주율에 비해 실업률은 여전히 높았다. 멕시코의 경우도 전체 인구의 거의 8%에 이르는 8백만 명이 미국에 거주하고 있지만 실업문제는 여전히 심각하다.

이주에 의존하는 것이 실업률을 일시적으로 해소하는 데 도움이 되지만 이는 잠재적인 위험을 갖고 있다. 만약에 이주를 통해서 당장 필요한 국내 개혁을 늦추게 되는 경우에는 결국 시간이 지남에 따라 실업문제를 악화시키게 되며 잠재적인 성장을 해치는 격이 된다. 이주노동자의 해외유출의 부정적인 결과는 특히 다양한 유출이 동시에 일어나며 생산과 경제에 문제를 일으킬 때이다. 가령 1970년대 파키스탄과 1980년대 요르단의 경우에서 노동력의 유출이 일정한 산업부문 또는 높은 이주가 되는 영역에서 일시적인 노동력 부족이 어떻게 일어나는가를 보여준다. 이는 생산과정에서 노동에 대한 자본의 감축을 가져오며, 노동수요의 감축과 결과적으로 직업기회를 감소시킨다. 따라서 즉각적인 생산과 고용의 손실은 국내 인구의 재분산, 회사 간의 연계를 통해서 보완될 수 있다. 이런 조치들은 이주에 따른 부정적인 효과를 감소시켜 준다.

노동시장에 미치는 이주의 직접적인 결과의 일부는 사회구조의 변화를 통해서 부차적인 영향을 주게 된다. 노동력이 유출됨에 따라 실업노동력을 사용하게 되며, 이는 새로운 사람들을 노동시장으로 끌어들이게 된다. 특히 하위 직업군에서 그러하다. 예멘의 경우에 1980년에 노동이주에 따라 어린이들이 성인들이 하던 일에까지 채우도록 유인되었다. 일부 국가에서는 노동이주는 국내 노동력의 순환과 재배치를 촉진시킨다. 이런 이동에 사회적 · 공간적인 장애가 있다면 실업과 노동부족이 한 나라에서 공존하게 된다(Ghosh 1996).

이주가 어떻게 임금에 영향을 주는가? 이론적으로 노동이주가 실제 임금에서 증가를 가져오지만 대부분 개발도상국가에서는 그 가능성은 적다. 왜냐하면 개발도상국가들은 여전히 높은 실업과 저고용에 시달리고 있기 때문이다. 이는 또한 고용주들이 노동이주에 대해 반대하지 않는 이유이기도 하다. 그러나 특별한 분야에서 이주노동으로 인하여 인력이 부족하게 된다면 이는 1975-1977년에 예멘에서, 1970년대에 파키스탄에서 발생한 것과 같이 급격한 임금인상을 가져올 수 있다.

4. 두뇌유출

해외로 떠나는 이주노동자들은 교육받은 고도의 기술자뿐만 아니라 그렇지 못한 자도 더 나은 삶을 찾아 고향을 떠나게 된다. 브레인

드레인은 한 지역, 가령 A에서 다른 지역 B로 이주하는 것으로, 그리고 이주에서 자발성이 강조되었다. 이런 이주는 처음에는 '영원히' 이주하여 떠나는 것으로 이해되었다.

숙련기술자가 경제에 미치는 영향에 대한 논의는 지난 1960년대 이후 지속되어 왔다. 대부분의 학자들은, 특히 바그와티/하마다(Bhagwati/Hamada), 포테스(Portes)는 기술노동자의 이주는 인력을 송출하는 모국에 해가 된다고 보았다. 반면에 이런 기술이주노동자들을 흡수하는 선진국가는 혜택을 받는다. 이런 기술이주자의 누뇌유출에 대한 부정적인 인식은 1990년대에 들어서 새로운 시각을 갖게 되었다. 두뇌유출을 긍정적으로 보는 그룹은 두뇌유출이 반드시 모국에 해로운 것만은 아니라고 주장했다(Mountford 1997). 왜냐하면 개발도상국가들에서의 전문가들의 이주는 전화위복이며, 이들을 통한 잠재적인 이득은 비용보다도 높을 것이기 때문이다. 이런 시각을 가진 학자들의 주장은 기존의 두뇌유출에 대한 논의에 새로운 관점을 제시했지만 이런 낙관적인 주장은 많은 비판을 받았다.

미국 박사학위자 미국 내 체류율

학위수여 연도	총	미국 체류	귀국	
			학위 후	노동 후
1970년 이전	118	83.90%	3.40%	12.70%
1970–1979	276	67.89%	10.10%	22.10%
1980–1987	396	31.60%	39.40%	29.10%
총	790	411	188	191

자료 : Hahzoong Song, Reversal of Korean Brain Drain : 1960s–1980s, International scientific migrations(horizon.documentation.ird.fr).

해외 박사학위 신고현황(2009.8.12 기준)

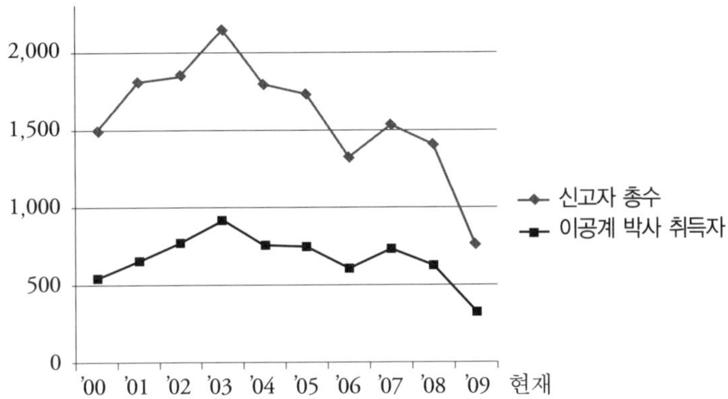

자료 : 2009년 국감보도자료, 국회의원 서상기.

한국, 대만, 중국 등은 경제발전 과정에서 미국을 중심으로 한 선진국가에서 교육을 받고 들어온 고급인력이 큰 기여를 했다. 한국의 경우에 1970년대까지 미국에서 학위를 받은 한국 유학생의 경우 미국 정착률이 귀국률보다 높았다. 그러나 1980년대 이후 고급인력의 국내 귀국이 높아졌는데, 이는 정부의 고급인력 유치를 위한 정책과 국내 연구활동의 기회 증대 및 경제발전에 따른 결과로 보인다.

그러나 최근 한국의 두뇌유출은 다시 문제가 되고 있다. 스위스 국제경영개발대학원(IMD)의 두뇌유출 색인(Brain Drain Index)은 고급인력의 국제적 이동을 보여준다. 이는 10점에는 두뇌유출의 위험이 거의 없는 경우인데, 한국은 1995년에 7.53이었다. 이것은 미국, 노르웨이, 프랑스에 이어 세계에서 볼 때 4번째로 높은 위치였다. 그러나 2006년에 한국의 지수는 4.91로 떨어졌다. 이는 오늘 세계에서 대략 40번째에 이른다. 같은 기간을 비교해 보면 아이슬란드는 2.48년부터 8.14년까지 증가했으며, 인도는 3에서 6.76까지 향상되었다. 이는 한국에서 볼 때 국제경쟁력에 부정적인 요소로 평가되고 있다. 2000-2003년에 박사학위를 받은 자 가운데 46.3%가 귀국하지 않았다. 이는 1992-1995년에 단지 20.2%만이 돌아가지 않은 것과 비교해 보면 매우 높은 수치이다.

과학재단 네트워크(The National Science Foundation)가 2004년에 한 조사에 따르면 미국에서 학위를 받은 사람 중 73.9%가 미국에 남아 있을 계획임을 밝혔다. 이는 최근 해외에서 박사를 취득하고 국내에 귀국해 신고한 박사 수의 감소에서도 확인된다. 2001년 1,492명, 2001년 1,802명, 2002년 1,849명, 2003년 2,152명으로 증가하다가 2004년 1,792명, 2005년 1,782명, 2006년 1,319명, 2007년 1,535명, 2008년 1,402명으로 지속적으로 감소했다. 이공계 해외 박사 수도 2000년 이후 증가하다가 2003년 904명에서 2008년 624명으로 줄어들어 최근 5년새(2003-2008) 31% 급감했다.

오늘의 경제에서 국가적 경쟁력을 갖기 위해서는 이에 상응하는 전문가를 지속적으로 키워야 한다. 그렇지 못할 경우에는 해외에서 이에 상응하는 전문인력을 유치하는 것을 대안으로 고려할 수밖에 없다. 이런 점에서 또한 이주정책 문제를 재검토해야 한다.

1) 두뇌유출과 연구경향

이주 연구에서 두뇌유출(Brain Drain)에 대한 논의이다. 제2차 세계대전 후에 고급인력에 대한 국제 간 이주에 대한 연구가 두뇌유출이라는 시각에서 이루어졌다. 처음 두뇌유출에 대한 논의는 영국에서 미국으로의 전문 고급인력의 이주와 연계되어 논의되었다. 흥미로운 점은 저개발국가에서 선진국가에로의 유출이 아니라 선진국에서 저개발국가에로의 유출로 논의가 시작된 점이다. 1969년대 초에 영국은 고급인력의 미국으로의 이주를 연구함으로써 영국의 학문 연구체계의 취약점을 찾아 보완함으로써 해당 분야의 연구체계를 강화하고자 하였다(Hillmann/Rudolph 1996, 2).

1960년대에 들어서 고급두뇌 유출은 개발도상국가에서 선진국가에로의 이주와 더불어 논의되었다. 1966년에 미국 국제교육 및 문화위원회(The Council on International Educational and Cultural Affairs of the U.S.)가 후원한 국제회의는 '고급두뇌의 국제적 이주'(The international migration of talents and skills)라는 주제로 열렸다. 이런 고급두뇌의 국제 간 이동에 대한 논의는 이주문제에서 새로운 영역을 차지하게 되었으며, 저개발문제와 관련되어 논의되었다.

2) 종속 이론

당시 주도적인 종속 이론은 저개발의 원인을 서구에 의해서 주도된 세계 시장질서에서 찾았다. 저개발국가들이 종속된 세계 시장질서에서 고급두뇌의 선진국가로의 유출은 바로 부유한 국가가 가난한 국가를 착취하는 증거로 보았다(Ghosh 1982). 부유한 국가는 가난한 국가의 전문인력의 확보를 통해서 더 부유해졌만 이런 전문인력의 교육에 대한 비용을 전혀 지불하지 않는다는 것이다. 결국 전문인력의 유출은 저개발국가에서 보면 성장의 잠재력을 약화시키며 종속은 그만큼 더 심화된다. 갈레아노(Eduardo Galeano)의 『수탈된 대지 : 라틴아메리카 500년사』(*Open Veins of Latin America : Five Centuries of Pillage of a Continent*, 1973)는 종속 이론을 통해 서유럽국가들이 자신들의 부의 창출을 통해 어떻게 남미국가들을 착취하는가를 상징적으로 보여주었다. 고급인력 상실의 결과는 종속의 심화이며, 이는 다시 가난에 빠지는 악순환을 가져온다고 보았다.

이러한 종속에서 탈출하는 전략은 결국은 서유럽국가가 지배하는 세계 시장에서 이탈하여 자립적인 발전전략(self reliance strategy)을 갖는 것이다(Senghass 1974). 따라서 두뇌유출과 관련해서는 저개발국가에서 두뇌유출의 이주를 제한하는 것이며, 필요한 경우에는 저개발국가들이 입게 되는 손실에 대해 최소한의 보상(reparations)을 해주는 것이다. 가령 인도의 경제학자 바그와티(Bhagwati 1976, 1983)는 '고급두뇌세'(taxing the brain drain)를 제안했다. 이런 세금 제안은 오늘날까지 실현되지 않았다.

3) 근대화 이론

저개발국가에서 고급인력의 유출문제가 근대화 이론의 범주에서 논의되었다. 근대화 이론이 갖는 종속 이론과의 차이점은 두뇌유출이 전적으로 부정되거나 비판되지 않는다는 점이다. 신고전경제 이론에 따르면 고급지식과 기술 엘리트들의 이주는 분화된 세계 경제에서 수요와 공급의 원리에서 보아야 한다는 것이다. 즉 생산수단의 분배는 생산과정이 최적으로 분배되도록 해야 한다. 따라서 생산요소인 노동도 노동력이 최적으로 투입되고 최적의 생산에 이용될 수 있는 조건이 충족되도록 해야 한다. 이런 논리에 따라 고급인력이 저개발국가에서 산업국가로 이주하게 되는 것이며, 이런 이주는 결과적으로 부정적인 것만은 아니다. 반대로 어떤 국가든 저개발국가의 노동력 이주를 제한하거나 봉쇄하는 조치가 오히려 국가 생산요소의 배분에 간섭해 방해하는 것이며, 이는 결국 세계의 부를 감소시키는 것이다(Ethier 1987).

근대화 측면에서 보면 고급두뇌를 송출하는 원인은 저개발국가들의 정치적 · 경제적 원인에 있다. 저개발국가의 모든 고급두뇌가 모국을 떠나는 것은 아니다. 그러나 자발적인 이주에 앞서 전쟁, 경제붕괴, 정치적 · 종교적 핍박은 이주의 강제성을 갖는다. 자발적인 고급두뇌의 유출은 바로 고급인력을 수용하지 못하는 국내의 일자리 부족과 여건의 결핍에 있다. 예를 들어 1970년대에 인도의 경우 우주 관련 연구인력이 과다배출되어 결국 이들은 인도를 떠날 수밖에 없었다. 그러므로 노동력이 과잉상황에서 두뇌유출은 손실이라기보다는 국내 노동시장의 긴장을 완화시켜 주는 긍정적인 역할을 하는 것이다(Mountford 1997).

반면에 이런 근대화적인 이론적 접근은 현대 경제 이론에서 비판을 받았다. 왜냐하면 신성장 이론에 따르면 경제성장은 인적 자원과 상관관계가 있다고 보기 때문이다. 따라서 한 국가에서 고급 인적 자원의 감소는 경제성장을 약화시키며, 심한 경우에는 후퇴를 가져올 수 있다고 본다. 따라서 종속 이론과 근대화 이론적 시각에서 두뇌유출 문제에의 접근은 각 나라별 특수한 상황에 따라 적용되어야 한다.

4) 고급인력의 이동성

1980년대에 들어와서 고급인력의 이주가 저개발의 문제에서만이 아니라 '전문인력의 이동성'(mobility of highly skilled)이라는 개념 하에서 논의되었다. 글로벌화, 다국적 기업의 해외투자, 기업합병은 바로 노동인력의 이동을 증가시키는 요인이 되었다. 이런 고급인력의 이동성이 이주의 한 연구영역으로 정착되었다.

솔트(Salt)와 핀들리(Findlay)의 연구에 따르면 노동시장이 전체가

주요 국가 국제기업의 사내이동(1995-1999)

단위 : 천

국가	1995	1996	1997	1998	1999
캐나다	–	–	2.1	2.8	2.9
프랑스	0.8	0.8	1.0	1.1	1.8
일본	3.1	2.8	3.4	3.5	3.8
네덜란드	–	1.6	2.3	2.7	2.5
영국	14.0	13.0	18.0	22.0	15.0
미국(비자 L1)	112.1	140.1		203.3	–

자료 : OECD(2001), Trends in International Migration. 캐나다는 NAFTA 협정에 따라 미국과 멕시코인의 사내이동을 포함.

하나로 단일화되어 있는 것이 아니라 질(quality)에 따라 분리된 노동시장층으로 나뉘어져 있다(Salt 1992 ; Findlay 1993). 따라서 이런 노동시장의 층은 국가의 간섭에서 독립적이며, 오히려 국제기업의 내부시장의 상황에 더 의존한다는 것이다. 기업 내의 노동시장은 따라서 기업들에게 있어서 적절한 노동력 선택과 이용의 기회를 주며, 해당 노동자에게는 새로운 경력을 쌓을 수 있는 기회이다(Hillmann/Rudolph 1996). 따라서 이런 이주 연구는 고급인력의 이동성에 관심을 갖는다. 국제기업 내에서의 고급두뇌의 해외 이동은 고전적인 두뇌유출과는 다른 차원을 갖는다.

5) 두뇌교환과 순환

1990년대 이후에 고급두뇌 유출과 관련하여 일종의 제3의 연구영역이 개척되었다. 1970년대에 라담(Ladame)은 1950년 및 1960년대 이후의 두뇌유출에 대한 최종적인 판단은 '후기의 시점'에서만 가능하다고

두뇌유출의 주요 이론과 흐름

<table>
<tr><td rowspan="2"></td><td colspan="7">연대 구분</td></tr>
<tr><td></td><td>1960</td><td>1970</td><td>1980</td><td>1990</td><td>2000</td><td></td></tr>
<tr><td rowspan="3">단순시각</td><td rowspan="3">두뇌유출
–부정적 효과

두뇌이득
–긍정적 효과</td><td colspan="6">두뇌고갈 Brain Drain</td></tr>
<tr><td></td><td colspan="5">두뇌유출 Brain Overflow</td></tr>
<tr><td></td><td></td><td></td><td colspan="3">두뇌교환 Brain Exchange</td></tr>
<tr><td rowspan="2">복합시각</td><td rowspan="2">두뇌이동과
네츠베르크
시각</td><td rowspan="2"></td><td colspan="2" rowspan="2">두뇌순환
Brain Circulation</td><td rowspan="2">⇨</td><td colspan="2">두뇌 재획득
Brain Re–Gain
두뇌순환
Brain Circulation</td></tr>
<tr><td colspan="2">두뇌이동
Brain Mobility</td></tr>
</table>

출처 : Breinbauer(2007), 32.

보았다(1970). 왜냐하면 이주한 고급인력들이 언젠가는 다시 모국으로 돌아올 수 있기 때문이다. 이들이 돌아오는 순간부터는 더 이상 두뇌유출(brain drain)이 아니라 두뇌이익(brain gain)이 된다. 이런 현상을 이론적으로 정립하기 위해서 라담은 '엘리트 순환'(circulation des élites, brain circulation)을 제안했다. 따라서 오늘날에는 두뇌순환이 정립되었으며, 이와 병행하여 두뇌교환(brain exchange)도 쓰인다. 이런 두뇌순환은 고급인력을 받아들이는 선진국가뿐만 아니라 인력을 송출하는 개발도상국가에도 긍정적인 효과가 있다. 선진국에서 귀국하는 고급두뇌는 모국에서 기업을 창립하거나 기술이전 등을 통해 경제에 기여하게 된다.

5. 두뇌유출 : 논의와 실제

1) 두뇌유출 : 기술이전과 빈곤을 역전시키는가?

숙련노동자는 생산과 경제성장에 누적과 승수효과를 줄 뿐만 아니라 기술혁신과 미래 인적 자원의 개발속도와 전망에도 영향을 미친다. 1972년 국제연합무역개발협의회(UNCTAD III) 회의가 개발도상국가를 '두뇌의 손실' (loss of brains)로, 선진국가에 대해서는 '기술의 역전달' (reverse transfer of technology)이라 본 것은 인적 기술(human skills)과 기술(technology) 간 넥서스(연계)를 말한 것이다.

숙련기술자들의 장기적 또는 영구적인 이주는 직간접적으로 이들에게 투자된 공공 기금 손실을 가져온다. 남아프리카는 해외로 이주한 건강한 노동자의 교육에 10억 불을 소비했다고 주장했다. 이는 1994년과 2000년 사이에 받은 모든 대외원조의 1/3에 해당하는 수치이다. 가나와 짐바브웨에서 모든 의사들의 1/3은 의학공부를 마친 후 수년 내에 해외로 출국한다(*Financial Times* 2004 July 16). 이러한 손실의 정확한 양을 측정하는 것은 어렵지만 분명한 것은 이런 숙련노동자를 받아들이는 국가에서는 이득이 된다는 것이다.

UNCTAD는 각 개발도상국가에서 25-35세 연령대의 각 개발국가에 의한 훈련을 통해서 저축되는 돈이 18만 4,000달러로 보고 있다. 27개 OECD 국가들이 개발도상국가에서 훈련된 약 3백만의 일자리를 갖고 있다는 것을 감안해 보면 결국에 OECD 국가들은 교육훈련에 있어서 5,550억 달러를 절약하는 결과가 된다(Meeu/Sanders 2003).

부유한 국가들이 가난한 국가들에서 희귀하고 비싼 인적 자원을 뽑아가는 정책들은 윤리적인 측면에서도 비판의 대상이 된다. 해당 국가들이 자신들의 인적 자원을 투자해서 키우는 것은 바로 자신들의 경제 사회의 발전에 필요로 하기 때문이다. 기술자 이주는 이주자 수입 국가의 세입을 증가시켜 준다. 그러나 송출 국가에서는 반대로 세입을 고갈시킨다. 하버드 대학의 한 연구에 따르면 미국에 살고 있는 인도인은 미국 전체 인구의 0.1%에 해당되지만 인도 국가 수입의 10%에 해당되는 돈을 번다. 인도에서 이들의 수입은 분명 작지만 여전히 고납세자들에 속한다(Desai et al. 2001). 중국 본토(타이완 포함) 밖에서 살고 있는 5천만 중국인들은 중국 국내총생산의 2/3에 해당하는 수입을 벌고 있다.

UNCTAD의 초기 기술이전에 관한 연구[3]

TD/B/AC.11/25/Rev.1 :

The reverse transfer of technology : Economic effects of the outflow of trained personnel from developing countries. 1975.

TD/B/C.6/7 :

The reverse transfer of technology : Its dimensions, economic effects and policy implications. 1975.

TD/B/C.6/AC.4/2 :

The reverse transfer of technology (brain-drain) : International resource flow

3. 14개 국가를 포함하는 최근의 연구를 보면 기술개발과 노동생산성 증가 및 GDP 증가 간에 분명한 상관관계가 있음을 보여준다(Coulombe et al., 2004). 생산과 성장에서 이들의 중요성을 주요한 역할 키로 가정한다면 기술유출(the outflow of skills)은 쉽게 대체할 수 없지만 연약한 경제는 스태그네이션(stagnation)을 불러오고 현지인의 평균임금을 낮추게 된다. 동시에 숙련기술자들을 선호하는 수입의 재분배는 미숙련노동자들의 임금을 저하시키게 된다. 이는 또한 수입분배를 악화시킬 수 있으며, 보내는 국가에서는 빈곤을 악화시킬 수도 있다.

accounting, compensation, taxation and related policy proposals. 1978.

TD/B/C.6/AC.4/3 :

Case studies in reverse transfer of technology (brain-drain) : A survey of problems and policies in Pakistan. 1978.

TD/B/C.6/AC.4/5 :

Case studies in reverse transfer of technology(brain-drain) : A survey of problems and policies in the Philippines. 1978.

TD/B/C.6/AC.4/6 :

Case studies in reverse transfer of technology (brain-drain) : A survey of problems and policies in India. 1978.

TD/B/C.6/47 :

The reverse transfer of technology : A survey of its main features, causes and policy implications. 1979.

2) 두뇌외출 : 여유유출인가 또는 적절한 유출인가?

직업기회 부족의 결과라는 면에서 보면 고급인력 이주는 두뇌외출(brain drain)이 아니라 두뇌의 여유유출(brain overflow)이다. 이런 관점에서 본다면 외부로의 이주는 실제로 송출 국가에서 기술노동자들의 공급과 수요 간의 간격을 메워주는 것이 되며, 오히려 인적 자원의 더 적절한 배치를 가져온다. 이는 결과적으로 세계 경제에도 이득이 된다. 더 나아가서 숙련노동자들의 교육과 훈련에의 투자는 매몰비용(sunk cost)에 가깝고 두뇌를 흘려보내는 것보다 두뇌유출이 낫다.

서유럽국가들의 많은 경험들이 기술자 이주를 옹호하는 증거로 인용된다. 노르웨이, 스웨덴, 스페인, 포르투갈 국가들은 1960년대와 1970년대에 자신들의 숙련노동자 및 미숙련노동자들을 해외로 보냈다. 그러나 이들 국가 누구도 결과적으로 더 가난해지지 않았다. 마지막으로 이주의 개별적 자유와 세계 시장에서 자신의 재능을 발휘할 권리가 주장된다.

그러나 두뇌유출의 논의에서 특히 국가의 인구규모를 구별하여 논의하는 것이 필요하다. 왜냐하면 두뇌유출은 가난하면서도 인구규모가 작은 국가에 미치는 영향이 클 수밖에 없기 때문이다. 중앙아메리카 및 카리브 해 지역의 대학졸업생의 절반 이상이 해외에 살고 있다. 가령 아이티, 자메이카의 경우 대학졸업생 10명 중 8명은 국경 밖에 살고 있다. 사하라 이남 아프리카에서 숙련노동자들이 전체에서 차지하는 비율은 단지 4%에 불과하다. 이들의 40% 이상이 부유한 해외로 이주했다. 반면에 두뇌유출은 인구 수가 많은 나라에서는 그 영향이 작다. 이는 인구 수가 워낙 많기 때문에 숙련노동자들이 해외로 나간다 해도 여전히 충분한 노동력이 남아 있기 때문이다. 예로 중국과 인도의 경우 대학졸업생의 3-5%만이 해외에서 나가 있다(World Bank 2008). 이는 브라질, 인도네시아의 경우에도 비슷하다.

두뇌유출 문제에 있어 아프리카의 경우는 특별하다. 의사, 간호사 등 의료 인력 2만 명이 매년 유럽과 미국으로 빠져나가고 있다. 가령 프랑스의 식민지였던 베냉 공화국(Republic of Benin) 출신의 의사들은 베냉보다 프랑스에서 더 많이 일하고 있다. 짐바브웨의 경우 1990년대에 1,200명의 의사가 양성되었는데 이 중 국내에 남은 의사는 300명에 불과하다. 가나의 경우 1993-2002년에 800명의 의사가 양성되었는데 이 중 600명이 해외로 이주하였다. 이들의 2/3가 유럽이나 미국에 거주하며 일하고 있다. 이 같은 의사의 유출은 아프리카의 질병상황을 고려하면 재앙 수준이다. 아이들 3명 중 2명은 질병으로 죽는데, 이는 치료가 가능한 질병들이다(Le Monde diplo-matique 2006, 12). 두뇌유출에 대한 논의는 이와 같은 국가와 지역별 구별이 필요하다.

3) 적절한 두뇌유출은 있는가?

골드파브, 하브릴리쉰, 마그넘(Goldfarb/Havrylyshyn/Magnun)은 기술이주의 영향을 분석하는 모델을 사용했다(1980). 이는 미국으로 이주하는 필리핀 물리학자들의 경우로 송금효과와 연계되었다. 이들은 미국과 필리핀 간의 임금차이에 대해 납득할 만한 가정에 근거해 필리핀에 송금되는 미국 수입의 비율, 승수효과 및 다른 관련 요소들을 가정하고 있는데, 이들이 발견한 것은 현지인들이 물리학자들의 이주로부터 이득을 본다는 것이다. 최근의 경제적 분석들은 '적절한 두뇌유출' (optimal brain drain) 개념을 사용하고 있다.

다양하고 여유 있는 인적 자원을 가진 나라들과 쉽게 유출을 대체할 수 있는 능력을 가진 나라들에게 있어서 기술이주는 주요한 문제가 되지 못한다. 그러나 인적 자원이 부족한 가난한 나라의 경우에는 사정이 다르다. 이들은 재능 있는 자원을 잃게 되며, 이는 장래 경제성장과 기술발전에 주요 장애가 될 수 있다. 사하라 이남 아프리카 국가들, 카리브 해 및 남미 일부 국가들에게서 이주노동의 초기 비용은 부정적인 효과로 나타나며, 중간계층의 훈련을 저하시키며 생산과 발전 혁신을 가로막는다(Ghosh 1996).

폭넓은 인적 자원 바탕을 가진 나라에게 있어서도 기술자 이주는 특별한 영역이나 직업에서 일시적인 기술자 부족을 가져오며, 비록 이런 부족이 일부 영역이라 하더라도 스리랑카나 요르단 또는 터키의 예와 같이 심각할 수도 있다. 스리랑카의 경우 걸프 국가들로의 대대적인 건설노동자들의 이주는 국내 주요 프로젝트 건설의 중단 내지 지체를 가져왔다. 또한 요르단의 경우 고급기술자들의 유출은 지방에서 미숙련노동자들의 유입으로 대체되었지만 이는 낮은 생산성을 가져왔다. 터키의 경우에 기술자 해외이주는 흑해 해안 광산의 안전도를 갑자기 악화시켰다. 반면에 필리핀, 파키스탄과 같은 몇몇 나라들에서 특정 지역에의 경험은 기술들이 빠르게 대체되며 생산과정 또한 적응될 수 있음을 보여주며, 기술이주자의 손실은 부분적이 될 수 있음을 보여준다(Ghosh 1996).

과거에 소수 국가들은 기술자 이주를 제한하려 했지만 성공하지는 못했다. 일부 국가들은 이주에 세금을 부과하려 했지만 이것 역시 긍정적 결과를 가져오지 못했다. 또한 기술자를 유출하는 국가들의 고통을 보상하기 위해 기술자 이주를 받는 나라들로부터 기금을 받아 펀드를 세우자는 제안이 있었지만 이것도 전혀 성사되지 못했다. 보기에는 가능성이 보이지만 문제점은 양 당사국끼리 세금을 공유하는 문제이다.

개발도상국가로부터의 과도한 기술자 유출은 기술노동자들의 수요와 공급 간의 간격을 반영한다. 이에 대한 대응은 훈련과 교육체계를 개선하는 것이나 또는 외국 및 국내투자를 통해 직업기회를 창출함으로써 기술노동자들에 대한 수요를 늘리는 것이다. 국가 간의 임금격차는 여전히 중요한 변수이기는 하지만 그렇다고 모든 상황에서 다 통용되는 결정적인 것이 되지는 못한다. 1999년 한 연구조사는 발전의 단계와는 상관없이 미래 전망이 불확실한 국가는 숙련기술자들이 유출되는 것으로 조사되었다(IMD 1999). 이는 또한 한 나라의 정치 및 문화적 환경에도 적용된다. 과학자들, 아카데미커들 그리고 고급 연구자들은 특히 지적인 자유를 소중히 여긴다. 남미에서 아르헨티나와 칠레, 아프리카에서 가나와 우간다 같은 나라들이 과거의 경험에서 보여주었듯이 정치적인 억압, 인종적인 탄압, 종교적인 핍박, 인권침해가 지적·문화적 환경을 해치게 된다면 임금수준이나 물리적인 노동조건의 개선만이 고급두뇌들의 유출을 막지 못하는 것은 아니다(Ghosh 1992).

4) 누뇌유출에서 두뇌순환으로

기술이주를 송출 국가에서 영원한 손실로 볼 필요는 없다는 점이 지적된다. 최근의 경제적 밀착 및 시장의 통합, 정보 및 커뮤니케이션 체제의 발전을 포함하는 지구적 변화를 고려해 보면 송출 국가들이 이들 기술이주자 다이스포라와 국가 간 연계를 만드는 것과 이들의 기술과 재능을 이용하는 것이 가능하다. 국가 간 기술인력들의 증가된 이동행태는 국가 간의 지식과 기술의 공유를 더 용이하게 해줄 수 있음을 보여주고 있다. 가령 유엔개발계획(UNDP)과 같이 국제조직들은 항구적인 귀환을 전제하지 않으면서도 일시적인 방문 프로그램들을 만들어 주고 국가들이 필요로 하는 기술들을 찾아주는 것을 돕는다.

모국을 위한 국가 간의 디아스포라 네트워크의 잠재적인 자원은 지식이나 재능에 제한되지 않는다. 투자와 새로운 기술, 시장 및 비지니스도 대상이다. 디아스포라는 현지 시장침투의 교두보가 될 수 있다. 이는 가령 한국인이 미국에서 자동차시장, 전자제품 및 다른 산업제품을 개척하는 데 도움을 준 것과 같다(OECD 2002b). 그러나 소수국가들만이 디아스포라 네트워크를 충분히 활용하고 있으며, 이의 영향도 일부 특정 영역에 제한되어 있다. 네트워크를 구성하는 것은 쌍방향의 과정이다. 모국의 환경은 만약에 이주자들이 이런 발전에 개입하고자 할 때에는 우호적이며 옹호적이 될 필요가 있다. 감정적인 연대감만으로는 충분하지 않다.

디아스포라는 국제기업과 같은 경우에 유용하게 이용될 수 있다. 가령 인도의 휴렛팩커드 사(Hewlett Packard)에서와 같은 몇몇 회사는 개발도상국에서 젊은이들을 뽑아서 훈련시키며, 이들을 다시 고국으로 보내 지역에서 일하도록 한다(Financial Times 2004 July 1). 이런 모든 것들은 만약에 시장개방을 포함해서 그 나라가 경제적 안정, 굳 거버넌스, 기본 인프라, 그리고 우호적인 투자환경이 없다면 이루어질 수 없다. 이주자를 송출하며 받는 국가들 간의 밀접한 협력은 상호 민족성, 서로의 권리와 의무를 인정하는 것 등을 포함하는 협력이 실제적인 도움이 될 수 있다.

두뇌유출에서 두뇌순환으로 전환하는 모델을 적용한 연구가 미국 버클리 소재 캘리포니아 대학의 애너리 색스니언(AnnaLee Saxenian)에 의해서 이루어졌다. 색스니언은 실리콘 벨리 조사를 통해서 전문 기술인력의 해외취업이 어떻게 두뇌유출에서 '두뇌순환' (brain circulation)으로 작용하는가를 보여주고 있다. 그녀의 책 제목 『새로운 아르고 호 원정대 : 전지구 경제에서 지역적 우위』(*The New Argonauts : Regional Advantage in a Global Economy*)는 그리스 신화에서 빌려오고 있다.

이아손(Iason)은 황금양의 털가죽을 구하러 콜키스(Colchis) 땅으로 가기 위해 헤라클레스(Hercules), 힐라스(Hylas), 테세우스(Theseus), 오르페우스(Orpheus) 등 50명의 영웅들을 끌어모아 "아르고"(Argo) 호라는 이름의 배를 타고 원정길에 오른다. 색스니언 교수는 그 영웅들을 '아르고 호 원정대' (Argonauts)라고 부르는 것에서 해외에서 태어난 전문기술 기업가들을 '새로운 아르고 호 원정대'라 부른다. 이들은 새로운 유형의 기업가(new type of entrepreneur)로서 실리콘 벨리를 알고 모국과 다른 국가의 동료들과 네트워크를 만들며 모국에서 기술전수와 발전의 핵심적인 역할을 한다. 이들을 통해서 고급기술의 확산이 이루어진다.

그녀의 연구는 실리콘 벨리의 현장에 개척자적인 연구로서 실리콘 벨리의 시스템이 세계의 IT 산업의 확산과 중국, 인도, 이스라엘, 타이완의 IT 탐험가들을 분석하고 있다. 색스니언은 여기서 글로벌한 기술 연계(the global technology networking)가 발전(development)과 저발전(under-develoment)의 역동성(dynanics)을 변화시킨다고 하였다. “부족한 경쟁적인 자원은 빠르게 외국 당사자들을 유치하는 능력이며, 명백하고 보충적인 전문성을 가진 지역적인 경제의 네트워크의 증가는 세계적 경쟁성을 바꾸는 잠재력을 가지고 호혜적인 향상을 통하여 지속된 성장을 위한 기회를 창조한다”(10). 저개발국가들의 단점을 극복하게 해준 것은 바로 이런 아르고 호 원정대이다.

5) 기술자들의 일시적 이동을 통한 두뇌획득

새로우면서도 가능성이 보이는, 그러나 여전히 상당 부분 개발되지 않은 두뇌유출(brain drain)을 두뇌획득(brain gain)으로 전환하는 접근법은 국경을 넘나들며 기술과 지식을 전달할 수 있는 사람들의 자유스러운 임시적 이동에 근거하고 있다. 지출 관련 자료를 보면 많은 개발도상국가들은 상당히 비교할 만한 이득을 보여주고 있다. 이는 가령 한 나라의 전체 수출에 대한 수출품목의 비율을 보는 것이다. 이 수출영역들은 가령 공학(engineering), 회계, 법, 경영자문, 간호, 소프트 프로그램 개발, 데이터 처리 등이다. 이런 품목의 수출에서 개발도상국가들에 아웃소싱을 주는 산업국가들의 서비스가 증대된 것을 볼 수 있다.

서비스의 증가와 세계 시장에서 이런 서비스의 수출은 기술과 송출 국가의 경제에 강력한 지원책이 되며 기술이전에 대한 압력을 감소시킨다. 이는 좀 더 자유스러운 시장을 포함하여 좀 더 나은 시장접근을 요구하는데, 실제로 이런 기술 서비스를 전달할 수 있는 체계를 갖고 있어야 한다. 서비스 무역에 관한 일반협정(GATS)은 정확히 이런 자유화

두뇌유출에 따른 효과

두뇌유출국	
긍정적 효과	부정적 요인
인력의 글로벌화 선진기술의 도입 외화송금 해외 네트워크 구축 지식과 기술 도입 투자유치	고급인력 부족화 심화 국가의 투자비용 상실경제성장 약화 국가 경쟁력 약화 기술격차 심화 빈곤의 심화
두뇌유입국	
긍정적 효과	부정적 요인
안정적인 인력확보와 수급 기술혁신 인구감소의 상쇄 임금안정에 기여 경제성장 촉진과 생산증대 국가 부의 증대 생산기업의 글로벌화 촉진 다양한 지식문화 및 기술축적 가능 새로운 일자리 창출 세계적 경제에 기여	자국민의 일자리 박탈 이주민의 증가로 인한 사회적 갈등 심화 자국민 인력양성의 소홀 경제의 외부 의존도 심화

를 제공해 준다. 1997년의 한 조사는 국가들 사이에서 이런 일시적인 인적 자원의 감소 대신에 기술노동자들의 수입이 증가하는 것과 이들의 지식과 경험을 넓혀주고 있음을 보여준다. 그러므로 두뇌이득이 되는 것이다(Ghosh 1997). 이는 개발도상국가의 수입을 제고시켜 주며, 장기적·영구적인 이주압력을 경감시킨다. 수입 국가는 역시 낮은 비용으로 인하여 이런 서비스의 접근을 통해 이득을 보며 자신들의 자원을 좀 더 효율적으로 배분할 수 있다.

6. 고급인력으로서 해외 유학생

1) 해외 유학생은 고급인력의 잠정적인 조달인가?

해외 유학생 증가 추이

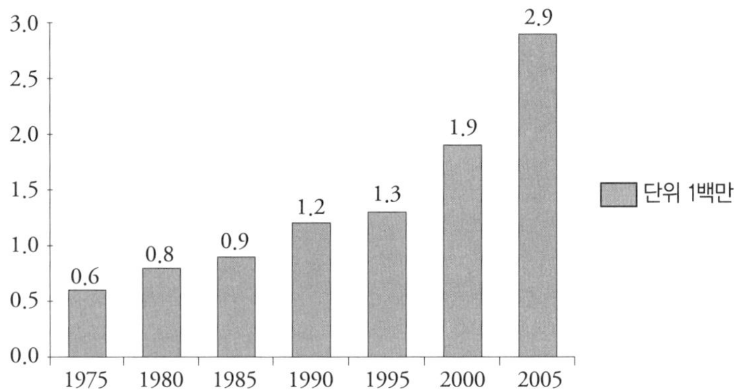

자료 : OECD(2008), Education at a Glance.

선진국가는 해외 유학생들을 특히 자연과학과 정보기술 분야 등에서 모집하려고 노력한다. 이런 대학교의 유학생 모집은 차후 현지 노동시장과도 연계되며, 시장진출이 가능할 때 가속화될 수밖에 없다. 미국은 해외 유학생을 가장 많이 받아들이는데, 이는 OECD 국가의 1/3에 해당하는 수준이다. 미국에 이어 오스트레일리아, 스위스, 오스트리아, 영국, 룩셈부르크도 해외 유학생의 유치에 적극적이다. 이들 나라들에서는 학생 1천 명당 1백 명이 해외 유학생이다.

고급두뇌와 관련하여 해외 유학생의 급속한 증거는 글로벌화의 지수로서 취급된다(Florida 2004, 128). 미국의 경우에 전 세계 해외 유학

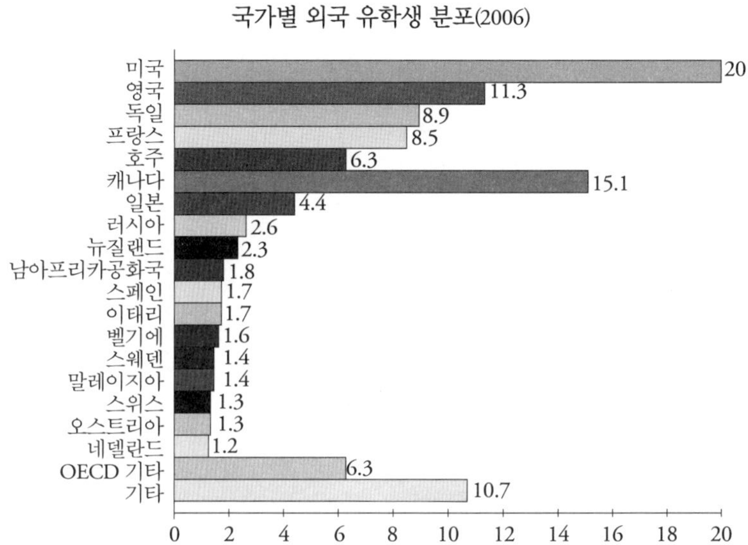

자료 : OECD(2008), Education a Glance.

생의 1/5을 받아들이고 있으며, 특히 박사학위를 받은 후 현지 미국에 머무는 비율이 매우 높다. 미국연방과학재단(NSF 2006)의 자료에 따르면 2000-2003년 기간의 박사학위자의 73.6%가 미국에 머물기를 원했다. 실제로 미국에 체류하는 유학생 수는 나라별로 차이가 나는데, 체류율이 가장 높은 나라는 동유럽국가로 가장 높다. 2003년에 1998명의 박사학위 수여자의 83%가 미국에 남았다. 영국은 이 비율이 70%에 이르며, 독일은 5%이다.

높은 비율의 유학생이 체류하는 것은 이들이 차후 고급 인적 자원으로 언제든지 사용될 수 있음을 보여준다. 미국에서 H-1B 임시비자를 받은 자의 25%가 처음에 학생으로 등록하였다. 독일과 스위스에서는 과거에 대학을 졸업하면 출국해야만 했는데 지금은 노동비자를 신청할 수 있도록 하였다. 두뇌유입을 지향하는 국가들이 이주정책에서 시장의 인력수요에의 대처, 인적 자원의 여력 제고에 중요점을 두는 점을 볼

미국 과학기술 분야 박사학위 취득 외국인 미국 체류율(1990-1993)

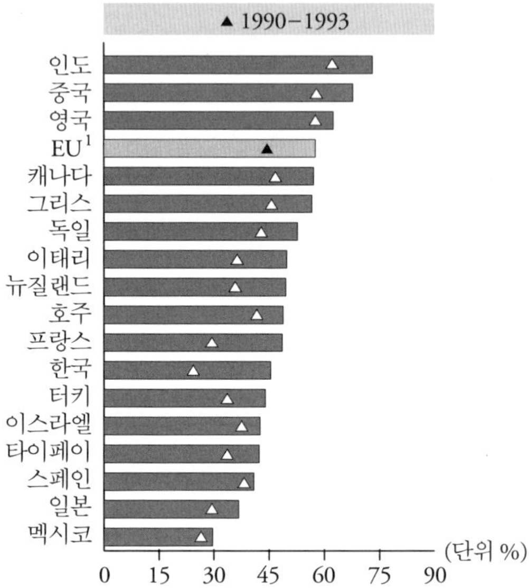

자료 : NFF.

때 유학생의 모집도 이주정책에서 주요한 역할을 한다.

미국이 이처럼 해외 유학생에서 두뇌이득(Brain Gain)이 되는 데는 몇 가지 이유가 있다. 먼저 세계 최고의 대학들이 미국의 대학들이다. 미국 대학들은 경쟁과 성과를 중심으로 하는 연구체계를 가지고 있으며, 학문 연구와 지원에서 비관료적인 행정체계이다. 또한 학문 연구와 경력을 쌓는 데서 미국 체류가 중요하게 여겨지는 점도 그 요인 중 하나이다. 이와 같은 점에서 볼 때 최고의 연구자들은 최고의 연구자가 있는 곳을 찾는다. 이런 환경에서 최고의 학자들이 모이게 되는데, 그 모이는 장소가 바로 미국인 것이다.

7. 이주자 귀환에 따른 이득

인력송출 국가들은 자신들의 이주노동자들이 귀국하게 됨에 따라서 발전된 인적 자원으로부터 이득을 보는가를 놓고 논쟁을 벌이고 있다. 이주자들이 모국으로 다시 귀환할 때에는 이자자 귀환의 유형을 구별하는 것이 필요하다. 이주자들이 언제, 어떻게, 그리고 어떤 이유로 인하여 다시 국경을 넘는가이다. 귀환의 방식에는 자신의 의사에 따른 자발적 귀환, 강제적 자발귀환(체류허가 만료에 따른 자발적 귀환), 비자발적 강제귀환(당국에 의한 강제출국의 명령에 따른 귀환)이 있다.

이주자들이 다시 귀환하는 경우에는 자신들의 기대에 못 미치는 임금수준이나 자신들이 받는 혜택이 모국과 비교해 차이가 없을 때 귀환하게 된다. 이런 입장은 신고전경제학적(neoclassical apporach) 접근에 따르면, 개인들은 영구히 정착할 것인지 또는 모국으로 돌아와 가족과 결합할 것인지 결정하는 데 있어서 자신들의 소득을 최대화하는 문제뿐만 아니라 거주기간도 고려한다는 것이다. 따라서 이런 틀에서 본다면 귀환은 이주의 기대가 충족되지 못한 실패라는 입장에서 분석된다.

이와 같은 입장과 달리 귀환이라는 것이 실패가 아니라 잘 준비된 이주의 일부라는 것이다(Taylor 1996). 따라서 이렇게 귀환하는 이주자들에게 있어서 해외에서 습득한 기술은 귀환의 결정에 기여하며, 또한 해외에서 힘써 저축한 돈은 투자금이 되는 것이다. 귀환은 다음과 같이 분류할 수 있다.

① **실패에 따른 귀환** : 이주자가 수용 국가에서 기대한 소득을 얻지

세계 최고 학자 분포

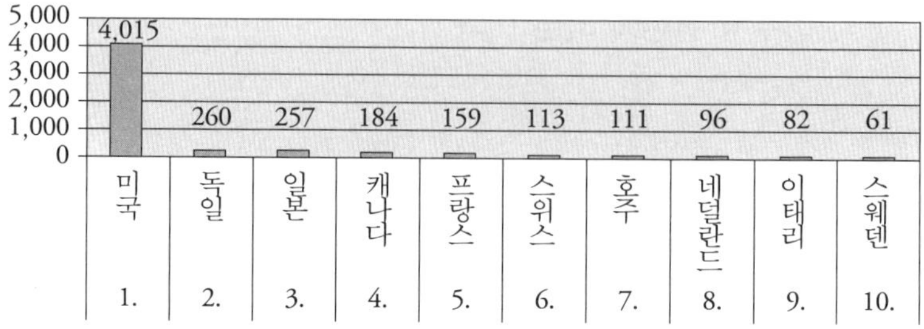

자료 : http://hcr3.isiknowledge.com/home.cgi (2008-05-26)

못하거나 현지 사회에 적응하며 통합되는 데 실패함에 따라서 귀환해서 새롭게 출발하는 것이 더 유용하다는 결정에 따라 귀환하게 된다.

② **보수적 귀환**(return of conservatisim) : 이주자는 귀환을 예상하고 이에 따라 사전에 충분한 준비를 하고 귀환하게 된다. 가령 소득의 일정 부분을 저축하여 고향에 토지를 획득하는 경우이다. 이런 귀환자는 자신들이 떠나기 이전의 그 고향에서 어떤 변화를 추구하기보다 주어진 사회틀에 다시 재적응하여 살아가게 된다.

③ **은퇴 귀환** : 나이가 들어 고향에서 생의 마지막을 보내는 경우이다. 이들은 대개 노후를 위하여 토지를 획득하며, 안정적인 생활을 준비하고 귀환하게 된다.

④ **혁신적 은퇴**(return of innovation) : 이런 유형의 은퇴는 가장 역동적으로 분류된다. 이들은 해외에서 이주하는 동안에 얻은 기술, 경험 등을 모두 이용하고자 한다. 이들의 이주목적은 어떤 면에서 보면 궁극적으로 고향을 변화시키려는 큰 목적을 갖고 있으며, 이런 가치를 추구한다. 이런 이주자들은 자신들을 혁신자(innovator)로 여긴다.

1980년대 이후 이주를 국제적 현상으로 이해하는 가운데 이주자의 귀환도 마찬가지로 이런 국제주의적 입장(transnationalism)에서 이해한다. 따라서 이주는 한번 이루어지면 영원히 고착되는 것이 아니라 사회적 · 역사적 상황에 따라 얼마든지 순환적(circular)으로 일어나는 것으로 본다. 따라서 이주는 국제적인 체계에서 사회적 · 민족적 관계를 고려해 전략적 결정을 통해 일어나는 현상으로 이해한다. 따라서 귀환을 하고자 하는 이주자들은 그 최종적인 귀환이 이루어지기 이전에 사전에 여러 번 고향을 방문하여 준비를 한다. 따라서 이런 이주자들은 이주 후에서도 고향 친지들과 지속적인 관계성을 유지해 오는 특징을 갖는다.

이주자들이 고국으로 귀환할 때에는 어떤 점에서 새로운 역할 모델을 하는가는 당연히 중요한 관심사이다. 이 질문에 대한 답은 다음 3가지 조건 등이 충족된다면 긍정적이다.

① 이주자들은 모국에서 획득할 수 있는 것보다 상위의 기술을 가지고 돌아온다.

② 획득한 기술은 모국의 경제와 필요에 관련되어 있다.

③ 이주자들은 돌아오면 이런 기술들을 적극 활용할 수 있으며 또 활용하고자 한다.

경험적 증거들을 보면 단지 소수의 경우에만 이런 요구조건들이 완전히 충족되고 있다(Ghosh 1996). 그리스와 터키를 포함하여 귀국하는 이주노동자들에 대한 연구는 더 숙련되고 성공적인 이주자들은 현지 사회에서 더 잘 통합되기 때문에 그만큼 돌아오고자 하지 않는다는 것이다. 다른 자료들을 보면 가령 방글라데시, 스리랑카 등 외국에 머무는 기간에도 자신들의 기술발전에 어떤 진보된 것을 보여주지 못한다. 반면에 적어도 몇몇의 경우에 실제로 이주자들의 능력이 저하된 경우도 있다.

이는 1960–1973년 기간 독일에 머문 터키 이주노동자들의 일부에서 보인다. 이러한 경우에 사용 가능한 인적 자원에서 충분한 이득을 보지 못하는 것은 이주자가 아니라 실제로 현지 국가이다.

해외에서 습득한 새로운 기술들이 모국의 현지 사정에 항상 채택 가능한 것도 아니다. 파키스탄의 경우 귀국자의 81%, 고용자의 84%가 해외 고용에서 얻은 기술들이 상당 부분 관련이 없음을 보여준다(Adams 1998). 마지막으로 이주자들이 고국으로 돌아가는 경우에 이들은 산업 영역에서 새로운 도전과 변화를 수용하지 않으려 한다는 것이다. 귀국하는 많은 경우에 일반적인 경향은 자신의 사업을 한다거나 은퇴를 한다. 변화에 도전하는 소수자들은 조종 지역의 사람들에서 보여주는 저항감을 통해서 실망하며, 공공기관의 지원 부족으로 또한 새 출발을 하는 데 어려움을 겪는다.

2008년 들어서 전통적으로 이주노동자를 수용하는 국가들은 귀환정책에 관심을 기울였다. 유럽연합 의회, 스페인 의회는 실업상태인 이주노동자들의 귀환을 지원·촉진하는 프로그램 안을 통과시켰다. 이는 미국도 마찬가지이다. 이런 이주 프로그램은 여전히 선진국가들의 해외 고급인력의 수급에 관심을 갖고 노력하기 때문에 이 정책의 주요 대상은 숙련된 고급기술자보다 그렇지 못한 노동자에 초점을 맞추고 있는 것은 당연하다.

제4부

열린 사회와 시민

제12장

소수민족 : 고향과 이주 사회

동화와 통합과정을 설명하는 데 주로 갖고 있는 관심의 초점은 이주자에 대한 적응과 통합에 따른 문제들이다. 반면 이주자와 이주자의 고향(고향인)과의 관계도 있으며, 이들의 관계는 어떤 역할을 갖는가에 대한 문제도 있다. 다문화주의와 다문화정책도 또한 이런 이주자 간 관계의 이해가 중요하다.

① 수용 사회와 현지인들은 어떤 유형의 저항, 수용 그리고 사회경제적 위치를 발전시키는가?

② 소수민족 배경은 소수민족 이미지에 어떤 역할을 하는가?

③ 소수민족 배경은 현지인들을 통한 구분(분류)과정에서 어떤 의미를 갖는가?

④ 현지인과 이주자 간의 관계가 정착자와 변방인 간의 그룹관계의 형태로서 묘사될 수 있는가?

이주자는 이주 사회에 단독으로 존재하는 것이 아니라 이주자 그룹을 형성하게 되며, 그룹들 간에 관계를 갖게 된다. 따라서 이런 소수민족과 수용 사회의 관계는 연구의 대상이 된다.

1. 위기전달 : 신봉건화

호프만-노보트니(Hans-Joachim Hoffmann-Nowottny)는 1970년 이주가 갖는 세계 사회에서의 의미를 분석했다[박사학위 논문 「이주 : 사회학적 설명에의 기여」(Migration : ein Beitrag zu einer soziologischen Erklaerung)]. 그는 다시 「외국노동자 문제의 사회학」(Soziologie des Fremdarbeiterproblems, 1973)에서 스위스와 다른 국가의 수용 사회에서 나타나는 이주의 결과를 집중적으로 다루고 있다. 이 연구는 다수와 소수 간 관계의 문제들을 구조적 수준에서 다음과 같이 설명하고 있다.

> 구조적인 긴장은 주어진 상황에서 개인적 아노미로 전환된다. 즉 개인적인 무기력의 인식(감정)상태인 두려움이다. 여기서 이주자들을 위협(Bedrohung)으로 인식하며, 어떤 다른 사람들은 힘이 없는 소수자(Minorität)를 이 세상의 모든 악의 희생양으로 여긴다(1973, 151).

호프만-노보트니의 연구 접근방법은 매크로적이며, 사회구조를 조명하는 데 적합한 방식을 보여준다.[1] 당시에 그의 연구는 관심을 받지

1. 구조는 "다수의 사회지위(또는 단위)가 어떻게 상호 연계되었는가의 방식" [Art

못했는데, 이는 당시에 경제적·심리적 접근과 논의가 중심을 이루고 있었기 때문이다. 호프만-노보트니는 자신의 접근법을 변경하였고, 이를 정치적 논의에 가져왔다(Hoffmann-Nowottny 1995).

호프만-노보트니의 사례는 특히 1973년 연구에서는 스위스를 예로 들고 있다. 스위스는 독일과 비교해 볼 때 본질적으로 더 오랜, 즉 100년 이상의 이주경험을 갖고 있다(37ff., Frey/Lubinski 1987, 15-20). 그러나 스위스는 이민을 억제하며 시민권 부여 또한 매우 제약하는 정책을 시행하는 전통적인 이민국가이다. 이민 2, 3세대들의 국적취득 조건을 완화하는 문제에 대한 국민투표는 여전히 수차례 부결되었다.

스위스는 전통적인 이민국가인 미국, 캐나다, 오스트리아와 다른 길을 갔다. 따라서 스위스는 '제한된 범위에서' 이민국가로 불릴 수 있다. 1910년 국민 가운데 이민자가 10.7%, 1960년에는 10. 7%에 달했는데 1941년 전쟁으로 인하여 외국인이 귀국함에 따라 외국인 비율이 5.2%로 떨어졌다. 외국인은 제2차 세계대전 후 다시 지속적으로 증가했다. 1973년에는 17.2%, 1984년에는 14.4%(Frey/Lubinski 1987, 16f.), 1995년에는 20%에 이르렀다. 민족별로 보면 이태리가 25.9%, 구유고인이 20.8%로 가장 많다.

현지인들은 이주자 문제를 놓고 이른바 스위스의 '이방화'(Überfremdung)라 하여 논의하였으며, 1965-1974년에 다섯 번의 국민청원(Volksbegehren)이 이루어졌다(Hoffmann-Nowottny 1973, 138-150). 이런 국민청원은 실패했지만 이는 후에도 국민발의(Initiative)로 나타났다. 예로 1988년에 이른바 '국민과 고향에 대한 국민행동'(Nationalen Aktion für Vo-

---

und Weise, wie eine Menge von sozialen Positionen(oder Einheiten) interreliert sind" 이다(Hoffmann-Nowotny, 1980, 484].

lk und Heimat)에 의해 제기한 국민발의(Eidgenössische Volksinitiative 'Überfremdung')는 이주를 제한하는 것이 주목적이었다. 이 국민발의 국민투표는 투표자의 67.3%가 반대하여 부결되었다(1988년 12월 4일 투표, 투표 참여율 52.7%). 그 내용은 다음과 같다.

> 외국인의 체류허가와 거주자들은 국민의 1/10을 넘어서는 안 된다. 외국인 고도화의 위협을 예방하기 위해서 목표를 달성하기까지 인권을 감안해서 적어도 5%씩 감축한다. 경제적 필요성은 적정수준에서 감안한다. 연방상원(Bundesrat)은 칸톤에 할당되는 외국인 감축 수를 매년 결정한다.

스위스의 유로정책도 이런 맥락에서 논의되고 있다. 유럽연합과 스위스 간의 협상이 대표적인 예로서 외국인 정책이 얼마나 강하게 제2차 세계대전 후 스위스의 정책에 영향을 주고 있는가를 보여준다. 바로 '이방화'는 스위스가 1992년 12월 6일 유럽경제권(EWR) 조약에 대한 국민투표에서 거절한 주요한 요인이다. 스위스는 유럽연합에의 가입을 반대했다. 스위스 대다수가 현재의 상호 자유왕래는 결국에 EU 시민들이 스위스로 몰려오게 할 것이라는 우려에서였다. 따라서 유럽 노동력에 국경을 여는 것보다 고립과 쇄국을 택했다(Fischer/Strubhaar 1996, 183f.).

이주자 제한의 실례를 보여주는 최근 스위스의 예는 2006년 6월 24일 난민, 망명자 및 이민자의 입국자격을 엄격히 규제하는 새 난민법과 이민법이 국민투표를 통과한 것이다. 강화된 난민법은 스위스 전역에서 치러진 국민투표에서 전체 67.8%의 압도적 지지를 받았고, 26개 모든 칸톤에서 과반수 찬성을 받아 통과되었다. 새 난민법 및 이민법은 지난 2005년 이미 스위스 연방의회의 승인을 받았으나 사회당과 녹색당 등 좌파 정당 및 교회, 인도주의 단체들의 반대에 의해 국민투표에 부쳐

진 것이다.[2]

마찬가지로 스위스와 비교되는 국민발의는 다른 나라에서도 있어 왔다. 가령 독일의 경우 "외국인 제한 킬 연합"(Kieler Liste für Ausländerbegrenzung), "하이델베르크인 메니페스트"(Heildelberger Manisfest)도 있으며, 이런 움직임은 스위스와 비교될 수준이 못 된다. '이방화'에 대한 국민발의는 호프만-노보트니의 시각에서 보면 현지 다수인이 이주해 온 소수인에 대한 반응이며 저항이다. 그러므로 그의 조사는 스위스에 대한 관심만이 아니라 모든 이주와 관련된 사회에 관심이 있는 것이다.

호프만-노보트니의 견해에 따르면 이주는 개별 사회와 전체 세계 사회의 계층적·구조적 특징에서 비롯된 결과이다. 그의 계층 이론의 중심에는 이른바 사회가치와 이런 가치에의 접근이 있다. 사회가치는 한 사회에서 추구하는 물질적 자산(가령 소득)과 비물질적 자산(교육)이다. 이런 자산에의 접근은 지위에 따라 서로 다르다. 자산이 집중되면 될수록, 노력을 통해서 획득할수록, 그리고 자산이 수단적이면 수단적 일수록 이는 그만큼 지위유지적(preistigehaltiger)이다(Hoffmann-Nowottny 1973, 5).

호프만-노보트니는 사회에서 '적어도 어떤 자산이 우선적으로

2. 새 난민법에 따르면 앞으로 스위스에 입국을 희망하는 이들 중 타당한 이유 없이 여권이나 자신의 신분을 증명할 수 있는 서류를 입국 후 48시간 내에 제시하지 못하는 사람은 즉각 스위스에서 추방된다. 스위스를 떠나기를 거부하는 사람에 대해서는 다른 범죄행위 없이도 성인은 최고 24개월, 어린이는 최고 12개월까지 징역형을 받을 수 있다.
68%의 찬성을 받아 통과된 이민법안 역시 한층 강화된 규제를 담고 있다. 이 법안은 유럽연합과 유럽자유무역연합(EFTA) 시민권자 이외에는 원칙적으로 이민자의 자격을 '고숙련 노동력'으로 국한시켜 유럽 이외 지역의 '미숙련 노동력'이 스위스로 이주하는 것을 봉쇄하였다.

추구할 가치가 있고 그렇지 않은가에 대한 부분적인 합의가 있다' 고 믿고 있다. 가령 권력은 중앙집중적인 사회가치에 대한 몫을 수행할 수 있는 사람에게 주어지며, 명예는 이런 참여 몫이 정당하다고 여기는 사람에게 주어진다. 명예는 권력의 기초가 되며, 그러므로 정당성 기능을 수행한다(1973, 29). 지위에 있어서 이런 참여의 범주가 표현되어 있다. 많은 사회의 문제는 사회구성원들이 특정한 자산(가령 소득, 교육 등)에의 요구에 대한 권위를 갖고 있지만 이를 실제로 집행할 수 없다는 것이다. 호프만-노보트니는 '권력과 명예의 분리' 를(1973, 11) 구조적 긴장(strukturelle Spannung)이라 불렀다. 이런 구조적 긴장이 초과되거나 구조적 긴장의 원인을 강화시킨다면 이는 아노미적 긴장(anomische Spannung)으로 이어진다. 아노미(anomie)는 무기력(Ratlosigkeit)과 관련된다. 개인과 사회는 이런 긴장의 완화 및 균형을 지향한다.

사회를 비교하면 긴장의 범주는 서로 다르다. 이주자들은 높은 긴장의 사회에서 낮은 긴장의 사회로 이주한다. 이주결정자는 자신이 속한 사회에서 원하는 사회적 신분상승이나 소득을 얻을 수 없기 때문에 그 사회를 떠나며, 거기서 발생된 긴장을 완화시킨다. 호프만-노보트니는 국외이주를 지위수출로, 국내이주를 지위수입(prestige-import)으로 이해하였다. 이주는 '긴장의 차이의 결과' 이며, '이주해 나가는 체계와 이주해 들오는 체계 간의 개발의 차이이다' (1973, 21). 이주가 없다면 내부균형에 대한 강한 압력이 일어나게 될 것이며, 외국과 비교하여 이 나라의 개발후진성과 강하게 대결하게 될 것이다(1987, 49).

세계 사회는 구조적인 면에서와 마찬가지로 문화의 서구화 과정에 있다. 비서구사회의 사람들은 세계적으로 확산되는 서구 대중매체를 통하여 자신들의 불평등과 불이익을 더 강하게 목격하게 된다. 이 상황을 호프만-노보트니는 '가치와 정보 확산' (Wert-und Informationsdiffusion)이라 불렀다. 이는 이주하고자 하는 사람들의 이주에 대한 준비성(Bereitscahft)을 강화시킨다. 이주와 더불어 발생하는 '긴장전이' 외에 호프만-노보트니는 국가와 행정 그리고 경제통제를 강조했다. 과거 동유럽국가들과 같은 많은 사회들이 통제에서 벗어나게 하며 더 많은 이동성을 허락해 주는 반면에 이주의 대상이 되는 사회(잠정적으로도)에서 보면 새로운 형태의 통제가 있다. 가령 1990년대에 서구국가들은 난민법을 강화했다.

> 다시 말해 사회가 이미 이주를 방해할 수 없다거나 또는 원한다면, 즉 이주는 긴장해소를 의미하고, 이로써 현상 유지에 도움을 주기 때문에 이러한 발생들은 적어도 가능하면 통제 하에 두도록 해야 한다. 이는 물론 잠정적인 이주대상 국가 사회에도 해당된다. 복잡한 이주법과 규칙을 통해 원치 않는 긴장발생을 보호하며, 그러므로 이주발생을 완전한 범위에서 통제하고자 한다. 이에 대한 역사적인 또는 현재의 예들은 얼마든지 많이 있다(Hoffmann-Nowotny 1988, 37).

이주에 대한 결과와 수용에서 탈이주 사회에서는 긴장이 완화되는 반면에 이주대상 사회는 긴장이 증가하기 때문에 흥미롭다. 이 긴장은 이른바 이주수용 사회의 하위층으로 연결되며, 이로써 현지인은 신흥귀족으로 '상층부'로 올라가고 이주자들은 '하층부'로 가게 된다.

호프만-노보트니는 1930-1960년대의 스위스 고용구조에 대한 연구를 통해 현지인이 점점 적어지는 노동부분에서 이들의 사회적·재정적 신분은 외국노동자들의 하위 신분구조의 변화를 통해서 달성되었다는 결론에 이르렀다. 사회적·고용적 구조는 하층구조화(unterschichtet)되었다. 반면 이런 하층구조와 비교되는 상층구조(Überschichtung)가 있다. 이는 이주자들이 이주 사회에서 상층부분의 지위를 점한다는 것이다. 이는 구소련 발틱지역에서의 러시아 엘리트들에 해당된다. 이 지역에서 러시아 엘리트인은 떠나야만 하는 형편이었다. 반대로 에스트란트, 레트란트, 리타운이 러시아화가 진행되며, 또한 이들 국가에서 자격과 능력을 갖춘 러시아인에 대한 보장이 제도화됨에 따라 이주하는 러시아인이 현지인을 대체한 것이다. 결과적으로 사회학적으로 보면 이주수용사회에서 이주자들을 통한 상층구조화가 일어난 것이다(Giordano 1997, 68).

보통 이주자들이 이주 사회에서 대부분 하층부위에 몰리게 될 때, 그리고 이주 사회에서 이들을 통한 사회구조가 새롭게 형성될 때 하층구조화를 이야기하게 된다. 하층화는 또한 계층화된 구조에서 새로운 지위가 만들어졌으며, 지금까지 점유하던 현지인의 위치는 이들에게 양도되며 이주자에 의해 점유된다.

이러한 상태는 호프만-노보트니에 따르면 안정적이지 않다. 그 예로 신분상승이 이루어진 현지인들은 특히 그들의 소득이 교육의 전문성에 비례하지 않을 경우에 잠정적으로, 그러나 지속적이고 위협적인 신분하향에 대한 두려움을 갖는다. 이런 비정상적인 상태는 '하층부'와 구별짓고자 하는 필요성과 결부된다. 그리고 현대 사회의 기준에서 가령 자격과 능력에 따르지 않고, 또한 이주자들은 남녀이든 현지인보다 더 분명하게 교육이나 전문성에서 떨어지는 것이 아니기 때문에 현지인은 민족적 귀속성을 붙들게 된다. 즉 노력하여 얻은 신분(자격, 능력)이 아니라 상속된 지위(출신, 민족)에 매달리게 된다. 이로써 현대 사회는 전통적인 요소, 다시 말해 '신봉건적 지위'를 갖는다. 봉건사회는 상속된 지위에 대한 합의가 주도하고 현대 사회에서는 습득하는 지위가 주도한다.

전통적 봉건국가에서 특징이 되는 현상은 특정한 가치에 대한 강조, 즉 상속되는 신분에 대한 강조와 이로써 발생하는 특정 그룹이나 계층에 대한 신분상승의 배제였다. “이러한 체계를 현대 사회에 관철하고자 노력하면 우리는 ‘신봉건화’ 를 말하는 것이다”(1973, 29). 구조의 문제와 더불어 사회계층에서 중요하게 지적되어야 할 것은 사회이동성의 제한이다. 구조화된 사화계층은 사회적 이동, 즉 지위의 변경을 제한하는 것이다. 한 사회가 수직 간-수평 간의 이동성이 열리 있으면 있을수록 그 사회는 열린 사회이다. 또한 시간의 경과성에서 이런 사회적 이동성의 수준은 또한 사회계층을 갖는 사회의 특징을 결정한다.

의도적이든 그렇지 않든 신봉건화를 통해 신분상승을 경험하고자 하는 현지인들은 외국인의 감축에 대해 반드시 반대하지는 않는다. 이들은 자신들이 이용하며 수탈할 수 있는 차별화된 낮은 노동잠재적인 자원으로서 ‘외국인’ 을 필요로 한다. 이로써 외국노동자들은 이들과 경쟁관계로 발전되지 않는다. 그리고 현지인들과 현지 동료 외국인 간의 긴장완화를 기대한다. 이런 신봉건 신분상승으로 인하여 직업의 지위, 소득, 교육과 같은 주요 신분적 지위는 이주자들에게는 배제되어 있다(1973, 110ff.). 따라서 현지인들은 신분을 구별하는 선인 ‘민족적 귀속성’ 에 따라 높은 지위를 차지하며, 이방민족 그룹에는 낮은 지위를 처방한다. 현지인 편에서 이루어지는 정의와 구별에 따라 이주자들은 소득과 직업에서 낮은 지위를 받으며 신분상승에서 배제된다(1973, 240).

스위스에서 이러한 공공연한 차별과 구별이 성공적이며, 현지인들의 사회적·경제적 신분의 안정성으로부터 보면 스위스가 과도하게 이질화되었다고 주장하는 것은 의아한 일이다. 신분상승의 기회는 실제 많은 현지인에게도 항상 가능성이 있는 것도 아니며, 모든 현지인에 똑같이 적용되지 않는다. 신분의 이동성은 서로 다르다. 지역적·구조적 손해로 인하여 기회가 많지 않은 사람들은 비특권화된 것이며, 교육에 기초한 지위를 재정적·직업적인 것으로서 신분상승을 하지 못하는 사람은 이주에 대해 방어적으로 나타난다(1973, 71). 그러나 이질감에 대한 모호한 감정은 전적으로 주관적이며, '과도이질화' 에 대한 이니셔티브' (Überfremdungsinitiätive)가 구조적 해결책을 제시하지 않는다. 아노미적 긴장에 있는 구조적 긴장은 해소되지 않는다. 여기서 호프만-노보트니는 실제로 일어나는 많은 방어적 시도를 이방인 증오로 해석하지 않고 구조적 문제로, 즉 탈이주 국가에서 이주 국가에로 전이되는 긴장으로 보았다. 따라서 이주자들은 현지인에게 잠재적이며 위협적인 것으로 받아들여진다.

스위스에서 이주에 대한 새로운 조사를 보면 1970년대에 시작된 하층화 과정이 안정적임을 보여준다. 이주자들의 다수에게 현지인은 타협적으로 반응한다. 현지인들은 신봉건적 신분상승의 배치(Absetzung)를 하는 데 반해 이주자들은 하위로의 신봉건적 배치를 경험한다. 이러한 대응으로써 사회의 신봉건화의 기초가 이루어졌다. 의식도 마찬가지이다. 이주자들은 이런 방식으로 이주에 따라 겪게 되는 긴장감을 늦춘다. 신분상의 불안정에 대한 느낌은 감당할 만한 것으로 나타난다.

> 일이 없는 이태리인들은(보통 직업의 지위가 결여됨) 스위스로의 이주를 통해서 자신의 지위를 만들고자 하지만 그의 부인과 자녀들이 이태리에 머물러야만 한다면 새로운 지위의 불안전성을 경험하게 된다. 목표로 삼은 소득의 개선은 지위긴장감(Rangsspannung)의 해소를 의미한다. 그러나 이는 이주자가 자신의 이주의 의미를 이주에서 찾는 한에서 그러하다. 구심축의 그룹이 바뀌게 되면 하위층의 지위긴장감은 다시 과거의 높은 수위로 이를지 모른다(Golder 1997, 252).

하층에로 전락된 상황에서 스스로 벗어나고자 노력한 사람들은 이주 사회에서 다시금 하층신분으로 전락된 자신을 보게 된다(1987, 58).

물론 여기서 설명된 하층화의 과정과 신봉건적 배치가 이주의 첫 단계에서만 일어나는 것이 아닌지, 즉 하층화는 세대 간에 걸쳐서 일어나는가에 대한 의문이 있다. 이에 대해 호프만-노보트니는 종합적인 결론에 이르고 있는 글 「초청노동자 이주와 사회적 긴장」(Gastarbeiterwanderungen und soziale Spannungen, 1987)에서 이주 사회로의 이주는 먼저 "하층화로 이끈다"고 보고 있다(48). 반면에 그는 소수가 계층체제로서 하층에 고착화됨을 경고하고 있음에 유의할 필요가 있다(64).

문제는 하층화가 발생하는지, 이주자들이 시간이 지남에 따라 점점 동화되고 통합되는지, 또는 시간과 더불어 동화될 수 있는지 등이다. 특히 이주대상 국가들을 들여다 보면 여전히 초청노동자에 대한 법적·정치적 조건들이 바뀐 것이 거의 없다. 통합적인 프로그램은 폐지되었고, 외국노동자들은 저임금을 받는 매우 천시를 받는 일자리에 집중되어 있으며, 실업도 평균 실업률을 넘어선다. 이로써 통합과정이 진척되며 성공한 것으로 기대되는 하층화의 소멸은 이루어지지 않는다. 소수 이주자 그룹의 현지 사회의 통합은 시간의 문제이며, 시간이 흐름에 따라 이루어질 것이라는 것은 막연한 환상이라는 증거는 특히 이주자 후대들의 낮은 수준의 고등교육에의 참여에서 결정적으로 드러난다.

괴체(Goetze)는 현지인과 이주자들의 일자리를 놓고 벌어지는 경쟁이 이주자들의 지속적인 격상과정을 통해서 심해질 수 있다고 보았다(1987, 81f.). 그러나 이런 격상과정은 특히 1세대에서는 거의 없다. 이주대상 국가에서의 구조적·아노미적 긴장이 이주자들의 격상에 대한 기회가 적고 또한 2, 3세대의 이에 대한 욕구로 인해 발생한다기보다는 수용 사회의 변화된 조건들로 인해 일어나는 점도 보아야 한다. 가령 1980년대 독일에 대해 코르테(Hermann Korte)는 1978년 이후 '독일인과 외국인이 갈등관계에 빠졌는데', 이는 이주자들의 어떤 '행함'이 없이 바로 사회의 내적 불평등이 심화되었기 때문인 것으로 보았다. 구조적 위기, 1980년대 청소년 실업과 장기실업, 미래에의 불안, 수용 사회의 국제체제에의 의존관계 심화, 그리고 법 · 정치 · 관료주의에 따른 초청노동자의 지위에 대한 억제는 소수민족적 갈등 잠재력을 심화시켰다. 1970년대 말에 이미 차별화와 외국인 적대감이 '널리 퍼진 사회적 분위기'가 되었다(Tsiakalos 1983, 21). 그러나 초청노동자의 지위가 적게 또는 전혀 억제되지 않은 나라들에서도 이른바 인종적 소요가 증가했다.

호프만(Lutz Hoffmann)과 에벤(Herbert Even 1984)은 외국인 적대감을 다음과 같이 정의하고 있다. "외국인이 내국인의 권리에 완전한 범위에서의 참여를 허용치 않고 내국인에 소유적 지위로서 경감된 지위를 갖도록 하는 것이다(26). 이와 같이 지위향상에 반대하는 형식으로서 (잠재적) 외국인 적대감은 바로 이미 논한 하층화 그리고 신봉건 재배치와 별반 차이가 없다. 겉으로 드러나는 명백한 외국인 적대감은 이런 과정을 연장하는 것이다. 드러나는 외국인 적대감은 이주자 이방인, 이들이 속한 그룹으로 하여금 그들이 다수 사회에의 비귀속성을 눈으로 보여주는 것이다.

2. 소수민족과 소수민족의 상징

민족적 귀속성이 소수민족 특성(ethnicity)의 자아결정에서 어떤 역할을 하는가이다. 이에 다음과 같은 질문이 있다.

① 소수민족 특성(ethnicity)은 무엇인가? 정치적 · 명목적 · 사회학

적 이론으로 논의될 수 있는가?

② 어느 정도에서 소수민족 특성의 의미와 기능이 이주자들에게 변하는가? 소수민족공동체는 어떤 역할을 하는가?

③ 민족적 일체감이 '민족적 부활' (ethnic revival)의 비판자들이 말하는 것처럼 배제적인 상징적 기능을 갖는가?

1) 소수민족 : 개념과 논의

소수민족 그룹(ethnic groups), 소수민족 갈등(ethnic conflict), 소수민족성(ethnicity)은 오늘날 세계의 갈등에 대한 뉴스에서 흔히 접하는 단어들이다. 1990년대에 발생한 전쟁들과 갈등을 보면 대개 내전의 형태를 띠었다. 가령 스리랑카, 피지, 르완다, 보스니아 등은 소수민족 갈등(ethnic conflichts)으로 설명될 수 있는 대표적인 사례들이다. 이런 갈등에서 소수민족들은 자신들의 인정과 독립, 권리와 권한을 요구했다. 제2차 세계대전 이후에 식민지 상태에서 독립한 소수민족들은 국가로서의 성립과 발전에서 지속적인 정치적인 의제가 되어왔다. 이는 동유럽에서 구소련이 해체됨으로써 민족 중심으로 나라가 새로 형성되는 것에서 잘 드러난다.

소수민족을 둘러싼 갈등과 분쟁영역과는 완전히 다른 영역에서 소수민족의 지속적인 논의와 정책적 의제가 이주노동자와 난민문제에 있어서 제기되고 있다. 가령 이주노동자들의 정책에서 동화(assimilation) 문제는 바로 소수민족성(ethnicity)이 핵심 대상이다. 소수민족을 지칭하는 영어 단어 ethnic는 그리스어 ethnikos에서 유래했으며, 이는 민족(nation)이나 인종(race)의 의미를 지닌 ethnos의 형용사이다. 'nation'은 출생(to be born)과 연계된 라틴어 natio에서 왔다. 야만인(barbarian)이 원래 '비그리스인' (not Greek)을 의미한 것과 같이 'ethnic'과 'nation'은 원래 계급으로서 외래인(outsiders as a class), 이방인(heathen/pagan)을 의미했다(R. Williams 1976, 119). 이런 이방인의 의미로 14세기 중반부터 19세기 중반까지 쓰였으며, 이는 그 이후 점차 인종적(racial) 특성을 의미하기도 했다. ethnos는 생물학적 · 혈연적 차이보다 문화적 차이에 적용되어 지금은 문화적 · 정치적 분야에까지 확대된 가운데 사용되고 있다(Smith 1986, 21).

따라서 소수민족(ethnicity)은 공동의 민족성(nationality)과 문화, 언어로 특징지워지는 그룹을 의미한다. 미국에서 'ethnics'는 제2차 세계대전을 전후로 정치적 의미를 가진 단어로 널리 확대되어 쓰였다. 즉 유대인, 아일랜드인, 그리고 다른 소수민족들이 사회의 주도적인 영국계인보다 못하다는(inferior) 의미를 함축하고 있었다(T. H. Eriksen 2002, 4).

소수민족(ehtnicity)은 신비적(mythic) · 상징적(symbolic) 특성을 내재하고 있기 때문에 변화에 있어서 천천히 일어나는 문화적 유산화 활동으로 간직되며 전수된다. 또한 이는 수세대 또는 수세기에 걸쳐서 지속되는 속성을 갖으며, 패턴(moulds)을 형성하고, 모든 유형의 사회적 · 문화적 과정에서 발전하며(unfold) 영향을 미친다(Smith 1986, 16). 스미스(Smith)에 따르면 현대 국가는 근대의 소수민족적 정체성(premodern ethnic identities)과 현대의 시민적 요소(modern civic elements)의 혼합체이다. 따라서 현대 국가들이 연대감이나 목적을 갖고자 한다면 민족적 특성에 대한 기억과 신화, 상징을 필요로 하며, 따라서 현대의 소수민족적 민족주의(ethnic nationalism)를 통해 만들어지는 갈등은 지속될 수밖에 없다고 본다.

소수 그룹(minority group)은 종종 다수와의 관계에서 종속된 희생을 의미한다. 다른 사회도 마찬가지이지만 서구 사회는 소수의 지배층과 다수의 피지배층으로 나뉘어져 왔다. 여기서 다수독재(tyranny of the majority)는 예외적인 경우이지 일반적인 것은 아니다. 아일랜드인은 전 영국에 퍼져 거주하는 소수자(minority)이다. 아일랜드 자체에서만 보면 개신교들은 소수자이다. 반면 북아일랜드의 경우에는 가톨릭이 소수자이다. 따라서 이런 소수자들은 본인들 또는 상대편에 의해 희생된 소수자 그룹으로 쉽게 지칭된다.

소수민족과 관련지어 나타나는 개념은 'nation'이다. 원래 nationality는 민족적 특성(national quality) 또는 성격(character)을 가리켰다. 그러나 미국이나 소련과 같은 다민족적 국가에서 nation은 보통 특별한 소수민족을 지칭하거나 분류하는 데 쓰인다. nationalism이나 nationalist는 애국주의(patriotism)나 애국자(patriot)의 의미에 한정되지만 이는 또한 종종 독립국가를 세우려는 암묵적인 민족적 감정을 표현하기도 한다.

따라서 문제는 여러 국가의 언어로 번역될 때 소수민족(ethnicity), 민족주의(nationalism)가 어떻게 번역되며 그것이 어떤 의미로 쓰이는가이다. 프랑스어에서 'nation'은 영어와 같이 이중의 의미, 즉 공동체에 기초한 공동체적 성격과 정치적 단위체의 의미를 갖는다. 생물적 연계성은 'people'인 'peuole'와 연계되며, 영토와 관련되어서는 'fatherland'인 'patrie'로 쓰인다. 국가라는 'state'의 프랑스어 'état'는 파생어 'étatisme', 'étatisation'를 갖고 있는데, 이는 영어 'nationalism'과 'nationalization'보다 더 적절치 못한 번역이 되고 있다. 독일어에서 'Nation'은 정치적 단위체보다 문화적 단위체로 쓰였으며, 이는 'people'의 'Volk'로 대신 쓰였다. 이의 형용사 'völkisch'는 주로 제국 내에서 거하는 사람을 말할 뿐만 아니라 독일인의 생물적 특성도 포함한다. 제2차 세계대전 후에 국민 'Volk'는 나치의 전력 때문에 조심스럽게 사용되었다. 프랑스어에서

'ethnie' 는 국가의 경계선(national boundaries)과 관계없이 인종적 · 문화적 · 감성적 연계(ties)를 특성으로 구별된 사람을 말한다. 따라서 'l'ethnie française' 는 프랑스 내의 프랑스를 말하는 지역뿐만 아니라 벨기에, 이태리, 스위스 등을 말한다(William Petersen, Michael Novak, Philip Gleason 1982, 4–5).

소수민족을 구별하는 데 있어 중요한 또 다른 개념은 인종(race)이다. 인종은 피부색, 얼굴모양, 머리유형 등 신체적인 특성에 주목한다. 인종 개념은 몇 가지 점에서 중요하다. 개별구성원을 특징짓는 가장 명백한 요소들은 역사 가운데서 그룹을 구별해 주는 특성적 유형에서이다. 원래 race는 라틴어 ratio에 유래하여 중세에 파생된 종(species)을 의미하는 데 쓰였다. 인종의 분류는 생물유전적 유산, 언어 또는 종교적 특성 등이나 기타 기준에 의해서 이루어진다. 따라서 인종(race)이 쓰이는 범위는 작은 가족단위에서 넓게는 전 인류(the human race)로까지 펼쳐져 있다.

인종의 개념에서 분명한 것은 인종은 생물학적 실체를 갖든 그렇지 않든 문화적 구성체로서 존재한다는 점이다(Jenkins 1997, 22). 즉 인종주의(racism)는 인종 간의 체계적인 차별이 존재한다는 유전적 차별성(heritary characteristics)과 연관되어 있다. 따라서 이런 관점에서 인종은 사회학적 중요성을 갖는다. 그러나 학자들은 객관적 인종차이를 믿을 필요가 없는데, 왜냐하면 연구의 관심은 이런 인종이 존재하는 것에서의 사회적 · 문화적 관계성이기 때문이다. 다시 말해 인종의 사회적 구성(the socail construction of race)을 연구 대상으로 한다.

프랑스어 race, 독일어 Rasse는 한 사회에서 주류를 이루는 인종과는 차별되는 인구(subpupulation)를 의미하기도 한다. 따라서 프랑스어와 독일어에서 인종은 차별적인 감정을 가질 수 있다. 영어에서는 일반적으로 이런 차별적인 요소보다 서로 다른 생물적 특성을 가진 종으로 구별하는 데 쓰인다. 그러나 실제로 소수민족과 인종은 생물적 특성이나 문화적 차이를 보여주며, 실제 삶에서는 혼동되어 쓰인다.

2) 소수민족의 특성

소수민족적 그룹(ethnische Gruppe)에 대한 전통적인 개념규정은 베버(Marx Weber)가 1922년에 처음 「경제와 사회」(Wirtschaft und Gesellschaft)에서 규정하고 있다. 즉 "외부모습의 유사성 또는 관습, 양자나 또는 식민지화나 이주의 기억에 의해서 출신의 공동체에 대한 주관적인 믿음을 갖으며, 이것들이 그룹을 공동체화하는 선전에 중요하다고 여겨지는데, 이런 사람들을 부족(Sippe)으로 묘사되지 않으면 '민족적 그룹'으로 명명하는데, 이는 혈통의 공동성이 객관적으로 증명되든 안 되든 문제되지 안는다"(Weber 1972, 237).

베버의 정의에 따르면 '민족 그룹'은 스스로 자신으로부터가 아니라 그룹들이 스스로에게 적용하는 특별한 기술과 규정과정을 통해서 발생한다. 한 그룹을 '민족적 그룹'으로 만드는 것은 사실(Realität)이라기보다 픽션(Fiktion)일 수 있다. 베버는 따라서 소수민족은 '믿음(신념)의 공동성(geglaubte Gemeinsamkeit)에 기초한다고 보았다. '부족공동체'(Sippengemeinschaft)와 민족공동성(ethnische Gemeinsmakeit) 간의 차이는 민족공동체는 자신이 믿은 믿음의 공동성, 실제 부족공동체가 보는 부족이 속해야 하는 그런 공동체가 아니라는 점에서 차이가 난다.

여기서 공동성(Gemeinsamkeit)과 공동체(Gemeinschaft)의 차이를 구별해야 한다. 공동체들은 자신들 편에서 공동체 감정(Gemeinsamkeitsgefühle)을 만들어낼 수 있다. 이는 공동체가 없어진 후에도 지속하여 남으며, '민족적' (ethnisch)으로 받아들여진다(Weber 1972, 238). 공동성에 대한 믿음은 실제적 공동체의 행동을 대신하며 민족적 그룹은 공동의 기억, 전통 그리고 관습을 통해 결속 · 유지된다. 수염, 머리모양, 옷, 섭생법, 성간의 일반적인 노동분화, 그리고 모든 눈에 띄는 다름은 그들의 원래 기능에서부터 떨어져 나가며 '관습으로 존재한다(236).' 이는 '민족적 특성의 상징' 으로 남는다(239). 이들은 또한 종종 눈에 띌 정도로 특이한 그리고 삶에서의 상징적 차이이며, 그룹 갈등을 낳는다.

민족적 특성에 대한 실제 의미보다 상징적 의미에 대한 시사는 오늘날도 여전히 유효하며, 1980년대 이후에 집중적으로 논의되었다. 민족은 민족국가(Nation)와 마찬가지로 공동체의 기초에의 믿음을 통하여 결속·유지된다. 베버의 공동체 믿음에 대한 개념은 앤더슨(Benedict Anderson 1988)의 '상상의 공동체' (Imagined Communities) 개념과 비슷하다. 민족을 '상상의 공동체' 로 보는 앤더슨의 관점에는 사회적 실재는 문화적으로 구성되고 경험되는 시 · 공간 안에 존재한다는 인류학적인 명제를 깔고 있다. 앤더슨에 따르면 민족의 구성원들도 대부분의 자기 동료들을 알지 못하고, 만나지도 못하며(everyday face-to-face interaction), 심지어 그들에 대해 듣지도 못한다. 그러나 구성원 각자의 마음에 서로 공감대가 형성되기 때문에 민족은 바로 상상된(imagined) 것이라고 보았다(6-7).

이러한 관점에서 민족은 제한적이다. 아무리 많은 인구를 가진 민족(국가)도 경계를 기준으로 그 너머에는 다른 민족이 살고 있기 때문에 모든 인류를 동일한 민족으로 묶을 수는 없다. 무엇보다 민족은 자주적인 것으로 상상된다고 볼 수 있는데, 이는 계몽사상과 혁명이 일어나며 계층적인 왕국의 합법성을 무너뜨린 시대에 태어났기 때문이다. 또한 민족이 공동체로 상상되는 이유는 각 민족에 만연된 불평등과 착취에도

불구하고 민족은 언제나 심오하고 평등한 동료의식으로 상상되기 때문이라고 보았다.[3]

민족 특성(Ethnizität)이나 국가성, 민족성(Nationalität)은 무엇보다 느낌의 소속성이다. 예를 들어 독일의 이태리인들의 민족 그룹은 이 구성원들이 민족적으로 속한다고 정의하고 표현할 때에 그런 민족 그룹이 되는 것이다. 이러한 그룹들은 이태리인들이 시칠리아인(Sizilianer) 또는 네아폴리인(Neapolitaner)으로 규정할 때에는 전혀 존재하지 않은 경우도 있다.

민족 특성을 가진 학문적·정치적 논쟁은 이주노동과 이민만큼이나 오래되었다. 이주자들의 국적문제는 19, 20세기의 민족국가들에게 있어 문제가 되었다. 시카고 학파에 따르면 민족적 출신의 특징은 2대 또는 3대에서는 없어진다고 보았다. 서구 사회의 통합은 동서와 남북의 이념적·경제적 양극화에도 불구하고 정지되지 않는 것으로 보았다. 민족국가적·소수민족적 특징들에의 호소는 여전히 유효했고, 전통적 요소로 여겨진다. 현대화 이론의 전사회적 모형은 민족적 특성을 이미 케케묵은 과거일이며 특수적인 것으로 보았다. 노동분화, 도시화, 교육과정 등은 민족적 차이를 덮어씌울 것으로 보았다(H. Esser 1988, 239).

많은 민족국가들에 이와 같은 사회학적·정치학적 견해에 반해서 특수화와 민족적 특성은 고든(Milton M. Gordon 1964)이 말한 바와 같이 '살아 남았다.' 그는 민족적 귀속성과 정체성이 미국인의 일상생활의 주요 부분이라고 확언했다. 민족적 정향과 이들의 하위문화의 정착은 기

3. 앤더슨에 따르면 이런 상상의 공동체가 가능한 것은 인쇄자본주의(print-capitalism)의 발달로 인한 것이다. 자국어(vernacular)로 신문 및 소설 등 출판물의 대량생산이 민족이라는 상상의 공동체를 형성하는 데 큰 기여를 했다고 본다.

대하는 것보다 훨씬 안정적이다(Gordon 1964, 37). 디트리히(Eckard J. Dittrich), 라드케(Frank-Olaf Radkte 1990b)가 면밀히 관찰한 바와 같이 민족적 특성에는 정치적·개인적 이해가 있다.

> 민족적 특성은 두 얼굴을 가진다. 정치도구적인 것으로 이는 민족적 엘리트들에 의해 전략적 동원에 이용하고자 하는 것이다. 이는 개인적이며 해방적인 것으로 개인들의 주관적 정향에 도움을 준다. 민족적 정체성의 마지막 기능은 민족적 이해에 동원하는 영향력을 미친다. 이의 작용은 이 구성체계가 들여다 볼 수 없는 것처럼 오래 지속된다(26).

핸슨에 따르면 '제3세대'는 매우 강화된 민족적 정체성을 가지므로 동화압력에 반대한다는 것이다. 핸슨은 오거스타나 역사학회(Augustana Historical Society : AHS)에서 '제3세대 이민자의 문제'에 대해 연설했다. 오거스타나 역사학회(AHS)는 1930년대에 스웨덴 출신 미국 이주자들과 그들의 후손들을 조직화하고자 하였다. 이 조직은 결성 초기에 제3세대는 여전히 스웨덴인으로 보인다는 확증에서 출발했다. 핸슨은 이런 확증은 당시에는 단지 가정으로서만 할 수 있는 것이었다고 밝히고 있다.

핸슨에 따르면 제1세대는 미국 다수 사회의 원래 기대에 맞추어 이미 적응하였다. 문제가 되는 것은 오히려 제2세대였다. "이들은 학교에서는 외국인이지만 집에서는 미국인이다"(Hansen 1948, 7). 수용 사회에의 적응단계로서 2세대는 자신들의 출신을 잊으려 했으며, 이들은 부모의 이주역사에 관심을 갖지 않았다. 그렇다고 이들이 출신 사회의 전통을 완전히 잃은 것은 아니다. 제3세대는 2세대와는 달리 부당한 대우에 대해 감정이 없으며, 선조의 이주에 대해 자부심을 공유할 수 있었다. "아들이 잃어버린 것을 손자가 되살려 기억하였다"(9). 핸슨은 제4세대는 다시 강하게 이주전통에 관심을 갖지 않을 것이라 보고 있다. 오거스타나 역사학회(AHS)에 대해 그는 학문 연구를 통해 전통을 깨어 유지하도록 할 것을 권하였다. 이런 넘치는 관심은 그러나 다양한 그룹의 평화적인 공존이 되어야 한다.

3) 소수민족의 특성과 소수민족공동체

공동체(communities)에서 우리는 서로 다른 소수민족의 공동생활을 이해하게 되며, 이들은 서로 적든 많든 연계되었으며, 강제적으로 지역에 고착되어 있지 않음을 알 수 있다. 이웃의 독일어 표식(Nachbarschaft)은 지역의 근접성을 전제로 하기 때문에 오해의 소지가 있다. 반면 이주 연구에서 영어 개념(ethnic) community는 근접성을 내포하지 않는다. 공동체는 새로 이주하는 사람들에게 특별한 기능을 제공해 준다.

현지인들은 새 도착자들을 적대적으로 대하지 않는다 해도 이들에 대해 무관심하다. 이런 가운데서 공동체(community)는 언어 · 문화적인 신뢰로 인하여 접촉에서부터 부담을 상당히 경감시켜 준다. 새 도착자들은 적응보다는 살아남는 데 더 관심을 갖고 있기 때문에(Gordon 1964, 137) '뿌리뽑힘에 대한 두려움'을 비켜나갈 수 있다(106). 같은 민족은 이웃에서 정착하게 되면 경제적인 것 외에 필요한 많은 것들을 약속한다.

이주자들은 가령 보험에서 은행까지, 고향의 특별한 상품에서 맥주집까지, 교회에서 종교학교까지, 체육 클럽에서 축제까지, 비밀 클럽에서 사회교제 클럽에 이르기까지 실제로 모든 필요를 채울 수 있는 제도적인 네트워크를 얻게 된다. 신참 이주자에게 공동체는 필요하며, 그에게 있어서는 언제나 환영하는 이방사회에서 안전을 보장하는 "새장"과 같다(Keil 1984, 404). 카일(Hartmut Keil)이 19세기 말에 미국에의 독일 이주자들에 대해서 묘사한 것이 100년 후에도 여전히 오늘날 '1세대' 에도 적용된다. 소수민족의 네트워크의 중요성은 더해지며, 이는 여러 기능을 수행한다.

그러면 어떻게 공동체(community)를 정확히 묘사할 수 있는가? 헤크만(Friedrich Heckmann)은 1981년 미국과 독일의 이주자들을 비교했는데, 이는 고든(1964)이 이미 확인한 것이다. 이주자들의 공동체는 각 이주자들의 출신 사회의 단순한 복제가 아니다. 프랜시스는 "소수민족의 문화는 그들의 자신의 고향 사회를 단순하게 반영하거나 그들의 문화유산과 현지 사회의 혼합이 아니라 고유성을 갖으며, 이를 통해 소수민족의 운명에 맞는 요소들을 포함하고 있다"고 주장했다(157).

헤크만은 '이주자 사회' (Einwanderergesellschaft)의 소수민족의 문화와 관련해 보면 이주한 사람은 출신 사회의 문화를 이주자 사회에 전이하지 않으며, 현지 문화와 출신지 문화와도 차이가 나는 나름대로의 특별한 문화와 그룹 문화가 생겨난다. 이주 소수자의 사회적 · 공간적 구성이 식민지/거류지로 나타난다. 식민지/거류지 건설은 자주(자율)적인 수용이나 내적 소수민족적 관계의 지속이다. "게토는 공간적 통합이나 사회적 조직화가 강제에 의해 유지되는 반면에 소수의 사회문화적 자체 시스템의 발전은 꼭 분리된 또는 함께 연계되는 거주지역의 존재와 연계된 것이 아니다. 이는 수주자의 사회문화적 조직화가 필요하며, 게토에서와 같이 경험적으로 보아서 함께 만날 때도 마찬가지이다"(Heckmann 1992, 98).

외국인 지역이나 또는 식민지/거류지 거주는 이로써 이주자들의 사회적 고립과 동일시되지 않는다. 라이만(Helga Reimann 1987)은 '적응 수문' (Anpassungsschleuse)에 대해 다음과 같이 설명한다.

> 높은 비율의 외국인이 있는 도시지역은 종종 충분한 외국인 하부구조를 갖추고 있다. 따라서 이는 새로 이주한 초청노동자 또는 합류하는 가족구성원들에게 '적응 수문' 역할을 한다. 여기서 문화적 쇼크가 경감된다(188).

부쉬(Angelika Busch 1983)는 독일 퀼른 시의 시칠리인에 대한 조사에서 비슷한 결론을 맺고 있다. "이주자가 신뢰하는 그룹에 정착되었다(verankert)는 것을 알수록, 이 그룹이 그에게 안전망을 제공할수록 이주자는 이 그룹을 넘어서 새로운 것을 배우고자 한다"(326). 공동체와 소수민족의 정체성은 '정체성 정박' (Identiaetsanker)을 보여준다. 언어는 특히 제1세대에게 있어서 주요한 기능을 한다.

> 말은 문화적 귀속성의 표시이다. 부모들은 포르투갈에 남고자 한다. 포르투칼 언어는 그들에게 안전과 힘을 준다. 이는 그림으로 묘사하자면 그들에게 있어서 '정체성 보루'이다. 따라서 이들은 자식들에게도 포르투칼 언어를 가르치고 포르투갈 문화를 지키고자 노력한다(Asseburg/Hurtado Artozón 1983, 122).

다음 세대나 또는 후에 가족으로 이주해 온 세대들에게 있어서 소수민족공동체의 기능이 바뀐다. 출신 사회의 의미는 1세대에게는 여전히 의미가 있었지만 이는 감소하는 반면에 공동체의 의미가 커진다.

출신 사회는 희미해진다. 반면 이주 사회와 이주자 사회의 영향은 지배적이다. 후속세대는 다만 휴가 때 친지들을 방문하는 것을 제외하고는 출신 고향 사회를 직접 경험해 보지 못했다. 고향 사회에 대한 정보는 공동체를 통해, 가령 부모, 같은 민족의 친구들, 언론, 비디오 등을 통해, 또는 모국어 수업을 통해 '필터' 된다. 공공성(Offentlichkeit)에서 이런 소수민족 귀속성의 새 형태를 거의 알지 못한다.

모국어를 향한 정향은 제2세대에로 이어진다. 이주자들의 자녀들은 부모들에게 통역자로서 기능하며, 집에서 모국어를 쓰라는 부모들의 소원에 반하여 거부한다. 제3세대에서 모국어는 기호변화(Code-Switching)의 개념으로 종합된다. 기호변화는 언어적 개념이며, 이는 적어도 2개 국어 이상의 언어를 사용하는 사람들은 다른 사람과 대화에서 그에 맞는 코드를 택할 능력을 갖는다. 이런 기호변화는 소수민족이 자신들의 문화적 정체성을 유지하는 데 도움을 준다. 또한 언어적 공동체는 다른 공동체와의 차이를 갖게 해주고 소수민족으로서의 귀속성을 더해준다.

4) 상징적 정체성으로서 소수민족의 특성

이태리 또는 폴란드에서 이주한 선조들의 소수민족적 출신에 대한 새로운 발견은 수용 사회에서의 실제적인 동화나 통합에 대해 아무것도 설명해 주지 못한다는 것을 보여주었다. 이런 배경 하에 미국에서 1970년대 소수민족의 부활이 등장했다. 아일랜드인, 유대인, 이태리인, 흑인, 폴란드인, 심지어 프로테스탄트의 중간계층도 이런 소수민족의 부활에 영향을 받았다. 따라서 소수민족의 부활은 취약한 소수민족의 공동체의 부활 또는 사라지던 소수민족의 응집력 재활로 나타났다. 다양한 저자들(Gans 1979 ; Smith 1981)에 따르면 신소수민족 특성(neo-ethnicity)은 특히 3, 4세대에서 본질적으로 향수적이고 보수적인 특성을 가진 상징적 정체성을 말한다.

갠스(Herbert J. Gans)는 유대인의 민족 특성과 유대적·종교적 생활에 대해 영향력 있는 연구를 하였으며, 그의 연구에서 상징적 소수민족 특성(Symbolic Ethnicity)의 개념이 사용되었다(Symbolic Ethnicity : The Future of Ethnic Groups and Cultures in America, 1970). 상징적 민족정체성은 소속성을 표현하는 데 기능적인 역할을 담당한다. 따라서 이런 상징적 민족성을 사용하면 다양한 복잡성을 단순하게 표현할 수 있다. 상징적 민족정체성은 유대인에서 보면 전통적인 믿음체계를 달리 표현해 주며, 유대인들의 휴일이나 종교적인 행사 등을 특징적으로 보여준다. 왜냐하면 이는 자녀들에까지 유대인으로서의 정체성을 주고 있기 때문이다. 소수민족 상징은 특별한 소수민족으로 느끼고, 정체성을 갖는 데 기능하며, 실제 공식적·비공식적으로 소수민족의 조직에 가담하거나 문화적 행사를 하지 않고도 민족적 정체성을 준다(Gans 1994, 578). 상징적 정체성은 이주세대의 문화 또는 과거 고향에 대한 향수적인 집착(고수)으로 특징된다. 전통에 대한 사랑이며, 이는 일상생활의 행태에 통합되어(incorporated) 있어야만 한다는 것 없이도 누구나 인지하는 전통이다"(Gans 1970, 9).

갠스의 견해에 따르면 소수민족 부활을 말할 수 없다. 오히려 동화과정은 지속된다. 소수민족의 귀속성에서 가장 강하게 보이는 것은 갠스에 따르면 폴란드나 이태리 출신 새 이민자(new immigrants)의 손자와 증손자의 사회적 신분상승이다. 정치적 영향력이 있는 공공조직에서 신분상승자의 민족적 특성이 수용되었고, 이는 소수민족 부활(ethnic revival)로서 해석된다. 특히 유대인에게서 이른바 소수민족 부활은 시민의 자아의식에 의도적으로 투입된 상징성을 갖는다. 이들은 자신들이 지금까지 쌓아온 동화와 갈등에 빠지지 않도록 의도적으로 자신들의 소수민족 특성을 조정해야 함을 알았다. 많은 미국의 소수민족들은 자신들의 선조들의 고향 사회가 그렇게 멀리 있다는 것에 즐거워했고, 가끔 송금 외에 이들은 자신들의 나라의 현재의 발전보다 오히려 이주 사회의 역사에 더 관심을 갖는다(10f). 출신 고향나라에 대한 집착은 향수적인 상징을 보여준다.

갠스는 상징적 민족 특성에 기초하여 종교적 상징성(religious symbols) 개념을 사용하였다. 그는 종교적 상징성이 유대인의 전통적인 주요한 문화적 관습들과 구별되며, 제도적인 구속이나 종교적 관례에 매이지 않은 형태를 말하고 있다. 즉 그는 종교적 상징성을 사용하는 것은 종교적 문화 또는 종교적 조직에의 정기적인 참여와 구별되면서 종교성과 종교적 정체성을 표현한다. 이런 종교적 상징성을 사용함으로써 일상적·세속적인 복잡성에의 참여를 단순하게 표현해 준다(Gans 1994, 577).

갠스는 소수민족 간 결혼이 증가함에 따른 상징적 소수민족 특성을 예견하고 있다. 예로 이태리 어머니와 아일랜드 아버지, 그리고 아버지의 아내는 폴란드—독일 배경을 하고—의 아들은 어떻게 자신의 소수민족 특성을 정하겠는가? 그리고 자신과 아내는 아들에게 무엇을 설명할수 있겠는가?의 질문이다. 이는 독일, 아일랜드, 스칸디나비아 출신의 구이민자(old immigrations)의 후예들에게 적용된다고 보았다. 미국에서 독일계, 스칸디나비아계 그리고 아일랜드계의 존재는 5세대 또는 그 이상의 세대에도 이들이 민족적으로 남아 있는데, 이는 오랫동안 상징적·민족적 특성을 구체화시켜 왔기 때문이다.

순수한 소수민족으로서는 이태리, 슬로바키아, 그리스 또는 폴란드 이주자들의 후손과 카리브나 멕시코 제1세대와 후손들을 들 수 있다.

후자는 치카노(Chicanos) 또는 치카나(Chicanas)로서 자신들의 소수민족 정체성에 대한 요구를 크게 대변하며, 이는 자신들의 스페인어 모국어의 유지에서 특히 그러하다.

최근에 오랫동안 선호되어 온 이중 언어성에 반대하는 운동의 조짐이 보인다. 이는 먼저 이주자 자신들과 이들 중 히스패닉계에서 발원한다. 캘리포니아 제안 227(California's Proposition 227, 1998)이나 아리조나 제안 203(Arizona's Proposition 203, 2000)은 이중 언어교육을 금했다. 많은 부모들은 자신들의 자녀들이 미국적인 것에 우선을 두고 배우는 것에 찬성한다. 왜냐하면 이는 사회적 신분상승의 원인이기도 하다. 히스패닉계도 자신들이 자녀들이 미국의 꿈에 동참할 수 있도록 영어수업을 강조한다.

포테스와 럼바우트(Portes/Rumbaut, 2006)는 영어 단독주의에 대한 세대 간 경향은 이제 돌이킬 수 없다고 보고 있다. 이들은 동화에서 영어와 미국 문화를 배우면서 자신의 모국어와 문화를 보존하는 선택적 동화로서 제3의 길을 요구했다(209ff.). 이중 언어는 특히 부모와 자식 간의 갈등을 감소시키고, 높은 자아존중, 높은 교육과 직업의 기대를 주며, 또한 교육에서 높은 성취를 주기 때문이다. 그러나 실제로 이런 이점에도 불구하고 이를 정책적으로 제도화하지 못함을 인정하고 있다. 또한 실제로 1980년대 중반 이후 미국의 많은 유권자들이 인종적·문화적·언어적 다양성에 반대했다.

갠스의 상징적 민족 특성에 대한 이론은 일부는 긍정적인 평가를 받았고 경험적으로도 증명되었다. 베크-게른스하임(Beck-Gernsheim 1999), 라파포트(Rapaport 1997)는 갠스의 유대인에 대한 가설을 독일에 거주하는 유대인 청소년에 적용했다. 베크-게른스하임은 독일에 사는 젊은 유대인들은 유대의 역사와 종교에 강한 관심을 갖는데, 이는 필히 종교 적성이나 종교와 관련해서가 아니라 넓은 유대인으로서의 감정(Gefühle)에 기인한다고 보았다. 바로 이런 모호한 감정은 갠스가 말하는 상징적 유대인 특성으로 해석했다. 마찬가지로 라파포트는 독일에서 유대인에 대한 홀로코스트 기억(기념)은 중요한 '상징적 민족 특성'이 되었다고 보았다(20).

모국 사회에서 정체성의 역할은 제1세대에서 나름대로 역할을 한다. 수용 사회에서는 소수민족공동체의 이주 사회가 이 기능을 넘겨받는다. 후속 세대는 모국 사회와 문화의 '상징적 여분'(남아 있는 것)과 정체성을 갖는다. 그러나 상징적 소수민족공동체 자체도 수용 사회에서의 완전한 동화(정체적 동화)를 방해할 수 있다.

3. 소수민족화와 소수민족적 계층

화이트(Whyte)는 보스턴 북쪽에 위치한 미국의 이탈리아 이민자들의 슬럼, 특히 이태리 갱에 대해 1937-1940년 사이에 현지조사를 하였다(Street Corner Society : The Social Structure of an Italian Slum, 1943).[4] 화이트는 소수민족 출신에서 자유롭게 되며 자신들의 정체성을 현지의 수용 사회에

4. 화이트의 연구는 관찰을 통한 연구의 대표적인 연구이다. 그는 비참여관찰자(외부인)로 출발했다가 비관찰참여자(내부인과 한통속이 되는 지역주민)를 거친 다음에야 비로소 참여관찰자가 되었다고 밝혔다. 갱의 두목이 실제로 그의 연구조수이다.

몰입하고자 하는 이주자들은 자신들의 환경에서 모국을 항상 더 기억한다고 하였다. 다시 말해 화이트의 조사에 따르면 이태리인으로 동화되어 가는 것이다. 이는 소수민족적 정체성은 소수민족이나 그룹으로서의 묘사를 통해 이루어진다는 것이다. 소수민족은 이방문화를 가진 그룹의 구성원으로 볼 때 또는 그런 구성원으로서 대우받으며, 그리고 이 그룹에의 활동에 참여하는 개개인과 관계한다.

1) 소수민족화

이주문제 연구에서 중심이 되는 이론의 하나인 소수민족화(Ethnisierung) 개념이 퀼른 사회학자 부코(Wolf-Dietrich Bukow), 야요랴(Roberto Llaryora 1988)에 의해 소개되었다. 이들의 연구는 개인적 특성으로서 소수민족 특성에 초점을 맞추지 않는다. 소수민족화 이론은 호프만-노보트니(1973)와 엘리아스/스콧손(1990)과 같이 이주자에 대한 이론이라기보다는 이주자와의 사회적 관계를 다루는 이론에 속한다. 예로 터키인들은 과거지향적이고, 그들의 교육의 실제는 권위적이며, 일상적인 조직과 문화는 현대성에서 무엇인가 결여되어 있다고 본 반면 독일에서 사후적인 사회를 통해서 이런 결여는 제거될 수 있다고 본다. 부코/야요랴는 문화적 차이의 이런 가설을 내적·외적으로 의미 없는 것(endogen und exogen belanglos)으로 여긴다(Bukow/Llaryora 1988, 1.3 and 1.4).

문화차이의 내적 무관계(endogener Belanglosigkeit von Kulturunterschieden) 하에서 다른 곳에서는 현대 사회의 구조적 원리의 하나로서 표시되는 것으로 이해한다. 현대 사회는 사회 출신, 가족관계 그리고 소수인종적 차이가 아니라 경제와 관료의 차이에 따라(노동분화, 자격, 능력원리) 기능한다. 다시 말해 기술된 것이 아니라 물려받은 지위가 현대 사회에서 사람들이 어떤 지위를 갖는가를 결정한다. 사회 출신, 나이, 성 등은 의미를 잃어버렸다. 내적 무관계가 의미하는 것은 현대 사회 내에서 문화적·소수민족적 차이가 점점 더 의미를 잃어버리는 것을 말한다.

부코/야요랴는 세계적으로 소수자들이 만들어지고, 규정되어 지며, 소수화의 조건에서 '스스로' 소수민족화 또는 소수민족적으로 규정된다고 믿고 있다. 따라서 변방에서 오는 이주자들은 중심부에서 새로운 상황에 부딪히며, 위기적인 상황을 경험하게 된다. 바로 다음과 같은 상황이 강화된다. 독일에서 터키나 이태리인들은 강한 종교성을 보인다. 그러나 이들은 이전에 다른 사람들보다 더 종교적이지는 않았다(45). 따라서 소수민족의 배경에 관심을 가질 것이 아니라 '이주자들이 여기서 무엇을 만났는가'에 관심을 가져야 한다는 것이다(45).

이주자들이 '여기서 만난 것'을 부코/야요랴는 '소수민족화 과정'(Prozess der Ethnisierung)으로 보았다. 이 과정은 이주자가 얼마나 오랫동안 모국 또는 이주 사회에 집중하였는가와 관계없이 진행된다. 여기서 3단계 소수민족화를 볼 수 있다.

① 이주자는 사교성(sociability)을 상실한다.

② 이주자는 자신에게 구별되는 특별한 행위와 행태들에 직면하게 된다.

③ 마지막으로 이주자는 소수민족 구성원으로서의 역할에 내몰리게 된다(소수화).

부코/야요랴는 이른바 일탈행위(가령 매춘, 범죄, 중독)의 조사에 적용되는 낙인접근법(labeling-approach)을 적용하여 현지인과 이주자 간의 관계를 조사하였다. 여기서 관심은 이주자들의 소수민족의 정체성이다. 이 이론에 따라 어떤 누구를 외국인으로 만드는 특별한 행동들[가령 의상이나 이슬람 여성들이 히잡(두건)을 쓰는 것]이 아니라 주변 사회의 묘사과정이 채택되었다. 현지인들은 이주자들을 특별한 인식에 근거하여 '귀속하지 않는' 외국적으로 표식한다. 사회적 상황의 참여와 비참여에 근거한 구별과 차별의 전략은 바로 낙인화이다.

낙인화는 부코/야요랴에게 있어서 특별한 형태의 라벨화이다. 이는 낙인화된 사람이 스스로 종종 그 낙인유형으로서 행동하기 때문에 그 기능성을 갖고 있다. '문화적 차이' 에서가 아니라 자신들의 정체성의 안정화와 확보를 위해서 문화적 차이에 희귀한다. 이들이 수용 사회의 가치와 기준들에 적응하게 되면, 즉 경영에서 기율이나 일의 속도, 이는 과적응으로 여겨진다. 소수민족적 귀속성과 그들의 이탈적·문화적 양식에 대한 숙고가 이런 패러독스적인 상태에서 탈출구를 제공한다.

부코/야요랴는 이런 과정을 '재소수민족화' (Re-Ethnisierung)로 묘사했다. 이는 상징적 정체성의 일종이다. 터키에서 종교적으로 무관심하게 행동했던 많은 터키인들이 다시 종교를 갖는 것은 수용 사회의 '불리한 조건' (widrigen Bedingungen)을 자신들의 종교성을 통해 극복하는 것으로 설명된다. 이러할 때 소수민족 정체성은 그룹과 배제의 수준에 따라 피난처로 유지된다.

소수민족의 귀속성의 표시와 신호는 개인 인격형성과 매우 밀접하다. 프랑스 청소년들의 다수는 확실히 무슬림 여학생들이 히잡(머리두건)을 쓰는 것에 대해 다음과 같이 해석한다(이는 1989년 프랑스에서 많은 논란이 되었다). 이들은 머리 두건에 익숙해 있으며, 자신들에게서 조종사나 동료 자켓처럼 비슷한 용품를 통해 자신들을 본다. 아프가니스탄 출신의 독일 시민들도 이런 두건을 개인의 인격 표출로 해석했다. 바덴-

뷔르템베르크 문화부장관 샤반(Annetee Schavan)의 주도로 학교에서는 두건을 쓰지 못하도록 하였다. 머리 두건에 대한 선생들의 찬성과 장관이 반대한 이런 사건의 상징적 가치는 뜻밖에도 매우 높게 평가되어 이에 대해 많은 신문들이 관심을 표명했다(Frankfurter Allgemeine Zeitung 98. 7. 15, S. 31 ; Die Zeit 98. 7. 16, S. 3 ; Süddeutsche Zeitung 98. 7. 23, S. 3).[5] 신문의 일부는 장관의 결정은 공동체에 대한 차별을 하는 시작으로서 불행한 일로, 일부는 선생의 결정은 독일 학교체계에 대한 모욕과 스스로의 구별이라고 비판했다.

히잡을 쓰는 이슬람 여성이 독일에서 더 논란이 되는 것은 바로 터키 여성에 대한 독일인의 상징성 때문이기도 하다. 즉 터키 여성은 교육을 받지 못했으며, 청소 같은 일을 하는 하층에 속하고 남편에게 억압당하는 상징성을 갖고 있다. 따라서 고등교육을 받았고 사회적인 권위를 갖는 교사에 대한 독일인의 인식이 이런 히잡을 쓴 하층의 이슬람 여성 선생을 감내하지 못하는 것이다. 히잡을 쓰는 것이 이슬람의 근대화에 드리워진 상징성으로 여겨지는 한, 히잡을 쓴 이슬람 선생을 부정하는 것이 정당화된다. 마찬가지로 히잡을 쓰는 것이 여성의 억압으로 보여지는 한 이런 상징성은 서구의 가치체계와 일치할 수 없다.

현지 사회와 이주 소수민족 간에 부딪치는 극단적인 예가 명예살인이다. 주로 중동과 서남아시아 무슬림 지역에는 집안의 명예를 더럽혔다는 이유로 가족 구성원을 살해하는 '명예살인' (Honor Killing)이 자행된다. 이는 현지 사회의 규범 및 법체계와 충돌하며 개인의 자유와 권리

5. 독일에서 히잡문제를 본격적으로 거론하여 사회공론의 장을 연 것은 잡지《엠마》(*Emma*)였다. 발행인 Alice Schwarzer는 이슬람 여성들이 히잡을 쓰는 것에 반대했다. 반대의 주요 원인은 여성의 억압이다.

에 배치된다. 2002년 26살 된 페디메(Fadime Şahindal)가 아버지로부터 살해되어 스웨덴을 큰 충격에 빠트린 사건이 발생했다. 그녀는 7살 때 쿠르드족 무슬림인 가족을 따라 터키에서 스웨덴으로 이주했다. 그녀는 강제결혼에 반대하여 가족과 떨어져 살았으며, 가족은 이런 그녀를 협박했다. 페디메는 스웨덴 당국에 이런 사실을 신고하여 결국 아버지를 고소하여 재판까지 이어지게 되었다. 페디메는 자신의 집안 이야기를 공개적으로 밝히기도 하였다. 그의 아버지는 급기야 그녀를 권총으로 살해했다. 그는 20년 이상 스웨덴에 고정된 일자리를 가지고 있었다. 스웨덴에서 이주가정의 여성은 15살이 되면 결혼할 수 있었다. 스웨덴 정부는 출신국가에 관계없이 최저 결혼연령을 18세로 개정하였으며, 한편으로 이를 통해 이주가정의 여성을 조기 강제결혼에서 보호하고자 하였다.

2005년 2월 슈피겔지(*Der Spiegel*)는 지난 4개월 동안 베를린에 거주하는 6명의 무슬림 여성이 가족에 의해서 잔인하게 살해되었다고 보도했다. 23살의 하툰(Hatun Sürücü)은 남동생한테 살해당했다. 명예살인의 이유는 하툰이 16살에 집안의 결정으로 결혼을 하여 1자녀를 두었는데, 가족의 의사에 반하여 이혼을 하고 독립적인 삶을 산다는 것이었다. 이 경우도 무슬림 이주가정의 강제결혼에 대한 논의를 촉발시켰다. 터키 여성단체(Papatya)는 1996년 이후 독일에서 40건의 명예살인이 발생했다고 보고 있다(Der Spiegel, 2005.2.3). 유엔인구활동기금(UN PFA)은 2007년에 매년 전 세계에서 무려 5,000명에 달하는 여성이 명예살인에 의해 희생되고 있을 것으로 파악하였다.

중동의 국가에서 명예살인은 가족 내부의 문제로 간주되며, 외부인 혹은 법원이 이 사건에 개입하여 살해자를 처벌하는 경우는 매우 드물다. 명예살인의 대부분이 이슬람 문화권에서 자행되기 때문에 많은 사람들은 이것을 이슬람의 종교와 전통 속에서 보고 있다. 명예살해범 당사자와 가족은 재판의 경우 판결을 반대하며 수용하지 않는다. 오늘날 서구사회는 개인의 자유와 권리를 보장하며 또한 성인의 결혼과 배우자에 대한 선택과 결정권을 보장한다. 소수민족이 자신의 문화적인 특성을 이주한 현지 사회에서도 유지할 수 있는 권리로서 보는 한 이런 충돌이 발생한다. 문화적 접근에서의 다문화주의는 명예살인과 같은 경우에는 한계를 보여준다.

명예살인에서 드러나는 또 다른 문제는 문제의 해결에 쉽게 폭력을 동원하고, 심지어 살인까지도 서슴지 않는다는 것이다. 이주노동자가 현지 사회에서 오랫동안 노동을 하고 살아왔지만 실제로 현지 사회의 가치와 규범, 심지어 법체계를 수용하지 않으며, 또는 의도적으로 무시한다는 점이다. 이는 결국 이주가정이 전통적으로 현지 사회보다 자신의 가족에 더 집중하여 살며 자신의 가족의 명예를 더 중시하는 것을 보여준다. 또한 이런 갈등에서 언론의 역할도 문제가 된다. 전통적인 기준과 가치에서 본다면 가족의 문제가 외부로 새어나갈 때 이는 이미 명예가 더럽혀졌으며, 더럽혀진 명예는 회복되어야 한다고 생각한다는 점이다.

히잡의 문제에서 보여주듯이 현지인의 소수화에 대한 반응을 포함하여 이주자들의 소수민족 재규정(Re-Definition)은 점점 강화되는 분리에서 '소수집단 형성'(Minoritaetenbildung)을 낳는다. 소수집단은 다른 낙인화에 근거하여 생겨난다고 본다.

> 삶의 실제화에서 고착된 차이는 이것이 비관례적인 성적 습관에서, 비관례적 민족성에서 또는 이들 중 어떤 요소가 개입되든 보편화되며, 그리고 제3자에 의해서 규정된다. 소수집단의 특성은 실제로 삶의 실제에서의 외적 배제와 내적 배제(Aus-und Eingrenzung)이다(Bukow/Llayora 1988, 54).

문화적 차이는 존재하지 않으며, 모든 것이 구성의 문제라는 부코/야요랴의 가정은 너무 급격한 의견이 될 수 있다. 왜냐하면 현대 사회에서 문화적인 차이를 무시하는 주장은 사회의 규정에서 너무 이론적인 요소에 치우친 나머지 전통적인 요소들의 실제적인 연계성을 소홀히 하게 되기 때문이다. 소수민족의 정체성이 지속되는 중요성은 소수민족화 과정으로서만 설명될 수 없다. 소수민족성은 소수민족화의 반응뿐만 아니라 소수민족 그룹 구성원의 행태, 결정, 전략의 주요 요소로 보아야 한다(H. Esser 1996).

동화과정에서 결정적인 것은 소수민족의 특수성이 아니라 사회적 · 정치적 관련의 차이이다. 여기서 분명히 해야 할 것은 '소수민족화'(Ethnisierung)는 상호 과정으로 이해하는 것이다. 부코/야요랴에 따르면 모든 소수민족화의 출발점은 정치에 있다. 입법, 행정에서 구속적 · 제한적인 조치들이 소수민족과 소수집단과의 차별을 낳는다.

소수민족화는 언론이 결정적으로 기여한다. 미디어는 소수민족화 과정에서 주도적인 사고의 확산에서 다수 사람들의 사고형성에 영향을 주고, 논쟁의 주도권을 잡으며, 의견의 형성에 참여한다. 따라서 언론은 인류적인 보편성을 넘어서 인종주의를 만들어 확산할 위험성을 가지고 있다. 이는 특히 텔레비전에서 나타난다. 언론은 인종에 대한 편견, 스트레오 타입, 심지어 적대감까지도 암묵적으로 표출한다.

반 데이크(Teun A. Van Dkjk)는 언론에 대한 연구에서 인종차별주의가 엘리트와 언론 논의를 통해서 유인 · 재생산되고 있음을 밝히고 있다(1993, 125f ; 2002, 148). 언론에서 보도의 전략, 구조와 과정, 주제선정, 논의의 초점, 의견의 진술, 스타일과 수사적 표현 이 모두는 내국인에게는 '긍적' 으로, 외국인에게는 '부정' 으로 그려진다. 소수자는 특히 언론에의 접근이 상대적으로 힘들다. 소수자들은 신뢰가 부족한 자로 묘사되며, 이들은 범죄나 폭력 등에 관련되거나 또는 백인의 지배에 위협으로 보여질 때에 보도할 가치가 있다. 소수민족은 오랫동안 국내에서 거주해 왔으며 이미 사회의 구성원이 되었지만, 실제 이들에 대한 텔레비전의 보도에는 긍정적이며 희망적으로 묘사되지 않고 있다. 소수민족에 대한 보도는 여전히 이국적으로 소개할 만한 대상으로, 또는 사회적 문제를 가진 자들로 묘사된다. 즉 외국인은 여전히 정치적 논쟁의 대상, 행정처리의 대상, 또는 사회복지의 대상으로 그려지는 것이다. 이들이 현지 사회에 해롭지 않은 부분들이 묘사되는 것은 스포츠, 음악, 전통생활, 의상, 음식, 여행 등에 한해서이다(Kühne-Scholand 1987, 83-84). 언론은 일상적으로 소수민족화에 기여하지만 그 내용은 대개 부정적이다.

마지막으로 제기되는 문제는 소수민족화에서 나타나는 하층화 과정이 사라지거나 불평등 구조를 심화시키는가 하는 것이며, 여기서 현대 사회 소수민족의 계층화를 말할 수 있는가이다.

2) 소수민족 계층화

현대 사회에 소수민족 계층과 같은 것은 원래 없어야 한다. 특별한 영역에 소수민족 그룹의 집중이나 또는 이주자들의 신분격상의 제한은 현대 사회조직의 원리에 모순된다. 현대 사회는 사회적·신분적 출신이 아니라 능력과 자질을 통해 사회체계에서 신분의 '지위'가 생겨나며 결정되기 때문이다. 그러나 이런 사회 모델은 오늘날에도 발생하며 강화되고 있어 사회적 불평등을 낳는다.

사회적 불평등은 가난한 자와 부자, 학력자와 무학력자, 고용자와 실업자, 남자와 여자, '보통 국민'과 변방 그룹(무주택자, 마약중독자, 매춘녀 등) 간의 권력, 소득의 직업적 지위 등에서 찾아 볼 수 있다. 울리히 벡(Ulrich Beck, 1983)은 현대 사회에서 사회적불평등의 구조는 놀랍게도 매우 안정적이라는 것을 보여주고 있다. 독일에서 보면 과거 30년 전에 소득, 권력, 교육 그리고 권위의 피라미드 구조에서 1/3에 속한 부모의 아이들이 오늘날도 똑같이 소득, 권력, 교육 그리고 권위의 피라미드 구조의 1/3에 속해 있다(Ulrich Beck 1983, 35 ; Geissler 1998).

한국에서는 가령 노동분야에서 비정규직의 확대와 지속성에서 사회적 불평등이 심화되는 것을 볼 수 있다. 정규직 노동자는 회사에 정식으로 고용이 되어 권리를 행사하고 의무를 수행한다. 반면 비정규직은 정규직에 속하지 않는 계약직, 일용직, 임시직, 파견근로직 등의 고용 형태를 갖는다. 비정규직도 일정 기간 동안 고용이 보장되고 부당한 해고로부터 보호되지만 단기간(1-2년) 계약을 하며, 고용계약 기간을 고용자가 결정하여 연장한다. 이런 불평등은 분리된 노동시장의 존속을 통해서 더 강화되었다.

모든 사회구성원이 보수가 좋은 직업에 고용될 가능성은 없다. 따라서 변방 그룹들의 구성원이나 또는 여성들은 청소, 보조, 식당 또는 숙박과 같은 보장되지 않은 영역에서 '비공식 분야'에서 일하게 된다. 바로 외국노동자, 소수민족 그룹에서 볼 때 현지인과 외국인의 노동현장에서 노동시장의 분화(segmentation)를 말하게 된다. 소수민족의 카테고리는 바로 계층의 경계를 연결한다.

북미의 계층과 불평등에 대한 연구에서 소수민족의 귀속성은 오래 전부터 함께 고려되고 분석되어 왔다. 시부타니(Tamotsu Shibutani)와 콴(Kian M. Kwan)은 『소수민족 계층화』(*Ethnic Stratification*, 1965)라는 책에서 그 연구대상을 다음과 규정하고 있다.

> 소수민족의 계층화는 공동체 조직의 속성 중 하나이다. 개인들은 피라미드의 질서에 편입되어 있으며, 그러나 이는 개인적 자질이 아니라 자신을 규정하고 있는 출신에 따른 것이다(Shibutani/Kwan 1965, 572).

이런 관계에서 고든(Milton M. Gordon 1964)이 제시한 개념인 소수민족 계급(eth–class)을 다시 상기할 필요가 있다. 고든은 한 인간의 사회적 지위를 이해하기 위해서는 서로 다른 분야를 고려해야 한다고 보았다. 한 인간의 소수민족 계급(eth–class), 예를 들어 중하층 아일랜드 가톨릭 여인이다. 여기서 아일랜드는 소수민족 영역이며 가톨릭은 종교영역이다(Heckmann 1992, 93).

헤크만(Friedrich Heckmann 1983)은 노동이주자 그룹을 위한 소수민족 그룹 영역 이론(Segementions–Theorie)의 유용성에 대한 논의에서 미국에서 보면 소수민족적 그룹은 사회문화적으로 분화 · 층화되어 있다고 보았다. 즉 정도의 차이는 있지만 사회적 등위표(Rangskala)로 분배되어 있으며, 독일에서도 마찬가지로 소수민족 계급(eth–class)이 형성되었다고 본다. 그가 보는 것은 특별한 소수민족 그룹에서 사회적 불평등의 심화가 구조화되고 있다는 점이다. 이는 소수민족 비즈니스(ethnic business)와 연계하여 논할 대상이다.

미국의 경우에 있어서 이런 자립적인 주요 그룹은 미국의 연구에서 소수민족 기업가(ethnic entrepreneur)로 명명되며, 이들 가운데 특히 중국인, 한국인, 쿠바인이 두드러진다(Waldinger et. al 1990). 재미동포들에게도 소수민족 비즈니스로 대표적인 것은 식품점, 세탁소 그리고 뷰티써플라이(미용용품 도매점) 등이다. 그로서리(식료잡화점)와 세탁소는 한인들이 다른 민족에게서 물려받거나 다른 민족과 경쟁에서 획득한 업종이지만 뷰티 써플라이는 재미동포가 처음으로 이룩한 업종이다. 가족 노동력을 활용할 수 있어 페밀리 비즈니스는 한인들에게 유리하다. 그로서리에서 몇 년을 통해 자금의 여유가 생기면 주유소, 식당, 악세서리점, 문방구 등으로 이동해 간다.

소수민족 비즈니스는 분화된 시장의 부가적인 분화(segment)라 할 수 있다. 계급적 귀속성과 문화적 노동분화에 따른 계층 간에 상호작용 관계가 이루어진다. 즉 특별한 경제활동은 특별한 소수민족적 출신을 연계시킨다. 이 가운데 외국인의 자영업도 탄생되는 복합적인(혼합적) 것도 이루어진다.

4. 토착인과 외부인의 갈등

엘리아스(Norbert Elias 1987–1990)의 개념에 따르면 형상(Figuration)은 사람들의 관계 네트워크이다. 사람들의 관계는 점점 더 복잡해진다. 사람들의 관계 네트워크의 복잡성은 그룹의 긴장, 권력싸움, 갈등 의존관계에서 항시적으로 '상승과 하강' 으로 표현된다. 그룹 사회학, 즉 관계 네트워크 사회학적인 측면에서 보면 인종적·문화적 차이의 과대평가의 위험성은 적어지고 장기적인 거리를 둔 인식의 기회는 증가한다. 관계 네트워크는 정착인과 외부인(Etabilierten und Aussenseitern) 간의 관계에서 보여진다. 엘리아스가 1939년에 쓴 『문명화 과정』(*Über den Prozess der Zivilisation*, 1976)은 토착인과와 외부인(Etabilierte und Aussenseiter)에 관한 연구로 1970년대에 들어 알려졌다. 이는 시카고 학파의 연구 이래 사회학의 고전적인 연구로 작은 지역의 사례연구 이상이다.

이와 같은 사회학적 배경에서 엘리아스/스코트슨(Norbert Elias/John L. Scotson)이 레스터(Leichester) 근처에 있는 윈스턴 파르바(Winston Parva) 영국의 자치단체의 연구가 있다.[6] 윈스턴 파르바 마을을 조사한 것은 1958-1959년이며, 주민 수는 5천 명이었다. 이 연구는 초기에 주목을 받지 못했다(Elwert 1984 ; Korte 1984 ; Waldhoff 1995). 연구의 초점은 기존의 그룹(an estabilished group)과 외부자 그룹(a group of outsiders) 간의 사회적 긴장관계에 초점을 맞추고 있다. 따라서 여기서 우리(we)와 그들(they) 간의 다양한 사회적 관계와 낙인찍기(stigmatization)의 모습을 보여주고 있다. 이 연구는 마이크로 수준에서의 사회분석에 뛰어난 이론적 틀을 제공해 주고 있으며, 현지인과 이주자 간의 관계에서 공간적·사회적 이동성의 영향에 대한 연구를 제공한다.

윈스턴 파르바에서 사회적 네트워크에 대한 연구에서 그들은 명확한 계급구조를 분명히 하고 있다. 이 구성에서 현지인은 기존 정착자이며, 새 도착자들은 외부인이다. 계급구조 관계가 이들에게 가능한데, 왜냐하면 이들은 서로 서로 상호 의존적이기 때문이다(247). 여기서 출신 인종, 피부색, 종교 등은 전혀 문제가 되지 않으며, 마찬가지로 직업, 소득의 차이 등도 전혀 문제가 되지 않는다. 서로 간의 구별하는 선을 긋는 것은 구정착자인가 아니면 신이주정착자인가의 차이이다.

토착인은 새 이주자들을 통해 자신의 지위와 규범이 위태롭게 된다고 본다. 이들은 3가지 점에서 위협을 받는다고 본다. 즉 자신들이 갖고 있는 기존의 권력(기득권), 그룹 카리스마 및 그룹 가치이다. 윈스턴

6. 책제목은 『기득권자와 아웃사이더』로 번역되었다. 책 본문에서는 또한 "토착민과 이방인"으로도 번역되고 있다. 노르베르트 엘리아스 지음/존 스코트슨 지음, 박미애 옮김, 한길사, 2005.

파르바에서 신참자들은 노동계층의 일부가 달성한 바로 사회적 상승을 위험하게 한다. 토착인, 즉 오래 거주한 가족들은 새로운 기준을 내세우는데, 이는 게마인데의 위신을 결정하는 지위적 이데올로기이다.

기존의 거주자들은 다음과 같은 특성을 보여준다.

- 가족의 거주 기간 : 최소 2-3세대(사회학적 나이)
- 상호 귀속성과 귀속감, 규범상속
- 상당한 수준의 자아통제, 조심성과 질서
- 타부를 만듦, 예로 신참자와 직접적 접촉 안 함
- 공동의 역사와 적대감의 기초가 될 수 있는(실제적인 또는 유사한) 친밀감

이것들은 모호성과 경쟁성을 통해 관철된 친밀감과 연계되어 있으며, 이들은 또한 '구가족'의 범주에서 어디서나 관찰할 수 있다.

사회적 차이의 특징인 '구'(old)는 일정한 생활수준, 부동산, 그리고 지역의 제도에서 주요 지위형식으로서의 권력독점을 세대에서 세대로 물려주는 오래 거주한 가족을 말한다. 이 가족들은 자신들의 범주에서 특별한 권력 지배구조와 행위 코드로 여겨지는 것을 통해서 관계 네트워크(figuration) 틀을 형성한다. 그들의 각각의 코드는 상당한 수준의 자아절제와 그룹 공동협력을 요구한다. 이런 통제노력에서 결과적으로 생기는 좌절은 권력과 지위획득을 통해 보상된다(Elias 1990, 241-243). 구가족들은 서로 간에 적대적이 될 수 있는 것처럼 새 가족들에 대해 서로 결합한다. 이들은 새 가족에 대해 어느 정도 거리를 두고, 경멸하며, 접촉 시도를 가차없이 거절한다. 누군가가 이런 터부를 무시하고 새 사람들과 접촉하기를 시도하면 그는 지위격하로 제제를 받게 된다.

새 이주자들은 기존 정주자들과 달리 '우리(we) 동료의식'을 가진 그룹이 아니다. 이들은 서로 다른 지역에서 윈스턴 파르바로 왔으며, 서로 간에 공동체를 만들지 못했다. 윈스턴 파르바 정주 초기부터 그들은 '뿌리뽑힌 자들'이다. 현지인들의 눈에는 이들은 충분히 준비되어 있지 못하다. 시간이 지남에 따라 신이주자들은 기존 정착자들이 부여하는 나쁜 이미지를 얻으며, 이들은 외부인으로 남으며 자신을 외부인으로 여긴다. 이때 낙인찍기(stigmatization)와 모욕주기(humiliation)는 가장 중요한 무기로 사용된다. 기존 거주자들은 교회와 클럽 등 지역의 각종 이익·친목단체장을 독식하며 권력을 장악하게 되고, 권력을 장악한 기존 거주자들은 자신들의 생활양식과 행위규범을 표준으로 설정하고 그 표준과 다른 이주민(아웃사이더)들을 불결하고 열등하고 무질서한 사람들로 낙인찍는다. 청소년 중 일부는 사회적 특성을 갖으며, 때로는 범죄대상인 것도 있다. 이런 문제 있는 가정의 일부가 윈스턴 파르바를 떠난 후에 지역 3에서 비교적 높은 범죄율(이는 원래 연구의 동기이기도 하다)이 감소되었다.

엘리아스/스코트슨은 기존의 구가족들에게 있어서 자아통제와 자아절제의 기준들은 새로운 정착인들보다 높다고 분명히 밝히고 있다. 엘리아스에게 있어 자아통제, 즉 자아강제에의 사회적 강제(der gesellschaftliche Zwang zum Selbstzwang)에의 상당 수준은 문명화 과정의 주요한 특징이다. 윈스턴 파르바의 구가족들에게서 이 과정의 모호성이 잘 관찰된다. 구가족들은 그들 자신들의 가치와 믿음체계에서 매어 있다(Elias/Scotson 1990, 138). 이들 그룹의 믿음은 매우 경직되어 있어(176) 지역 3의 거주자들 다수가 바로 조용한, 그리고 바쁜 사람들임을 알 수 없으며 또 알려고도 하지 않는다(160). 이들은 자신들이 결속을 하면서 외부인들을 배제하며 아래로 누르고자 한다.

엘리아스/스코트슨이 기여한 연구는 기존 토착인-외래인(기득권자-아웃사이더) 관계에 대한 논리가 오늘날도 통합(integration), 배제(exclusion), 분리(segreation) 등의 과정에 적용 가능하다는 점이다. 계급 간 또는 소수민족 간의 커다란 갈등에는 권력의 획득과 권력팽창이라는 본질적인 문제가 깔려 있다. 따라서 권력균형을 이루는 배분은 토착인-외부인 관계의 핵심을 이룬다.

제13장

이주 : 사회통합과 열린 사회를 위하여

이주하는 사람들 편에서 보면 노동이주자들은 중간적 수준의 강제 이주이다. 반면 망명으로서 이주는 직접적 강제수준에서 일어나는 이주이다. 따라서 노동이주자들은 이주가 자신들에게 득이 되어야 한다고 보는 반면에 망명이주자들은 언젠가는 다시 돌아갈 것을 생각한다. 이주노동자들에게 있어 이주는 가족들이 위험을 최소화하는 동안 수입을 극대화하려는 결정(income-maximizing decisions)이다.

이주자를 수용하는 국가와 정부, 그리고 사회는 모두가 이주자들을 비록 자신의 나라에 초청한다 해도 이를 문제로 본다. 정치적 · 당위적 개념들은 바로 이주를 거부하는 정책적 특성을 보여준다. 이주과정의 전체적 작용과 영향에 대해 일반화된 그리고 장기적인 전망을 하기는 어렵다. 따라서 여러 문제가 나타나며, 이런 문제가 바로 연구의 대상이다.

한국 사회에서 노동자들의 인권문제와 권리문제를 넘어 이주민들의 정주에 따른 통합과 외국인에 대한 한국 사회의 대응과 적응은 지속적인 의제가 될 것이다. 왜냐하면 이주와 이동은 개인과 사회에 있어서 경제적·정치적·사회적 결과를 수반하기 때문이다. 인간이 이동할 때는 자신들의 문화와 종교도 함께 움직인다. 따라서 한국에 거주하는 외국인의 다양한 문화적 전통과 종교, 그들의 사회적 정체성은 세계화된 한국 사회에 어떻게 영향을 미칠 것인가가 주요한 관찰대상이다. 이주를 중심으로 한국의 사회통합과 열린 시민사회가 당면한 문제를 다음과 같이 8가지 논제로 정리하고자 한다.

논제 1 : 이주는 현대 사회에서 일상의 일이다. 이주노동자의 모국 사회와 비교해 보면 이는 진보이다.

이주는 언제나 진보로 동일시되었고 앞으로도 그러할 것이다. 라벤슈타인(E. G. Ravenstein)은 19세기 후반 영국에서 나타나는 이주문제를 최초로 연구하였다. 그는 "이주는 삶이며 진보이다. 한곳에 머무는 정주는 퇴보이다"라 하였다.

자신의 삶을 개선하며 노동조건을 향상시키기 위하여 고향을 떠나는 사람들은 사회변화의 폭발물(Garanten)로 여겨진다. 이주를 작정한 사람들에게 있어서 '사회 비교상황' 의 압력, 다시 말해 모국 사회와 이주대상 사회의 비교는 이방 땅에 대한 두려움보다 선호도가 더 높게 작용한다(Ronzani 1980, 51). 이주자들은 더 낳은 존립을 확보하고자 하는 목적을 추구하며, 이를 위해 지금까지 자신의 환경을 기꺼이 포기하며 인간관계의 단절도 감수한다. 이는 19세기 그리고 현재 한국에 입국하는 이주노동자들의 전형적인 모습이다. 공간적 이동과 사회적 이동의 바람은 세계가 점점 강화된 연계성과 다원성을 보여준다. 지구에서 사람들은 과거에도 이동했고 현재에도 이동하고 있다. 이주자들이 존재하는 것은 다름 아니라 세상은 더 이상 좁은 민족적·인종적인 또는 소수민족의 경계선으로 한정될 수 없음을 보여준다(Jackson 1986, 81 ; Park 1950b).

세계의 비정주성(Nicht-Sesshaftigkeit)은 여전히 효력을 발휘하고 있다. 이주는 특수한 경우가 아니라 오늘날 정상적인 사람이 살아가는 삶의 현장에서 일어나는 보통의 일이다. 그 예로 국내에서의 이주이동은 모든 곳에서 볼 수 있으며, 이는 지극히 정상적인 것과 같다. 19세기 중반에 대양을 건너는 이주자이든, 또는 현재 세계 각지로 이동하는 고급 인력으로서 노동자이든 간에 이주자들은 자신들의 출신 사회와 비교해 보면 근대화로의 도약을 갖게 된다고 보고 있다.

다니엘 러너(Daniel Lerner)는 1950년대에 중동국가들, 가령 터키, 레바논, 요르단, 이집, 시리아, 이집트를 중심으로 한 사회변화를 연구하였다. 그는 1958년에 『전통사회를 넘어 : 중동의 근대화』(*The Passing of Traditional Society : Modernizing the Middle East*)라는 제목의 책에서 현대 사회의 개념을 강조하고 있는데, 그는 현대 사회의 사람들을 "이동적 사람"(mobile personality)으로 표현하였다. 이들은 변화의 과정에 깨어 있는 사람들이고, 모든 메커니즘으로 구축되어 있으며, 이 메커니즘은 현재까지 알고 있는 경험 밖에서 생기는 새로운 요구들을 통합시키는 것이 허락된다.

망명자들은 이주자들과 비교해 볼 때 새로운 사회 또는 지역으로의 전환에 대한 준비가 덜 되어 있으며 자신들의 이주에 대한 조건을 스스로 찾을 수 없는데, 이들은 기존의 획득된 경험에서 강제적으로 이탈하게 된다. 이주노동자는 변화를 통해 발전을 도모하는 이동적 사람으로 보는 인식이 필요하다.

논제 2 : 현대 사회는 긴장 없는 체계가 아니다. 현지인들은 다원화된 사회의 구성원으로서 직면하는 긴장들을 이주자들에게 다시 전가한다. 현지인들은 현대화의 압력을 표출 하며, 동시에 이에 반한 일련의 조치를 취한다.

현대 사회는 전통 사회와 비교해 볼 때 사회구조적으로 분화되었고, 사회구성원은 사회적(social)이며, 공간에서 이동적이다. 현대 산업사회는 근대 사회와 비교해 생산적이고, 세계지향적이며, 시민화되었고 전체적으로 발전적이다. 시민은 학업과 직업에서 더 잘 교육되어 있으며, 친척관계에서 덜 의존적이고, 사회적 통제 또한 덜 받고 있다. 이는 엘리아스(Elias)의 문명화 이론(Zivalisationstheorie)에서 보여진다.

문명화 과정은 특별한 방향과 질서를 자체에 갖는다. 예로 현대 사회의 구성원은 외부 통제(Fremdzwang)에서 자기 통제(Selbstzwang)로 전환하며, 이에 직면하게 된다. 따라서 인간은 감정 통제(Affektekontrolle)의 필요성, 사회지위 확정에의 강제, 중산층에서의 시위, 소요, 혼란과 불안에서의 고통, 많은 사회에서의 피상성과 불관용성 등은 '근대성의 강제'(Zwaenge der Moderne)에 스스로 조절해 간다(Beck 1986 ; Kuzmics 1988).

세계 사회는 '발전한 사회' 또는 '초과발전한(überentwickelten) 사회'로 구분되며, 발달된 사회와 저발달된 또는 훨씬 덜 발달된 지역과 사회 간의 발전과 복지의 격차는 주요한 변화원인이 된다. 그러나 발달된 사회를 위해서는 상당히 높은 환경적 · 사회적 비용을 요구된다. "지상의 모든 사람들이 미국 사회의 생활 스타일을 모방하게 된다면 인간은 지금의 지구와 같은 위성이 3개나 필요할 것이다"(Stiftung Entwicklung und Frieden 1997, 41).

이주자들과의 관계는 여성관계(페미니즘) 외에 현재 주요 변화 가운데 놓여 있으며, 변화를 겪는 주요 영역 중의 하나이다. 엘리아스(Elias)는 현대 사회는 이방인(Aussenseiten)과 토착인(Etabilierten) 간의 불평등이 감소되는 방향으로 국내 및 국제적 움직임이 있다고 보고 있다(Elias 1977, 130). 또한 현재까지 등한시되었고 영향력이 적었던 그룹에서 더 많은 이득을 주는 발전된 그룹으로의 이동은 개인적 · 사회적 수준에서 보면 새로운 긴장관계를 낳고 있다고 주장한다.

이러한 것들은 현대 사회가 갈등 없는 사회가 아님을 보여주는 것들이다. 사회적 변화는 모든 전통적 사회변화의 특징들이며, 이런 가속화되는 사회변화의 단계는 산업화로 끝마쳐지는 것이 아니다. 20세기 말경의 급격한 변화는 근대 및 현대 사회의 지역과 사회가 결국에 이주자 문제와 직면해야 함을 보여준다. 가령 이태리는 저발전지역을 갖고 있는데, 탈이주를 통한 직접적인 변화를 겪었다. 이태리는 다시금 1989년대 말에 유입 이주를 통해 국내사회적 긴장관계가 증가된 것에 대한 좋은 예가 된다. 상시적으로 갈등을 갖고 있는 사회는 이주를 통해 발생하는 갈등에 대한 인식과 해결이 주요한 문제가 되고 있다.

논제 3 : 현지인은 이주자들을 불편해한다. 현지인은 이주자들을 배제하며 사회경제적 피라미드에서 하위지위를 제시한다. 이주자들을 "신봉건적 하위계층화"하는 것이다.

국가들은 외적으로 이주문제를 다른 국가들과 국제조직의 협력과 연계에서 찾으려 한다. 그러나 이주수용 사회 편에서 보면 이주자들과의 관계는 내적인 모순이 된다. 이주에 따라 나타나는 현상들을 호프만-노보트니(Hoffman-Nowottny 1973)는 "극복치 못한 사회적 변화"라고 불렀다. 이를 통해서 말하고자 하는 것은 현지인과 이주자 간 갈등의 원인들은 무엇보다 수용 사회가 해결하지 못한 긴장관계에서 찾아야 한다는 것이다. 가령 동유럽국가와 같은 국가들은 자신의 사회구성원들을 점점 자신들의 통제에서 놓아주며 더 많은 이동성을 승인하는 데 준비가 되어 있다. 반면에 동유럽의 리타우니아, 러시아, 오스트리아, 이태리 또는 독일 등과 같은 이주대상 국가들은 더 많은 새로운 형태의 통제기제를 갖고 있다. 이동에 대한 소원에도 불구하고 통제기제는 감소된 것이 아니라 오히려 더 세분화되어 있다.

이주자에 대한 반응과 행태들은 이주자들 편으로 권력이 이동하는 순간에 갈등을 강화시킨다. 가령 이주자들은 이주자로서 '우리라는 동료의식'을 갖는다. 현대 사회는 자신들의 피라미드적 구조의 붕괴에 매우 민감하게 작용한다. 이는 이주자와 현지인 간 관계에서 뿐만 아니라 남녀 간의 성관계에서도 그러하다. 현대의 '이동 사회'에서 안정(순응)적으로 보이는 경향이 이주자들을 통해서 급격히 의문시되었으며, 정착적이지 않으며 이동적인 사람들의 존재는 현지인들에게 또 다시 해결할 수 없는 사회적 문제를 직접 보여주었다.

엘리아스/스코트슨의 연구는 윈스턴 파르바(Winston Parva) 지역에서 기존의 현지인들이 새로운 이주자들에 대해 어떻게 반응하는지를 보여준다. 마을 사람들과 새로운 이주자들 간의 관계가 매우 좋고 또한 굳건하지만 현지인들은 이주자들을 자신들의 지금까지의 삶의 방식에 대한 어떤 위험으로 본다. 이들은 이주자들이 도시화와 산업화의 새 물결의 선구자임을, 윈스턴 파르바의 구(舊)지역을 파괴할 위협이 되는 것으로 인식한 것 같다. 이런 위험에 대해 이들은 무엇보다 가족을 중심으로 하는 구(舊)네트워크 전통적인 마을의 정신을 강조함으로써, 그리고 이웃에 대한 불관용의 강조로써 대응한다(Elias/Scotson 1990, 174).

호프만-노보트니가 보여주었듯이 도약과 이동성이 보장되지 않은 현지인은 이주자들을 배제하며 사회경제적 피라미드에서 하위지위를 제시한다(신봉건적 하위계층화). 여기서 말하는 것은 전통적·봉건적 사회의 원리에 관한 것이다. 현대 사회에서 이런 과정의 결과는 하위계층화이다. 이주자들은 현지인이 매력을 느끼지 않는, 그리고 포기한 지위들을 점유한다. 이는 특히 경제영역서 두드러진다. 독일의 경우 초청노동자들은 1차영역, 즉 계절노동, 금속중공업, 탄광 등 2차영역, 다시 말해 숙박, 청소, 개별 행상과 같은 주변영역에 종사했다. 한국에 이주한 산업연수생, 외국인 근로노동자도 마찬가지이다. 이들이 점유한 일은 바로 한국 근로자가 넘겨준 하위직업군이다. 신봉건화는 저임금구조의 고착화를 가져온다. 건설현장, 가구공장에서 외국노동자의 투입과 점유는 노동임금의 상승을 상대적으로 끌어내리고 있다.

현대 사회의 수많은 갈등들, 가령 사회적 · 경제적 위기, 지위 및 분배싸움, 공동체의 파괴 등은 다시금 이주자들과의 갈등과 긴장 없는 관계를 만드는 것을 어렵게 만든다. 이주자들은 여전히 불안의 원인으로 간주된다. 지금까지 압력은 주로 이주자들에게 돌려졌다. 이들에게는 개인적으로 '따라잡는(nachholende) 근대화' 로 두 번째 사회화(zweite Sozialization)의 요구가 주어졌다.

동화는 상호 과정에서만 가능하다. 현지인들이 거부하는 자세와 같은 일차적 접촉이 결여되면 문제는 오히려 현지인에게 있는 것이다. 이는 또한 자신들이 사회적 관계에서 한 걸음 더 나아가 현대화되어야 함을 보여주는 것이다. 유럽국가들에 대한 연구에서 이주자들의 불관용에 대한 연구는 전적으로 구성원들과의 접촉에 달려 있지 않음을 보여준다. 이는 접촉의 빈도 수가 인간적 상호관계가 긴장 없이 흐른다는 보장이 되지 못함을 말하는 것이다. 따라서 법적 · 경제적 · 사회적 동등성에 대한 조치가 도입되어야 하며, 인종중심적 편견과 변방성 등이 제거되어야 한다. 이러할 때 현지인과 이주자 간의 관계도 정상화될 수 있다.

논제 4 : 이주자들의 현지 사회에의 통합은 단순한 동화로 이루어지지 않는다. 이주 사회는 모국 사회뿐만 아니라 수용 사회와도 다른 특별한 구조를 갖고 있다. 이주자의 현지 사회의 통합은 주로 동화와 다문화 간에 걸쳐 있는 부분동화로 나타난다.

이주자의 통합과정은 시카고 학파가 주장한 전통적인 동화와 같이 진행되지 않는다. 시카고 학파는 시간이 흐름에 따라 필연적으로 단계적 순응이 나타나며, 궁극적으로 이른바 종착지에 이르러 이주자들이 완전 동화된다는 입장을 취했다. 이런 주장은 동화를 언어, 직업, 소수민족 간 접촉, 수용 사회와의 정체성 등의 영역에서 점진적 동등화 과정으로 이해한 것이다. 그러나 이주 사회의 실제 모습은 수용 사회에서 이주자들의 완전한 또는 정체적 동화는 여러 세대가 흘러도 일어나지 않았으며, 앞으로도 일어나지 않을 것임을 보여준다.

이주자들의 후손들은 비록 이들이 수용 사회에서 태어났다 하더라도 자신의 소수민족적 출생과 정체성을 갖는다. 소수민족성은 모국 사회에 정향을 갖지 않으며, 이주 사회 또는 소수민족공동체에 정향(방향)을 갖는다. 헤크만(Heckmann 1981)에 의해 사용된 이주 사회(Einwanderungsgesellschaft)는 소수민족성, 문화적 정향은 모국과의 연계에서 단절 없이 이주 사회의 연계로 위임될 수 있는 통계적인 것이 아님을 말하고 있다. 이주 사회는 모국 사회뿐만 아니라 수용 사회와도 다른 특별한 구조를 갖고 있다. 출신 사회의 규범은 동화 모델과는 반대로 양립할 수 없거나 모순되는 것이 아니라 이주 사회의 형태로 새로운 연계에 들어간다.

포테스와 럼바우트(2006)가 말하는 부분동화(segmented assimilation)도 마찬가지이다. 이들의 관찰에 따르면 2세 이주자들은 3개의 그룹으로 나누어 볼 수 있다.

첫 번째 그룹은 주류 사회에로 전환이 자연스럽게 되어 자신들의 소수민족성은 선택의 문제가 되는 경우이다.

두 번째 그룹은 소수민족의 네트워크와 자원이 기초가 되어 소수민족이 자신들의 진로를 사회적 · 경제적으로 지원해 주는 경우이다.

세 번째 그룹은 소수민족이 선택의 문제도 아니며, 또한 자신들의 발전에 지원이 되는 세력이 되는 것이 아니라 단지 예속의 표시(mark of subordination)가 되는 경우이다.

바로 이 마지막 그룹은 포테스와 럼바우트가 염려하는 그룹이며, 이들은 하층의 새로운 계층(new rainbow underclass)이 될 위험성을 갖고 있다.

일반적으로 소수민족공동체(ethnic community)의 주요 기능은 새 도착자들을 받아주는 기능과 후속 세대에 대한 정체성 저장 탱크 기능이다. 좁은 의미에서 소수민족 출신은 모국에의 정향을 지니는데, 이는 후속 세대의 구성원에 상징적인 작용을 한다. 모국으로의 귀향은 수용사회의 압력이 엄청나게 증가하지 않는 한 심각하게 고려되지 않는다. 미국, 캐나다, 호주에서 이주자들의 지위를 비교하면 초청외국노동자들과 그들의 후손들은 확실히 불안정했고, 법적 보장 또한 완전하지 않았다. 모국 사회에서 발원하는 충성압력은 거주기간이 증가할수록 감소하는 반면 수용 사회에서의 적응압력은 더 증가한다. 개인적 근대화로의 요구를 감당하지 못하는 이주자들은 귀향을 요구받는다. 신분상승을 결정하는 사회경제적 지위나 대부분 이주자들의 법적·정치적 지위에서 변한 것은 거의 없다. 숙련되지 않은 외국노동자들을 수용하는 부분영역에 시장이 생겨났다. 이는 수용 사회의 경제적 구조를 안정시켰다.

현대화 압력은 이전과 마찬가지로 이주자에 전가된다. 동화나 통합에 대한 요구는 이주 사회가 제공하는 사회적·정치적 참여기회와 관계없이 적용되며, 개인적 현대화를 요구한다. 이주노동자가 한국에 거주하는 기간이 늘어날수록 이들의 한국 사회에의 부분동화와 소수민족의 문제가 같이 논의되어야 한다.

논제 5 : 외국노동자를 산업예비군으로 보는 한, 순환제도의 틀에 가두는 한 외국인 정책은 지속적인 갈등에서 벗어날 수 없다.

산업국가에서 외국 노동력을 어떻게 볼 것인가의 문제이다. 이주노동자는 산업영역에서의 분포, 임금, 고용체계, 승진 가능성 등과 연계하여 논의해야 하며, 이주노동자를 수용하는 국가에서 '이주노동자'의 경제적 가치와 기능을 서술함에 있어 '산업예비군' 개념은 중심적 의미를 전달하고 있다. 미국, 캐나다, 호주와는 달리 유럽에서의 초청노동자의 모집은 국가 주도로 이루어졌다. 즉 국가는 남유럽과 북아프리카 국가들과 고용계약을 맺었다. 이는 산업연수생 제도를 시작한 한국도 마찬가지이다. 기업이 필요한 노동력의 수요에 따라 결정된 노동자 모집은 '산업예비군'(industrielle Reservearmee)의 모집이라 할 수 있다.

칼 맑스는 1840년 산업예비군 개념을 영국에서 자본생산 방식과 자본주의의 내재적인 노동력 부족과 연관해 사용하고 있다. 맑스는 이를 '자연적인 인구과잉'의 생물학적 이해와는 구별하고 있다. 토마스 멜더스(Malthus 1776-1834)는 자연적 인구과잉을 주장하는데, 그에 따르면 인구는 스스로를 부양할 수 없고, 따라서 인구성장은 인위적으로 전쟁이나 억제를 통해서 가능한 적게 유지되어야 한다고 본다. 이에 반해 맑스는 '상대적 인구과잉'을 주장하는데, 이는 노동자의 '상대적 과대계산'(relative Überzähligmachung)을 말하는 것이다. 기업의 산업예비력에 대한 관심은 자본축적의 필연적인 산물이라는 것이다. 산업예비군은 호경기 때에는 실제적 효과를 갖는, 노동자에 가할 수 있는 압박이라는 것이다. 맑스에 따르면 노동자 계층은 행동하는 군대와 예비군대로 나뉘게 된다.

맑스의 주장에 따르면 외국 노동력 고용은 수용 국가의 사회·경제 구조를 안정화시키며, 노동자 계층의 심화된 분리(Spaltung)와 계급간 갈등을 감추게 된다. 국제관계에서 보면 노동자를 모집하는 국가의 경제적 착취를 지적할 수 있으며, 이는 새로운 제국주의 형태의 하나이다. 또한 이는 군사력에 의한 지배가 아니라 정치적·경제적 종속을 통해서 이루어지는 것이 특징이다.

이주체계를 규제하고 있는 것은 어떤 자비로운 생각이 아니라 수출과 수입이라는 국가 간에 일치하는 이해관계가 작용하는 것이다. 이주의 역사가 보여주는 교훈은 이주가 이주 국가의 성장을 촉진한다는 점이다. 즉 종속과 착취의 구조는 더 고착화되어 왔고 저발전, 탈이주 그리고 제국주의는 서로 얽혀 있다고 보는 것이다. 따라서 이출이주(emigration)는 저발전을 심화시키고 이입이주(immigration)는 제국주의를 강화시킨다(Cinanni 1979, 214)고 본다.

이런 시각에서 유럽에서 초청노동자들은 결국 '유럽의 흑인' (Klee

1971)이며, 이들은 '노예와 같이 산다'(Geiselberger 1972, 13)고 비판된다. 이들은 의도적으로 '매매'된 것이고, 이들의 거주는 일시적으로 계획된 것이며, 그리고 자신들의 고향에서의 좀 더 나은 삶을 생각하며 강한 귀속에 맞추어져 있다고 비판받았다. 산업예비군으로서 이주노동자와 순환제에 기초하는 한국의 외국근로자 정책은 위와 같은 비판에서 자유롭지 못하다.[1]

논제 6 : 이주자들은 자신들의 모국 사회와 비교하여 얻게 되는 소득향상이나 지위향상을 목표로 이주를 시작한다.

이주자들은 다른 사람들에 비해 훨씬 이동적이다. 이는 공간에서뿐만 아니라 심리적·사회적 맥락에서도 그러하다. 이주자들은 먼저 이주를 선택한다. 그들은 삶의 조건에서의 불만을 이주결정으로 해결하고

---

1. 국제 앰네스티 한국의 이주노동자에 대한 보고서(Index : ASA25/001/2009) 제목은 "일회용 노동자 : 대한민국의 이주노동자 권리"(Disposable Labour : Rights of migrant workers in South Korea)로 되어 있다.
노마강 무이코 조산관은 이에 대해 다음같이 말하고 있다. "이 제목은 한국 경제가 필요로 하기 때문에 한국에 오게 된 이주노동자들이 사용 후에는 버려진다는 의미를 담고 있습니다. 예를 들어 이주노동자가 사고를 당하면 고용주는 그를 해고하고 다른 이주노동자로 손쉽게 대체합니다. 이런 상황에서 이들은 사람으로서 대우받는 것이 아니라, 노동을 지속적으로 제공하고 있거나 혹은 더 이상 노동을 제공할 수 없는 기계로서만 존재하게 되는 것입니다. 이번 보고서를 준비하면서 60명의 이주노동자들을 만났습니다. 이들이 살고 있는 한국은 제가 알고 있는 한국과 달랐습니다. 이들의 한국 생활은 사람으로서 대우받지 못하는 모욕적인 상황을 참고 견뎌야 하는 하루하루였습니다. 이러한 상황에서 이주노동자는 두 가지를 선택할 수 있습니다. 고용주의 폭력과 착취를 참고 견디거나 아니면 고용주로부터 도망쳐 '불법체류자'가 되는 것입니다. 한국 정부는 미등록이주노동자를 '불법체류자'라고 칭하며 범죄자 취급을 하고 있지만 이들은 단지 비자가 만료된 사람들일 뿐입니다"(국제 엠네스티 뉴스, 2009. 10. 20).

자 한다. 다수 이주자들은 내적 불안정으로 인하여 내몰리는 범죄자와 같은 외래인과 달리 이들은 비교적 젊고 건강하며 잘 교육된 사람들로서 본인 스스로 선택하는 것이다.

이주자들이 갖고 있는 '변화의 과정'은 이미 고향에서 시작되는 것이다. 이주하는 사람은 자신을 위하여 자신 또는 이웃에게 근본적인 생활조건의 개선을 약속한다. 가령 산업연수생으로서 이주노동자들이 갖는 이주의 주도권(Initiative)은 자신의 모국에서 출발한다. 산업예비군으로서 노동력의 필요는 바로 소득개선과 지위개선을 원하는 구직자의 요구와 일치한다. 이주자들은 고향을 떠나는 이유를 자신의 모국 사회에서 찾게 된다면 자신들이 설정한 목표를 달성하고자 한다. 가령 이주자들은 보장된 일자리를 얻게 되면 고향에 있는 가족들을 도울 수 있다. 그러나 이주자 대부분은 이주기간이 지속적으로 늘어날수록 이주의 처음의 동기인 '일시적이며 순수한 경제'라는 프로젝트의 성격은 점차 상실된다. 초청노동자들의 이주 초기에 일시적으로 계획된 정착도 마찬가지이다.

또한 분명한 것은 모든 이주 흐름은 일종의 자체동력(Eigendynamik)을 갖고 있다는 점이다. 이는 19세기 중반에 독일에서 온 이주자, 20세기 초 리투아니아 출신 이주자들, 1980년대 한국에서 온 이주자들이 여기에 해당된다. 유형적으로 볼 때 이주형태, 개인, 그룹 또는 연쇄이주, 그리고 이주동기는 실제로 서로 얽혀 작용한다. 친구와 친척들은 이주에서 구심력(Centripetal force)을 강화시켜 이미 정착한 지역으로의 이주를 촉진시킨다.

이주자들은 이주에 앞서 자신이 느끼는 압력과 더불어 현지에서 사회가 주는 압력도 받게 된다. 이런 압력은 이주 거주기간이 늘어남에 따라 점차 약화된다. 왜냐하면 보통 이주자들은 자신이 원한 소득과 지위개선이라는 목표를 달성하면 그 이주는 성공적이라고 판단하기 때문이다. 이주기간이 증가함에 따라 이주자들은 그들의 가치, 규범 그리고 요구들을 수용 사회의 연관성에서 본다. 초기 노동을 시작할 때에는 본질적으로 살아남기 위해 도구적인 적응을 하며, 수용 사회에서의 부분적 동화로 현지 사회 '이하' 수준의 상태로 살아간다. 그 이후에는 통합과정인 첫 단계가 따르며 기대감도 점차 증가한다.

논제 7 : 오랜 거주, 눈에 띄지 않는 평범성, 동질성, '통합이나 귀향'과 같은 정책적 개념을 근거로 하여 이주자들에게 "비사회구성원"의 지위를 부여한다. 이주자들과의 관계에서 현지 사람들은 현대 사회에서 살면서도 여전히 전통에 얽매인다.

이주자들을 통한 부담은 그리 큰 '부담'이 아님에도 불구하고 현대 사회는 이주를 큰 문제로 본다. 현대 사회는 자신의 개념규정에 사회적 차이, 이질성, 이동성, 규범과 가치의 복잡성의 원리를 적용한다. 초청노동자의 고용단계에서 이주자와의 관계는 그러나 수용 사회의 일방적 요구행태로 특징을 갖는다. 즉 동질성과 "비이주 사회"로서의 현상유지에 대한 요구이다. 이주자들과의 관계는 현대 사회의 여유성(Flexibilitaet)과 현대화 능력이 충분치 못함을 보여준다.

수용하는 현지 사회는 이주자들의 문제를 해결하기 위해 서로 다른 기제를 갖고 있으며, 이를 사회적 · 정치적 특이성의 기준에 따라 평가한다. 노동이주자들의 경제에서 외국노동자들의 경제적 이익성과 고용의 필요성에 대해 중요한 것들에 대한 토론을 보면 이른바 문화적 차이에 의해 압도된다. 사회가 이질적이라 하더라도 신뢰하지 못하는 범위는

'위해요소' (Stoerfaktor)로 받아들여진다. 문화적 동질성이 갑자기 경제적 · 사회적 차이, 불평등이 분배된 부와 기본 구조 차이가 다양한 이질성을 결과적으로 갖는다고 주장하는 사람들에 의해 주장되며, 이주자들은 위협하는 요소로 간주된다. 호프만-노보트니(1973)에 따르면 중요한 문제가 되는 것은 수용 사회가 문화적 차이를 수용하는가에 있는 것이 아니라, 수용 사회가 이주자들을 위한 주요한 지위연결선을 개방하는가 또는 그들이 닫힌 상태로 있는가에 대한 것이다(172).

공동의 역사와 동일한 문화, 가령 '우리 의식'의 기준은 이주자들이 문화적으로 후진적이라고 평가하는 것은 장기적으로 그들을 경계하고 구별짓는 데 기여한다. 이주자들에 대한 요구에 반대되는 것은 개인적으로 현대화하는 것이며, 이는 수용 사회의 정치적 · 사회적인 실제이다.

지난 수십 년간 학문적인 중점 대상은 변화되어 왔으며, 이는 '국제이주'에서 잘 나타난다. 이주는 더 이상 강제적으로 신뢰하는 환경과 인간관계의 손실과 연결되어 있지 않다. 트랜스미션(Transmission, 변속)의 개념은 오늘날 이주자들이 고향과 단절하지 않고 이방세계에 새로 적응하고, 동화하며, 새 사회에 동화됨을 표현한다. 이러한 논제를 따라간다면 결과적으로 이주는 더 이상 뿌리뽑힘이 아니라 여러 곳에 다시 뿌리를 내리는 것이 된다(Treibel 1990, 236).

이주의 주제와 여론의 관계는 선택적이며, 이주의 일반성과 특별한 이주형태의 논란은 이주자들에게 불리하게 작용한다. 세계의 많은 이주 국가들, 가령 미국, 말레이시아, 오스트리아에서 많은 사람들이 이주자들을 불신했고, 그들의 사회적 신분하락에 대한 염려는 결국 이방인에게로 돌아갔다.

현재 한국의 언론은 이주 사회, 다문화 사회에 우호적인 메시지를 전하고 있다.

논제 8 : 다문화 개념이 한국 사회에서 이주자의 사회통합의 능력을 가진 적합한 개념인지는 불명확하다. 다문화 개념도 자체가 사회통합에 역기능을 하고 있기 때문이다.

현재 한국에서 주장되고 있는 다문화 사회에 대한 논의에서 과연 "다문화"가 이주자의 통합 개념으로 쓰일 수 있는가에 대한 문제가 제기된다. 다문화 사회가 앞으로 이주자와 더불어 사는 사회의 구성에 적절한 개념인가, 다문화 사회란 과연 당위성을 넘어 실제로는 어떤 모습을 가져야 하는가 등에 대한 해결되지 않은 질문에 답을 갖고 있지 않다. 다문화는 출신, 문화, 정체성, 단체행동 등 집단과 관련된 개념이다. 이는 먼저 이주자가 자신의 문화에 대해서 긍정적으로 인정하고 받아들이며, 이와 동시에 현지 사회가 이를 인정해 줄 때 이주자는 소수민족으로서의 문화적 정체성을 가지며 내적인 안정을 갖게 된다. 이런 일련의 조건들이 충족되지 않거나 달성되지 못할 때에는 게토 지역이 생겨나며, 차별적인 대우는 지속되게 된다. 소수민족과 함께하는 더불어 사는 사회의 실상이 "다문화 사회"라는 개념을 빌려서 묘사되고 있는 것이다.

다문화 사회에서는 모든 언어가 동등한 가치를 가지고, 다언어 사용이 좋은 것이며, 문화의 풍요를 가져온다는 기대를 불러일으키고 있다. 그러나 다문화 사회는 실제의 사회를 말하는 그 이상도 이하도 아니다. 따라서 다문화 사회는 우리가 문화적 다양성을 가지고 살고 있다는 것과 동시에 이에 상응하는 갈등의 잠재성을 가지고 있음도 보여주는 것이다. 가령 다문화를 통한 사회통합의 실패원인을 현지 사회의 불충분한 사회통합정책, 현지 사회의 인종차별적 사회구조에서 찾게 되며, 이주자에게서 원인을 찾지 않는다.

다문화에 대한 좌파의 비판은 사회의 주도세력이 다문화 개념을 통해 사회의 차별성을 감추고자 한다는 것이다. 반면에 우파의 비판은 자신들의 입장에서 보면 원치 않는 소수민족과의 혼합이다. 또한 다문화가 이 축을 중심으로 사회의 분열을 가져온다는 것이다. 따라서 한국과 같은 이주 사회의 초기 단계에서 다문화 사회는 현지인인 한국인에게 계몽적인 특성을 갖게 되지만 실제로 시간이 흐른 후에도 과연 다문화 개념이 사회통합에 기여하게 될지는 불명확하다.

논제 9 : 이주자의 한국 사회에의 통합을 위해서는 이에 대한 정책수준과 내용이 결정되어야 하며, 통합정책에 대한 모니터링과 통합정책의 평가가 뒤따라야 한다.

통합정책에 대한 모니터링의 지표(indicator)는 변수로서 다음과 같은 특성을 갖도록 해야 한다.

- 지표는 전체적으로 측정의 차원을 염두해 두고 만들어져야 한다.
- 지표는 서로 모순되어서는 안 되며 같은 가중치를 가져야 한다.
- 지표는 전체가 가능한 시민 모두에게 쉬우며 이해 가능해야 한다.

유럽연합은 이미 1990년대부터 통합의 측정을 위한 지표의 필요성에 대해서 논의해 오고 있다. 통합의 측정과 지표는 다음과 같이 3가지 유형의 지표로 구분하고 있다.

첫 번째 유형은 '접근지표'(indicators of accessibility)로 이는 이주자들이 수용 사회에서 살아가는 법적인 조건들이다. 법은 이주자들의 체류를 결정하며, 이로부터 차별에 대한 보호, 노동시장에의 진출을 비롯하여 다양한 사회영역에의 진입을 결정한다.

두 번째 유형은 '전통적 지표'(classical indicators)로 수용 사회에 사는 이주자들의 상황에 해당된다. 이주자가 직면하는 상황은 가령 노동상황, 교육, 주거, 사회복지에의 의존, 자립수준 등이 있다. 이런 전통적인 상황은 법적인 지표가 실제로 얼마나 구체적으로 집행되고 있는가를 평가하는 지표로도 사용된다.

세 번째 유형은 '주관적 지표'(subjective indicators)로 이주자들이 갖고 있는 주관적인 인식이다. 수용 사회에 대한 이주자들의 주관적인 의견에부터 수용 사회가 갖는 이주자들에 대해 갖는 기대, 사회와 정치적 영역에의 참여도 이 지표에 포함된다. 이 지표에는 수용 사회의 이주자에 대한 태도도 같이 측정된다. 이런 측정을 통해서 이주자들에 대한 어떤 편견이나 스트레오 타입의 발견을 확인해 주거나 또는 강화시켜 줄 수 있는 위험도 있음을 간과해서는 안 된다.

유럽연합은 2004년부터 이미자 통합정책 지수(Migrant Integration Policy Index : MIPEX)를 적용하여 회원국가들의 통합정책을 비교·평가하고 있다. MIPEX는 140여 개 지표를 갖고 있어 정치참여, 차별철폐, 노동시장 접근, 국적, 가족결합 등에서 통합수준을 모니터링하고 있다. 유럽연합의 또 다른 프로젝트로 '이주통합 지표'(Immigrant Integration Indicators)를 시행하며, 덴마크, 독일, 이태리, 네덜란드, 포르투갈, 스페인이 이 프로젝트에 참여하고 있다. 본 프로젝트의 목적은 이주자들의 통합을 측정하는 공동의 체계를 만드는 것이다.

유럽연합은 통합의 기본 원리에 대해 다음과 같이 정하고 있다.

- 통합은 이주자와 현지인 간의 역동적이며 양면적인 적응과정이다.
- 통합은 유럽헌법의 중심적 가치이다.
- 노동을 통한 생산의 참여는 통합에서 중심이다.
- 수용 사회에서 언어의 기초능력, 역사와 제도에 대한 지식은 통합에서 필요불가결하다.
- 수용 사회 제도에의 동등한 접근은 통합을 촉진시킨다.
- 통합을 촉진한다는 것은 이주자와 현지인의 상호작용, 문화적 대화, 시민사회의 문화적 · 정치적 참여 등을 말한다.

지표를 만듦에서 이론적으로 모든 영역을 다 포함하여 완벽성을 추구하지만 실제 적용에서는 합당한 실용적 선택을 해야 한다. 이런 선택에서 우선시해야 하는 것은 통합을 촉진하는 데 초점을 맞추어야 하며, 필요하면 이에 따른 새 지표를 만들고 통합에 따른 비교가 허용되어야 한다는 것이다. 유럽연합은 통합에서 중요한 영역(key areas)으로 (1) 노동시장 지위와 고용, (2) 교육, (3) 사회에 대한 지식(언어포함)을 들고 있다. 통합에 따른 모티터링은 체계적인 통합지표에 근거하여 지속적으로 이루어지고 평가되어야 한다.

이주자들의 한 사회에의 실제적인 통합은 다음과 같은 영역에서 모니터링되어야 한다.

① 교육영역

- 현지어 구사수준

– 학교 졸업과 중도 탈락률

– 대학진학률

② 경제와 노동

– 실업에서의 점유율

– 산업분야별 고용률

– 자영업률

– 여성 노동참여율

– 소득세 비율(개인당)

– 사회복지 서비스 의존율

③ 주거

– 주거지역

– 주거수준

④ 사회생활

– 정체성

– 미디어 이용(신문, 라이오도, 텔레비전, 인터넷 등)

– 취미 그룹 내지 친구관계

⑤ 정치

– 선거와 정치참여

– 투표행태

⑥ 시민사회

- 국적취득률
- 단체가입(이익단체)
- 범죄율

⑦ 문화

- 종교적 연계(종교행위 여부)
- 이주자의 종교의 제도화 수준
- 문화행사에의 참여
- 소비행태

⑧ 수용 사회의 수용성

- 행정문화의 개방성
- 공무원, 교사 등의 교육기관의 문화적 능력과 수준
- 수용 사회 기관의 변화
- 수용 사회 공공기관에의 동등한 접근성
- 교육내용의 변화와 다양성(학교 교과서의 변화)

통합의 내용과 수준은 이론과 경험적 조사에 기초해야 한다. 이런 통합의 평가에는 통합과정, 통합정책 및 프로그램의 성공과 실패를 담게 되며, 평가 이면에는 평가자와 대상자에 대한 가치를 수반하고 정치성을 갖게 된다. 따라서 통합의 평가를 위해서는 통합을 위한 전제와 개념, 기준, 평가과정 등 세밀한 준비가 뒤따라야 한다.

참고문헌

김경학. 2006.『디아스포라와 국제이주의 인류학』. 집문당.

김남현. 1998.「불법이민과 Proposition 187」.『서양사학연구』. 제1권. 53-77.

김용찬. 2008.「외국인노동력 국제이주정책의 수렴경향과 원인에 관한 연구 : 영국과 독일 사례 연구」.『유럽연구』. 제26권 2호(여름호). 293-316.

김태수. 2009.『한국 사회의 외래인 배제』. 인간사랑.

민경희. 2008.『미국 이민의 역사 이론과 실제』. 개신.

박명선. 2007.「독일 이민법과 통합정책의 외국인 차별에 관한 연구」.『한국사회학』. 제41집 2호. 271-303.

박진숙 · 전혜정. 2009.「난민 가정의 문화 정체성에 대한 문화기술지적 사례 연구」.『한국가족관계학회지』. 제14권 제1호. 1-31.

백종인 · 설재영. 2007.「외국인근로자 정책 및 법제개선에 관한 연구-독일의 외국인근로자 법제를 중심으로」.『고려법학』. 837-879.

설동훈. 2007.「혼혈인의 사회학 : 한국인의 위계적 민족성」.『인문연구』. 제52호. 125-160.

설동훈. 2007.「미국 의회의 이민법 개정 시도와 좌절, 2004-2007년(上)」.『법조』. 통권 615호 12. 317-345.

설동훈 · 이혜경 · 조성남. 2006.『결혼이민자 가족실태조사 및 중장기 지원정책 방안연구』. 여성가족부.

업튼 싱클레어(Upton Sinclair). 1982. 채광석 역 :『정글』. 동녘.

유길상·이정혜·이규용. 2004.『외국인력제도의 국제비교』. 한국노동연구원·국제이주기구.

유의정·조규범·조주은. 2010.『다문화정책의 추진실태와 개선방향』. 국회입법조사처.

원숙연. 2008.「다문화주의 시대 소수자 정책의 차별적 포섭과 배제–외국인 대상 정책을 중심으로 한 탐색적 접근」.『한국행정학보』. 제42권 제3호(가을). 29–49.

이기범. 2009.「미국의 이민정책과 사회통합」.『다문화사회연구』. 제2권 1호. 67–92.

이선주. 2009.『다민족 다문화 사회로의 이행을 위한 정책 패러다임 구축』. 한국여성정책연구원.

이성순. 2008.「이민자의 사회통합 프로그램 이수제 도입에 관한 고찰」.『다문화사회연구』. 제1권 제1호. 347–357.

정희라. 2007.「'자유방임 이민국'에서 '제로(Zero) 이민국'으로–영국 이민사 개관 및 연구동향」.『서양사론』93권. 247–271.

최병두. 2009.「이주노동자의 유입이 지역경제에 미치는 영향」.『한국지역지리학회지』. 제15권 3호. 369–392.

행정안전부 :『2008년 지방자치단체 외국인주민 실태조사 결과』.

Abbott, Edith (ed.). 1926. *Historical Aspects of the Immigration Problem. Selected Documents*. Chicago : University Press (1969 Reprint).

Adams, R. (Jr.)/J. Page. 2003. *The impact of international migration and remittances on poverty*. Paper prepared for the DFID/world Bank Conference on Migrant Remittances, London, October.

Alba, Richard. 1997. Rethinking Assimilation Theory for a New Era of Immigration. In : *International Migration Review*. Vol. 31, No. 4, 826–874.

Albrecht, Günter. 1972. *Soziologie der geographischen Mobilität : Zugleich ein Beitrag zur Soziologie des sozialen Wandels*. Stuttgart : Enke.

Alpheis, Hannes. 1990. *Erschwert die ethnische Konzentration die Eingliederung?* In : Esser/Friedrichs, 147–184.

Althaler, Karl/Andrea Hohenwarter (ed.). 1992. *Torschluss : Wanderungsbewegungen und Politik in Europa*. Wien : Verlag für Gesellschaftskritik.

Asseburg, Benno/Sonia Hurtado Artozón. 1983 : *Zentrale Probleme der Migration. Entwicklung eines methodischen Zugangs in Gesprächen mit portugiesischen Familien*. Berlin : Express Edition.

Auernheimer, Georg. 1995. *Einführung in die interkulturelle Erziehung. Darmstadt*(2., überarb. u. erg. Aufl.). Darmstadt : wissenschaftliche Buchgesellschaft.

Bade, Klaus J.(ed.). 1996. *Migration–Ethnizität–Konflikt : Systemfragen und Fallstudien*. Osnabrück : Universitätsverlag Rasch(Schriften des Instituts für Migrationsforschung und Interkulturelle Studien ; 1).

Bade, Klaus J.(ed.). 1984. *Auswanderer–Wanderarbeiter–Gastarbeiter. Bevölkerung, Arbeitsmarkt und Wanderung in Deutschland seit der Mitte des 19. Jahrhundert*. Bd. 1, Ostfildern : Scripta Mercaturae Verlag.

Baker, M./D. Benjamin. 1995. The receipt of transfer payments by immigrants to Canada. In : *The Journal of Human Resources*. Vol. 30, No. 4.(Autumn, 1995), 650–676.

Balch, Emily Greene. 1969. *Our Slavic Fellow Citizen*. Arno Press(reprinted) (first edition 1910).

Bashi, Vilna/Antonio McDaniel. 1997. A Theory of Immigration and Racial Stratification. In : *Journal of Black Studies*. Vol. 27, No. 5, 668–682.

Basso–Sekretariat Berlin(ed.). 1995 : *Festung Europa auf der Anklagebank. Dokumentation des Bassi–Tribunals zum Asylrecht in Europa*. Münster : Westfaelisches Dampfboot.

Bayaz, Ahmet et al.(ed.). 1984. *Integration : Anpassung an die Deutschen?* Weingeim/Basel : Beltz.

Beauftragte der Bundesregierung für Ausländerfragen 1997. *Bericht über die Lage der Auslämder in der Bundesrepublik Deutschland*. Bonn.

Beck, Ulrich. 1983. Jenseits von Stand und Klasse? Soziale Ungleichheiten, gesellschaftliche Individualisierungsprozesse und die Entstehung neuer sozialer Formationen und Identitäten. In : R. Kreckel(ed) : *Soziale Ungleichheiten*. Göttingen(Soziale Welt ; Sonderbd. 2), 35–74.

Beck, Ulrich. 1986. *Risikogesellschaft. Auf dem Weg in eine andere Moderne*. Frankfurt a. M. : Suhrkamp.

Bhagwati, J. N.(ed.). 1976. *The brain drain and taxation : theory and empirical analysis.*

Amsterdam : Nort Holland.

Black, Richard. 2001. Fifty Years of Refugee Studies : From Theory to Policy. In : *International Migration Review*. Vol. 35. No. 1, 57–78.

Blaschke, Jochen. 1994. *Internationale Migration : Ein Problemaufriß*. In : Knapp, S. 23–50.

Blaschke, Jochen. 1992. *Flucht und Entwicklung in Osteuroapa*. In : Blaschke/Germershausen, 101–168.

Blaschke, Jochen/Andreas Germershausen (ed.). 1992. *Sozialwissenschaftliche Studien über das Weltflüchtlingsproblem*. Bd.1, Berlin : Edition Parabolis.

Bogardus, Emory S. 1930. A Race Relations Cycle. In : *American Journal of Sociology*, 35, 612–617.

Breinbauer, Andreas. 2007. *Brain Drain–Brain Circulation or … What Else Happens or Should Happen to the Brains Some Aspects of Qualified Person Mobility/Migration*. FIW Working Paper No. 4 June.

Brettell, Caroline B./James F.Hollifield (ed.) 2000. Immigration Theory, Talking Across Disciplines. Nueva York : Routledge.

Brücker, Herbert. 2002. *Can International Migration Solve the Problems of European Labour Markets?* Paper presented at the UNECE Economic Analysis Division's Spring Seminar.

Bukow, Wolf–Dietrich/Roberto Llaryora. 1988. *Mitbürger aus der Fremde. Soziogenese ethnischer Minoritäten*. Opladen : Westdeutscher Verlag.

Bundesanstalt für Arbeit (ed.). 1973. *Repräsentativeunterschung'72*. Nürbenberg.

Bundesrat. 1990. *Gesetzentürf der Bundesregierung. Entwürf für ein Gesetz zur Neuregelung des Ausländerrechts*. Drucksache 11/90. Bonn.

Burgess, Ernest W. 1925. *The Growth of the City : An Introduction to a Researcg Project*. In : Park et al., 47–62.

Busch, Angelika. 1983. *Migration und psychische Belastung. Eine studie am Beispiel von Sizilianerinnen in Köln*. Berlin : Dietrich Reimer.

Bushmann, Richard L. et al. 1979. *Uprooted Americans : Essays to Honor Oscar Handlin*. Boston : Little, Brown & Co.

Calavita, Kitty. 1992. *Inside the Stage : The Bracero Program, Immigration, and the I.N.S.* London : Routledge.

Castles, Stephen. 1993. *Migrations and Minorities in Europe. Perspectives for the 1990s–Eleven Hypotheses*. In : Wrench/Solomos, 17–34.

Cinanni, Paolo. 1979 : *Emigration und Arbeitereinheit. Zur politischen problematik der 'Gastarbeiter'*. Frankfurt a.M. : Cooperative.

Cohen, Robin (ed.). 1995. *The Cambridge Survey of World Migration*. Cambridge : University Press.

Cornelsen, Caesten. 1996. *Erwerbstätigkeit der ausländischen Bevölkerung*. In : Wirtschaft und Statistik, 3, 147–155.

Der Bundesminister für Arbeit und Sozialordnung. 1977. *Vorschläge der Bund–Länder–Kommission zur Fortentwicklung einer umfassenden Konzeptio der Ausländerbeschäftigungspolitik*. Bonn.

Der Spiegel.

Desai, M., D. Kapur/J. McHale. 2001. *The fiscal impact of the brain drain : Indian emigration to the US*. Weekly Public Economy Discussion Paper, Harvard University.

Dittrich, Eckhard J./Frank–Olaf Radtke (ed.). 1990a. *Ethnizität. Wissenschaft und Minderheiten*. Opladen : VS Verlag.

Dittrich, Eckhard J./Frank–Olaf Radtke. 1990b. *Der Beitrag der Wissenschaft zur Konstruktion ethnischer Minderheiten*. In : id., 1990a, S. 11–40.

Divine, Robert A. 1957. *American Immigration Policy, 1924–1952*. New Haven : Yale University Press.

Eisenstadt, Shmuel N. 1954. *The Absorption of Immigrants. A comparative study based on the Jewish community in Palestine and the Stage of Israel*. London : Routledge.

Elias, Norbert. 1970. *Was ist Soziologie?* München : Juventa.

Elias, Norbert. 1977. Zur Grundlegung einer Theorie sozialer Prozesse. In : *Zeitschrift für Soziologie*, 6. 127–149.

Elias, Norbert. 1990. *Zur Theorie von Etabilierten–Aussenseiter–Beziehungen*. In : ders./Scotson, 7–56.

Elias, Norbert/John L. Scotson. 1990. *Etablierte und Aussenseiter*. Frakfrt a.M. : Suhrkamp.

Elschenbroich, Donata. 1986. *Eine Nation von Einwanderern. Ethisches Bewusstein und Integrationspolitik in den USA*. Frankfurt a.M. : Campus Verlag.

Elwert, Georg. 1989. Nationalismus und Ethnizität. Über die Bildung von Wir–Gruppen. In : *Kölner Zeitschrift für Soziologie und Soyialpzhologie*. 41. 440–464.

Epiney, Astrid. 1998. Das Privileg der Freizügigkeit in der Europäischen Union. In : *Neue Züricher Zeitung*. 1998.1.24/25.

Eriksen, Thomas H. 1993. *Ethnicty and Nationalism*, London : Pulto Press.

Esser, Elke. 1982. *Ausländerinnen in der Bundesrepublik Deutschland : Eine soziologische Analyse des Eingliederungsverhaltens ausländischer Frauen*. Frankfurt a. M. : Fischer.

Esser, Hartmut. 1980. *Aspekte der Wanderungssoziologie. Assimilation und Integration von Wanderern, ethnischen Gruppen und Minderheiten. Eine handlungstheoretische Analyse*. Darmsdtat–Newied ; Luchterhand (Soziologische Texte ; 119 ; N.F.).

Esser, Hartmut/Jürgen Friedrichs (ed.). 1990. *Generation und Identität. Theoretische und empirische Beiträge zur Migrationssoziologie*. Opladen : Westdeutscher Verlag.

Esser, Hartmut/Hermann Korte. 1985 : Federal Republic of Germany. In : Tomas Hammar (ed.) : *European Immigration Policy : A Comparative Study*. Cambridge : University Press, 165–205.

Faist, Thomas. 1997. *Migration und der Transfer sozialen Kapitals oder : Warum gibt es relativ wenige internationale Migration?* In : Pries, 63–83.

Fassmann, Heinz/Rainer Münz (ed.). 1996. *Migration in Europa : Historische Entwicklung, aktuelle Trends, politische Reaktionen*. Frankfurt a.M. : Campus.

Ferdowsi, Mir A. 2004. Afrika : ein verlorener Kontinent? München : UTB ; Fink.

Feithen. Rosemarie. 1985. *Arbeitskräftewanderungen in der Europäischen Gemeinschaft. Bestimmungsgründe und regionalpolitische Implikationen*. Frankfurt a.M. : Campus.

Ferris, Elizabeth G. 1993. *Beyond Borders. Refugees, Migrants, and Human Rights in the Postcold War Era*. Genf : World Council of Churches.

Fetzer, Joel S. 2000. *Public attitudes toward immigration in the United States, France, and Germany*. New Work : Cambridge University Press.

Fiddick, Jane. 1999. *Immigration and Asylum*. Research Paper 99/16. Hosue of Commons, Home Affairs Section, February 19.

Findlay, A. M. 1993. New Technology, High–Level Labour Movements and the Concept of the Brain Drain, In : OECD (ed.) : *The Changing Course of International Migration*. Paris, 149–159.

Fitzgerald, Keith. 1996. *The Face of the nation : Immigration, the state, and the national identity*. Stanford : Stanford University Press.

Foot, Paul. 1965. *Immigration and Race in British Politics*. Harmondsworth : Penguin Books.

Freemann, Gary P. 1995. Modes of Immigration Politics in Liberal Democratic States. In : *International Migration Review*. Vol. 29, No. 4, 881–902.

Frey, Martin/Volker Lubinski. 1987. *Problem infolge hoher Auländerkonzentration in ausgewählten europäischen Staaten*. Wiesbaden (Materialien zur Bevölkerungswissenschaft, Sonderheft 8 ; Hg. vom Bundesinstitut für Bevölkerungsforschung).

Gaitanides, Stephan. 1983. *Sozialstruktur und 'Ausländerproblem'. Sozialstrukturelle Aspekte der Marginalisierung von Ausländern der ersten und zweiten Generation. München* (DJI Forschungsbericht).

Gans, Herbert J. 1994. Symbolic ethnicity and symbolic religiosity : Toward a comparison of ethnic and religious acculturation. In : *Ethnic and Racial Studies*. 17, 577–592.

Gans, Herbert J. 1979. Sybolic Ethnicity : The Future of Ehtnic Groups and Cultures in America. In : *Ethnic and Racial Studies*. 2. 2–20.

Geiselberger, Siegmar. 1972 : *Schwarzbuch : Ausländische Arbeiter*. Frankfurt a.M. : Fischer.

Geissler, Rainer. 2006. *Die Sozialstruktur Deutschlands. Die gesellschaftliche Entwicklung vor und nach der Vereinigung*. Wiesbaden : VS Verlag (third edition).

Geissler, Rainer. 1998. *Sozialstruktur*. In : Schäfers/Zapf, 642–652.

Ghosh, B. 2004. *Harnessing the development potential of migrants' remittances*. Paper presented to the meeting of the financial sector organised by the Club of The Hague, The Hague, July.

Glazer, Nathan/Daniel Patrik Moynihan. 1963. *Beyond the Melting Pot. The Negroes, Puerto Ricans, Jews, Italians, and Irish of New York City*. Cambridge : M.I.T. Press.

Gleichman, Peter et al. (ed.). 1984 : *Macht und Zivilisation. Materialien zu Nobert Elias' Zivilisationsteheorie 2*. Frankfurt a. M (stw 418).

Goetze, Dieter. 1987. *Probleme der Akkulation und Assimilation*. In : Reimann/Reimann, 67–94.

Golder, Stefan M. 1997. Von drei zu zwei Kreisen? Herausfoderug für die schweiyerische Migrationspolitik. In : *Neue Züricher Zeitung*. 1997.11.29/30.

Gordon, Milton M. 1964. *Assimilation in American Life. The Role of Race, Religion and*

National Origins. New York : Oxford University Press.

Gordon, Milton M. 1978. *Human Nature, Class, and Ethnicity*. New York : Oxford University Press.

Haisken-DeNew, J./K.F. Zimmermann. 1995. *Wage and mobility effects of trade and migration*. CEPR Discussion Paper 1318, London.

Hamburger, Franz et al.(ed.). 1983. *Sozialarbeit und Ausländerpolitik*. Darmstadt-Neuwied : Luchterhand.

Hamilton, B./J. Whalley. 1984. Efficiency and Distributional Implications of Global Restrictions on Labour Mobility. In : *Journal of Developmental Economics*. 14, 61-75.

Hammerton, A. James/Alistair Thomson. 2005. *Ten Pound Poms-A Life History of British Postwar Emigration to Australia*. Manchester : Manchester University Press.

Handlin, Oscar. 1951. *The Uprooted. The Epic Story of the Great Migrations that Made the American People*(reprint by University of Pennsylavania Press).

Hansen, Marcus Lee. 1948. Alte und neue Wanderungen. In : id. : *Der Einwanderer in der Geschichte Ameriks*. Stuttgart : Mittelbach(amerikanisches Oiginal 1940), 1-22.

Hansen, Randall. 2000. *Citizenship and Immigratin in Post-War Britain*. Oxford : Oxford University Press.

Heckmann, Friedrich. 1981. *Die Bundesrepublik : Ein Einwanderungsland? Zur Soziologie der Gastarbeiterbevölkerung als Einwanderminorität*. Stuttgart : Klett-Cotta.

Heitmeyer, Wilhelm. 1995. *Rechtsextremistische Orientierung bei Jugendlichen. Empirische Ergebnisse und Erklärungsmuster einer Untersuchung zur politischen Sozialisation*. Weinheim : Juventa(fifth edition).

Heitmeyer, Wilhelm(ed.). 1997. *Was hält die Gesellschaften zusammen? Bundesrepublik Deutschland ; Auf dem Weg von der Konsens-zur Konfliktgesellschaft*. Bd. 2. Frankfurt a. M. : Suhrkamp.

Helbich, Wolfgang J. 1988. *Alle Menschen sind dort gleich … -Die deutsche Amerikaauswanderung im 19. und 20. Jahrhundert*. Düsseldorf : Schwann.

Herbert, Ulrich. 1990. *A History of Foreign Labor in Germany, 1880-1990*. An Labor : The University of Michigan Press.

Herwartz-Emden, Leonie 1997. Erziehung und Sozialisation in Aussiedlerfamilien.

Einwanderungskontext, familiäre Situation und elterliche Orientierung. In : *Aus Politik und Zeitgeschichte*, B 7–8/97, 3–9.

Higham, John. 1955. *Strangers in the Land : Patterns of American Nativism, 1860–1925*. New York : Atheneum.

Hillmann, F./H. Rudolph. 1996. *Jenseits des brain drain. Zur Mobilität westlicher Fach–und Führungskräfte nach Polen*. Discussion Paper FS I 96–103 des Wissenschaftszentrums Berlin für Sozialforschung, Berlin.

Hoerder, Dirk. 1984. Akkulturation in den USA : die 'New Immigration' zwischen Einwanderung und Arbeitsmigration. In : Klaus J. Bade (ed.) : 406–427.

Hoerder, Dirk/Diethelm Knauf (ed.) 1988. Einwanderland USA, Gastarbeiterland BRD. Berlin : Argument Verlag.

Hoffmann, Lutz/Herbert Even. 1984. *Soziologie der Ausländerfeindlichkeit. Zwischen nationaler Identität und multikultureller Gesellschaft*. Weinheim/Basel : Beltz.

Hoffmann–Nowotny, Hans–Joachim 1970. *Migration–ein Beitrag zu einer soziologischen Erklärung*. Stuttgart : Ferdinand Enke Verlag.

Hoffmann–Nowotny, Hans–Joachim. 1973. *Soziologie des Fremdarbeiterproblems. Eine theoretische und empirische Analyse am Beispiel der Schweiz. Stuttgart : Finke.*

Hoffmann–Nowotny, Hans–Joachim. 1994. Migrationssoziologie. In : Harald kerber/Arnold Schmieder (ed.) : *Speziellen Soziologien*. Reinbek : Rowohlt, 388–406.

Hoffmann–Nowotny, Hans–Joachim. 1988. Paradigmen und Paradigmenwechsel in der sozialwissenschaftlichen Wanderungsforschung. In : Gerhard Jaritz/Albert Müller (Hg.) : *Migration in der Feudalgesellschaft*. Frankfurt a. M. : Campus, 21–42.

Hoffmann–Nowotny, Hans–Joachim. 1987. *Gastarbeiterwanderungen und soziale Spannungen*. In : Reimann/Reimann, 46–66 (erste Fassung von 1976).

Hoffmeyer–Zlotnik, Jürgen H.P. 1977. *Gastarbeiter im Sanierungsgebiet. Das Beispiel Berlin–Kreuzberg*. Hamburg : Christians Verlag (Beiträge zur Stadtforschung ; 1).

Hollander, A.N.J. 1955. Der 'Kulturkonflikt' als soziologischer Begriff und als Erscheinung. In : *Kölner Zeitschrift für Soziolgoie und Sozialpsychologie*. 7, 161–187.

Hutchinson, Edward P. 1981. *Legislative History of American Immigration Policy, 1789–1965*. Philadelphi : University of Pennsylvania Press.

Internal Displacement Monitoring Centre (IDMC) 2007 : *Internal Displacement : Global Overview of Trends and Developments in 2006*.

Ispen, Detlev. 1977. Aufenthalsdauer und Integration ausländischer Arbeiter. In : *Zeitschrift für Soziologie*. 6. 403–424.

Jaakkola, Magdalena. 1985. *Relative Deprivation und Statusverlust bei Immigranten in Schweden*. In : Rosch, 258–278.

Jackson, John A. (ed.). 1969. *Migration*. Cambridge : University Press (Sociological Studies ; 2).

Jackson, John A. 1986. Migration– editorial introduction. In : id. (ed.) : *Migration–Aspects of Sociology*. London : Prentice Hall Press, 1–10.

Jenkins, Richard. 1997. *Rethinking Ethnicity : Arguments and Explorations*. London : Sage.

Joppke, Christian. 1999. *Immigration and the Nation–state : The United States, Germany and Great Britain*. New York : Oxford University Press.

Kallen, Korace M. 1970. Democracy vs. the Melting Pot. In : id. : *Culture and Democracy in the United States. Studies in the Group Psychology of the American Peoples.* New York : Boni and Liveright (reprint), 67–125 (first edition 1924).

Kamphoefner, Walter D. 1984. *'Entwurzelt' oder 'verpflanzt?' Zur Bedeutung der Kettenwanderung für die Einwandererakkulturation in Amerika*. In : Bade, Bd.1, 321–349.

Karldor, Mary. 2006. *New and Old Wars–Organized Violence in a Global Era*. Cambridge : Stanford Univ Press.

Karldor, Mary. 2001. *Beyond Militarism, Arms Races and Arms Control.* Essay for the Nobel Peace Prize Centennial Symposium, December 6–8, 2001 ; http://www.ssrc.org/sept11/essays/kaldor.htm).

Keil, Hartmut. 1984. *Die deutsche Amerikaninwanderung im städtisch–industriellen Kontext : das Beispiel Chicago 1880–1910*. In : Bade, Bd. 1, 378–405.

Knauf, Diethelm. 1988. *Die Einwanderung in die USA um 1900–Arbeitsmigration und Akkulturation. Unterrichsmaterialien für die sekundarstufen I und II*. In : Hoerder/Knauf, 84–127.

Korale, R.B.M./G.D.C. Gunapala. 1985, *Dimensions of Return Migration in Sri Lanka.* Paper presented to the Policy Workshop on International Migration in Asia and the Pacific, Bangkok, October.

Korte, Elke. 1990. *Die Rückkehrorientierung im Eingliederungsprozess von Mitgrantenfamilien*. In : Esser/Friedrichs, 207–259.

Korte, Hermann. 1984. *Die etabilierten Deutschen und ihre ausländischen Aussenseiter*. In : Gleichmann et al., 261–279.

Kraly, Ellen Percy. 1990. U.S. Refugee Policies and Refugee Migration Since World War II. In : Robert W. Tucker et al. (ed.) : *Immigration and U.S. Foreign Policy*. Cororado : Westview Press, 73–98.

Kremer, Manfred/Helga Spangenbert. 1980. *Assimilation ausländischer Arbeitnehmer in der Bundesrepublik Deutschland*. Königstein/Ts. (Materialien zur Arbeitsmigration und Auländischbeschäftigung ; 5).

Krikorian, Mark. 2008. *The New Case Against Immigration–Both Legal and Illegal*. New York : Sentinel.

Künne, Wilfried. 1979. *Die Aussenwanderung jugoslawischer Arbeitskräfte. Ein Beitrag zur Analyse internationaler Arbeitskräftewanderungen*. Königstein/Ts. (Materialien zur Arbeitsmigration und Ausländischbeschäftigung ; 2).

Kurz, Ursula. 1965. Partielle Anpassung und Kulturkonflikt. Gruppenstruktur und Anpassungsdispositionen in einem italienischen Gastarbeiterlager. In : *Kölner Zeitschrift für Soziolgoie und Sozialpsychologie*. 17, 814–832.

Kuzmics, Helmut. 1989. *Der Preis der Zivilisation. Die Zwänge der Moderne im theoretischen Vergleich*. Frankfurt a.M. : Campus.

Layton–Henry, Zig. 1992. *The Politics of Immigration : Immigration, "Race" and "Race" Relations in Post–war Britain*. Oxford, London : Blackwell.

Layton–Henry, Zig. 1989. British Immigration Policy and Politics. In : Michael C. Le May (ed.) : *The Gatekeepers : Compartive Immigration Policy*. New York : Prager, 59–94.

Layton–Henry, Zig. 1985. Great Britain. In : Thomas Haller (ed.) : *European Immigration Policy : A Comparative Study*. Cambridge : Cambridge University Press, 89–126.

Lee, Everett S. 1966. A Theory of Migration. In : *Demography*. Vol. 3, No. 1, 47–57.

Lee, Everett S. 1972. *Eine Theorie der Wanderung*. In : György Szell (ed.) : *Regionale Mobilität. Elf Aufsätze*. München : Nymphenburger Verlag, 115–129.

Lee, Yean–Ju/Dong–Hoon Seol/Sung–Nam Cho 2006 : International Marriages in South Korea : The Sigificance of Nationality and Ethnicity. In : *Journal of Population Research*. Vol. 23, No. 2, 165–182.

Leggewie, Claus. 1980. Deutschland–Land aus Gold. Zur Ökonomie des Arbeitsmigranten. In : *Kursbuch*. 62, 121–133.

Leggewie, Claus. 1989. 'Multikulturelle Gesellschaft' oder : die Naivität der Ausländerfreunde. In : *Arbeitshefte zur sozialistischen Theorie und Praxis*. 84, 60–64.

LeMay, Michael/Elliot R. Barkan (ed.). 1999. *U.S. Immigration and Naturalization Laws and Issues*. Westport : Greenwood Press.

Le Monde diplomatique.

Lepsius, M. Rainer. 1977. Soziologische Theoreie über die 'Moderne' und die 'Modernisierung'. In : Reinhart Koselleck (ed.) : *Studien zum Beginn der modernen Welt*. Stuttgart : Klett–Cotta, 10–29.

Lerner, Daniel. 1958. *The Passing of Traditional Society*. New York : Free Press.

Leudesdorff, Rene/Horst Zillessen (ed.). 1971. *Gastrarbeiter gleich Mitbürger : Bilder, Fakten, Gründe, Chancen, Modelle, Dokumente*. Gelnhausen : Burckhardthaus–Verlag.

Lichtenberger, Elisabeth 1984 : *Gastarbeiter–Leben in zwei Gesellschaften*. Wien/Köln /Graz : Verlag Hermann Böhlaus Nachf.

Ludäscher, Peter. 1986. Wanderungen und konjunkturelle Entwicklung in der Bundesrepublik Deutschland seit Anfang der sechziger Jahre. In : *Geograhische Zeitschrift*. Jg. 74. H.1, 43–61.

Luft, Stefan (2.Aufl.). 2007. *Abschied von Multiklti*. Gräfling : Resch–Verlag.

Luhmann, Niklas. 1996. Jenseits von Barbarei. In : Max Miller/Hans–Georg Soeffner (Hg.) : *Modernität und Barbarei. Soziologische Zeitdiagnose am Ende des 20. Jahrhunderts*. Frankfurt a.M. : Suhrkamp, 219–230.

Mailman, Stanley. 1995. California's Proposition 187 and Its Lessons, *New York Law Journal*. January.

Mann, Arthur. 1974. *Immigrants in American Life. Selected Readings*. Boston : Houghton Mifflin School.

Marx, Karl. 1962. *Das Kapital*. Band 1, Berlin/DDR.

Meeus, W./D. Sanders. 2003. *Pull factors in international migration of health professionals*. Presented at the Public Health 2003 Conference, Public Health Association.

Migration News :

Money, Jeannette. 1999. *Fences and Neighbors : the Political Geography of Immigration*

Control. Ithaca, NY : Cornell University Press.

Morokvasic, Mirjana. 1987. *Jugoslawische Frauen. Die Emigration–und Danach.* Frankfurt a. M. : Roter Stern.

Morokvasic, Mirjana/Hedwig Rudolph (ed.) 1994 : *Wanderungsraum Europa. Menschen und Grenzen in Bewegung.* Berlin : Sigma.

Morrison, Samuel E. et al. (ed.). 1993. *A Concise History of the American Republic.* tel Aviv : Zmora Bitan Publischers.

Mountford, Andrew. 1997. Can a Brain Drain be Good for Growth in the Source Economy? In : *Journal of Development Economics,* Vol. 53, 1997, 287–303.

Münz, Rainer et al. 1997. *Zuwanderung nach Deutschland. Strukturen, Wirkungen, Perspektiven.* Frankfurt a. M. : Campus.

Münch, Richard. 1997. *Elemente einer Theorie der Integration moderner Gesellschaften. Eine Bestandaufnahme.* In : Heitmeyer, 1997, 66–109.

Nassehi, Armin. 1995. Der Fremde als Vertrauter. Soziologische Betrachtungen zur Konstruktion von Identitäten und Differenzen. In : *Kölner Zeitschrift für Soziolgoie und Sozialpsychologie,* 47, 443–463.

Nauck, Bernhard. 1988. Zwanzig Jahre Migrantenfamilien in der Bundesrepublik. Familiärer Wandel zwischen Situationsanpassung, Akkulturation und Segregation, in : Rosemarie Nave–Herz (ed.) : *Wandel und Kontinuität der Familie in der Bundesrepulik Deutschland.* Stuttgart : Enke, 279–297.

Neidhart, Gottfried. 1987. *Geschichte Englands im 19. und 20. Jahrhundert.* München : C.H.Beck.

Nikolinakos, Mario. 1973. *Politische Ökonomie der Gastarbeiterfrage–Migration und Kapitalismus.* Reinbeck : Rowohlt.

OECD :

–. International Migration Outlook : SOPEMI 2009.

–. International Migration Outlook : SOPEMI 2001.

–. International Migration Outlook : SOPEMI 1999.

–. Trends in International Migration 1993.

–. Trends in International Migration 1998.

–. International mobility of the highly skilled, policy brief 2002a.

–. The brain drain : old myths, new realities 2002b.

–. Current Trends in International Migration in Europe 2005.

Özdemir, Cem. 1997. *Ich bin Inländer*. München : Dtv.

Pagenstecher, Cord. 1994. *Ausländerpolitik und Immigrantenidentität. Zur Geschichte der 'Gastarbeiter' in der Bundesrepublik Deutschland*. Berlin : Bertz.

Park, Robert E. 1928. Human Migration and the Marginal Man. In : *The American Journal of Sociology*. Vol. 13, No. 6, 881–894.

Park, Robert E. 1950a. *Race and Culture. Essays in the Sociology of Contemporary Man*. Glencoe : Free Press.

Park, Robert E. 1950b. *Our Racial Frontier on the Pacific*. In : id : 1950a, 138–151 (first edition 1926).

Park, Robert E./Ernst W. Burgess/Morris Janowitz(ed.). 1921. *Introduction to the Science of Sociology*. Chicago : University Press.

Park, Robert E./Herbert A. Miller. 1969. *Old–World Traits Transplanted*. New York : Harper and Brothers(reprint) (first edition 1921).

Park, Robert E. et al. 1925. *The City : Suggestions for the Study of Human Nature in the Urban Enviornment*. Chicago : University Press.

Petersen, William. 1972. *Eine allgemeine Typologie der Wanderung*. In : Szell, 95–114 (first edition 1958).

Peterson, William. 1958. A General Typology of Migration. In : *American Sociological Review*. Vol. 23. No. 3, 256–266.

Plender, Richard. 1988. *International Migration Law*. Dordrecht : Martinus Nijhoff.

Portes, Alejandro. 1997. Immigrantion Theory for a New Century : Some Problems and Opportunities. In : *International Migration Review*. Vol. 31.n.4, 799–825.

Portes Alejandro/Jozsef Borocz. 1989. Contemporary Immigration : Theoretical Perspectives on Its Determinants and Modes of Incorportation. In : *International Migration Review*. Vol. 23, No. 3, 606–630.

Portes, Alejandro/Ruben G. Rumbaut. 2006. *Immigrant America : A Portrait* . Berkerley and Los Angeles : University of California Press(third edition).

Portes, Alejandro. 1997. Immigration theory for a new century : some problems and opportunities. In : *International Migration Review*. Vol. 31, No. 4, 799–825.

Potts, Lydia. 1988. *Weltmarkt für Arbeitskraft. Von der Kolonisation Amerikas bis zu den Migrationen der Gegenwart*. Hamburg : Prantl.

Prengel, Annedore. 2006. *Pädagogik der Vielfalt : Verschiedenheit und Gleichberechtigung in Interkultureller, Feministischer und Integrativer Pädagogik*. Opladen : Vs Verlag (third edition).

Pries, Ludger (ed.). 1997. *Transationale Migration*. Baden-Baden : Nomos (Soziale Welt, Sonderbd. 120.

Pries, Ludger. 1996. Transnationale Soziale Räume. Theoretisch-empirische Skizze am Beispiel der Arbeitswanderung Mexiko-USA. In : *Zeitschrift für Soziologie*. 25, 437-453.

Rapaport, Lynn. 1997. *Jews in Germany after the Holocaust : memory, identity, and Jewish-German*. Cambridge : Cambridge University Press.

Ravenstein, Ernst George. 1885. The Laws of Migration. In : *Journal of the Royal Statistical Society*, XLVIII, 167-227.

Ravenstein, Ernest George. 1889. The Laws of Migration. In : *Journal of the Royal Statistical Society*. LII, 241-301.

Ravenstein, Ernest George. 1972. *Die Gesetze der Wanderung I und II*. In : Szell, 41-94 (first edition 1885, 1889).

Redford, Arthur. 1964. *Labour Migration in England 1800-1850*. Manchester : University Press (reprint) (first edition 1926).

Rees, Tom. 1979. The United Kingdom. In : Daniel Kubat (ed.) : *The Politics of Migration Policies*. New York : Center for Migration Studies, 67-91.

Reimers, David M. 1982 : Recent Immigration Policy : An Analysis. In : Barry R. Chiswick (ed.) : *The Gateway : U.S. Immigration Issues and Policies*. New York : University Press of America, 13-53.

Richardson, Alan. 1957. The Assimilation of British Immigrants in Australia. In : *Human Relations*. 10, 157-166.

Richmond, Anthony H. 1988. Sociological Theories of International Migration : The Case of Refugees. In : *Current Soiology*. Vol. 36, No. 2, 7-25.

Richmond, Anthony H. 1992. *Sociological Perspectives on Refugee Movements*. Paper presented at the conference of the ISA (International Sociological Association), Research Committee on Migration, 5-8 April, Lissabon (Ms.).

Rodrik, D. 2002. *Feasible Globalizations*, Kennedy School of Government, Working Paper Series RWPO 2029, July.

Ronzani, Silvio. 1980. *Arbeitskräftewanderung und gesellschaftliche Entwicklung. Erfahrungen in Italien, in der Schweiz und in der Bundesrepublik Deutschland.* Königstein/Ts.

Rudolph, Hedwig. 1994. Dynamics of Immigration in an Nonimmigrant Country : Germany. In : Heinz Fassmann/Rainer Münz (ed.) : *European Migration in the Late Twentieth Century.* Aldershot : Edward Elgar, 113-126.

Ruhloff, Jörg 1989 : Harmonisierung oder Widerstreit? Über die Bildungsaufgabe in der Kulturenvielfalt. In : *Materialeien zur Politischen Bildung.* 2, 8-15.

Rystad, Göran (ed.). 1990. *The Uprooted. Forced Migration as an International Problem in the Post-War Era.* Lund : Lund University Press.

Salt, John. 1992. Migration Processes among the Highly Skilled in Europe. In : *International Migration Review.* Vol. 26, No. 2, 484-505.

Sandelin, Bo (ed.). 1999. *Knut Wicksell : Selected Essays in Economics, Volume 1,2.*

New York : Routledge.

Santel, Bernhard. 1995. *Migration in und nach Europa. Erfahrungen. Strukturen. Politik.* Opladen : Leske+Budrich.

Saxenian, AnnaLee. 2007. *The New Argonauts : Regional Advantage in a Global Economy.* MA : Harvard University Press.

Schönbohm, Jörg. 1997. Ausländerpolitik in Deutschland- eine Heruasforderung für die Zukunft. In : *Kölner Zeitschrift für Ausländerrecht und Ausländerpolitik.* 17. H.1, 3-8.

Schöttes, Martina/Annette Treibel. 1997. *Frauen-Flucht-Migration. Wanderungsmotive von Frauen und Aufnahmesituationen in Deutschland.* In : Pries, 1997, 85-117.

Seifert, Wolfgang. 1995. *Die Mobilität der Migranten. Die berufliche, ökonomische und soziale Stellung ausländischer Arbeitnehmer in der Bundesrepublik. Eine Längschnittanalyse mit dem Sozio-Ökonomischen Panel, 1984-1989.* Berlin : Sigma

Sen, Faruk. 1996. Türkische Migranten in Deutschland-Ein Überlick. In : Sen/Goldberg (ed.) : *Türken als Unternehmer.* Opladen : Leske+Budrich, 11-45.

Shibutani, Tamotsu/Kian M. Kwan 1965 : *Ethnische Stratification ; A Comparative Approach.* New York and London : Macmillan.

Simmel, Georg. 1908. Exkurs über den Fremden. In : id. : *Soziologie. Untersuchungen über die Formen der Vergellschaftung.* Leipzig : Duncker und Humblot, 509-512.

Smith, Antony D. 1996. *The Ethnic Origins of Nations*, Oxford ; Blackwell.

Smith, J./B. Edmonston. 1997. *The New Americans : Economic, demographic and fiscal effects of immigration.* Washington D.C. : National Academy Press.

Song, Hahzoong. Reversal of Korean Brain Drain : 1960s–1980s. In : *International scientific migrations*(horizon.documentation.ird.fr).

Smith, Thomas E.(ed). 1981a. *Gommonwealth Migration : Flows and Policies.* London : Macmillan.

Smith, Thomas E. 1981b. *Commonwelath Migration to and from the United Kingdom.* In : id.(ed), 89–131.

Stalker, Peter. 1994. *The Work of Strangers : A Survey of international labour migration.* Genf(ILO).

Steiner, Niklaus. 2000. *Arguing About Asylum : The Complexity of Refugee Debates in Europe.* New York : St. Marin's Press.

Stonequist, Everett V. 1937. *The Marginal Man. A Study in Personality and Culture Conflict.* New York : Scribners.

Suhrke, Astri/Aristide R. Zolberg. 1992. *Jeinseits der Flüchtlingskrise. Entspannung und dauerhafte Lösung für die sich entwickelnde Welt.* In : Blaschke/Germershausen, 11–51.

Sum, A. et al. 2003. *New Immigrants in the Labor Force and the Number of Employed New Immigrants in the U.S. from 2000–2003 : Continued Growth Amidst Declining Employment Among the Native Born Population.* Boston : North Eastern University.

Taft, Ronald. 1957. A Psychlogical Model for the Study of Social Assimilation. In : *Human Relations.* 10, 141–156.

Taylor, J. 1999. The new economics of labor migration and the role of remittances. *International Migration.* Vol. 37, No. 1, 63–88.

Thomas, William Issac/Florian Znaniecki 1974 : *The Polish Peasant in Europe and America.* New York : Knopf(first edition 1918–1921).

Thränhardt, Dietrich(ed.). 1996. *Europe : A New Immigration Continent.* Münster : Lit Verlag.

Thränhardt, Dietrich. 1995. Die Lebenslage der ausländischen Bevölkerung in der Bundesrepublik Deutschland. In : *Aus Politik und Zeitgeschichte.* B 35, 3–13.

Treibel, Annette. 1990. *Migration in modernen Gesellschaften.* München : Juventa.

Tsiakalos, Georgios. 1983. *Ausländerfeindlichkeit. Tatsachen und Erklärungsversuche.*

München (Beck'sche Schware Reihe ; 278).

UNDESA. 2004. *World Economic and Social Survey : International Migration.*

United Nations : *Recommendations on statistics of international migrations.* Revision 1, Statistical Papers, series No. 58, Rev. 1, New York, 1998.

–. *The guiding principles on internal displacement 1998.*

–. *Labour Supply and Migration in Europe : demographic dimensions 1950–1975,* New York, 1979.

UNHCR. *Annual Reports*

United States Committee for Refugees and Immigrants. *U.S. Committee for Refugees World Refugee Survey 2000–Nigeria,* 2000 (http://www.unhcr.org/refworld/docid/3ae6a8d137.html).

US Comittee for Refuges. *World Refugee Survey 2000.*

U.S. Congress : *The Select Commission on Immigration and Refugee Policy.* 1981

USA Today. 2005.10.5.

Van Dijk, Teun A. 2002. Discourse and Racism, In : David T. Godberg/John Solomos (ed.) : *A companion to racial and ethnic studies.* Malden : Blackwell, 145–159.

Van Dijk, Teun A. 1993. *Elite Discourse and Racism.* Newbury Park : Sage

Van Doorn, J. 2003. *Migration, remittances and development.* Labour 129, Geneva (ILO).

Wagner, Michael. 1989. *Räumliche Mobilität im Lebensverlauf. Eine empirische Untersuchung sozialer Bedingungen der Migration.* Stuttgart : Enke.

Waldhoff, Hans–Peter. 1995. *Fremde und Zivilisierung.* Frankfurt a.M. : Suhrkamp.

Waldinger, Roger et al. (ed.). 1990. *Ethnic Entrepreneurs. Immigrant Business in Industrial Societies.* New bury Park et al. (Sage Series on Race and Ethnic Relations ; 1).

Weber, Marx. 1972. Ethnische Gemeinschaftsbeziehungen. In : id. : *Wirtschaft und Gesellschaft. Grundriss der verstehenden Soziologie.* Tübingen : J.C.B. Mohr, 234–240 (first edition 1922).

Whyte, William Foote. 1993. *Street Corner Society : The Social Structure of an Italian Slum.* Chicago : University Press (reprint) (first edition 1943).

Wilpert, Czarina. 1984. International Migration and Ethnic Minorities : New Field for Post–War Sociology in the Federal Republic of Germany. In : *Current Sociology,*

Vol. 32, 305–352.

Wischer, Christine. 1997. Zusammen leben : Die Integration der Migrantenals zentrale kommunale Zukunftsaufgabe. In : *Aus Politik und Zeitgeschichte.* B 46, 29–38.

Wirth, Louis. 1928. *The Ghetto.* Chicago : University Press.

Wissenschaftliche Beirat beim Bundeswirtschaftlichsministerium. 1974. In : id. : *Problem der Ausländerbeschäftigung.* 16. März.

Wottreng, Willi. 1998. Die Illegalen–Europas moderne Nomaden. In : *Neue Züricher Zeitung.* 1998.1.24/25.

Wucker, Michele. 2006. *Lockout : Why America Keeps Getting Immigration Wrong When Our Prosperity Depends on Getting It Right.* New York : Public Affair.

Yang, Philips Q. 2000. *Ethnic Studies : issues and approaches.* New York : St Univ of New York.

Zentrum für Türkeistudien (ed.). 1994. *Migration und Emanzipation. Türkische Frauen in Nordrhein–Westfalen.* Opladen : Budrich+Leske.

Zolberg, Aristide R. et.al. (ed.). 1989. *Escape from Violence : Conflict and the Reufugee Crisis in the Developing World.* Oxford : University Press.

Zolberg, Aristide R. 1981. International Migrations in Political Perspective. In : Mary. M.Kritz/C.B. Keely/S.M. Tomasi (ed.). *Global Trends in Migration : Theory and Research on International Population Movements.* New York : Center for Migration Studies, 3–27.

Zubrzycki, Jerzy. 1956. *Polish Immigrants in Britain. A Study of Adjustment.* The Hague : Martinus Nijhoff.

지은이 **정재각**_morgenland@hanyang.ac.kr, morgenland@hanmail.net

한양대를 졸업하고 독일 퀼른 대학교 석사과정을 거쳐 베를린 자유대학교에서 박사학위(1997)를 받았다. 베를린 자유대학교에서 강의를 하였다.

2000년부터 한양대 지방자치연구소에서 정치사회학, 민주주의를 중심으로 연구를 하며, 사회과학대에서 강의를 하고 있다.

『지방행정 거버넌스』, 『서구연방주의와 한국』, 『유럽연합 정부론』, 『독일사회복지론』 등 다수의 공동저서를 집필하였으며, 역서로는 교황 베네딕토 16세의 『예수 그리스도를 향하여』가 있다.

이주정책론

초판1쇄 / 2010년 4월 20일

지은이 **정재각**
펴낸이 **여국동**
펴낸곳 **도서출판 인간사랑**
인 쇄 **백왕인쇄**

출판등록 1983. 1. 26. / 제일 3호

(411-815) 경기도 고양시 일산구 백석동 1178-1
TEL (031)901-8144, 907-2003
FAX (031)905-5815
e-mail/igsr@yahoo.co.kr / igsr@naver.com

정가 25,000원
ISBN 978-89-7418-298-4 93330